HOLZTREPPEN

HOLZTREPPEN

in handwerklicher Konstruktion

Herausgegeben und bearbeitet von

ULRICH REITMAYER

3. Auflage

Mit 174 Abbildungen, 100 Tafeln und 5 Tabellen

JULIUS HOFFMANN VERLAG STUTTGART

CIP-Kurztitelaufnahme der Deutschen Bibliothek

Reitmayer, Ulrich:
Holztreppen in handwerklicher Konstruktion /
Ulrich Reitmayer. – 3. Aufl. – Stuttgart: Hoffmann, 1986.
ISBN 3-87346-081-5

Druck: Union-Druck GmbH, Halle
Buchbinder: Kunst- und Verlags-Buchbinderei GmbH, Leipzig
Printed in Germany

VORWORT ZUR 2. AUFLAGE

Dreißig Jahre nach Erscheinen des Fachbuches über Holztreppen von Ulrich Reitmayer ist die Nachfrage so groß, daß sich der Verlag entschlossen hat, dieses Werk in einer kleinen Auflage unverändert nachdrucken zu lassen.
Da ich mit Herrn Reitmayer ein Leben lang freundschaftlich verbunden war, bat mich der Verleger Kurt Hoffmann um ein kurzes Vorwort zu der neuen Auflage. Gerne komme ich seinem Wunsche nach, denn ich freue mich, daß dieses mit unendlichem Fleiß und großer Gründlichkeit geschaffene Buch fünf Jahre nach dem Tode seines Verfassers wieder zum Leben erweckt wird.
Selbstverständlich haben sich in den vergangenen Jahrzehnten Normen und Beschläge geändert, und heute stehen Holzarten zur Verfügung, an die damals noch niemand denken konnte. Auch die Gestaltung wird, wie damals schon, umstritten sein. Doch manches findet sicher jetzt wieder mehr Anklang als zur Zeit der ersten Auflage. Heute werden mehr Fertigtreppen angeboten und die Fülle der Mischkonstruktionen ist noch größer geworden. Aber die Grundlagen des Treppenbaus und die Konstruktion reiner Holztreppen haben sich nicht wesentlich geändert.
So wird dieses „alte" Holztreppenbuch auch jetzt den Studenten der Architektur wieder eine große Hilfe sein. Die gestandenen Architekten aber werden allein schon an den Zeichnungen ihre wahre Freude haben. Darüber hinaus ist es gut, daß die Werke des bekannten Fachbuchautors Ulrich Reitmayer heute wieder gefragt sind, denn sie sind und bleiben in ihrer Art einmalig!

Frühjahr 1982 Erich Kaßner

Anmerkung des Verlages

Die drei Bücher von Ulrich Reitmayer über Holzfenster, Holztüren und Holztreppen waren ursprünglich zweifarbig gezeichnet und gedruckt: die Maserung in den geschnittenen Hölzern erschien orange-braun. Bei der Neubearbeitung der „Holzfenster" und der „Holztüren" in den 60er Jahren war es aus Kostengründen unumgänglich, auf die zweifarbige Darstellung zu verzichten, und Herr Reitmayer hat die Vorlagen für die von Grund auf erneuerten Bücher dann einfarbig angelegt. Erstaunlicherweise hat es seine präzise Zeichentechnik aber auch erlaubt, die ursprünglich zweifarbigen Tafeln der „Holztreppen" nur in schwarz abzubilden.
Dies und die Korrektur der Anschriften bei den Herstellern von Fertigtreppen sind die einzigen Änderungen, die an dem Buch von 1953 vorgenommen wurden. Wo sich Vorschriften, Normen oder technische Voraussetzungen inzwischen geändert haben, weiß das der Fachmann. Die Gültigkeit der aus einer umfassenden praktischen Erfahrung stammenden Konstruktionen bleibt davon unberührt.

VORWORT

Das vorliegende Buch stellt die Lehrfolge über das Gebiet Holztreppen im Rahmen meines früheren Lehrauftrages an der Bauschule der Stadt Augsburg dar. Es schließt an die Parallelbände „Holzfenster in handwerklicher Konstruktion“ und „Holztüren und Holztore in handwerklicher Konstruktion“ an. Krieg und Nachkriegszeit haben seine schon lange beabsichtigte Herausgabe bis heute verzögert.
Die Bezeichnungen der Treppenteile sind die in unserer Gegend üblichen. Es wurden jedoch zum Teil auch die anderweitig üblichen Bezeichnungen bei verschiedenen grundlegenden Konstruktionen aufgenommen.
Die Darstellung der Zeichnungen ist in Beschriftung und Bemaßung nach Art von Werkzeichnungen gehalten, wie sie vom Architekturbüro in die Werkstätte des Treppenbauers gegeben werden sollen. Die zweifarbige Wiedergabe und sonstige Zeichentechnik soll lediglich die Formen deutlicher hervortreten lassen, aber nicht etwa den Verlauf von Jahresringen des Holzes bezeichnen. Die Profilierungen der einzelnen Konstruktionsteile sind nur als Vorschläge und Anregungen zu betrachten, zumal ihre Ausbildung für die Konstruktion unwesentlich ist.
Die gezeigten Konstruktionen und Bauarten der Holztreppen können von jedem Treppenbauer ausgeführt werden. Die patentierten raumsparenden Speichertreppen wurden dagegen unter Angabe der Lieferfirmen erläutert.
Die Wiedergabe der Zeichnungen erfolgte in den üblichen Maßstäben 1 : 50, 1 : 20, 1 : 10 und 1 : 5. Die Wiedergabe der Details in dem nicht glücklichen Maßstab 1 : 2 wurde durch die Buchgröße bestimmt; für die Ausführung ist es jedoch nötig, die Details im Maßstab 1 : 1 dem Treppenbauer in die Werkstätte zu geben.
Zum besseren Verständnis der räumlichen Einfügung der Treppenanlagen wurden bei den praktischen Beispielen Übersichtsgrundrisse im Maßstab 1 : 200 beigegeben.
Bei den Konstruktionen wurde nicht allein die reine Holzkonstruktion der Treppe durchgezeichnet, sondern es wurde auch auf alle konstruktiven Anschlüsse der Treppe an Mauerwerk, Decken, Bodenbeläge usw. weitgehendst eingegangen.
Die gezeigten Treppen sind der Praxis entnommen; sie zeigen nur zum Teil Verbesserungsvorschläge und sollen in den einzelnen Konstruktionen grundlegende Anhaltspunkte für den Lernenden und Schaffenden geben.
All denen, die mich in meiner Arbeit unterstützt und beraten haben, spreche ich meinen aufrichtigen Dank aus.

Sommer 1953 — Ulrich Reitmayer

INHALT

ALLGEMEINE GRUNDLAGEN

Aufgaben der Treppe

Die Treppe dient zur Vermittlung des Verkehrs zwischen Stockwerken und Räumen verschiedener Höhenlagen. Sie vermittelt den Verkehr zwischen den verschiedenen Geschoßhöhen eines Gebäudes, zwischen den verschiedenen Höhenlagen des Geländes oder auch zwischen den Höhen von Gelände und Gebäude.
Treppen sind als wichtigste Nutzanlagen ihrem Zweck entsprechend in sachlicher Weise anzuordnen und zu gestalten. Nach der Art und dem Zwecke eines Gebäudes ergeben sich daher sowohl in der Anlage als auch in der Ausführung der Treppe wesentliche Unterschiede und Abstufungen. Die Treppe stellt ein Hauptelement des Grundrisses dar und ist für den Entwurf eines Grundrisses häufig entscheidend.
Wenn früher — in dem Parallelband „Holztüren und Holztore in handwerklicher Konstruktion" — bei der Besprechung der Haustüre ganz besonders darauf hingewiesen wurde, daß neben der konstruktiven sauberen Durchbildung auch der künstlerischen Gestaltung größter Wert beizumessen ist und daß die Hauseingangstüre uns wie eine Visitenkarte des Bewohners anmutet, so gilt das Gesagte, auf das Innere des Hauses übertragen, in gleicher Weise von der Treppe. Mit Recht kann man behaupten, daß die Treppe entscheidend für den gesamten Eindruck des Innern des Hauses ist.
Eine einwandfrei durchgebildete und gestaltete Treppe erhöht den Gebrauchswert des Hauses, wie auch von einer bequem angelegten Treppe die Wohnlichkeit eines Hauses wesentlich abhängt. Es ist jedoch falsch, allzu reichlich bemessene und zu aufwendig gestaltete Treppen, die wohl in Repräsentationsbauten oder öffentlichen Gebäuden am Platze sind, in Einfamilienhäuser einzubauen, wie das in vielen Fällen bei modernen Dielenanlagen geschieht.
Der Treppenbau stellt daher sowohl den Architekten als auch den Handwerksmeister hinsichtlich der Gestaltung und der Konstruktion vor eine der wichtigsten und schwierigsten Aufgaben der gesamten Baukonstruktion.

Forderungen an die Treppe

Die allgemeinen Forderungen an die Treppe sind: größtmögliche Sicherheit und Bequemlichkeit des Verkehrs. Die Sicherheit wird hauptsächlich durch die Wahl des Materials bedingt, während die Bequemlichkeit Sache der baulichen Anordnung ist und bei jedem Material erreicht werden kann.
Um den Forderungen nach Sicherheit und Bequemlichkeit zu genügen, müssen bei jeder Treppe folgende Bedingungen erfüllt werden:

1. Die Stufenbreite und Stufenhöhe muß unserer Bewegungsweise — der bequemen Schrittgröße und der bequemen Hebung der Füße und des Körpers — angepaßt werden.
2. Die Breite der Treppe muß dem örtlichen Verkehr entsprechen.
3. Die Anzahl der Stufen in einem Lauf darf nicht zu groß sein, es müssen die Zugänge — Antritt und Austritt — bequem, sicher und leicht erreichbar sein, und es muß die senkrechte Entfernung zwischen 2 Treppenläufen oder zwischen Treppenlauf und darüberliegender Deckenunterkante so groß sein, daß ein erwachsener Mensch mit Kopfbedeckung aufrecht und ohne anzustoßen hindurchgehen kann.
4. Die Konstruktion — die Stärke der verwendeten Hölzer, die Verbindungen und Befestigungen — muß dem örtlichen Verkehr und den über die Treppe zu bewegenden Lasten entsprechen.
5. Das sichere Begehen der Treppe muß durch Anbringung von Handläufen auf mindestens einer Seite erleichtert werden.
6. Eine genügende und zweckmäßige Belichtung der Treppe muß durch natürliches und künstliches Licht gewährleistet sein.

Lage der Treppe im Hause und ihre Wirkung nach außen

Schon beim Entwurf des Hauses ist neben den räumlichen Forderungen sofort die Lage und die Anordnung der Treppe im Grundriß mit zu überlegen, zumal die Treppe für die Gestaltung des Grund- und

Aufrisses eines Hauses eine entscheidende Rolle spielt. Die Lage der Treppe im Hause sowie ihre Anlage im Grundriß sind daher die schwerwiegendsten Überlegungen bei der Entwurfsbearbeitung.
Bei günstigen Raumverhältnissen ist die gestellte Aufgabe verhältnismäßig einfach zu lösen. Sind jedoch schon aus dem Bauplatz entspringende räumliche Schwierigkeiten zu überwinden und werden bestimmte Forderungen an die Treppe gestellt, so ist die Anlage einer Treppe oft nicht leicht.
Von großer Bedeutung sind Lage und Beziehung der Treppe zu den Räumen und Geschossen eines Hauses, wie z. B. zur Küche, zum Keller, zu den Wohn- und Schlafräumen und zum Speicher, da die Treppe den Verkehr zwischen diesen rasch, sicher und vor allem bequem vermitteln soll.
Wird die Anlage einer Treppe nicht genau durchdacht und geplant, so ergibt sich oft später die Anordnung einer zu engen, gequälten und verwendelten Treppe, die außer ihrer unschönen räumlichen Wirkung Unannehmlichkeiten und Gefahren mit sich bringt.
Eine Treppe oder ein Treppenhaus darf nie an der bestbesonnten Seite eines Hauses liegen und muß ausreichend und zweckmäßig belichtet werden.
Im Miethaus wird für die Aufnahme der Treppe stets ein besonderer Raum, das Treppenhaus, vorgesehen, der gewöhnlich an einer Außenwand des Hauses liegt.
Das Treppenhaus soll möglichst nahe am Hauseingang liegen und muß leicht zu finden sein, damit sich — besonders bei öffentlichen Gebäuden — der Verkehr rasch, sicher und bequem abwickeln kann.

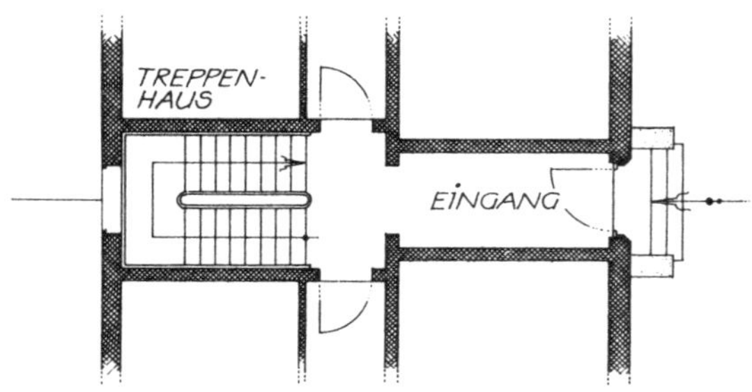

Treppenhaus im Miethaus

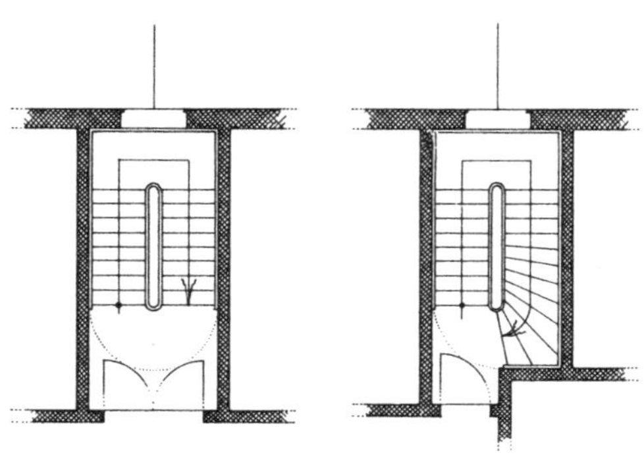

Aufschlagen von Türen zum Treppenhaus

Sollten Türen zum Treppenhaus hin aufschlagen, so dürfen diese nicht die Podestfläche beanspruchen, da sie sonst den Verkehr behindern würden.
Im Einfamilienhaus soll die Treppe möglichst in die Mitte des Hauses gelegt werden. Bei kleinen erdgeschossigen Häusern mit ausgebautem Dach ist dies besonders nötig, damit die Treppe im Dachgeschoß gut ausmündet.

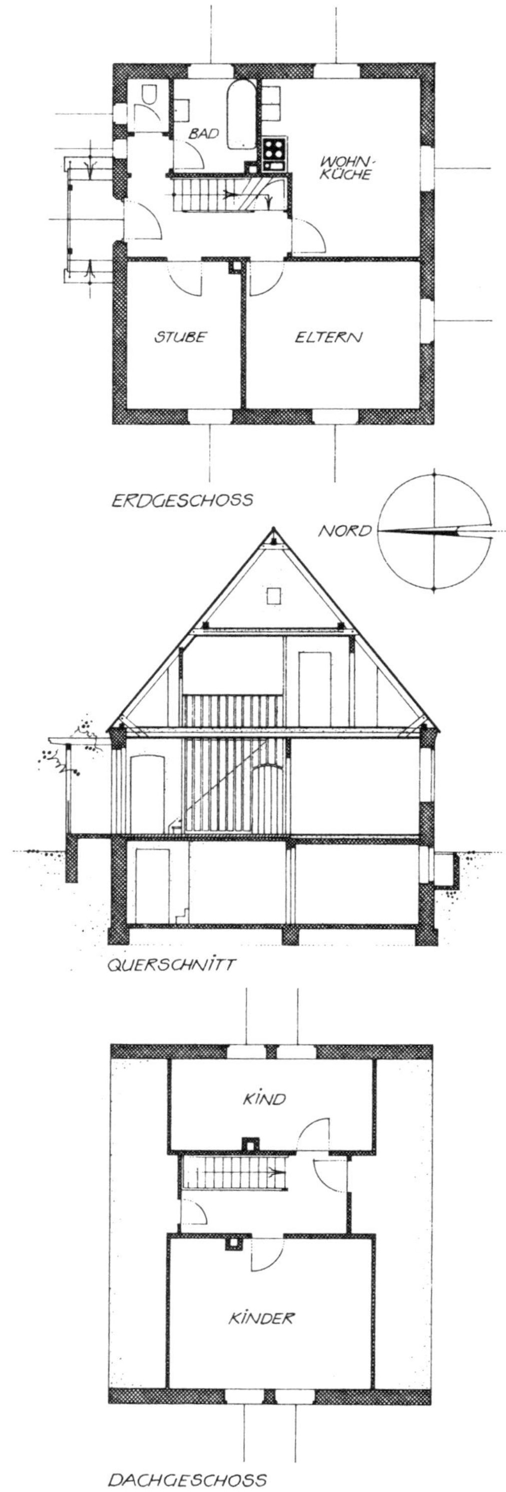

Kleines Einfamilienhaus. Größe: 9,50/8,50 m
Eine einläufige gerade Treppe, in die Hausmitte gelegt, mündet im Dachgeschoß einwandfrei aus

Der übliche „Normalgrundriß“ des kleinen Einfamilienhauses mit zweiläufiger Treppe, der leider immer wieder ausgeführt wird, zeigt besonders Mängel bezüglich Treppenbelichtung und notwendiger Kopfhöhe. Die Anordnung einer Miethaustreppe im Einfamilienhaus ist immer fehl am Platze (Bild Seite 12, links oben).

Die Treppe ist im Grundriß möglichst so zu legen, daß sie ohne große Auswechselungen in den Balkenlagen, besonders in der Dachbalkenlage, zwischen diesen hochgeführt werden kann und daß durch sie auch keine Störung im regelmäßigen Dachverbande hervorgerufen wird. Besonders bei der Speichertreppe ist darauf zu achten, daß sie zwischen den Bindern (Gebinden) und möglichst ohne Auswechselungen der Dach- und Kehlbalkenlage angeordnet wird.

Im Einfamilienhaus soll, im Gegensatz zum Miethause, die Treppe der leichten Überwachung wegen so angeordnet werden, daß sie nicht unmittelbar

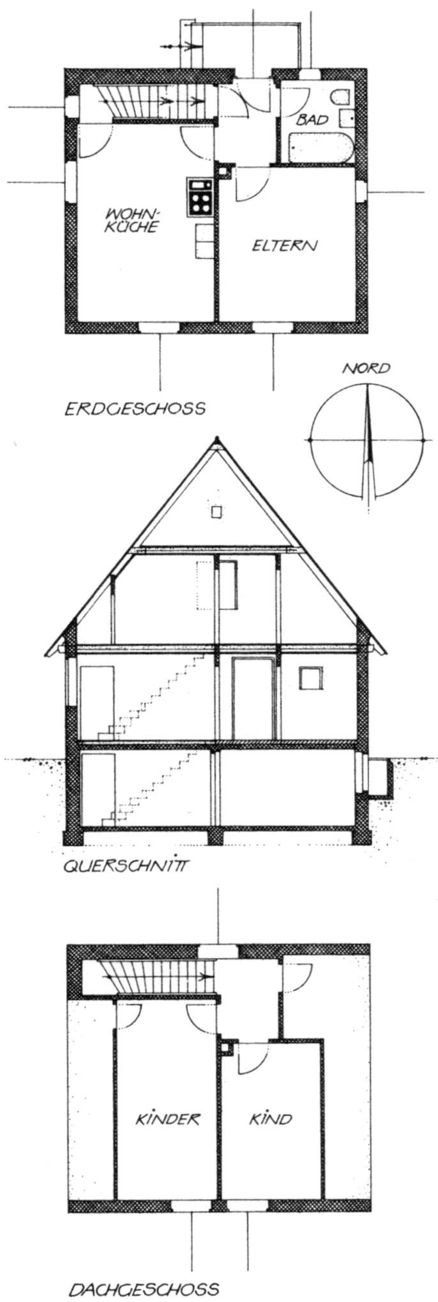

Siedlerhaus. Größe: 8,00/7,00 m
Die einläufige gerade Treppe mit Wendelstufen am Antritt, an die Giebelseite des Hauses gelegt, gibt gewisse grundrißliche Einschränkungen

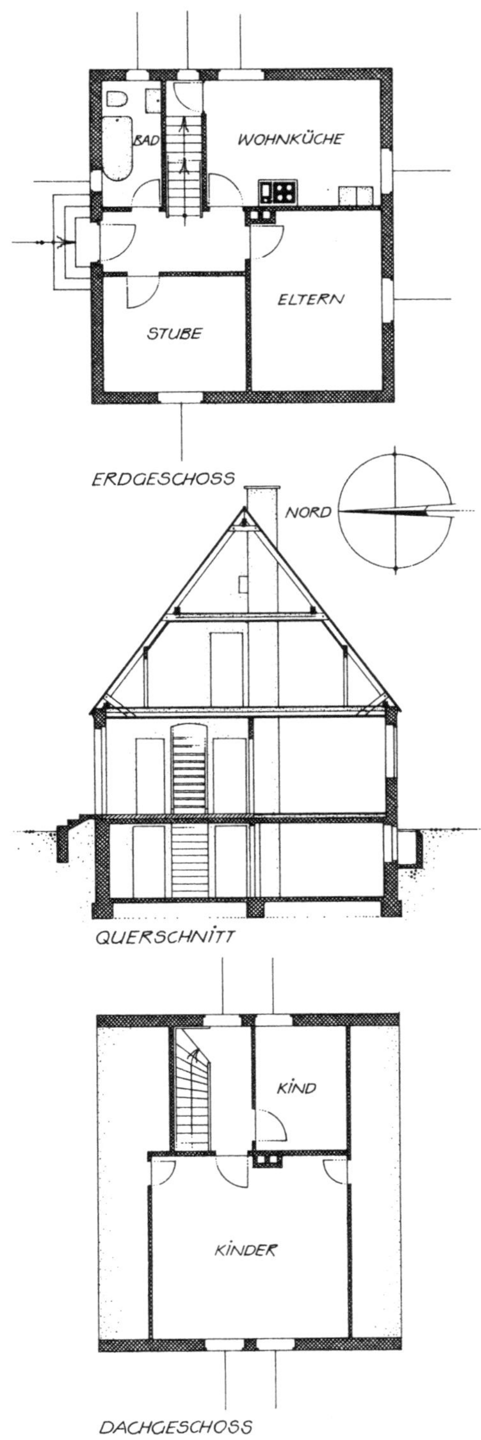

Kleines Einfamilienhaus. Größe: 8,80/8,00 m
Die einläufige gerade Treppe mit Wendelstufen am Austritt, von der Traufseite des Hauses abgerückt, vermeidet jede Schwierigkeit

von der Haustüre aus zugänglich ist. Es ist daher sehr beliebt, die Treppe in einen Wohn- oder Nutzraum — in eine Diele — in verschiedenster Weise einzuordnen bzw. das Treppenhaus in einem Wohnraum auszubilden.

Beim Einbau einer Treppe in einen Raum, der noch einem anderen Zwecke dienen soll, darf die Wirkung der Fenster als Lichtquelle durch den Verlauf der Treppe nicht beeinträchtigt werden, damit der Raum wohnlich und nutzbar bleibt.

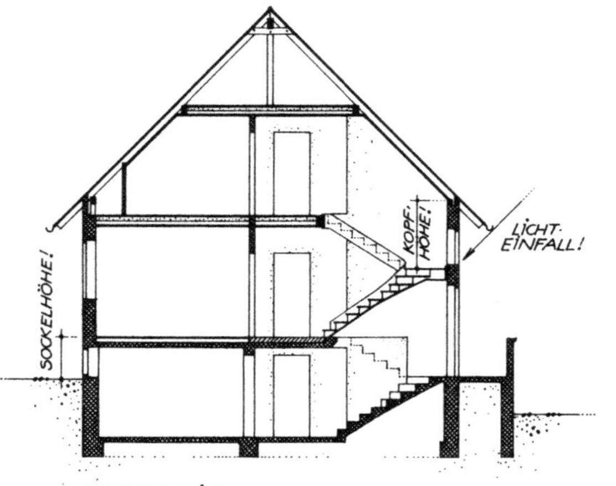

QUERSCHNITT

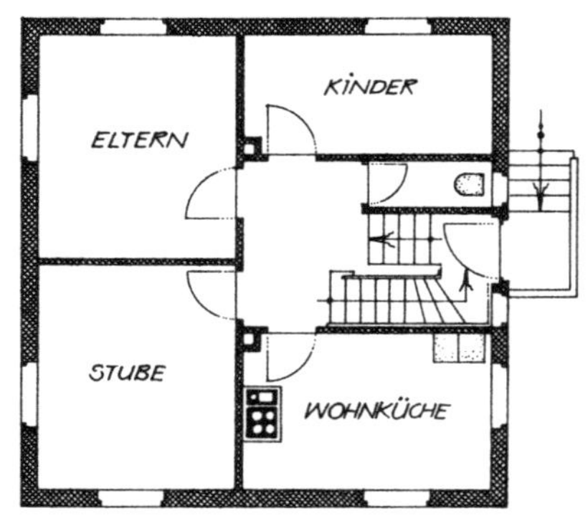

ERDGESCHOSS

Wohnhaus. Größe: 9,00/9,00 m
Die zweiläufige zum Teil verwendelte Treppe, an die Traufseite des Hauses gelegt, bringt große Nachteile im Innern und Äußern

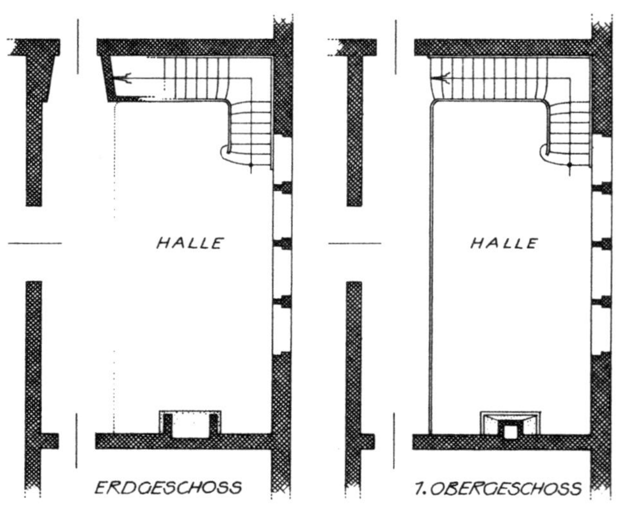

Treppenhalle
Wohnlicher Raum mit guter Lichtquelle

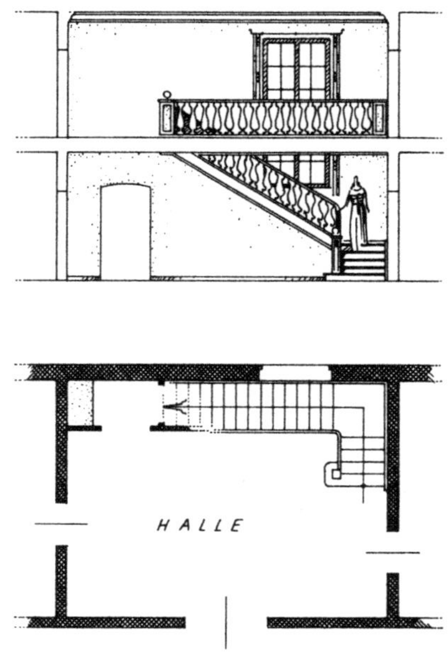

Treppenhalle
Ein nicht wohnlicher Raum mit schlechter Lichtquelle durch Anordnung eines Fensters auf halber Höhe

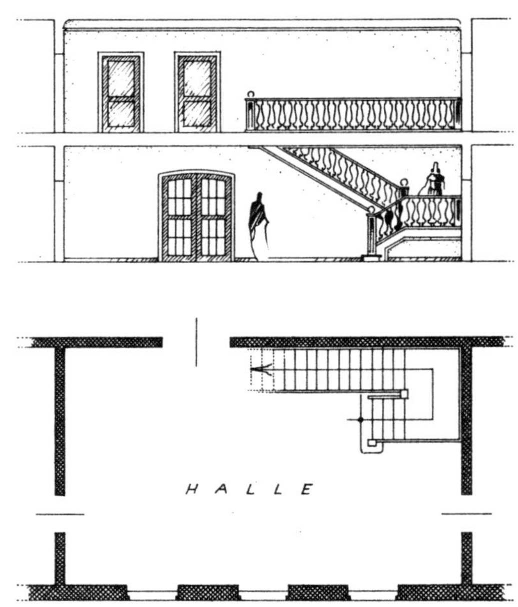

Treppenhalle
Klarer, gut belichteter Treppenraum, in dem die Treppe gleich einem Möbel steht

Auch muß der Raum bei Hallen- und Dielenanlagen ein klar hervortretendes Übergewicht über die Treppe haben.
Die Treppe soll sich möglichst zwanglos in den Raum einfügen, und es darf der Raum durch den Einbau der Treppe nicht an Klarheit verlieren. Da-

mit müssen auch Treppenunterbauten, wie Treppenabmauerungen und Treppenverschläge, körperlich gewertet und abgestimmt werden.
Gute alte Beispiele zeigen uns immer wieder, wie die Zerstörung eines Raumes beim Durchstoßen der Decke vermieden werden kann, indem das Treppenloch unsichtbar bleibt, geschickt hinter einer bogenüberspannten Abmauerung liegt, und nur der Treppenantritt im unteren Geschoß sichbar wird.

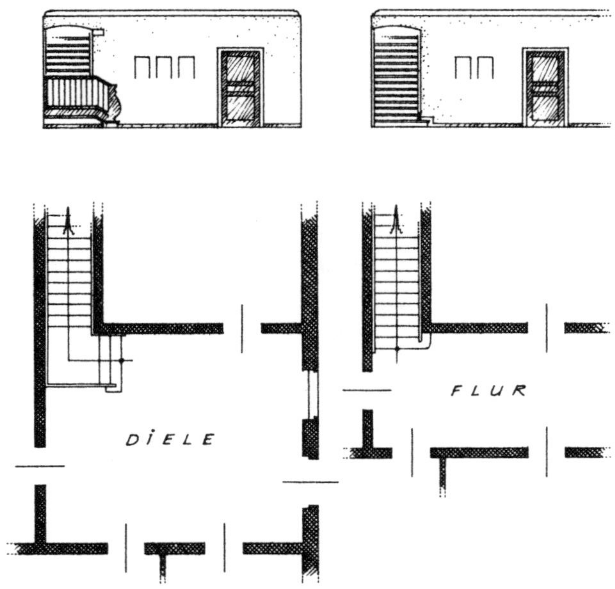

Treppenloch unsichtbar, bogenüberspannte Abmauerung

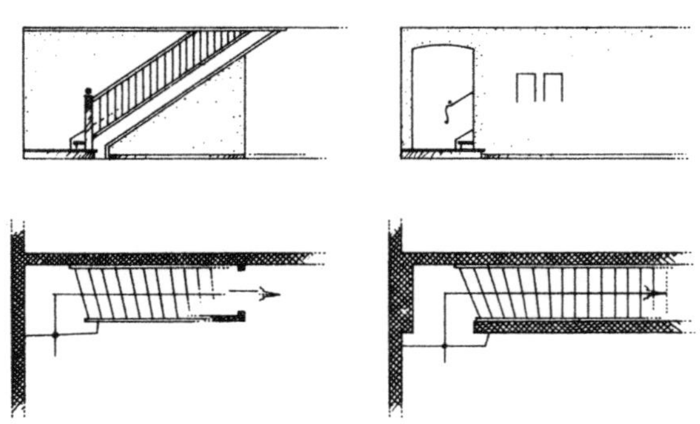

links: die Treppe wirkt als steigendes Band raumstörend

rechts: die Treppe wird durch die Abmauerung nur angedeutet

Viel kann auch gewonnen werden, wenn die einzelnen Treppen nicht fortlaufend übereinander, sondern zueinander versetzt angeordnet werden, was bei der Verschiedenheit der Stockwerks- und der Speichertreppe an sich schon das Gegebene und Richtige sein mag.
Es soll stets angestrebt werden, die Treppe im Hause unterzubringen und nicht an das Haus anzubauen. Der Gewinn, der sich durch ein aus dem

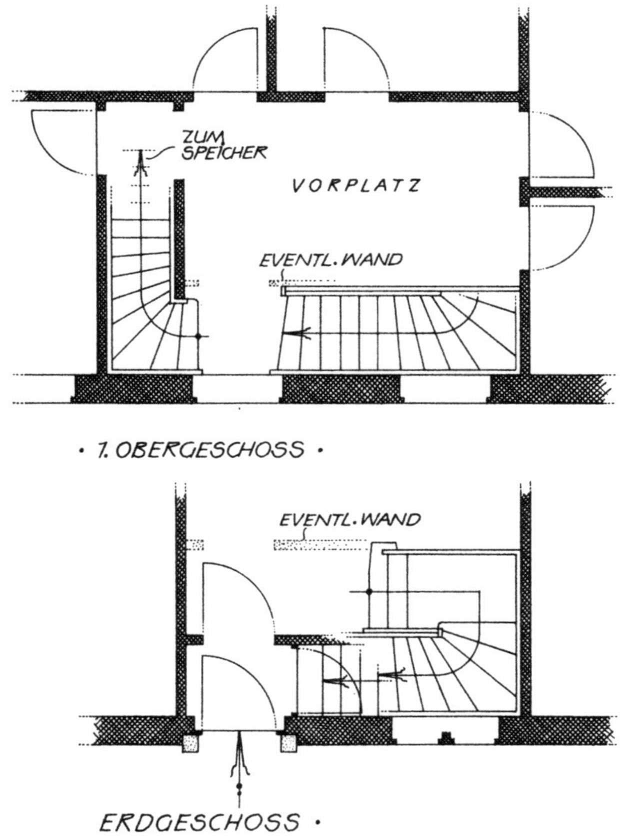

Die einzelnen Treppen sind versetzt angeordnet. Die Treppe ist so angelegt, daß das Einfamilienhaus vorübergehend teilbar ist

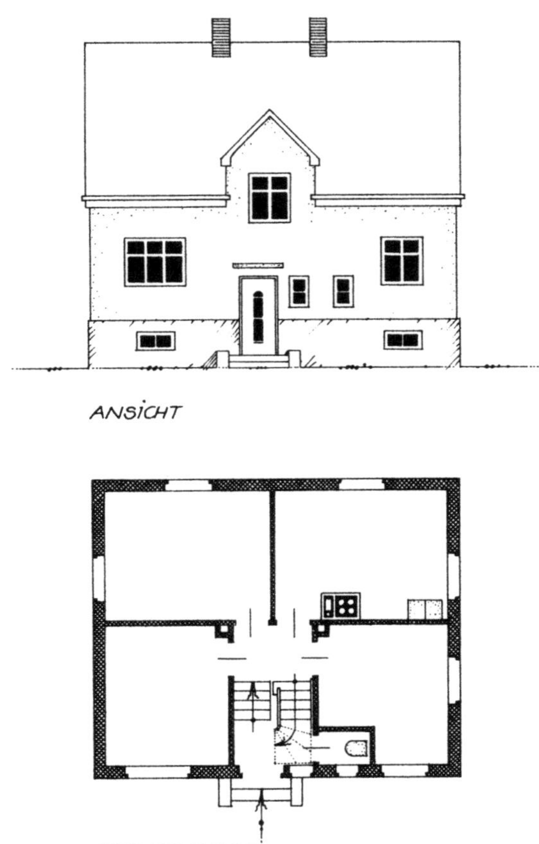

Die „Villa“ in Kleinformat mit häßlichem Dachaufbau

Hauskörper herausgezogenes Treppenhaus ergibt, ist gewöhnlich nur ein scheinbarer, denn auch der umbaute Raum des Treppenhausanbaues muß bezahlt werden. Im Gegenteil: die Abdeckung des Treppenhausanbaues und seine Anschnitte an das Hauptdach bringen oft schwierige Anschlüsse und auch später erhöhte Reparaturkosten. Zudem wird die Außenerscheinung des Hauskörpers in den meisten Fällen durch einen unorganischen seitlichen Anbau empfindlich verschlechtert.
Kommen gar mehrere Häuser mit derartigen „Treppenhaustürmen" nebeneinander zu stehen, so geben solche Gebilde ein höchst unerfreuliches Bild einer Gesamtbebauung.

ANSICHT

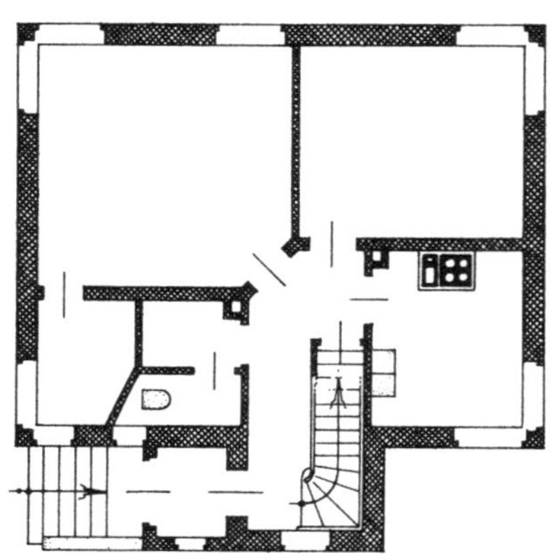

ERDGESCHOSS

Die „Villa" in Großformat mit Treppenhausturm

Wird die Treppe, wie erwähnt, so in den Hauskörper gelegt, daß man ohne Schwierigkeiten ins Dach gelangt, so werden auch unschöne Dachaufbauten vermieden.
Auf ausreichende und zweckmäßige Beleuchtung des Treppenraumes und der Treppe selbst ist bei jeder Treppenanlage besonders zu achten. Die dazu nötigen Fenster treten bei alten Bauten meist nicht

Miethaus
Zweckmäßig angeordnete Treppenhausfenster

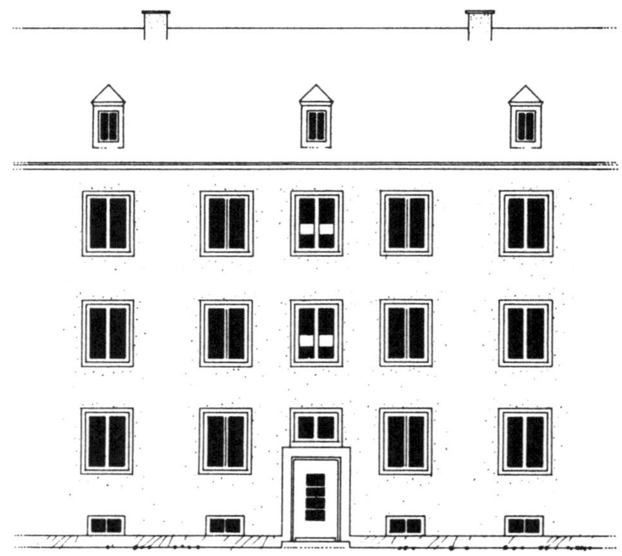

Miethaus
Unzweckmäßig angeordnete Treppenhausfenster

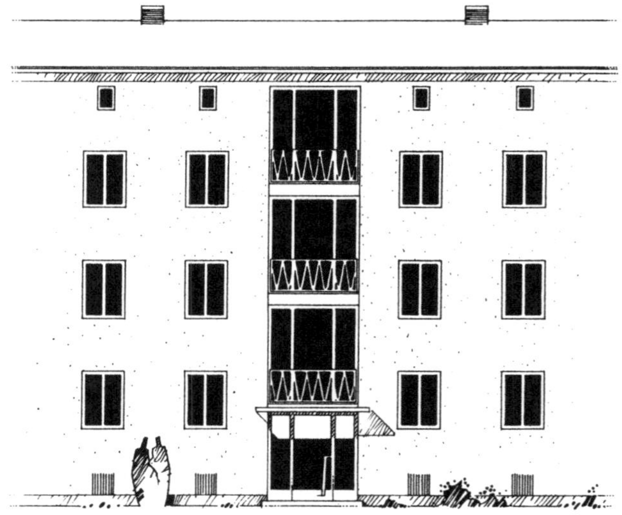

Miethaus
Völlig verglaste Treppenhaus-Außenwand, mit betonten Podestbalken

störend in Erscheinung, ja sie fallen meist überhaupt nicht auf. Die „modernen" zusammengezogenen, senkrechten Fensterbänder an Miethäusern der Großstädte sind nicht nur vom ästhetischen, sondern auch vom konstruktiven Standpunkt aus abzulehnen. Wenn sich aber solche Fensterbänder sogar an Einfamilienhäuser der Kleinstädte und Dörfer verirren, so ist dies ein betrübliches Zeichen von allgemeiner Kulturlosigkeit.
Als schlechte Lösungen müssen auch die gestaffelten Treppenfenster bezeichnet werden, zumal sie dem Baukörper einen unruhigen und unwürdigen Charakter aufdrücken.
Treppenhausfenster sollen immer so angeordnet werden, daß sie geöffnet werden können. Bei zweiläufigen Podesttreppen von Miethäusern werden oft die Treppenhausfenster der Ansicht „zuliebe" in gleicher Höhe wie die übrigen Geschoßfenster angeordnet und dabei zum Teil die unmöglichsten Fensterausbildungen entwickelt, da die Podestwange mitten durch das Fenster schneidet.
Mit den vorerwähnten „Modernen Fensterbändern" haben neuzeitliche Treppenhausfensterlösungen mit großen, zwischen den Podesten liegenden Treppenhausfenstern nichts zu tun. Hier entspringt das gestalterische Moment aus der Konstruktion des Bauwerkes.

Die verschiedenen Treppenarten (Bezeichnungen)

I. Man unterscheidet nach der **Lage** der Treppen:

1. Äußere Treppen — Freitreppen

   Sie vermitteln meist den Verkehr zwischen der Straße, dem Garten oder dem Hofe und dem Erdgeschoß eines Gebäudes. Bei öffentlichen Bauten, Theatern, Gasthäusern, Fabriken usw. werden auch Freitreppen zu höheren Geschossen geführt.

2. Innere Treppen — Stockwerkstreppen — Haustreppen

   Sie verbinden die Geschosse eines Gebäudes vom Keller bis zum Dachgeschoß miteinander.

Freitreppe

II. Man unterscheidet nach der **Bedeutung,** der **Ausstattung** und dem **Gebrauch** der Treppen:

1. Haupttreppen

   Sie vermitteln den Hauptverkehr eines Gebäudes.

2. Nebentreppen — Hintertreppen

   Sie vermitteln bei größeren Bauten den Verkehr in Seitenflügeln oder sonstigen von der Haupttreppe, vom Haupteingang entfernten Gebäudeteilen.

3. Diensttreppen — Lauftreppen

   Sie dienen hauptsächlich dem Dienstpersonal eines Hauses.

4. Geheimtreppen

   Sie sollen unbemerkt den Verkehr von einem Geschoß zum anderen vermitteln.

III. Man unterscheidet nach der **Geschoßlage** der Treppen:

1. Kellertreppen
2. Geschoßtreppen — Stockwerkstreppen
3. Speichertreppen — Bodentreppen

IV. Man unterscheidet nach der **Laufrichtung** der Treppen:

1. Linkstreppen
2. Rechtstreppen

   Laut DIN 107 wurde die Links- und Rechtsbezeichnung von Treppen festgelegt. Die Laufrichtung ist besonders bei großem Verkehr von Bedeutung. Die Treppen müssen ins Auge fallen und sich in die Gehrichtung einfügen. Rechtsläufige Treppen laufen sich im allgemeinen angenehmer als linksläufige. Es hängt dies wohl mit dem Gebrauch der freien rechten Hand als Stütze am Handlauf zusammen. Auch bei rechtsgewendelten Treppen vermeidet man als Rechtshänder, daß man bei der Wendelung zu weit in die Ecken geht. Entscheidend für die Wahl der Laufrichtung sind stets die besonderen Umstände, wie sie sich jeweils aus der Lage der Treppe im Grundriß des Hauses ergeben.

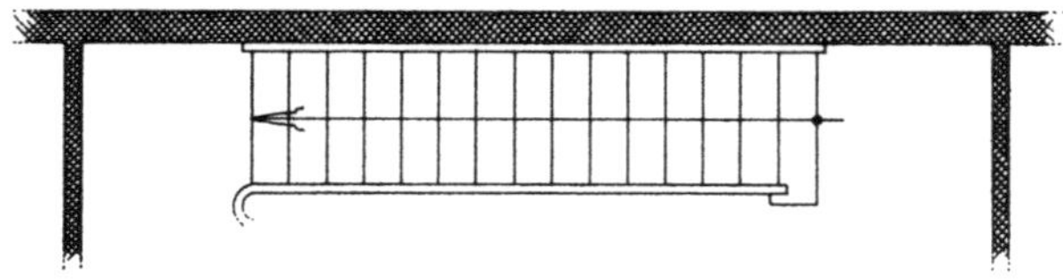

Einläufige Linkstreppe

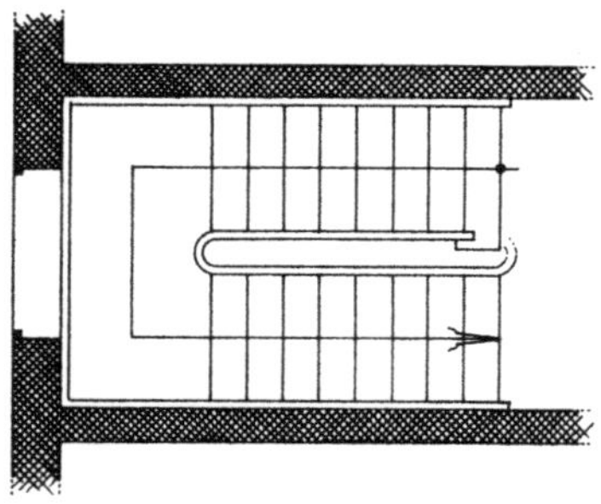

Zweiläufige Linkstreppe

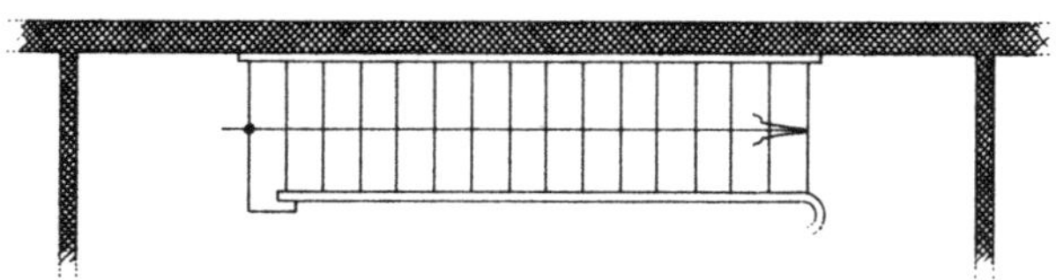

Einläufige Rechtstreppe

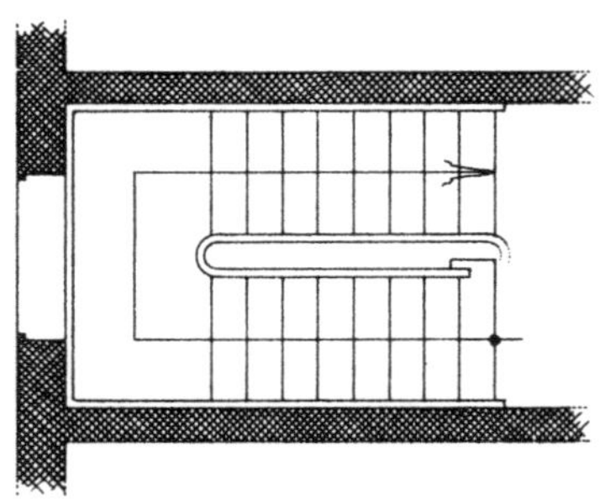

Zweiläufige Rechtstreppe

V. Man unterscheidet nach der **Anzahl der durch Podeste getrennten Läufe** von Treppen:

1. Einläufige oder einarmige Treppen
   Einarmig nennt man solche Treppen, die weder im Lauf noch in der Stufenfolge unterbrochen sind, im Gegensatz zu den Podesttreppen, die von Podesten unterbrochen werden.
2. Zweiläufige oder zweiarmige Treppen — Podesttreppen
3. Dreiläufige oder dreiarmige Treppen — Podesttreppen
4. Mehrläufige oder mehrarmige Treppen — Podesttreppen

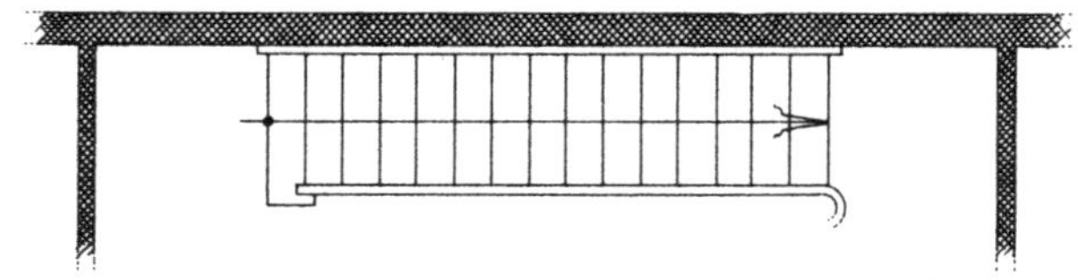

Einläufige Treppe

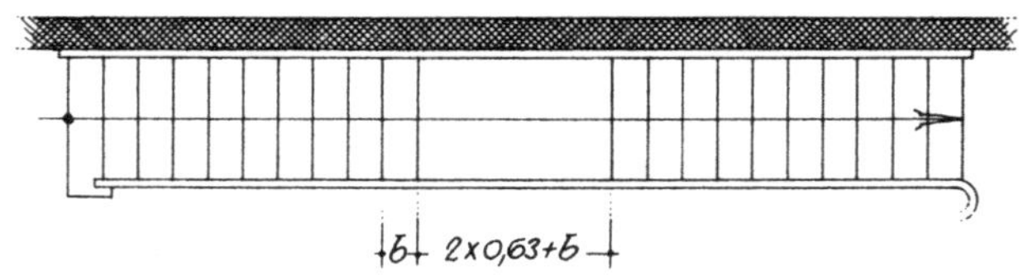

Gerade zweiläufige Treppe mit Podeststufe

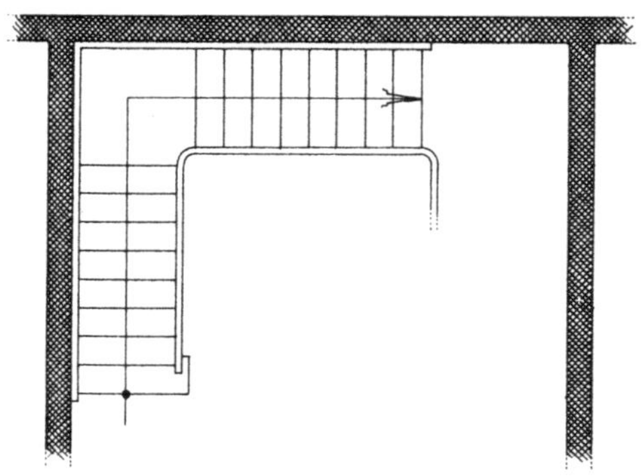

Zweiläufige rechtwinkelige Treppe; um 90° oder einviertel gebrochene zweiläufige Treppe. — Zweiarmige gerade Treppe mit einmal Viertelpodest

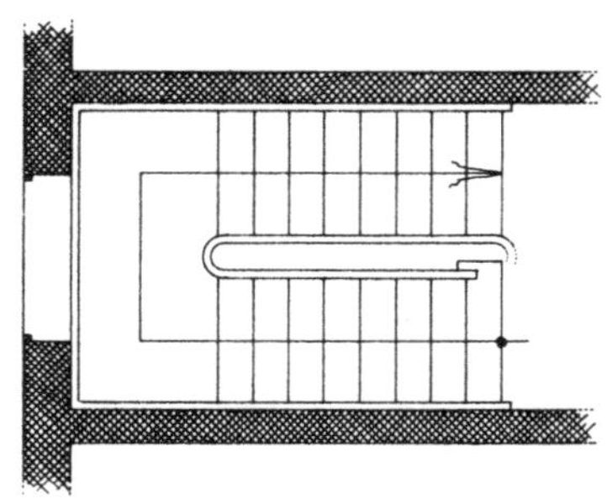

Zweiläufige gleichlaufende Treppe; um 180° oder einhalb gebrochene zweiläufige Treppe. — Zweiarmige gerade Treppe mit Halbpodest

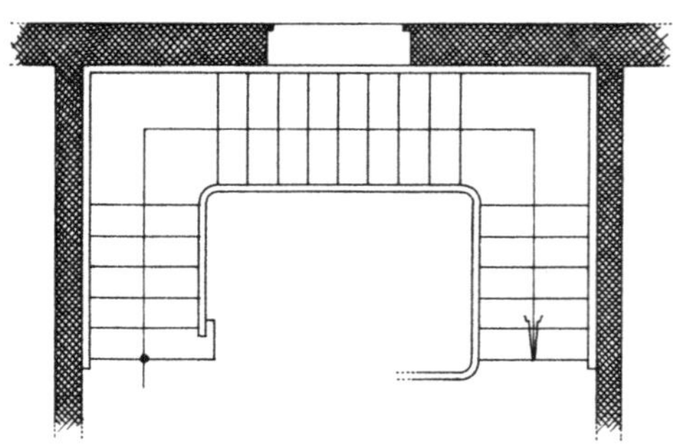

Dreiläufige Treppe; zweimal um 90° oder zweimal einviertel gebrochene dreiläufige Treppe. — Dreiarmige gerade Treppe mit zweimal Viertelpodest

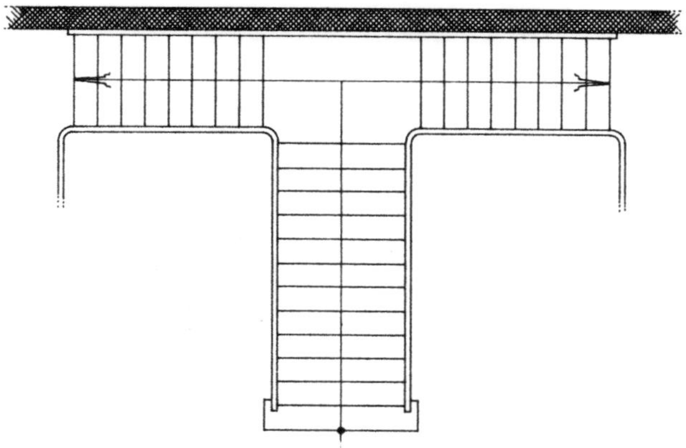

Dreiläufige T-förmige Treppe; zweimal um 90° oder zweimal einviertel gebrochene dreiläufige Treppe mit einem mittleren Antrittlauf und zwei Austrittläufen. — Dreiarmige gerade Treppe mit einmal Viertelpodest

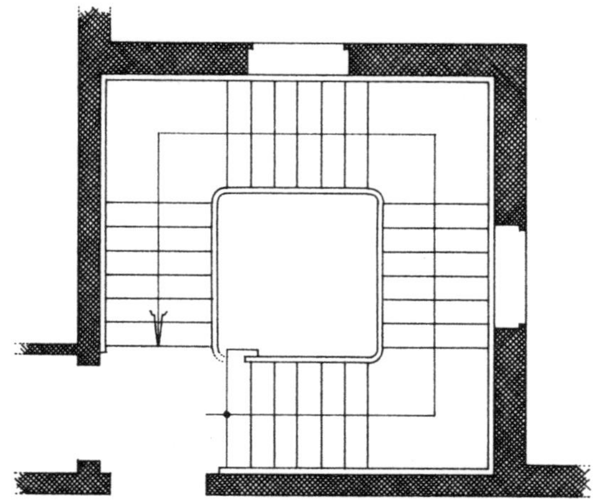

Vierläufige Treppe; dreimal um 90° oder dreimal einviertel gebrochene vierläufige Treppe. — Vierarmige gerade Treppe mit dreimal Viertelpodest

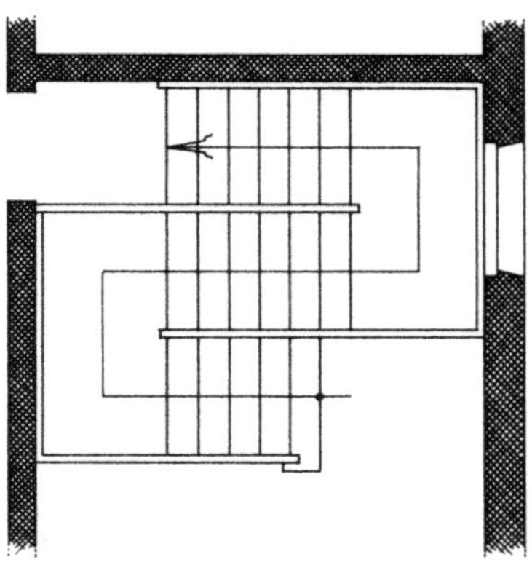

Dreiläufige S-förmige Treppe; zweimal um 180° oder zweimal einhalb gebrochene dreiläufige Treppe. Dreiarmige gerade Treppe mit zweimal Halbpodest

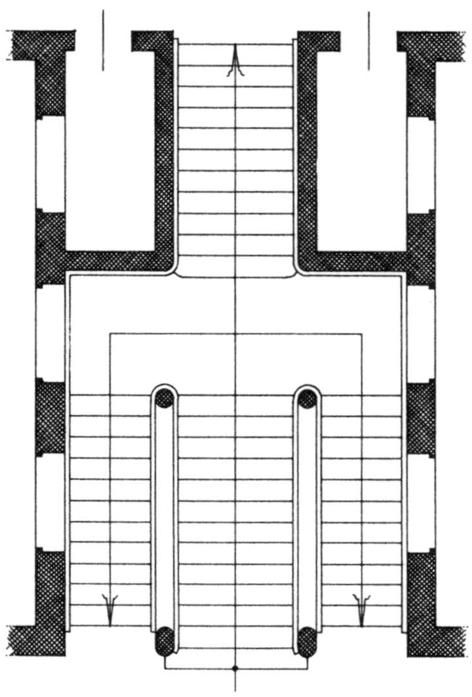

Vierläufige Treppe; zweimal um 180° oder zweimal einhalb gebrochene und gerade vierläufige Treppe mit einem Antrittlauf und drei Austrittläufen und mit einem Podest

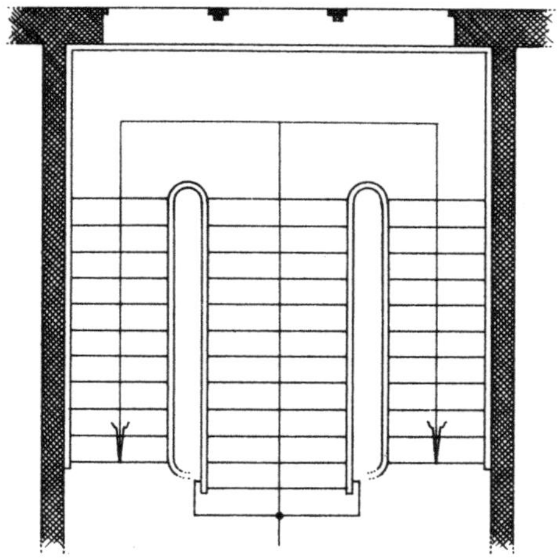

Dreiläufige gleichlaufende Treppe; zweimal um 180° oder zweimal einhalb gebrochene dreiläufige Treppe mit einem mittleren Antrittlauf und und 2 Austrittläufen. — Dreiarmige gerade Treppe mit Halbpodest

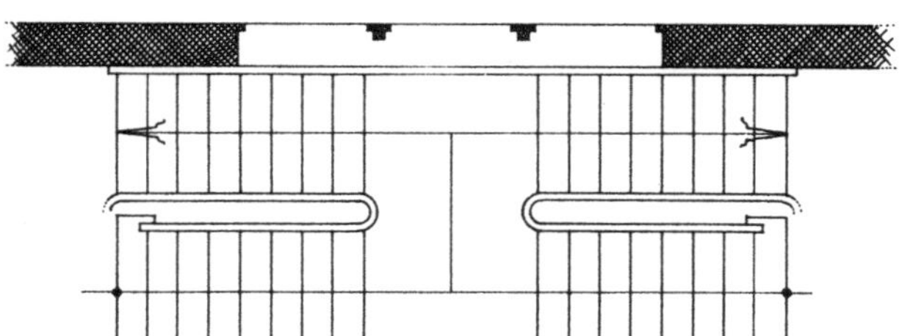

Vierläufige Treppe; zweimal um 180° oder zweimal einhalb gebrochene vierläufige Treppe mit zwei Antritt- und zwei Austrittläufen und mit einem Podest

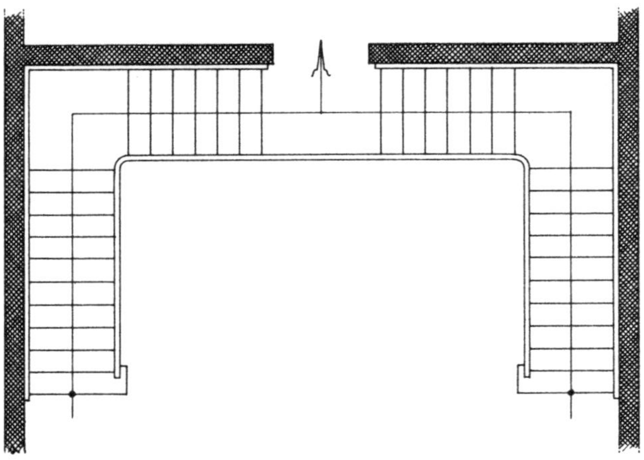

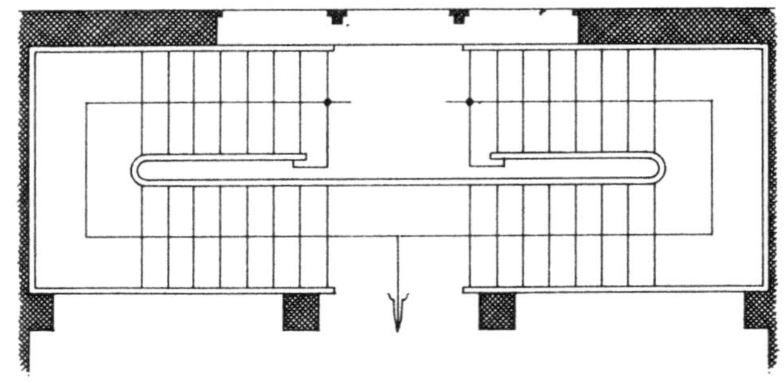

Vierläufige Treppe; zweimal um 180° oder zweimal einhalb gebrochene vierläufige Treppe mit zwei Antritt- und zwei Austrittläufen und mit zwei Podesten

Vierläufige Treppe; zweimal um 90° oder zweimal einviertel gebrochene vierläufige Treppe mit zwei Antritt- und zwei Austrittläufen

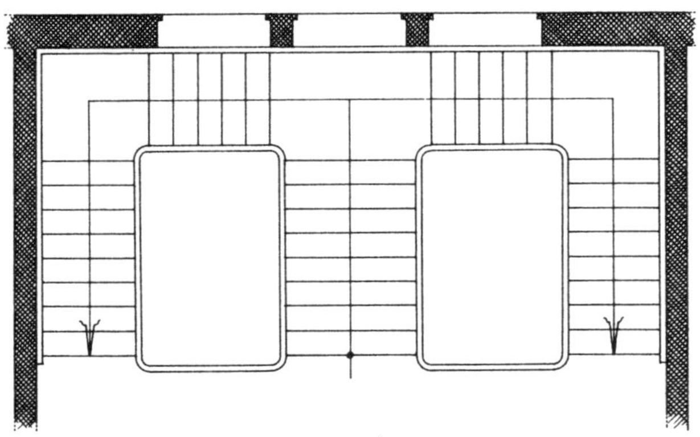

Fünfläufige Treppe; viermal um 90° oder viermal einviertel gebrochene fünfläufige Treppe mit einem Antrittlauf, zwei Austrittläufen und 3 Podesten

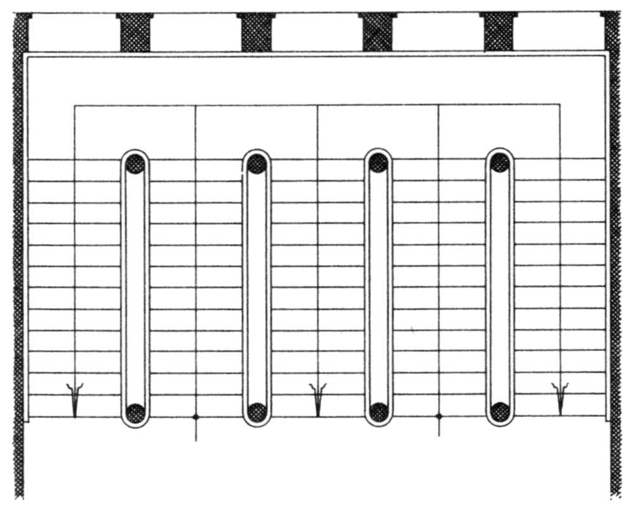

Fünfläufige Treppe; viermal um 180° oder viermal einhalb gebrochene fünfläufige Treppe mit zwei Antritt- und 3 Austrittläufen und einem Podest

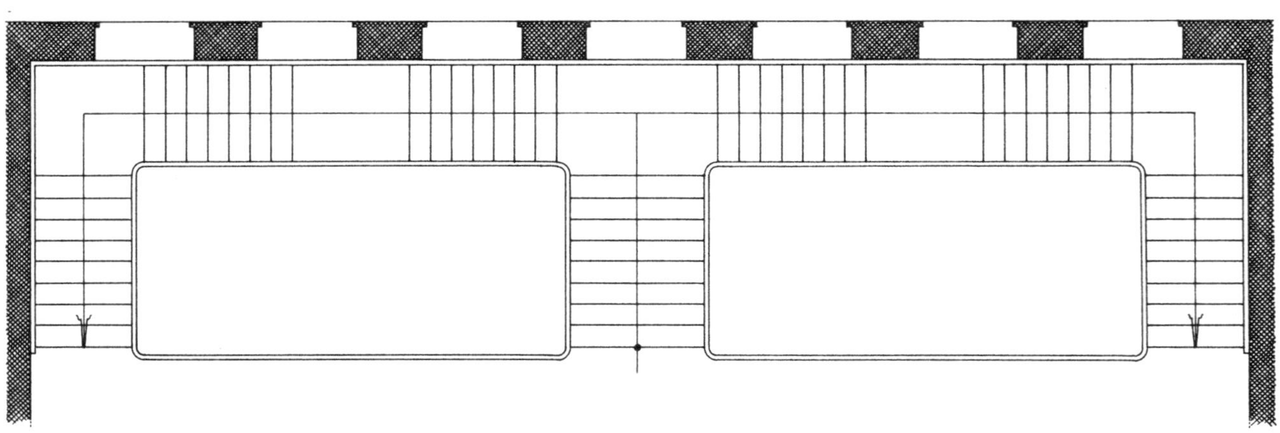

Siebenläufige Treppe; viermal um 90° oder viermal einviertel gebrochene siebenläufige Treppe mit einem Antrittlauf und zwei Austrittläufen und mit 5 Podesten

VI. Man unterscheidet nach der Richtung der Treppenläufe:

1. Gerade Treppen — geradläufige Treppen

   Gerade Treppen führen ohne Richtungsänderung von Geschoß zu Geschoß. Die Mittellinie — die Gehlinie — bildet zwischen An- und Austritt eine Gerade.

2. Gebrochene Treppen

   Gebrochene Treppen können ein-, zwei- oder mehrere Male ihre Richtung ändern. Die Mittellinie setzt sich aus geraden, beliebige Winkel bildenden Teilen zusammen. Gebrochene Treppen mit An- oder Austrittspodesten bzw. mit An- und Austrittspodesten bilden sozusagen einen Sonderfall der geraden Treppen.

3. Treppen mit Wendelstufen — Treppen mit schräggestellten oder verzogenen Stufen.

4. Treppen mit Wendelung

5. Gewundene Treppen — krumme Treppen — gerundete Treppen

   Gewundene Treppen haben in der Richtungsänderung gewendelte Stufen. Die Mittellinie bildet eine nicht geschlossene Kurve. Die am besten begehbaren Treppen sind merkwürdigerweise nicht die geradläufigen Treppen, die man jedoch stets bei kleinen Häusern anordnen soll, sondern die gewundenen Treppen, weil jeder Benutzer seine Schrittlänge darauf finden kann, indem er beim Begehen von der Mittellinie weiter nach der Wandwange oder nach der Freiwange rückt.

6. Wendeltreppen — Windeltreppen — Spindeltreppen

   Wendeltreppen bestehen ausschließlich aus gewendelten Stufen. Die Grundrißform kann kreisförmig, elliptisch, oval, korbbogenförmig, quadratisch, viereckig, vieleckig usw. sein. Die Mittellinie bildet eine geschlossene Kurve, meist einen Kreis.

   a) Wendeltreppen mit hohler Spindel — Wendeltreppen
      Da korbbogenförmige bzw. ovale Wendeltreppen eine Längs- und Querachse besitzen, wird bei diesen das leichte Schwindeligwerden, das bei kreisförmigen Wendeltreppen auftritt, vermieden.

   b) Wendeltreppen mit voller Spindel — Spindeltreppen

7. Podesttreppen

   Diese Treppen sind unter V 2, 3 und 4 bereits näher beschrieben.

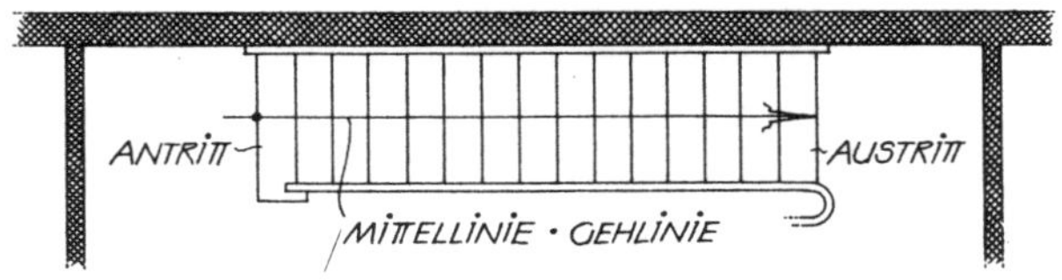

Gerade Treppe

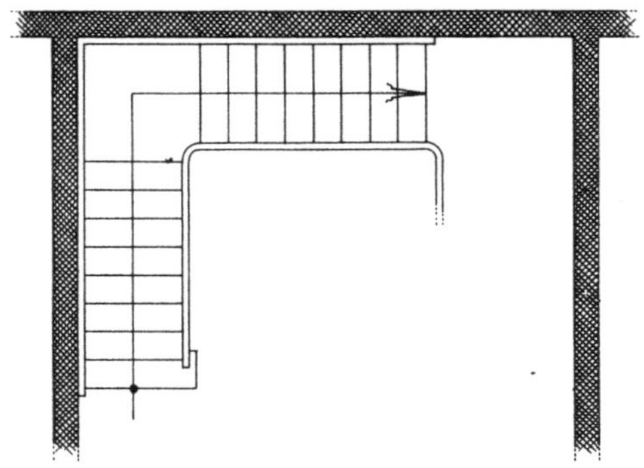

Um 90° oder einviertel oder rechtwinkelig gebrochene Treppe (zweiläufige Treppe)

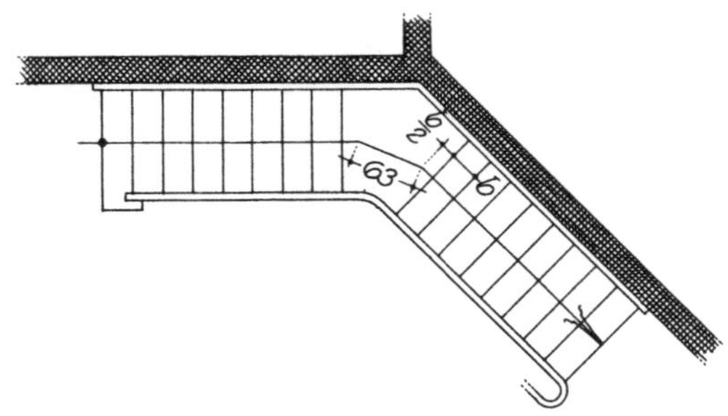

Stumpfwinkelig gebrochene Treppe (zweiläufige Treppe)

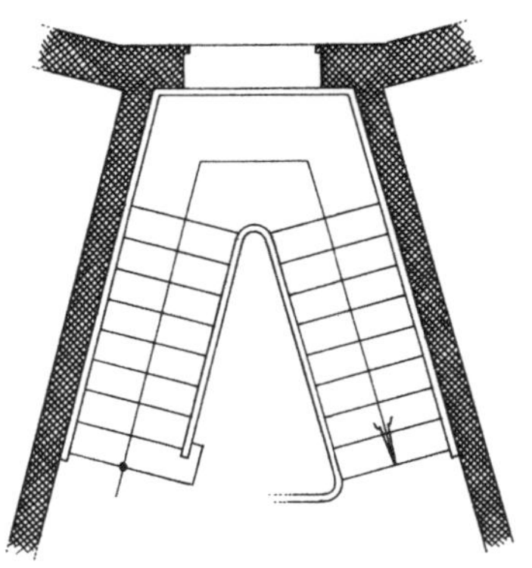

Spitzwinkelig gebrochene Treppe (zweiläufige Treppe)

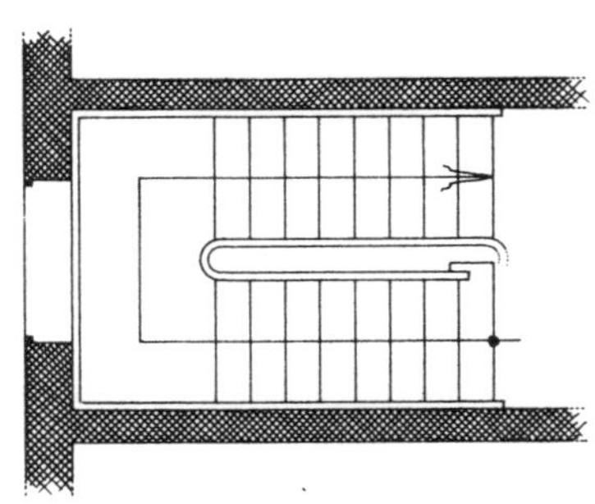

Um 180° oder einhalb gebrochene Treppe (zweiläufige Treppe)

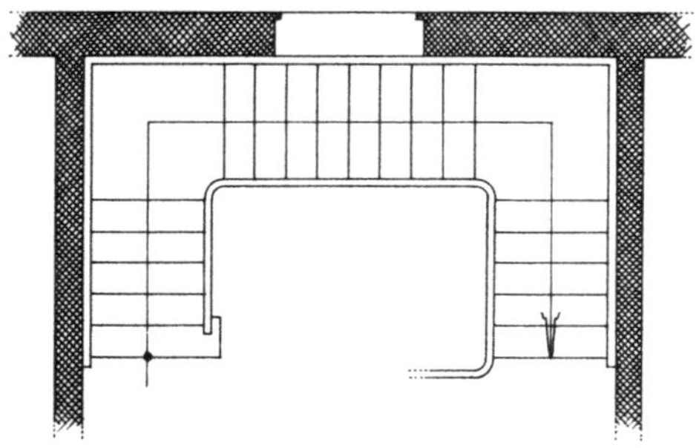

Zweimal um 90° oder zweimal einviertel gebrochene Treppe (dreiläufige Treppe)

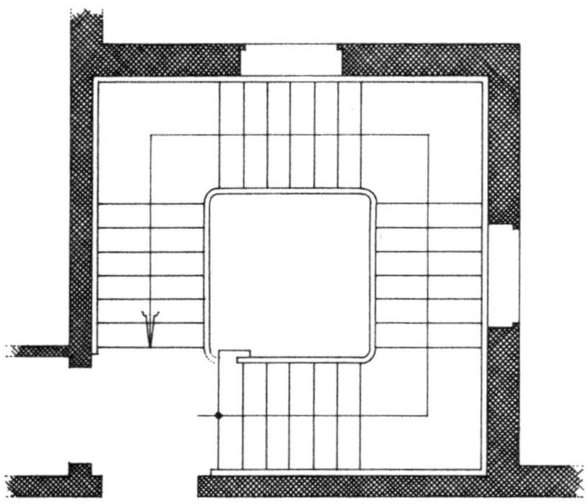

Dreimal um 90° oder dreimal einviertel gebrochene Treppe (vierläufige Treppe)

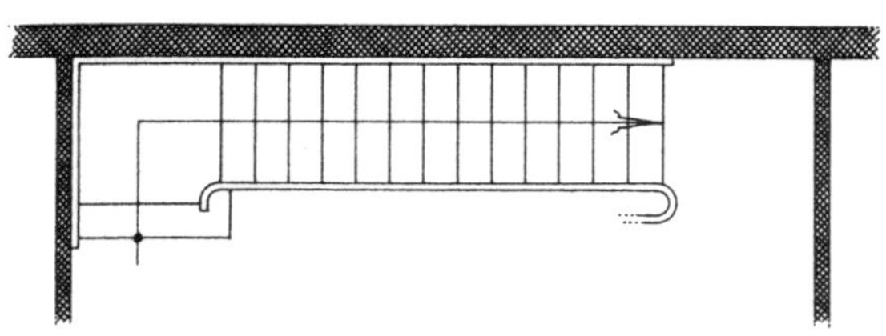

Um 90° oder einviertel gebrochene Treppe mit Antrittspodest

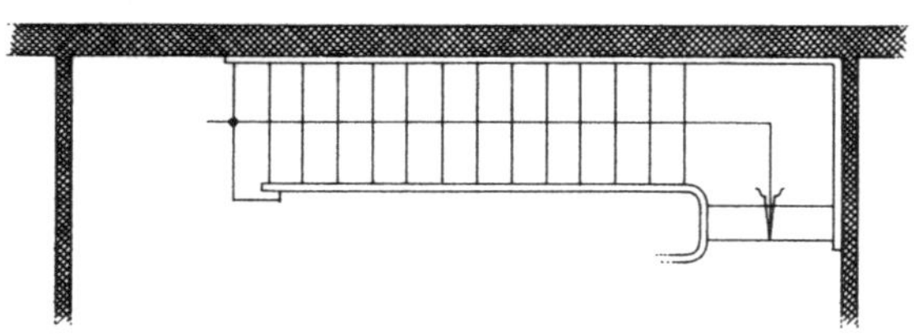

Um 90° oder einviertel gebrochene Treppe mit Austrittspodest

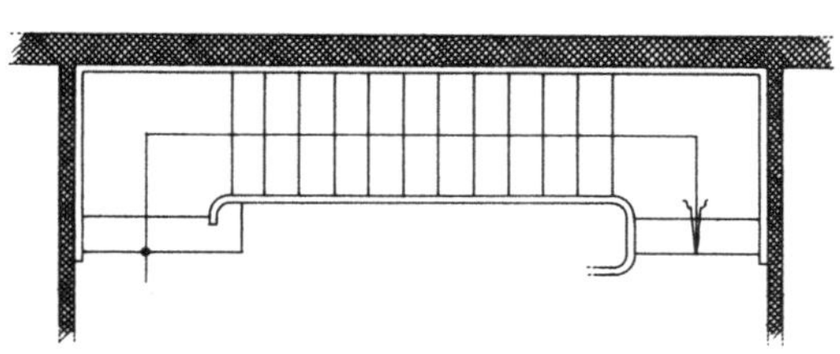

Zweimal um 90° oder zweimal einviertel gebrochene Treppe mit An- und Austrittspodest

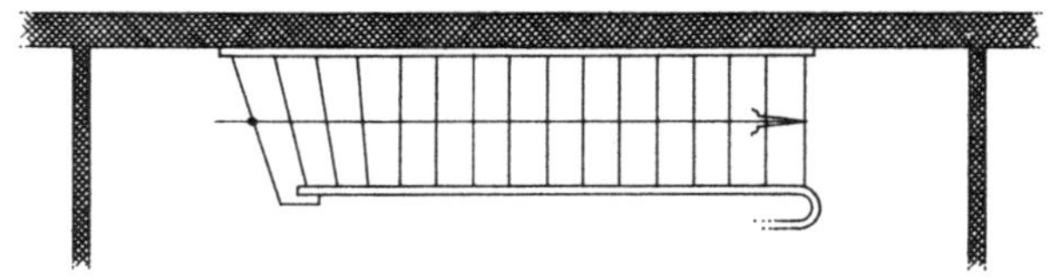

Gerade Treppe mit Wendelstufen am Antritt

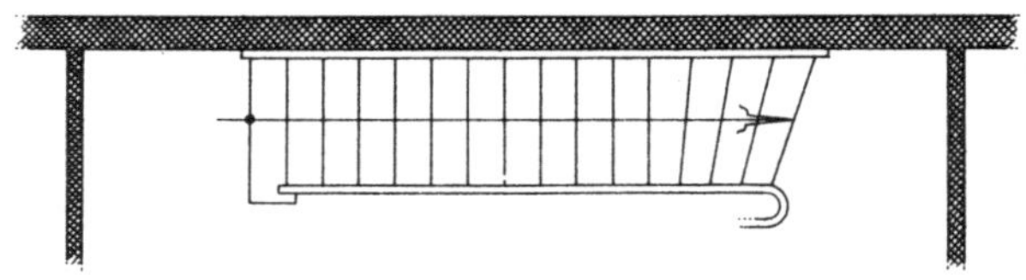

Gerade Treppe mit Wendelstufen am Austritt

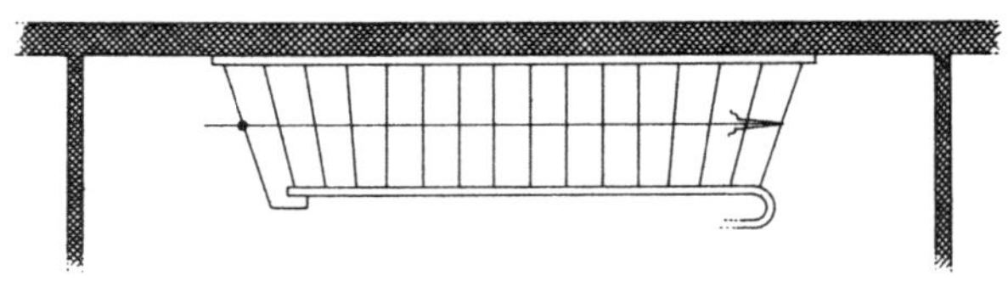

Gerade Treppe mit Wendelstufen am An- und Austritt

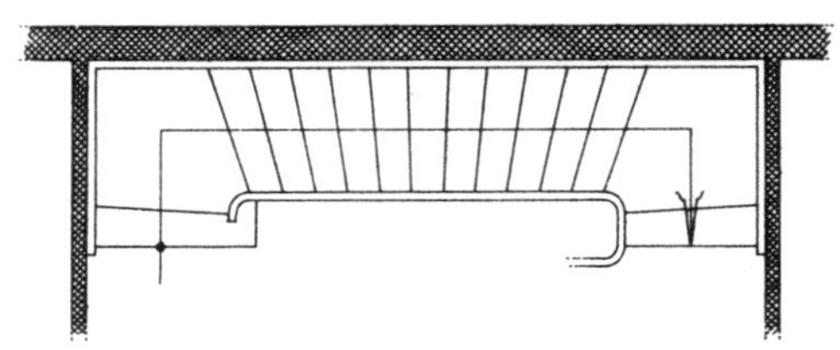

Zweimal um 90° oder zweimal einviertel gebrochene Treppe mit Wendelstufen und An- u. Austrittspodest

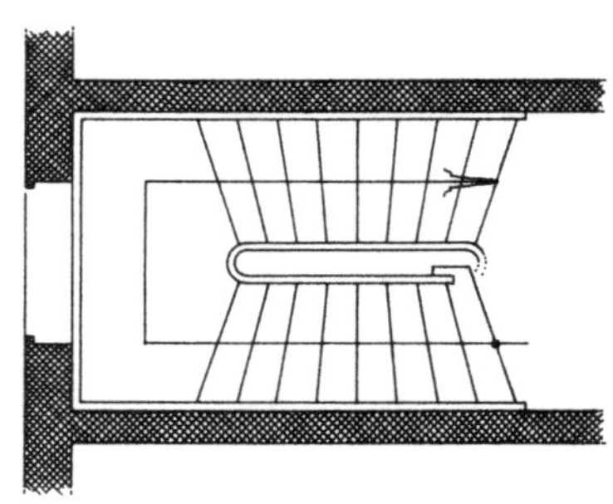

Um 180° oder einhalb gebrochene Treppe mit Wendelstufen

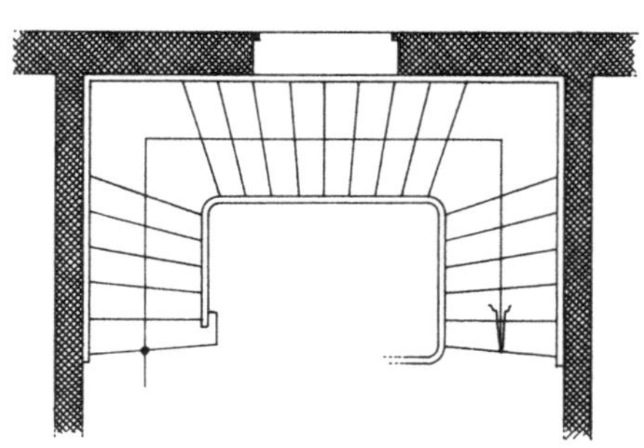

Zweimal um 90° oder zweimal einviertel gebrochene Treppe mit Wendelstufen

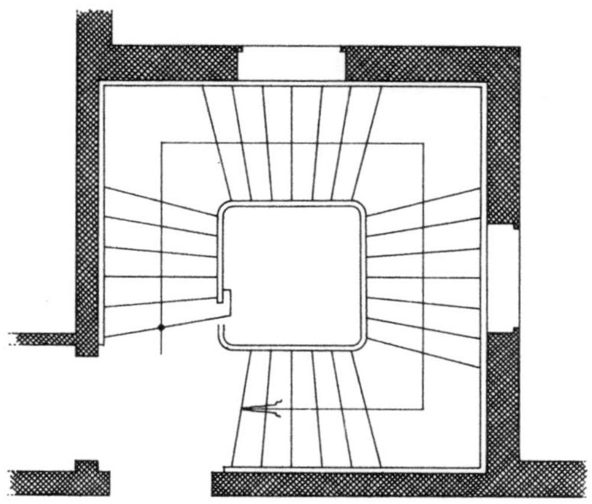

Dreimal um 90° oder dreimal einviertel gebrochene Treppe mit Wendelstufen

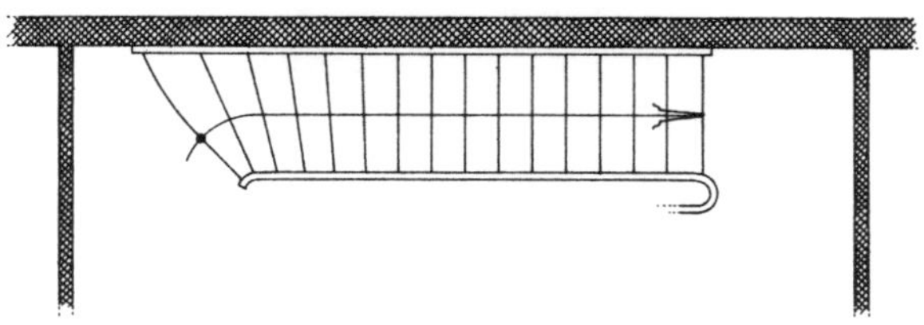

Einläufige Treppe mit Halbviertel-Wendelung am Antritt

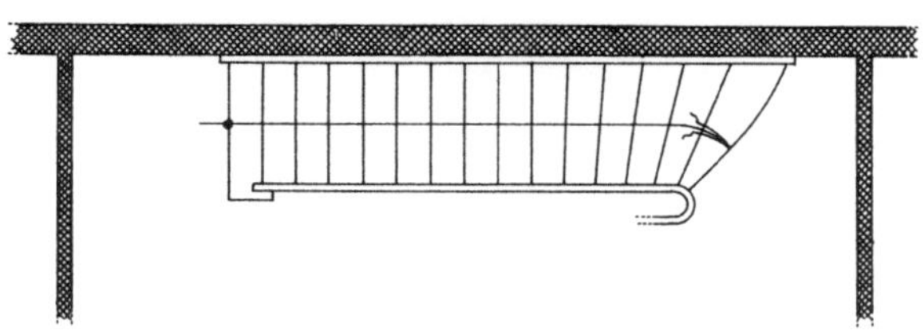

Einläufige Treppe mit Halbviertel-Wendelung am Austritt

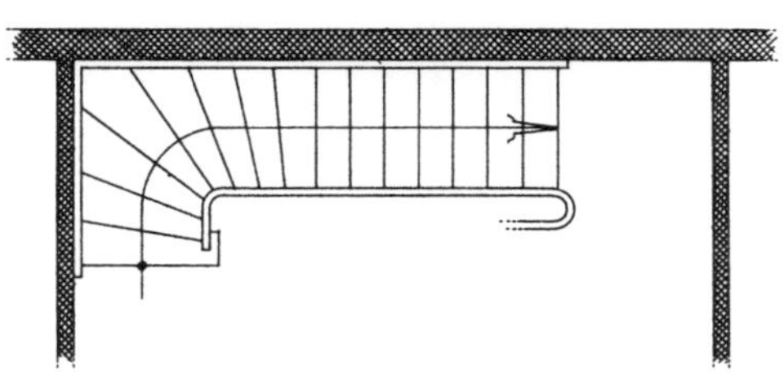

Einläufige Treppe mit Viertel-Wendelung am Antritt

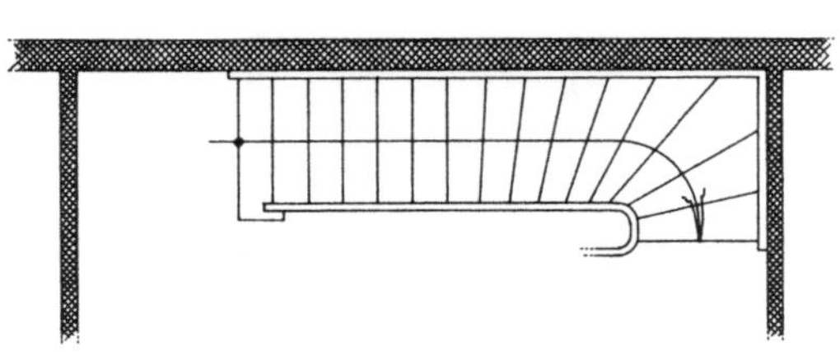

Einläufige Treppe mit Viertel-Wendelung am Austritt

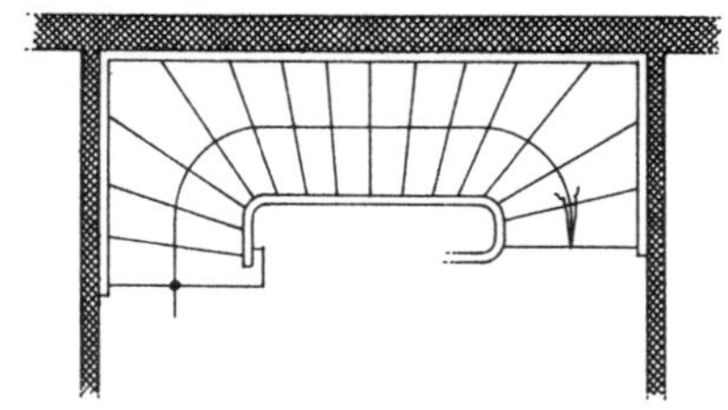

Einläufige Treppe mit Viertel-Wendelung am An- und Austritt

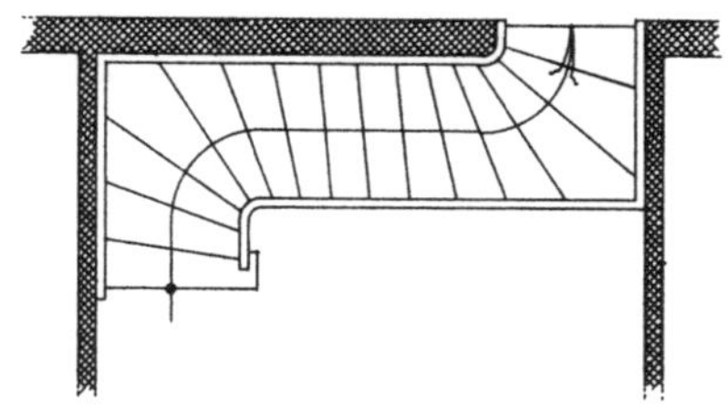

Einläufige Treppe mit Viertel-Wendelung am An- und Austritt (Gehlinie S-förmig)

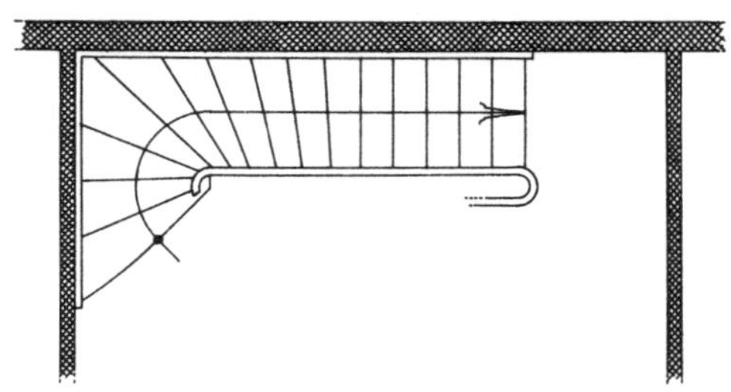

Einläufige Treppe mit Eineinhalbviertel-Wendelung am Antritt

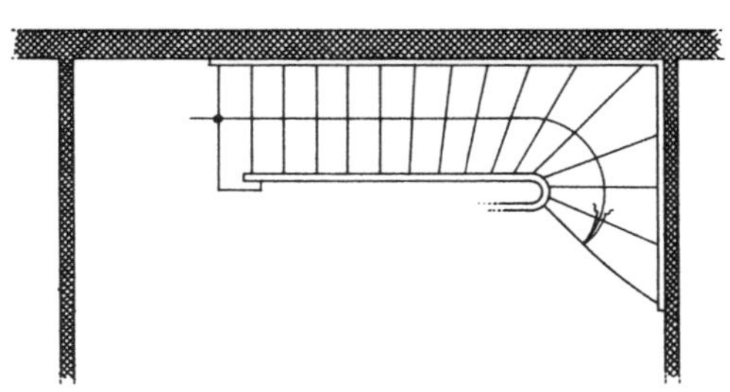

Einläufige Treppe mit Eineinhalbviertel-Wendelung am Austritt

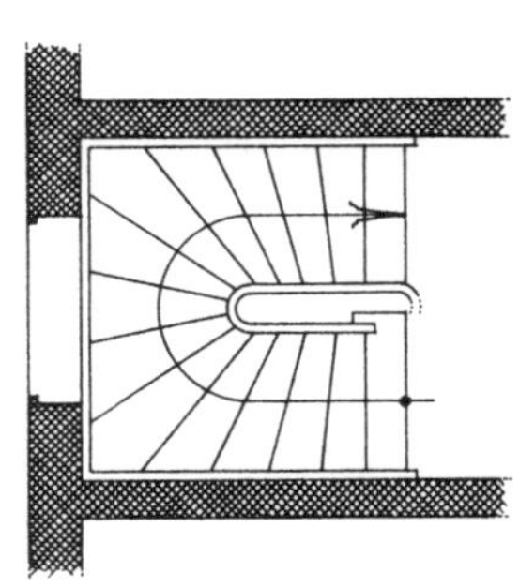

Einläufige Treppe mit halber Wendelung

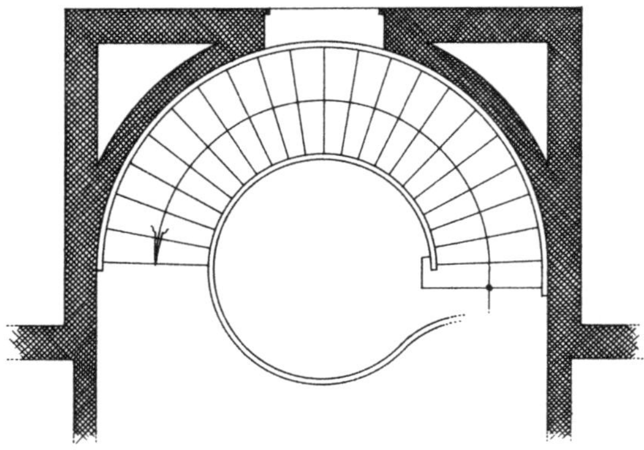

Gewundene einläufige Treppe; kreisbogenförmige Treppe — Im Kreisbogen gerundete Treppe

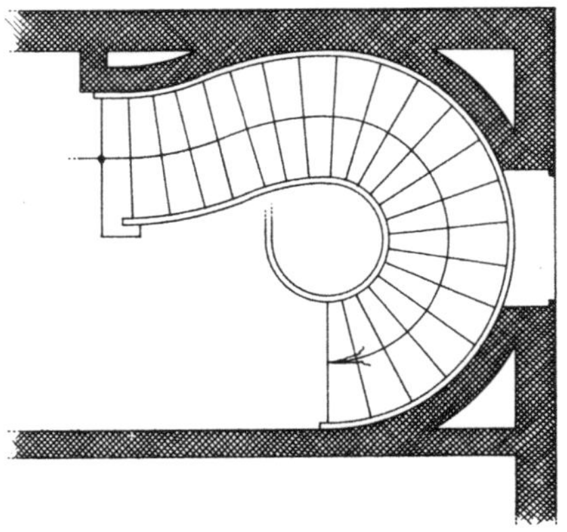

Gewundene einläufige Treppe; kreisbogenförmige Treppe mit S-bogenförmigem Anlauf

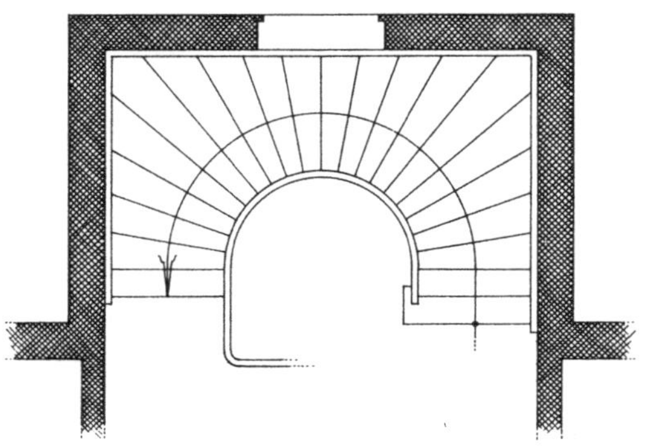

Gewundene einläufige Treppe; kreisbogenförmige Treppe mit rechteckiger Außenbegrenzung

Kreisförmige Wendeltreppe mit hohler Spindel; äußere Treppenform: kreisförmig

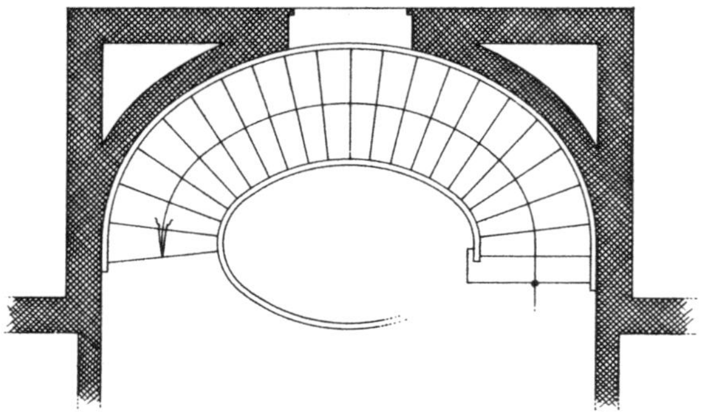

Gewundene einläufige Treppe; korbbogenförmige Treppe — Im Korbbogen gerundete Treppe

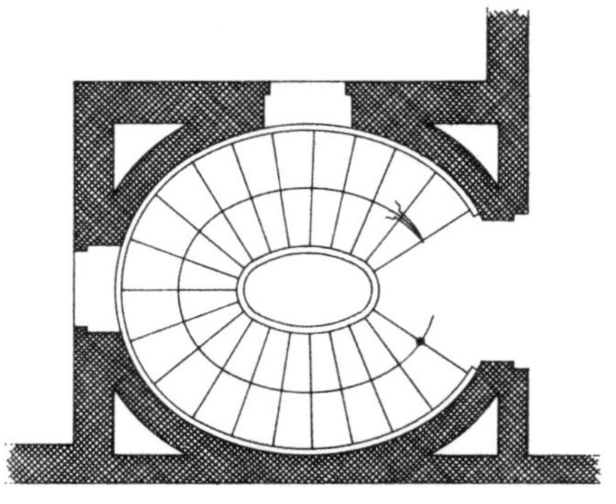

Korbbogenförmige Wendeltreppe mit hohler Spindel

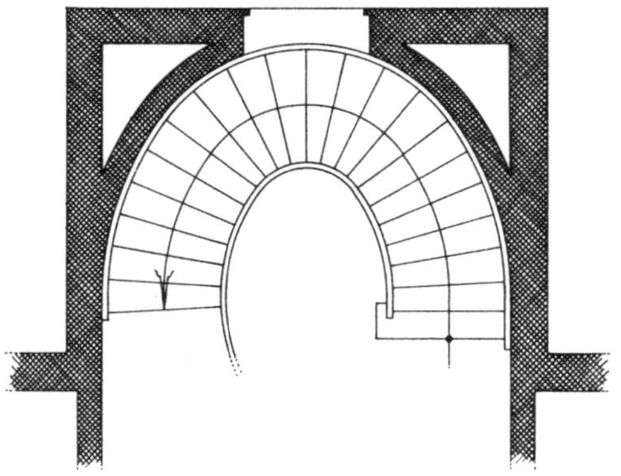

Gewundene einläufige Treppe; korbbogenförmige Treppe

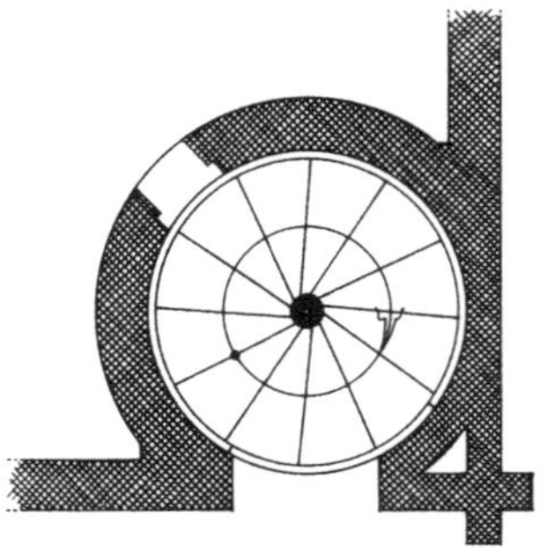

Kreisförmige Wendeltreppe mit voller Spindel; äußere Treppenform kreisförmig

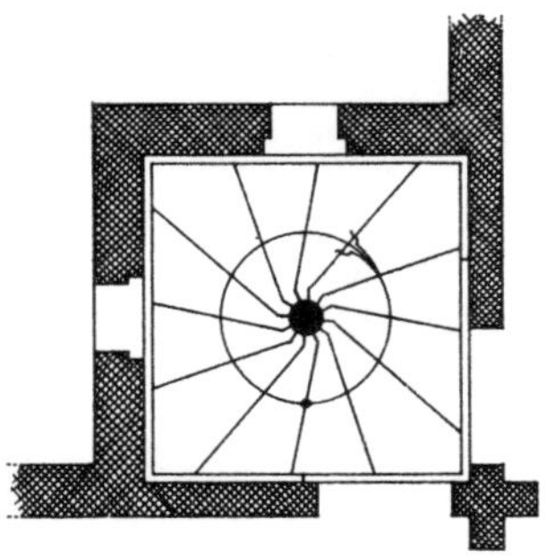

Kreisförmige Wendeltreppe mit voller Spindel; äußere Treppenform viereckig, quadratisch

VII. Man unterscheidet nach dem **Anschluß der Treppe an Mauerteile:**

1. Im Raum freistehende Treppen (meist als Speichertreppen)
2. Einseitig an einer Wand laufende Treppen
3. Schachttreppen

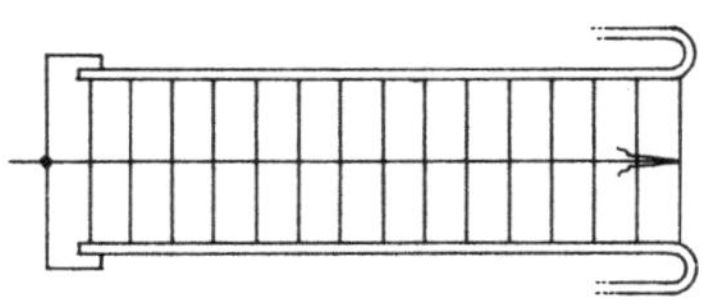

Im Raum freistehende Treppe

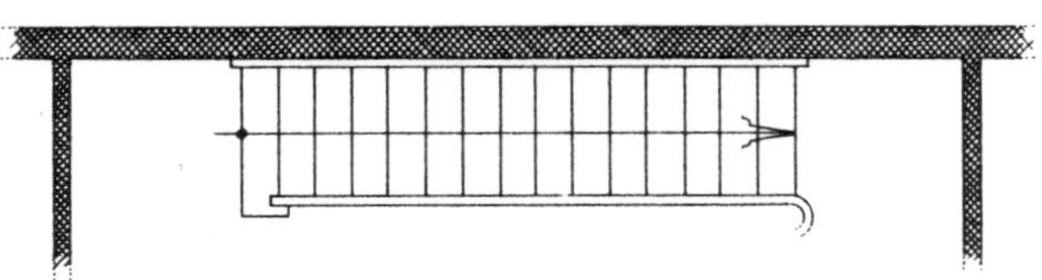

Einseitig an einer Wand laufende Treppe

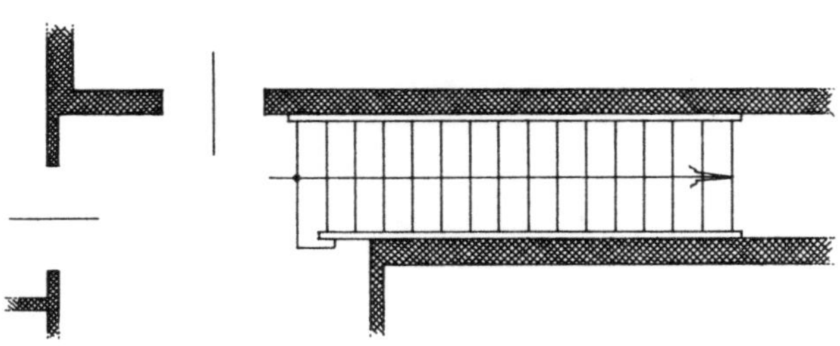

Geradläufige Schachttreppe

VIII. Man unterscheidet nach der **Konstruktion:**

1. Unterstützte Treppen, bei denen auch die Freiwangen mit den beiden Endigungen auf Podeste aufgelagert sind oder bei denen die Stufenenden durch Mauern, Bögen, Säulen oder Träger unterstützt sind.
2. Freitragende Treppen, bei denen die Freiwangen oder Stufenenden ohne Unterstützung gelassen sind.

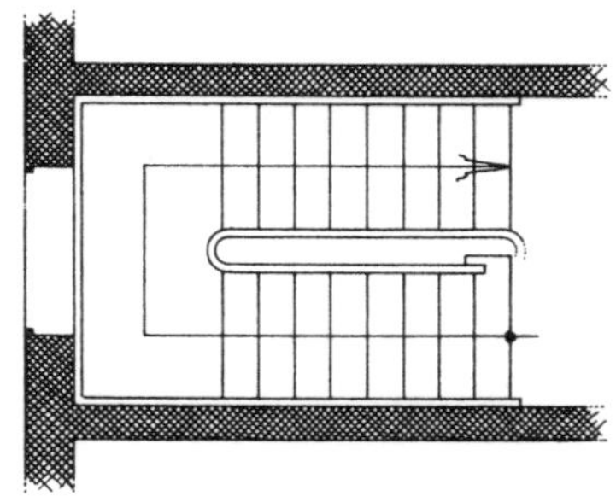

Zweiläufige unterstützte Treppe; Freiwange auf den Podesten aufgelagert

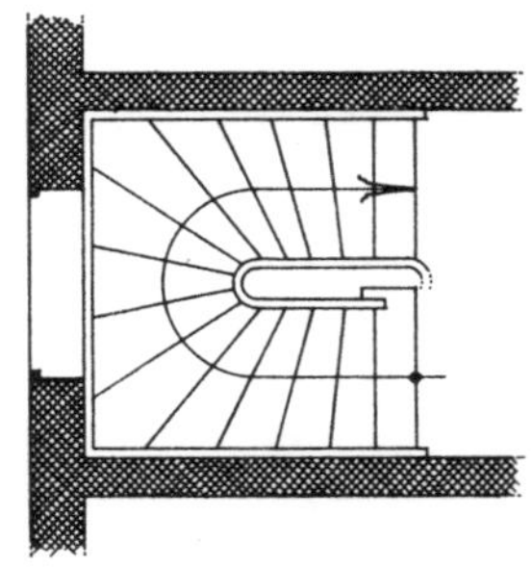

Einläufige Treppe mit halber Wendelung; Freiwange freitragend

IX. Man unterteilt nach dem **Steigungsverhältnis:**

1. Rampen
2. Freitreppen
3. Haustreppen
4. Maschinentreppen — Leitertreppen
5. Leitern

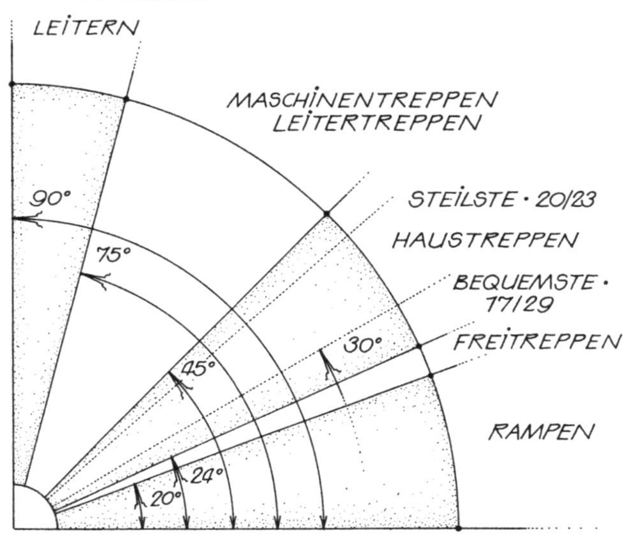

Einteilung der Treppen nach dem Steigungsverhältnis

X. Man unterscheidet nach dem verwendeten **Material:**

1. Treppen aus Holz
2. Treppen aus Stein oder Beton
3. Treppen aus Stahl
4. Treppen aus mehreren Materialien, wie aus Stein oder Beton und Holz, aus Stahl und Holz oder aus Stein und Stahl

XI. Man unterscheidet nach der verwendeten Holzart:

1. Treppen aus weichem Holz
   a) Fichtentreppen
   b) Lärchentreppen
   c) Kieferntreppen — Föhrentreppen
2. Treppen aus hartem Holz
   a) Eichentreppen
   b) Buchentreppen
3. Gemischte Holztreppen,
   Wangen und Futterbretter aus weichem Holz (Fichte)
   und Trittstufen aus hartem Holz (Eiche)

XII. Man unterscheidet nach der Behandlung der verwendeten Holzart:

1. Gestrichene Treppen
2. Gebeizte Treppen — geräucherte Treppen
3. Lasierte Treppen
4. Lackierte Treppen
5. Gewachste oder gewichste Treppen
6. Gebürstete Treppen
7. Mattierte Treppen
8. Polierte Treppen (nur Handlauf!)

XIII. Man unterscheidet nach der Konstruktion der Stufen:

1. Treppen mit Blockstufen
2. Treppen mit eingeschobenen Stufen
3. Treppen mit halbgestemmten Stufen
4. Treppen mit gestemmten Stufen — Treppen mit eingestemmten Stufen
5. Treppen mit aufgesattelten Stufen

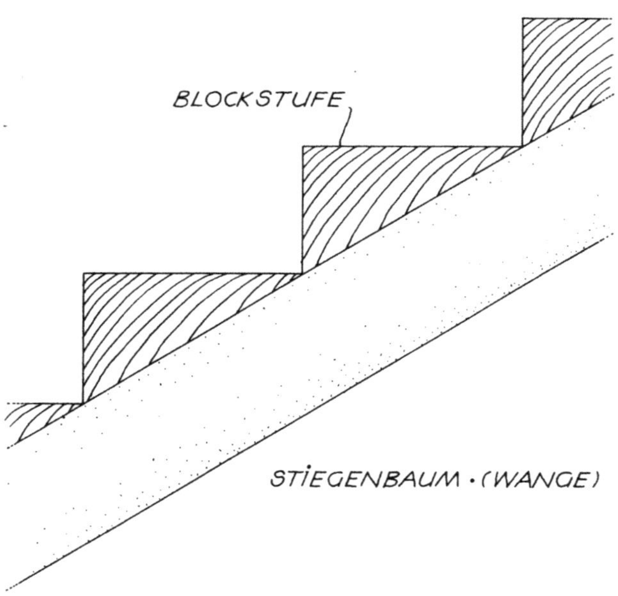

Die Blocktreppe

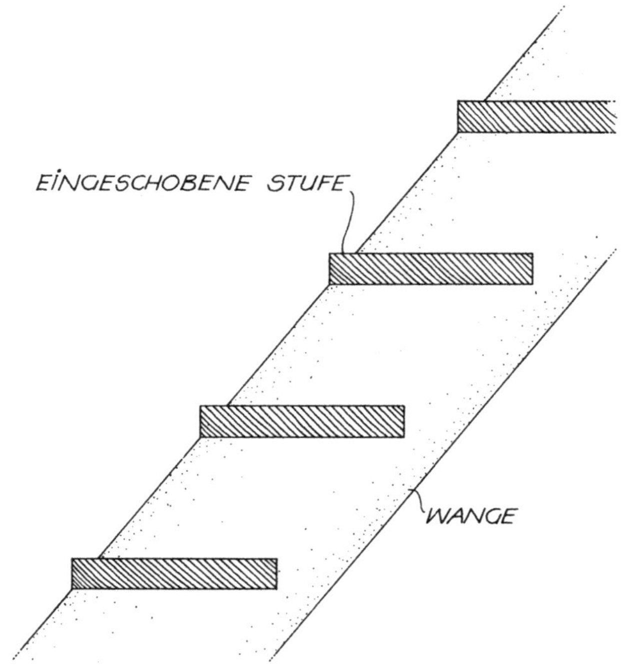

Die eingeschobene Treppe

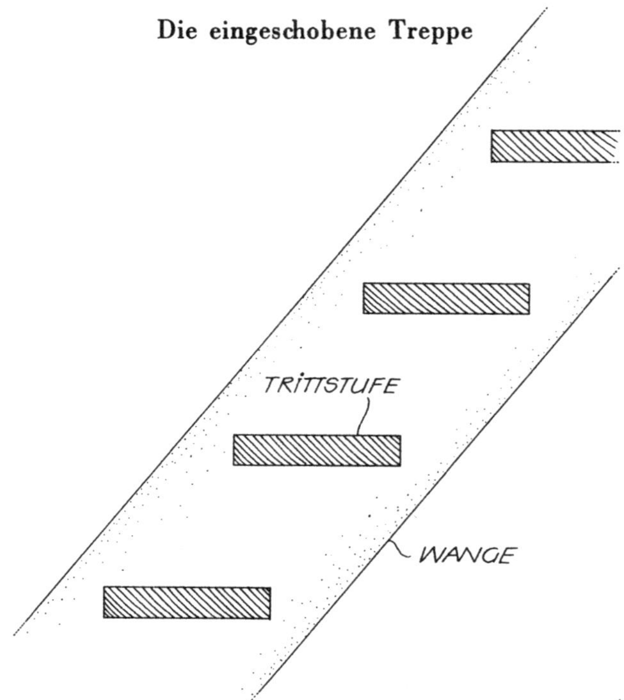

Die halbgestemmte Treppe

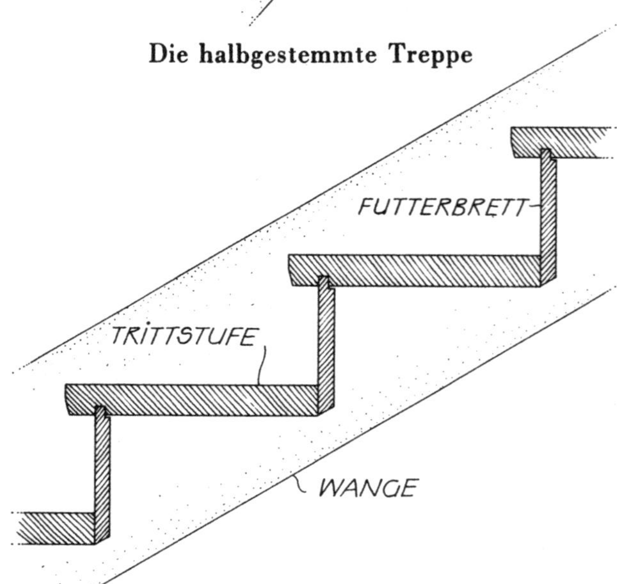

Die gestemmte Treppe
Oberen Apotheke

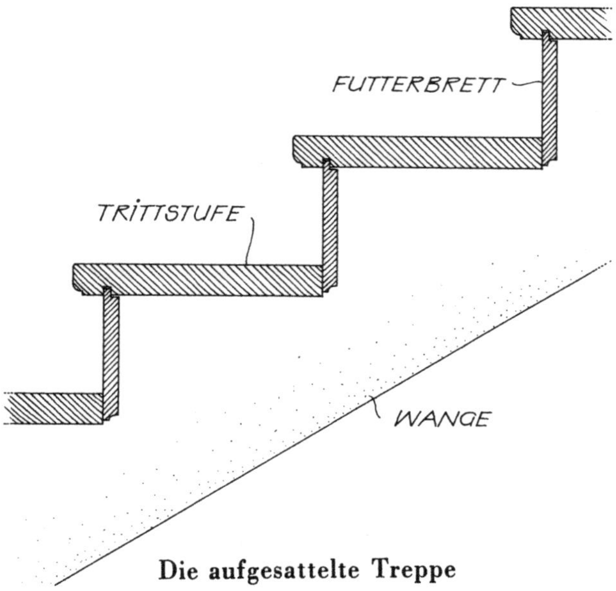

Die aufgesattelte Treppe

XIV. Man unterscheidet nach der **Widerstandsfähigkeit der Treppen gegen Feuer:**

1. Brennbare Treppen — gewöhnliche Holztreppen
2. Feuerhemmende Treppen — Holztreppen, deren Untersicht gerohrt und verputzt sein muß
3. Feuersichere Treppen — Stein- oder Stahlbetontreppen, deren Stufen mit Holz belegt werden dürfen

Die Bezeichnungen der Treppenteile (Bestandteile der Treppe)

Die einzelnen Teile (Bestandteile) einer Treppe sind:
Treppenhaus nennt man den Raum, in welchem sich die Treppe befindet. Ist die Treppe in einem anderen Zwecken dienenden Raum als Dielentreppe, Wendeltreppe usw. eingebaut, so fehlt im Grundriß das eigentliche Treppenhaus.
Treppenöffnung nennt man die Öffnung, welche in der Geschoßdecke für die Ausmündung der Treppe freizulassen ist.
Treppenlauf oder Treppenarm nennt man eine ununterbrochene Stufenfolge, entweder zwischen An- und Austritt, zwischen Antritt und einem Podest oder einem solchen und dem Austritt der Treppe.
Podest, Zwischenpodest, Ruheplatz heißt ein größerer waagrechter Platz, der die Stufenfolge unterbricht. Man ordnet Podeste bei einer größeren Anzahl von Steigungen an.
Treppenwangen, Wangen, Treppenbäume, Stiegenbäume begrenzen seitlich die Stufen der Treppe; sie sind die Träger der Stufen und damit die Träger der Lasten, die auf der Treppe bewegt werden. Nach Form, Lage und Befestigung unterscheidet man:
Freiwangen oder freitragende Wangen, die nur an den Enden unterstützt und befestigt werden;
Wandwangen, die seitwärts an eine Wand gelehnt, an derselben befestigt und zum Teil in die Wand eingelassen sind;
Innere und äußere Wangen bei gebrochenen, gewendelten und gewundenen Treppen;
Die Wangen gerader Treppen können der ganzen Länge nach aus einem Stück gearbeitet werden, während die Wangen von gebrochenen und gewendelten Treppen aus geraden und krummen Teilen zusammengesetzt sind.
Krümmling, Kropfstück nennt man die krummen Teile der inneren Wange.
Laterne, Treppenauge nennt man den freien Raum, der innerhalb der Treppenläufe bzw. innerhalb der Freiwangen bei gebrochenen, gewendelten und gewundenen Treppen verbleibt.
Trittstufe, Trittfläche nennt man den waagrechten Teil der Stufe, auf den man beim Begehen tritt.
Setzstufe, Futterstufe, Futterbrett, Stoßstufe und Stoßbrett nennt man den senkrechten Teil der Stufe, der zur Unterstützung der Trittstufe dient.
Blockstufe nennt man eine aus einem vollen Stück oder eine als geschlossener Kasten gearbeitete Stufe, die als Antrittsstufe gewöhnlich im Erdgeschoß eines Gebäudes dient.
Antritt, Antrittsstufe nennt man die unterste oder die erste Stufe einer Treppe.
Austritt, Austrittsstufe nennt man die oberste oder die letzte Stufe, deren Trittfläche mit dem Fußboden des zu ersteigenden Geschosses in einer Ebene liegt.
Steigung nennt man die senkrechte Entfernung von der Oberkante einer Trittstufe zur Oberkante der nächstfolgenden Trittstufe.
Auftritt nennt man die waagrechte Entfernung von der Vorderkante einer Setzstufe zu der Vorderkante der nächstfolgenden Setzstufe.
Treppengeländer nennt man den steigenden Teil des seitlichen Schutzes gegen das Herabfallen (am Lauf).
Treppenbrüstung nennt man den waagrechten Teil des seitlichen Schutzes gegen das Herabfallen (am Podest).
Geländergriff, Handgriff, Handlauf, Handlehne nennt man den obersten Teil des Geländers, er dient der Hand als Führung.
Geländersohle nennt man die untere Begrenzung von Geländer und Brüstung.
Antrittspfosten bilden den Anfang eines Geländers.
Austrittspfosten sind der Abschluß eines Geländers am Podest.

Steigungsverhältnis der Treppe

Treppen bestehen aus einzelnen Stufen von gleicher Höhe und gleicher Breite. Den senkrechten Teil der Stufen — das ist das Maß von Oberkante Trittstufe bis Oberkante Trittstufe — nennt man *Steigungshöhe,* Stufenhöhe oder Steigung. Die waagrechte Fläche, die Trittfläche der Stufen — das ist das Maß von Vorderkante Setzstufe bis Vorderkante Setzstufe — nennt man *Auftrittsbreite* oder Auftritt. Es zählen weder der Trittvorsprung und die Futterbrettstärke zur Auftrittsbreite, noch zählt die Trittbrettstärke zur Steigungshöhe.

Steigungshöhe und Auftrittsbreite bilden zusammen das sogenannte *Steigungsdreieck*, das bei geraden Treppen — bei gewendelten Stufen auf der Gehlinie gemessen — für jede Stufe gleich ist, bei gewendelten Treppen bezüglich der Auftrittsbreite für jede Stufe an den Wangen gemessen wechselt.

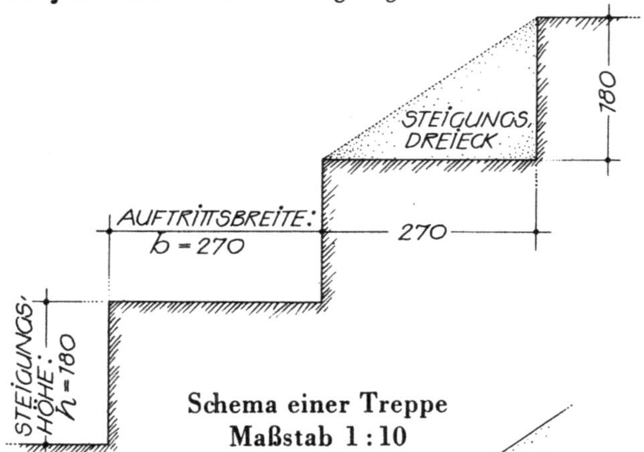

Schema einer Treppe
Maßstab 1 : 10

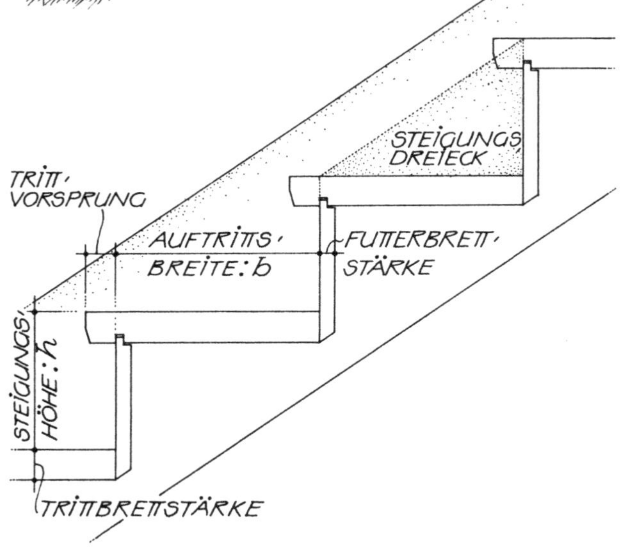

Steigungsverhältnis: 18/27 cm
Maßstab 1 : 10

Bei der Bestimmung der Steigungshöhe und der Auftrittsbreite hat man gewisse Regeln einzuhalten. Es müssen Steigung und Auftritt in einem bestimmten und richtigen Verhältnis zueinander stehen, dem *Steigungsverhältnis.*

Zur Festlegung des Steigungsverhältnisses gilt die Erfahrung, daß die normale Schrittlänge eines Erwachsenen auf waagrechter Fläche durchschnittlich 63 cm — die Angaben schwanken zwischen 58 und 62 cm und 60 bis 64 cm — beträgt und daß das Steigen doppelt so schwer fällt als das Fortschreiten auf ebener Erde.

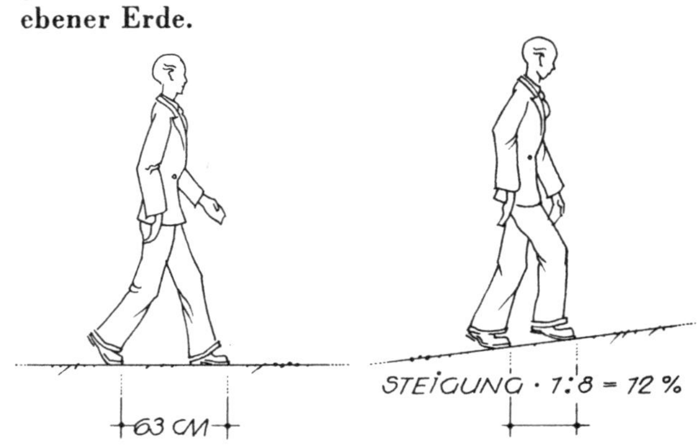

Normale Schrittlänge eines Erwachsenen auf waagrechter Fläche: 63 cm

Bei steigender Fläche verkürzt sich die Schrittlänge entsprechend. Angenehme Steigung: 1 : 10 (10%) bis 1 : 8 (12%)

Aus diesen Tatsachen hat man die Regel abgeleitet, daß doppelte Steigung und ein Auftritt zusammen rund 63 cm ergeben müssen, so eine Treppe bequem begehbar sein soll.

Es erfolgt daher seit altersher *die Festlegung des Steigungsverhältnisses allgemein nach der Formel:*

2 × Steigung + 1 × Auftritt = 63 cm (58—62 cm, 60—64 cm) oder mit Buchstaben ausgedrückt:

2 h + b = 63 cm (58—62 cm, 60—64 cm)

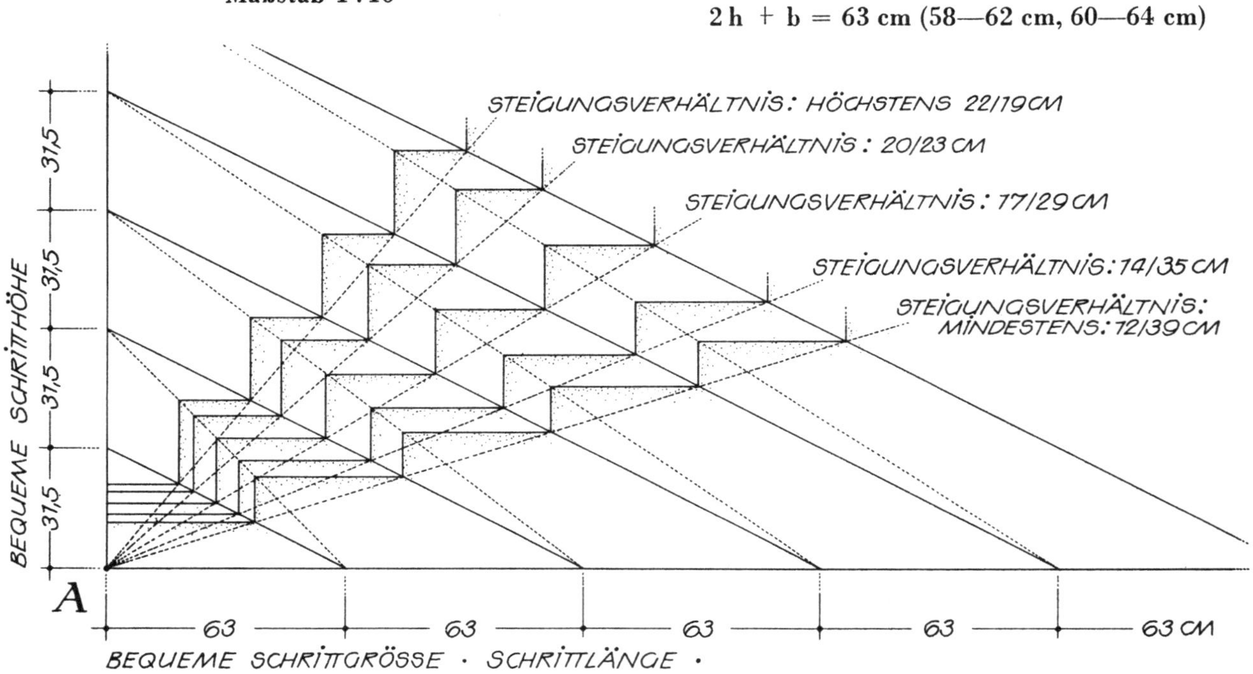

Graphische Ermittlung des Steigungsverhältnisses; Maßstab 1 : 20

Die graphische Ermittlung des Steigungsverhältnisses geht ebenfalls von der Erkenntnis aus, daß der Mensch in der Ebene eine Schrittlänge von 60—64 Zentimeter, rund 63 cm, hat und daß er hingegen den Fuß nur 30—32 cm, rund 31 cm, hebt.

Es läßt sich Steigung und Auftritt auf folgende Weise ermitteln: Auf einem waagrechten Schenkel eines rechten Winkels wird eine Anzahl von Schrittlängen und auf dem senkrechten Schenkel eine Anzahl von Schritthöhen abgetragen. Die erhaltenen Teilpunkte werden mit Hypotenusen verbunden und der Steigungswinkel der Treppe von A aus aufgetragen. Ist der Steigungswinkel der Treppe unbekannt, so wird er wie folgt bestimmt:

Eine bekannte Steigung wird in A senkrecht angetragen und bis zum Schnittpunkt mit der 1. Hypotenuse waagrecht verlängert. Die Verbindungslinie des Punktes A mit diesem Schnittpunkt ist die Steigungslinie der Treppe. Die mit Hilfe dieser Steigungslinie gefundenen Maße für Steigungshöhe und Auftrittsbreite sind übereinstimmend mit der Regel:

$$2h + b = 63 \text{ cm}$$

Die graphische Ermittlung des Steigungsverhältnisses zeigt deutlich:

Je höher die Stufe desto schmaler der Auftritt und je niedriger die Stufe desto breiter der Auftritt.

Eine Variante der graphischen Ermittlung zeigt die nachfolgende Figur.

Für die Ermittlung der Auftrittsbreiten bei mittleren Stufenhöhen ist die Anwendung der Formel $2h + b =$ rund 63 cm passend, während bei größeren Steigungen der Auftritt zu klein und bei kleineren Steigungen der Auftritt zu groß wird.

Man rechnet daher bei sehr niedrigen und bei sehr hohen Steigungen mit den Formeln:

$$h + b = 47 \text{ cm } (45\text{—}48 \text{ cm}) \text{ und}$$

$$h \times b = 48 \text{ cm (oder 50 oder 51,2 cm)}$$

Nach der Formel: $2h + b = 63$ cm muß zum Beispiel der Auftritt einer Treppe mit 12 cm Steigungshöhe 39 cm betragen. Diese Auftrittsbreite ist jedoch zu groß.

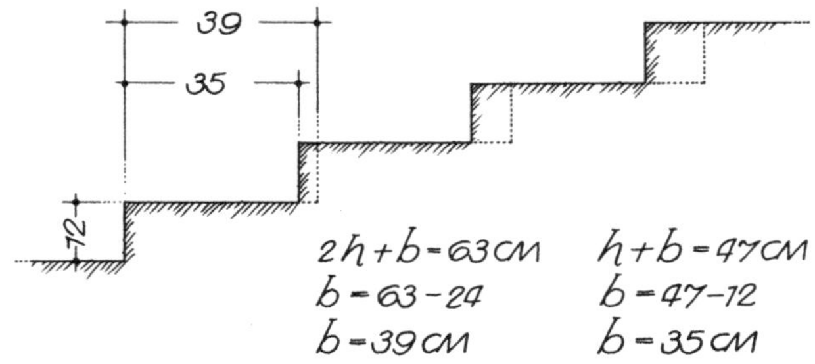

Korrektur der Auftrittbreite bei sehr niedriger Steigungshöhe nach der Formel: $h + b = 47$ cm

Wendet man die Formel $h + b = 47$ cm an, so erhält man ein geeigneteres Maß für die Auftrittsbreite. Nach dieser Formel wird bei 12 cm Steigungshöhe der Auftritt nur 35 cm breit.

Eine interessante Auslegung der Formel $h + b = 47$ Zentimeter gibt folgende Untersuchung:

Durch eine größere Anzahl von Schrittmessungen Erwachsener, Greise und Kinder wurde ein Durchschnittsmaß „des normalen Schrittes auf ebener Fläche" gefunden. Das Durchschnittsmaß beträgt 47 cm. Dieses Normalmaß wird aber nicht etwa zur Hälfte auf die Steigung und zur anderen auf den Auftritt verwendet, sondern dem Kraftverbrauch gemäß verteilt. Zum Steigen braucht man bekanntlich die doppelte Kraft wie zum Gehen auf der Ebene. Man müßte daher 2 Teile auf den Auftritt und einen auf die Steigung verwenden. Dies ist jedoch nicht immer anwendbar. Da man zum Steigen verhältnismäßig nur kurze Zeit verwendet, kann ein Mehr an Kraftaufwand leicht ertragen werden. Auch muß die Auftrittsfläche möglichst der Fußlänge entsprechen.

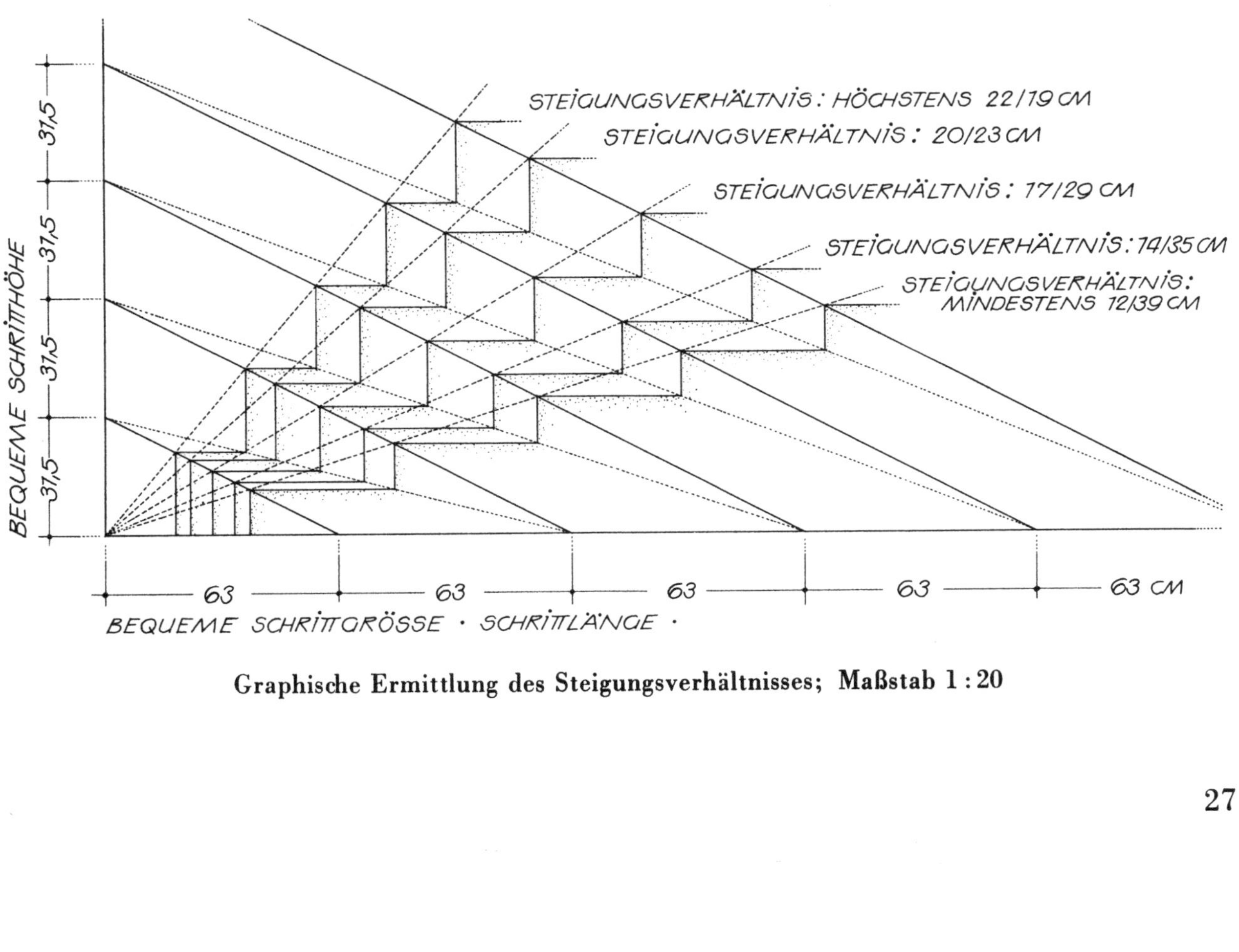

Graphische Ermittlung des Steigungsverhältnisses; Maßstab 1:20

Bei Schulen, wo vorwiegend Kinder die Treppe benützen, wird man als „Normalschritt" 40 — 42 cm annehmen, während man in Unterkünften, wo junge und kräftige Menschen die Treppen begehen, den „Normalschritt" mit 47—48 cm annehmen kann.
Den Berechnungen wird bisweilen auch folgende Formel zugrunde gelegt, die aus der Länge eines „Wandelschrittes" mittelgroßer Menschen in Hausfluren, das sind 54,5 cm, abgeleitet wird: $1^1/_2 h + b = 54{,}5$ cm.
Diese verschiedenen Formeln liefern für dieselben Steigungshöhen bis zu 8 cm verschiedene Werte für die Auftrittsbreiten. Es ist ohne weiteres klar, daß diese verschiedenen Steigungsverhältnisse für gleiche Stufenhöhen unmöglich alle bequem gefunden werden können. Es müssen daher gewissen Steigungshöhen auch ziemlich eng umgrenzte Auftrittsbreiten als die besten entsprechen.
Es wurde daher auf Grund sogenannter günstiger Steigungsverhältnisse folgende Formel abgeleitet, die für alle Steigungen brauchbare Werte liefert:

$$^4/_3 h + b = 52 \text{ cm}.$$

Die aus dieser Formel zu berechnenden Werte können auch graphisch wie folgt ermittelt werden:

Bedeutung unter dem Gesichtspunkt des zum Begehen von Treppen nötigen Kraftaufwandes angestellt *.
Da das Treppensteigen als eine ausgesprochene dynamische Schwerarbeit zu betrachten ist, kann die Arbeitsleistung des Menschen nach ähnlichen Gesichtspunkten wie etwa die Arbeit einer Maschine beurteilt werden.
Eine Arbeitsanordnung darf dann als günstig angesprochen werden, wenn der Wirkungsgrad der Arbeit hoch ist, oder mit anderen Worten, wenn relativ zu der geleisteten Arbeit wenig Energie verbraucht worden ist.
Die bei einer Arbeit verbrauchte Energie kann aus der Menge des bei der Arbeit eingeatmeten Sauerstoffs und der ausgeatmeten Kohlensäure genau berechnet werden. Durch Auffangen und Analysieren der Atmungsluft kann man den Wirkungsgrad der Arbeit bestimmen. Mit Hilfe einer Versuchstreppe, die auf jeden beliebigen Neigungswinkel und auf jede beliebige Steigung eingestellt werden konnte, wurde an einer Reihe von Personen, die in bezug auf ihren Körperbau starke Verschiedenheiten aufwiesen, mehrere tausend Einzelversuche ausgeführt, aus denen jeweils berechnet wurde, wie viele Kalo-

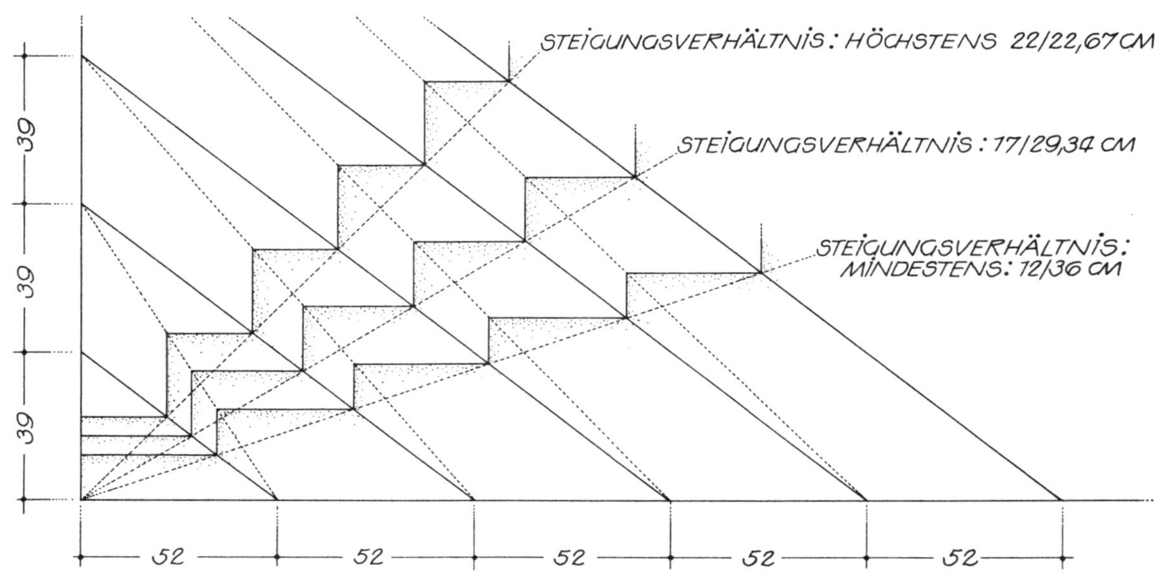

Graphische Ermittlung des Steigungsverhältnisses nach der Formel: $4/3\,h + b = 52$ cm; Maßstab 1 : 20

Auf dem waagrechten Schenkel eines rechten Winkels werden je 52 cm und auf dem senkrechten je $^3/_4$ von 52 gleich 39 cm abgetragen und die Hypotenusen gezogen. Durch Auftragen der Steigungshöhe läßt sich hiernach die Auftrittsbreite direkt ermitteln.
Mit all diesen Formeln sind die günstigsten Steigungsverhältnisse noch nicht restlos erschöpft. Regierungsbaumeister Dr. W. Döll, Städt. Hochbauamt Dortmund, und Privatdozent Dr. G. Lehmann, Kaiser-Wilhelm-Institut für Arbeitsphysiologie in Dortmund—Münster, haben Untersuchungen über den Bau bequemer Treppen und deren praktische rien auf 1 mkg Steigarbeit entfallen. In der nachfolgenden Abbildung sind die bei einer Person gefundenen Versuchsergebnisse graphisch dargestellt. Mit Hilfe der Figur kann man unmittelbar abgreifen, welche Steigung für einen bestimmten Auftritt oder umgekehrt am vorteilhaftesten ist.
Die Figur zeigt auch, daß die lineare Auftragung der Formel $2h + b = 63$ cm eine gewisse Sonderstellung einnimmt. Sie verbindet nämlich diejenigen

* Dr. W. Döll und Dr. G. Lehmann, Untersuchungen über den Bau bequemer Treppen und deren praktische Bedeutung. Deutsche Bauzeitung GmbH., Berlin SW 19, Jahrgang 1934, Heft 18, Seite 329.

Punkte der bestimmten Neigungswinkeln von Treppen entsprechenden Geraden miteinander, die jeweils den niedrigsten Kalorienbedarf aufweisen. Mit anderen Worten:

Die Formel 2 h + b = 63 cm gibt die günstigste Kombination von Steigung und Auftritt an, wenn man gezwungen ist, mit einem bestimmten Neigungswinkel zu arbeiten.

Ist es zum Beispiel unbedingt notwendig, der Treppe den Neigungswinkel von 40° zu geben, so ist die der Formel entsprechende Treppe mit einem Auftritt von 23,3 cm und einer Steigung von 19,9 cm die günstigste.

Die Untersuchungen bestätigen also, daß die in der Technik seit alters angewandte Formel eine Berechtigung hat, sie zeigen aber, daß die Formel doch

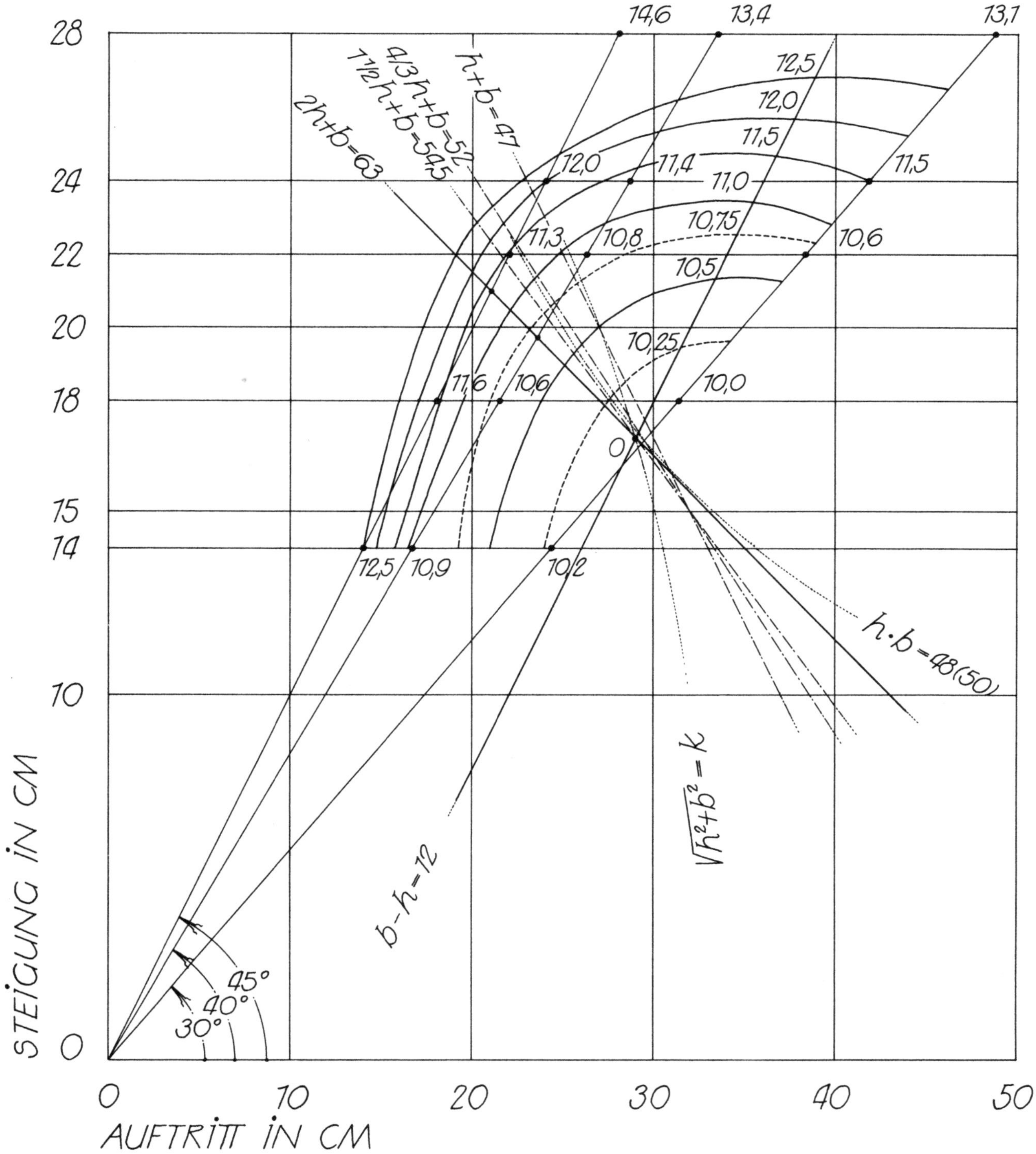

Tabelle über die Anhängigkeit des Energieverbrauchs von der Treppenform (Dr. W. Döll und Dr. G. Lehmann)

Die Zahlen der Ordinate geben die Steigungen, die der Abszisse die Auftritte in cm an. Die Zahlen in der Figur geben den Kräfteverbrauch in Kalorien auf 1 mkg Steigarbeit. Die geschwungenen Linien verbinden alle Punkte gleichen Kalorienverbrauchs. Alle Steigungsverhältnisse einer solchen Linie bedingen demzufolge gleichen Kräfteverbrauch. — Außerdem sind in der Figur einige Neigungswinkel von Treppen sowie die graphische Darstellung einiger Formeln zur Berechnung der Steigungsverhältnisse wiedergegeben.

nicht das erfüllt, was man von ihr erwartet. Sie bringt nämlich keineswegs eine Zusammenstellung der überhaupt günstigsten Treppenformen. Aus dem Versuchsmaterial wurde festgestellt, daß die günstigste Zusammenstellung von Steigung und Auftritt dann besteht, wenn der Auftritt um 12 cm größer ist als die Steigung. Es lautet daher die Formel:

$$b - h = 12 \text{ cm}$$

Die Linien der Formeln 2h+b= 63 cm und b—h= 12 cm schneiden sich in einem Punkte, der der *bestmöglichen* Treppe mit einer Steigung von 17 cm und einem Auftritt von 29 cm entspricht.

Es wäre an und für sich naheliegend, Treppen so zu bauen, daß die Schrittlänge unter allen Umständen gleichbleibt. Die Formel einer solchen Treppe würde lauten:

$$\sqrt{h^2 + b^2} = k$$

Würden wir diese Formel anwenden und wiederum von der unbestritten günstigsten Treppe 17/29 cm ausgehen, so erhielten wir Treppen, die zwar flacher sind als die nach Formel 2h + b = 63 cm gebauten, aber steiler als die nach der Formel b—h = 12 cm.

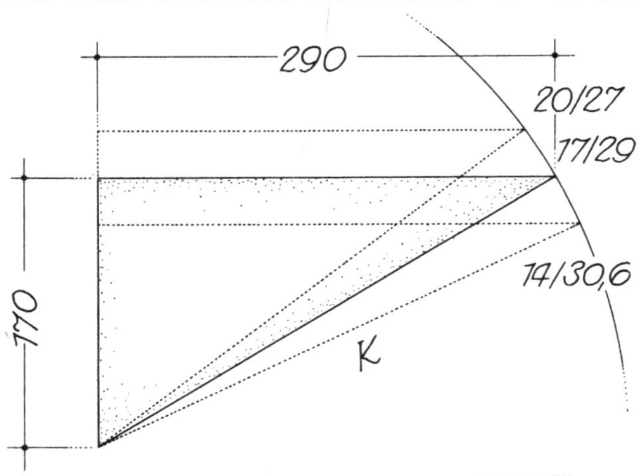

Graphische Darstellung der Formel $\sqrt{h^2 + b^2} = k$
Maßstab 1:5

Sowohl die Formel 2h + b = 63 cm als auch die Formel b — h = 12 cm liefern also Treppen von wechselndem Schrittmaß. Während bei der ersten Formel der Schritt bei steilen Treppen kleiner wird, wird er umgekehrt bei der zweiten Formel größer.

Die Versuche haben ergeben, daß auch eine hohe Steigung noch verhältnismäßig bequem sein kann und einen relativ niedrigen Kräfteverbrauch erfordert, wenn die Kombination von Steigung und Auftritt der Formel b—h=12 cm entspricht. Die Nichteinhaltung des Schrittmaßes spielt hierbei offenbar keine wesentliche Rolle, da die Versuche mit sehr verschieden gebauten Menschen die gleichen Ergebnisse hatten. Aber auch praktische Erfahrungen zeigen das gleiche, hat man doch bisher alle Treppen nach der Formel 2h+b=63 cm gebaut, ohne Rücksicht auf die Benutzer dieser Treppen zu nehmen. Schulhaustreppen müßten sonst andere Steigungsverhältnisse erhalten, da diesen der kürzere Schritt des Kindes zugrunde gelegt werden sollte.

Treppen nach der Formel 2h+b=63 cm haben sehr verschiedene Neigungswinkel und werden subjektiv als stark verschieden empfunden. Die nach der Formel b — h = 12 cm gebauten Treppen sind in ihrem Neigungswinkel nur sehr wenig verschieden, so daß der Unterschied subjektiv sehr viel geringer empfunden wird.

Treppen, die nach der Formel b—h=12 cm gebaut sind, bieten raumtechnische Vorteile. Man kann bei einer solchen Treppe größere Steigungen nehmen, wobei der Kräfteverbrauch günstiger wird. Außerdem verringert sich die Anzahl der Auftritte, und damit wird die Lauflänge, in die Ebene übertragen, kürzer. Zwar wird das Aussehen der neuen Treppe anders als das der bisherigen sein.

Im allgemeinen besagt das Ergebnis der Untersuchungen für die Praxis, *daß wir gut daran tun, flachere Treppen zu bauen als der Formel 2h + b = 63 cm entsprechende, soferne die Steigung größer als 17 cm ist.*

Es würde vielleicht zweckmäßig sein, für diesen Fall die Treppe 2h + b = 63 cm als die zulässig steilste anzunehmen und nach Möglichkeit flacher zu bauen. Aus den Untersuchungen ergibt sich auch, daß mit einer linearen Formel die zulässigen Variationen überhaupt nicht erfaßt werden können.

Die Ergebnisse der verschiedenen Formeln sind in nachstehender Tabelle zusammengetragen, wobei die letzte Spalte der Tabelle die jeweils günstigste Auftrittsbreite angibt.

Das Steigungsverhältnis

Tabelle der Ergebnisse der verschiedenen Formeln

Steigungshöhe (cm)	Auftrittsbreite nach der Formel							Auftrittsbreite (cm)
	$2h + b = 63$	$h + b = 47$	$h \cdot b = 50$	$1\frac{1}{2}h + b = 54{,}5$	$\frac{4}{3}h + b = 52$	$b - h = 12$	$\sqrt{h^2 + b^2} = k$	
12,0	39,0	35,0	41,7	36,5	36,0	24,0	31,4	**36,0**
12,5	38,0	34,5	40,0	35,8	35,4	24,5	31,2	**35,0**
13,0	37,0	34,0	38,4	35,0	34,7	25,0	31,0	**34,5**
13,5	36,0	33,5	37,0	34,2	34,0	25,5	30,8	**34,0**
14,0	35,0	33,0	35,7	33,5	33,4	26,0	30,6	**33,5**
14,5	34,0	32,5	34,5	32,8	32,7	26,5	30,3	**32,5**
15,0	33,0	32,0	33,3	32,0	32,0	27,0	30,1	**32,0**
15,5	32,0	31,5	32,2	31,3	31,4	27,5	29,8	**31,0**
16,0	31,0	31,0	31,2	30,5	30,7	28,0	29,6	**30,0**
16,5	30,0	30,5	30,3	29,8	30,0	28,5	29,3	**29,5**
17,0	**29,0**	30,0	29,4	**29,0**	29,4	**29,0**	**29,0**	**29,0**
17,5	28,0	29,5	28,6	28,3	28,7	29,5	28,7	**28,5**
18,0	27,0	29,0	27,8	27,5	28,1	30,0	28,4	**28,0**
18,5	26,0	28,5	27,0	26,8	27,4	30,5	28,0	**27,5**
19,0	25,0	28,0	26,3	26,0	26,7	31,0	27,7	**26,5**
19,5	24,0	27,5	25,6	25,3	26,1	31,5	27,4	**26,0**
20,0	23,0	27,0	25,0	24,5	25,4	32,0	27,0	**25,5**
20,5	22,0	26,5	24,4	23,8	24,7	32,5	26,6	**25,0**
21,0	21,0	26,0	23,8	23,0	24,0	33,0	26,3	**24,0**
21,5	20,0	25,5	23,3	22,3	23,4	33,5	25,8	**23,5**
22,0	19,0	25,0	22,7	21,5	22,7	34,0	25,4	**23,0**

Bei der Wahl der Steigungshöhe und der dazugehörigen Auftrittsbreite richtet man sich in erster Linie nach der Art des Gebäudes und nach dem Zweck der Treppe. Das gewählte Steigungsverhältnis muß auch mit der Breite und mit der Anlage der Treppe im Einklang stehen und muß bei der gesamten Treppenanlage einheitlich durchgeführt werden.
Nimmt die Steigungshöhe in den oberen Stockwerken infolge Verringerung der Stockwerkshöhen bei gleicher Auftrittsbreite ein wenig ab, so ist das als günstig zu bezeichnen. Ein Zunehmen der Steigungshöhe soll jedoch außer bei Speichertreppen unbedingt vermieden werden.
Bei mehrgeschossigen Anlagen gilt das ermittelte Steigungsverhältnis stets für das unterste Stockwerk, und es sind mindestens die Maße der Auftritte durch alle Stockwerke beizubehalten. Für Wohngebäude empfehlenswerte Steigungsverhältnisse würden demnach sein:

E.G.	1. O.G.	2. O.G.	3. O.G.
15/32	15/32	14,5/32	14—14,5/32
15,5/31	15/31	14,5/31	14—14,5/31
16/30	15,5/30	15/30	14,5—15/30
16,5/29,5	16/29,5	15,5/29,5	15—15,5/29,5
17/29	16,5/29	16/29	15,5—16/29
17,5/28,5	17/28,5	16,5/28,5	16—16,5/28,5
18/28	17,5/28	17/28	16,5—17/28

Die Steigungshöhen müssen für einen Lauf durchgehend gleich hoch sein. Lassen sich jedoch kleinere Unterschiede nicht umgehen, so ist stets der Antritt höher als alle anderen Stufen zu machen. Niemals darf jedoch der Antritt niedriger als die übrigen Stufen gemacht werden.
Im Kleinhause, wo die Treppe nur zum Speicher und zu den Dachkammern oder zu einigen wenigen Schlafräumen führt, wird sie weniger beansprucht und kann steiler angelegt werden als im mehrstöckigen Miethaus oder im anspruchsvollen Einfamilienhaus, wo in den Obergeschossen gleichwertige Wohnräume oder ganze Wohnungen liegen.
Es ist ein großer Fehler, wenn Keller- und Speichertreppen zu steil angelegt werden, da gerade solche Treppen oft und manchmal mit schweren Lasten begangen werden müssen. In besseren Wohngebäuden und Bauten, die öffentlichen Zwecken dienen, sollen die Treppen weniger Steigung und größeren Auftritt erhalten. Flache Steigungsverhältnisse, wie sie bei öffentlichen und repräsentativen Bauten gewählt werden, üben auf den Besucher eine gewisse Wirkung aus, die sich in Ruhe, Würde und Gehobenheit in Gang und Haltung ausdrückt.

Bei großen Freitreppen soll die Steigungshöhe nicht unter 12 oder besser 13 cm liegen.

Bei bequemen Haustreppen soll die Steigungshöhe nicht unter 15 cm und nicht über 18 (18,5—19) cm und die Auftrittsbreite nicht unter 26 (25) cm betragen.

Bei Nebentreppen und Speichertreppen werden oft Steigungshöhen bis 20 cm, in Ausnahmefällen bis zu 22(—23) cm bei einer Mindestauftrittsbreite von 17 (—15) cm angenommen.

Das günstigste Steigungsverhältnis ist 17/29 cm.

Treppen mit mehr als 20 cm Steigung gleichen mehr den Leitern und werden ohne Futterbretter ausgeführt.

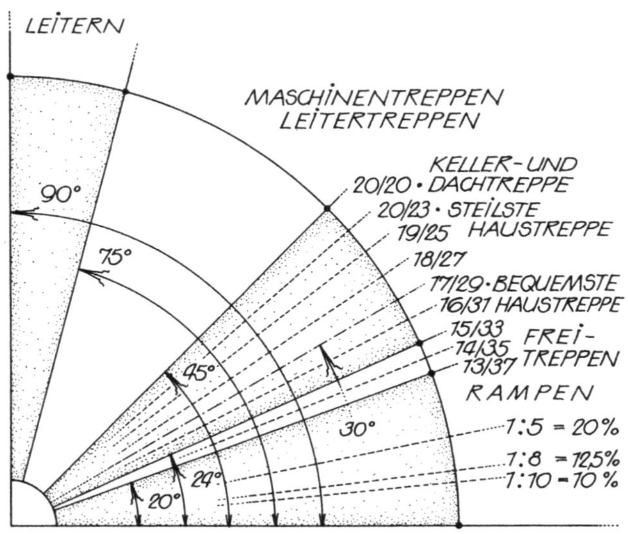

Übliche Steigungsverhältnisse für Rampen, Freitreppen, Haustreppen, Maschinentreppen bzw. Leitertreppen und Leitern

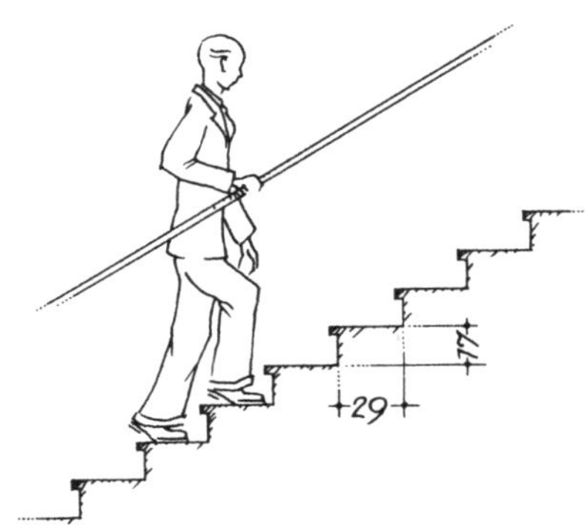

Günstigste Normalsteigung: 17/29 cm

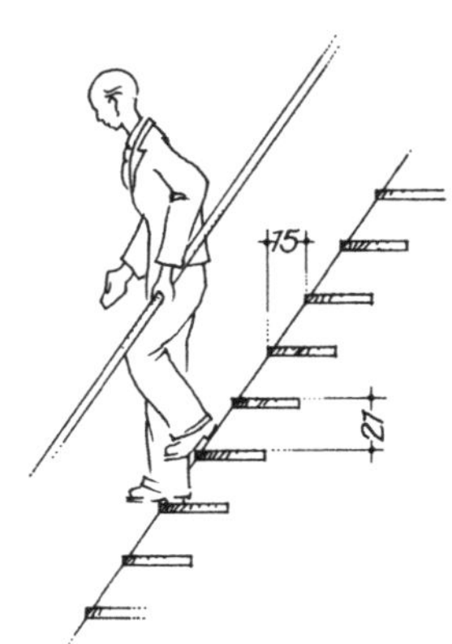

Leiterartige Treppen mit Geländer bis 21/15 cm, ohne Geländer bis 25/10 cm üblich

Man wählt gewöhnlich als Steigungsverhältnis für

Speicher- und Bodentreppen	19/25—20/23 cm
Treppen im Siedlerhaus, Bauernhaus und Einfamilienhaus sowie Nebentreppen	18/27—20/23 cm
Treppen in Wohngebäuden meist	18/27 oder 18/26 cm
Treppen in einfachen Wohngebäuden oft	18/25 cm
Haupttreppen und Treppen in öffentlichen Bauten	17/29—16/30 cm
Haupttreppen in repräsentativen Bauten	13/34,5—14/33,5 —17/29 cm
Treppen in Theatern, Kinos, Versammlungsräumen, Bahnhöfen und bei Massenverkehr höchstens	16/30 cm
Treppen in Kaufhäusern höchstens	17/29 cm
Treppen in Schulen höchstens	17/29 cm
besser	16/29 cm
Treppen in Kinderschulen	14/25 cm
Treppen in Jugendheimen höchstens	16/29 cm
Treppen in Krankenhäusern und Lazaretten	14/34 cm

Steile Treppen sollen möglichst einen einfachen geraden Lauf erhalten, damit sie sicher begangen werden können.

Bei einfachen Wohn- und Siedlerhäusern hat sich aus Gründen der Raumersparnis die Gewohnheit eingebürgert, daß man sogenannte Winkeltreppen, das sind Treppen mit 20 cm Steigung und 20 cm Auftritt, als ausreichend und normal betrachtet. Derartige Treppen sind sehr schlecht zu begehen, sie rufen ein gewisses Unsicherheitsgefühl hervor, das bei normal gebauten Treppen nicht verspürt wird. Auch die graphische Darstellung über die Steigarbeit zeigt, daß solche Treppen sehr ungünstig sind.

Das Begehen steiler Treppen mit entsprechend schmalen Auftrittsbreiten kann durch geeignetes Profilieren der Stufenvorderfläche — Vorsprung der Stufenvorderkante vor das Futterbrett — bequemer gestaltet werden. Bei gewöhnlichen Holztreppen tritt das Futterbrett um 4—5 (bis 6) cm gegen die vordere Kante der Trittstufe zurück; um soviel wird also der Auftritt breiter.

Eine steile Treppe kann durch Einschalten eines Zwischenpodestes als Ruheplatz bequemer gestaltet werden, da hierdurch die Lauflänge geteilt wird. Es ist jedoch falsch, bei beschränkten Raumverhältnissen Podeste anzuordnen, wenn dadurch die Treppe zu steil wird.

Das angenehme Gefühl beim Steigen einer Treppe hängt vom Übereinstimmen der gewohnten Schrittlänge im ebenen Gehen mit der aufsteigenden Schrittlänge der Treppe zusammen. Diese letztere setzt sich zusammen aus der Steigung und der Trittbreite. Da nun aber bei jedem Menschen die normale Schrittlänge eine andere ist, so erweist sich eine leicht gewendelte Treppe, eine gewundene Treppe als äußerst angenehm, weil jeder seine bequemste Schrittlänge darauf finden kann, indem er beim Steigen von der Mittellinie weiter nach der Wand- oder Freiwange rückt.

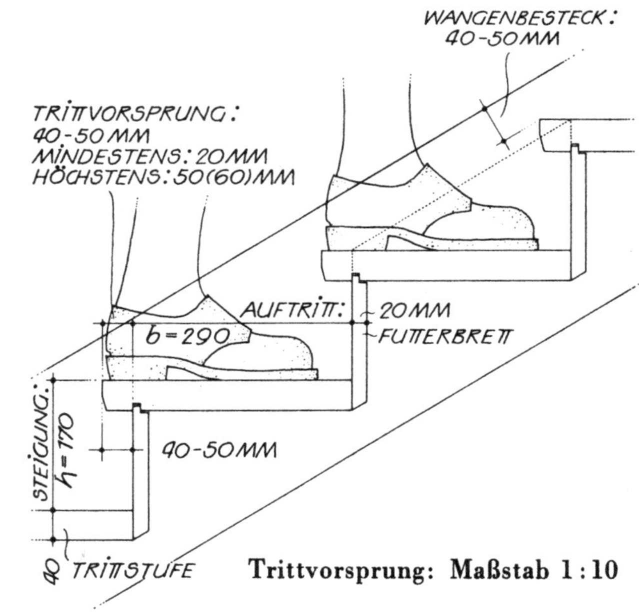

Trittvorsprung: Maßstab 1:10

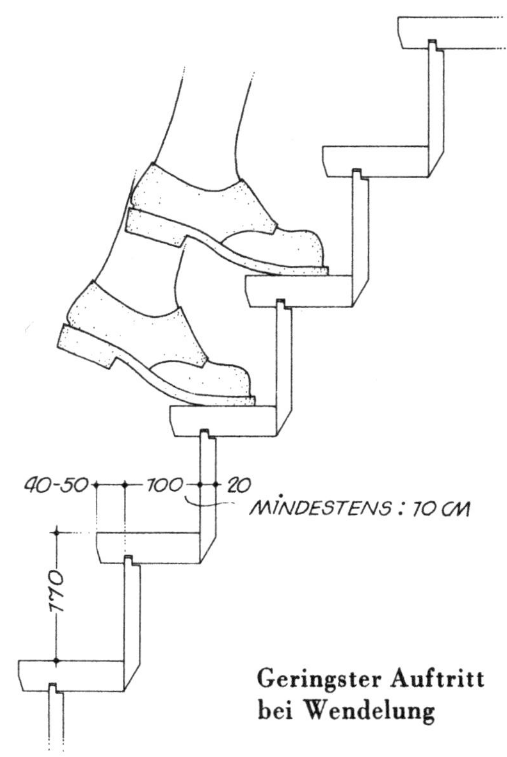

Geringster Auftritt bei Wendelung

Damit beim Begehen einer Treppe ein einheitliches Schrittmaß eingehalten werden kann, müssen die Stufen — auch bei Wendelungen — unter sich gleich sein. Zu diesem Zweck gibt man einer größeren Anzahl von Stufen eine Schwingung.

Wendelungen bringen an der bogeninneren Seite eine wesentliche Verschlechterung des Steigungsverhältnisses mit sich, wobei als Regel gelten soll, daß die Auftrittsbreiten bei Anschnitt an die Krümmlinge oder gebogenen Wangenteile keinesfalls geringer als 10 cm sein dürfen. Dieser Versteilung des Steigungsverhältnisses entspricht naturgemäß auf der bogenäußeren Seite eine entsprechende Verflachung.

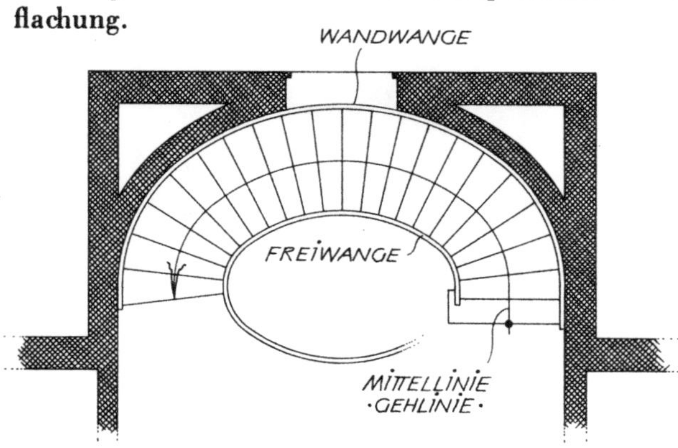

Gewundene einläufige Treppe

Berechnung der Treppe

Die Anzahl der Steigungen, die Steigungshöhe und die dazugehörige Auftrittsbreite werden bestimmt: entweder durch die Größe der gesamten zu überwindenden Steigung — der Stockwerkshöhe — und durch das bequeme Begehen der Treppe oder durch die Größe der Stockwerkshöhe und durch den für die Treppe vorhandenen Raum.

Die Stockwerkshöhe ist in allen Fällen gegeben, dagegen muß das Grundmaß der Treppe durch Ermittlung der Anzahl der Steigungshöhen und der dazugehörigen Auftrittsbreiten ermittelt werden.

Unter *Stockwerkshöhe* versteht man das Maß von Fußbodenoberkante bis Fußbodenoberkante und unter *Grundmaß* oder *Lauflänge* das Maß von der Vorderkante des ersten oder untersten Futterbretts bis zur Vorderkante des letzten oder obersten Futterbretts. Die Holzstärken des letzten oder obersten Futterbrettes samt Spielraum (Luft) und der Vorsprung der ersten Stufe oder des Antrittes zählen nicht zum Treppengrundmaß.

Bei der Berechnung der gesamten Treppenlänge sind jedoch zum Grundmaß der Trittvorsprung des Antrittes — normal 4 cm —, die Futterbrettstärke der letzten Stufe — normal 2 cm — und das Luftmaß — normal 1 cm — hinzuzurechnen.

Anzahl der Steigungen, Stufenhöhe, Auftrittsbreite und Grundmaß kann mit folgenden Formeln gefunden werden, wenn man mit

S = Stockwerkshöhe
L = Treppengrundmaß
h = Steigungshöhe
b = Auftrittsbreite
x = Anzahl der Steigungshöhen

bezeichnet und das Steigungsverhältnis $2h + b = 63$ Zentimeter ist.

$$S = h \cdot x; \quad x = \frac{S}{h}; \quad h = \frac{S}{x};$$

$$b = \frac{L + b}{x} = \frac{L}{x - 1}; \quad L = b \cdot (x - 1)$$

$$x = \frac{2S + L + b}{63}$$

Die Anzahl der Steigungen soll möglichst eine *ungerade* Zahl wie zum Beispiel 5, 7, 9, 11 usw. sein, weil dann der Fuß, mit dem man die erste Steigung nimmt, auch die letzte Steigung zu nehmen hat, das heißt austritt.

Möglichst nach 12—13 Steigungen, unbedingt nach 15 Steigungen sind *Podeste* anzuordnen. Nur bei sehr flachen, bequemen Treppen kann man ausnahmsweise Treppenläufe bis zu 22 Steigungen anordnen.

Treppenschema: Einläufige Treppe

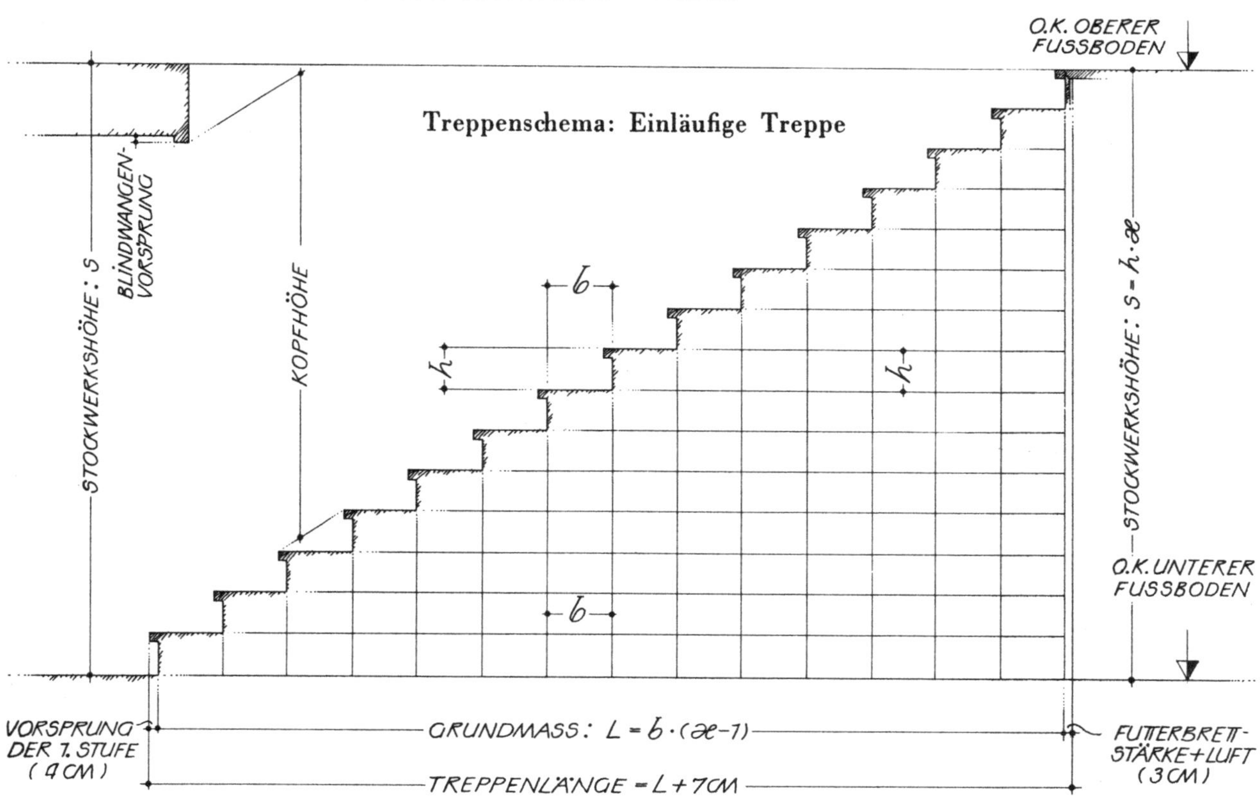

Treppe für ein Einfamilienhaus. Aufreißen der Treppe im Grund- und Aufriß. Maßstab 1:50

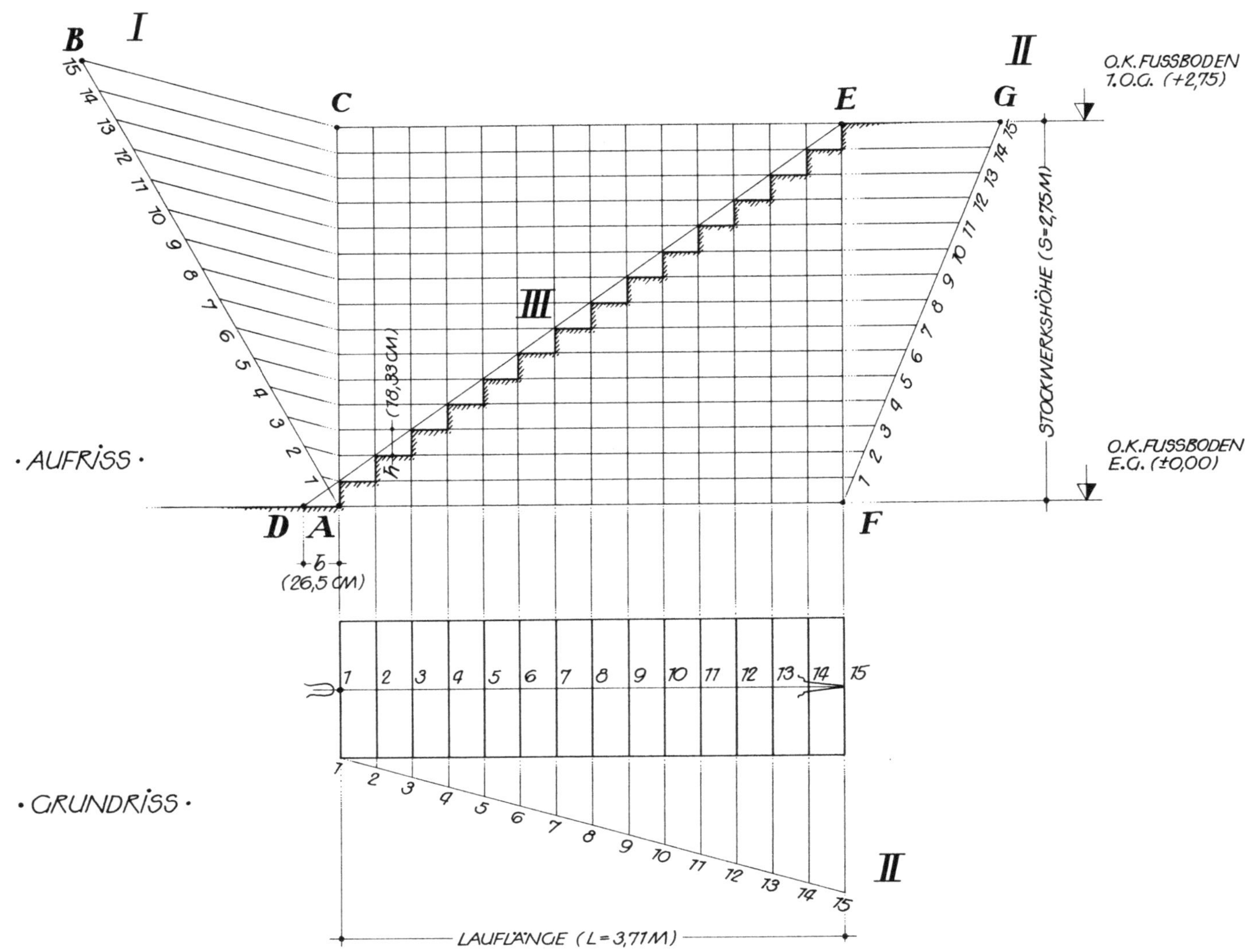

Die im Grundriß nach der Methode I oder II aufgetragenen Auftritte werden in den Aufriß nach oben gelotet

Die Stockwerkshöhe S wird in x (15) Steigungen nach folgenden Methoden eingeteilt:

Methode I

Man legt vom Fußpunkt A eine beliebig lange und beliebig geneigte Linie, auf der man in beliebiger Breite, jedoch mit einem leicht auftragbaren Maß (z. B. je 5 mm), die Anzahl der Steigungen anträgt. Verbindet man den dadurch erhaltenen Endpunkt B mit dem senkrecht über A liegenden Punkt C und zieht nun durch die Teilpunkte auf A B Parallele zu B C, so werden die wirklichen Steigungshöhen auf A C angerissen

Methode II

Zwischen den waagrechten Rissen der Koten Oberkante Fußboden Erdgeschoß und Oberkante Fußboden 1. Obergeschoß wird der Maßstab so schräg gelegt, daß auf der entstehenden Linie F G leicht abzutragende Steigungshöhen (z. B. je 4 mm) abgetragen werden können. Man braucht nun nur Waagrechte durch diese Teilpunkte zu ziehen und erhält sofort die Trittoberkanten

Methode III

Von der 1. Steigung, vom Punkt A aus, wird auf dem waagrechten Riß der Fußbodenoberkante Erdgeschoß eine Auftrittsbreite b vorgelegt und der erhaltene Punkt D mit E verbunden. Die Schnittpunkte der Linie D E mit den nach oben projizierten Stufen-Vorderkanten ergeben die Trittoberkanten

BERECHNUNGSBEISPIELE

1. Treppe für ein Einfamilienhaus

Gegeben: Stockwerkshöhe = 2,75 m
Vorläufig gewählte Steigungshöhe: 18 cm
Anzahl der Steigungen:

$$x = \frac{S}{h} = \frac{2,75}{0,18} = 15,27$$

Die nächstliegende Zahl ist 15; man nimmt also
x = 15 Steigungen und erhält nun die
genaue Größe der Steigungshöhe:

$$h = \frac{S}{x} = \frac{2,75}{15}$$

$$h = 18,33 \text{ cm}$$

Dazugehörige Auftrittsbreite
Nach der Tabelle oder berechnet nach Formel
2h + b = 63 cm:
b = 63 — 2h = 63 — 2 × 18,33
b = 26,34 cm oder rd. 26,5 cm
Grundmaß oder Lauflänge
= Summe aller Auftrittsbreiten
L = b × (x — 1) = 0,265 × (15 — 1) = 0,265 × 14
L = 3,71 m
Gesamte Treppenlänge
T = Grundmaß + Trittvorsprung + Futterbrettdicke + Luftmaß
T = L + 7 cm
T = 3,71 + 0,07
T = 3,78 m

2. Treppe für ein Einfamilienhaus

Gegeben: Stockwerkshöhe = 2,85 m
Vorläufig gewählte Steigungshöhe: 19 cm
Anzahl der Steigungen

$$x = \frac{S}{h} = \frac{2,85}{19} = 15$$

x = 15 Steigungen
Daher Steigungshöhe

$$h = \frac{S}{x} = \frac{2,85}{15}$$

$$h = 19,00 \text{ cm}$$

Dazugehörige Auftrittsbreite
Nach der Tabelle oder berechnet nach der Formel:
2h + b = 63 cm
b = 63 — 2h = 63 — 2 × 19
b = 25,00 cm
Grundmaß oder Lauflänge
L = b × (x — 1) = 0,25 × (15 — 1) = 0,25 × 14
L = 3,50 m
Gesamte Treppenlänge
T = L + 0,07 = 3,50 + 0,07
T = 3,57 m

3. Treppe für ein Miethaus

Gegeben: Stockwerkshöhe = 3,35 m
Vorläufig gewählte Steigungshöhe: 17 cm

Anzahl der Steigungen

$$x = \frac{S}{h} = \frac{3,35}{17} = 19,71$$

Die nächstliegende Zahl = 20; man nimmt also:
x = 20 Steigungen und erhält nun die
genaue Größe der Steigungshöhe

$$h = \frac{S}{x} = \frac{3,35}{20}$$

$$h = 16,75 \text{ cm}$$

Dazugehörige Auftrittsbreite
Nach Tabelle oder berechnet nach der Formel:
2h + b = 63 cm
b = 63 — 2h = 63 — 2 × 16,75
b = 29,5 cm
Da jedoch in einem Lauf nicht mehr als 15 Steigungen angeordnet werden sollen, wird man die Treppe zweiläufig machen. Jeder Lauf erhält somit

$$\frac{x}{2} = 10 \text{ Steigungen}$$

Grundmaß oder Lauflänge eines Laufes
L = b × (x — 1) = 0,295 × (10 — 1) = 0,295 × 9
L = 2,655 m

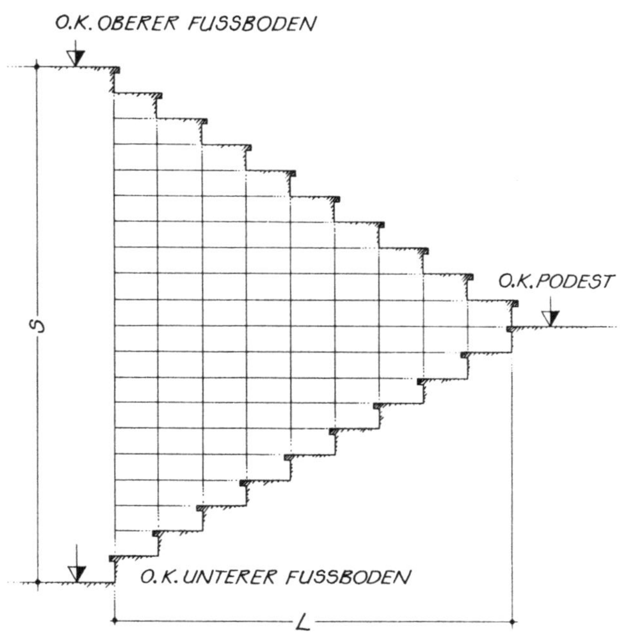

Treppenschema: Zweiläufige Treppe

4. Treppe für ein Siedlerhaus

Gegeben: Stockwerkshöhe = 2,60 m
Grundmaß oder Lauflänge lt. Grundriß des Hauses = 2,75 m
Anzahl der Steigungen

$$x = \frac{2S + L + b}{63}$$

Die Anzahl der Steigungen ist um eine höher als die der Auftritte, da der letzte Auftritt mit dem Fußboden des oberen Stockwerkes in einer Ebene liegt.

STOCK-WERKSHÖHE METER	ANZAHL		STEIG.VERH.		LAUFLÄNGE GERAD.TREP.
	STEIG.	AUFT.	STEIG CM	AUFT. CM	L · METER
2,30	13	12	17,69	27,6	3,312
				28,5	3,420
	12	11	19,17	24,6	2,706
				26,5	2,915
2,35	13	12	18,08	26,8	3,216
				27,9	3,348
	12	11	19,58	23,8	2,618
				25,9	2,849
2,40	13	12	18,46	26,0	3,120
				27,4	3,288
	12	11	20,00	23,0	2,530
				25,4	2,794
2,45	14	13	17,50	28,0	3,640
				28,7	3,731
	13	12	18,85	25,2	3,024
				26,9	3,228
2,50	14	13	17,86	27,2	3,536
				28,2	3,666
	13	12	19,23	24,6	2,952
				26,5	3,180
2,55	15	14	17,00	29,0	4,060
				29,4	4,116
	14	13	18,21	26,6	3,458
				27,8	3,614
	13	12	19,62	23,8	2,856
				25,9	3,108
2,60	15	14	17,33	28,4	3,976
				29,0	4,060
	14	13	18,57	25,8	3,354
				27,3	3,549
	13	12	20,00	23,0	2,760
				25,4	3,048
2,65	15	14	17,67	27,6	3,864
				28,5	3,990
	14	13	18,93	25,2	3,276
				26,9	3,497
2,70	15	14	18,00	27,0	3,780
				28,1	3,934
	14	13	19,29	24,4	3,172
				26,3	3,419
2,75	16	15	17,19	28,6	4,290
				29,1	4,365
	15	14	18,33	26,4	3,696
				27,7	3,878
	14	13	19,64	23,8	3,094
				25,9	3,367
2,80	16	15	17,50	28,0	4,200
				28,7	4,305

Tabelle für die Berechnung von Treppen im Entwurf

I

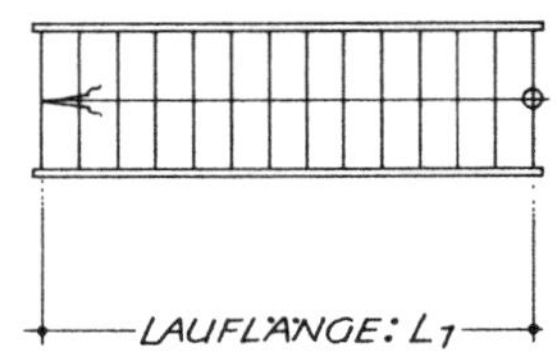

LAUFLÄNGE: $L_1 = L$

EINLÄUFIGE GERADE TREPPE

II

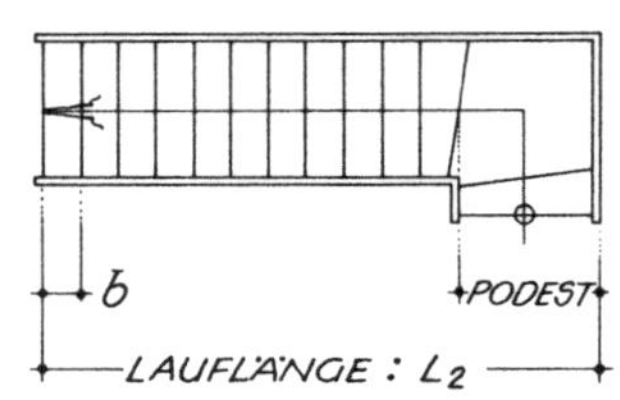

LAUFLÄNGE: $L_2 = L - 2b + P$

EINLÄUFIGE TREPPE MIT ANTRITTSPODEST

III

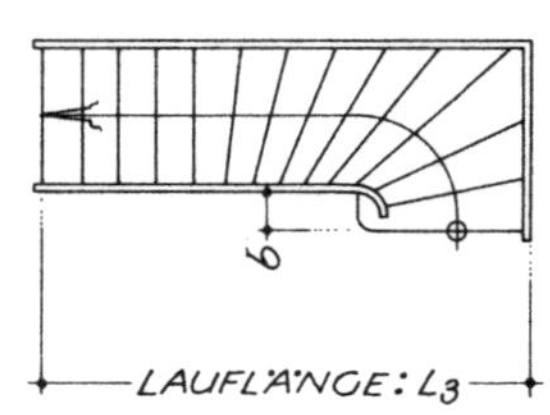

LAUFLÄNGE: $L_3 = L$

EINLÄUFIGE TREPPE MIT VIERTEL-WENDELUNG

IV

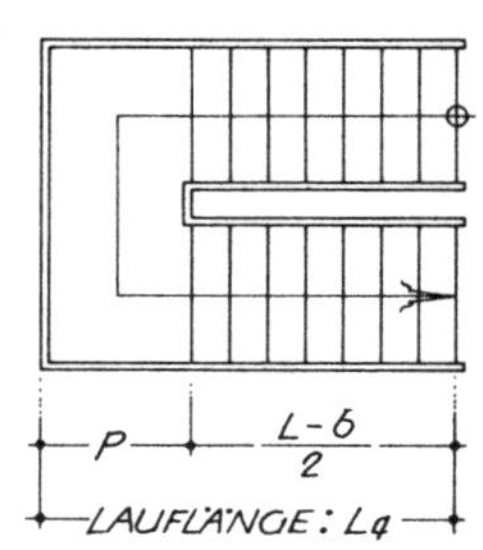

LAUFLÄNGE: $L_4 = \frac{L-b}{2} + P$

IST L-b DURCH 2 NICHT TEILBAR, SO WIRD DEM 1. LAUF 1 AUFTRITT VORGELEGT.

ZWEILÄUFIGE PODESTTREPPE

V

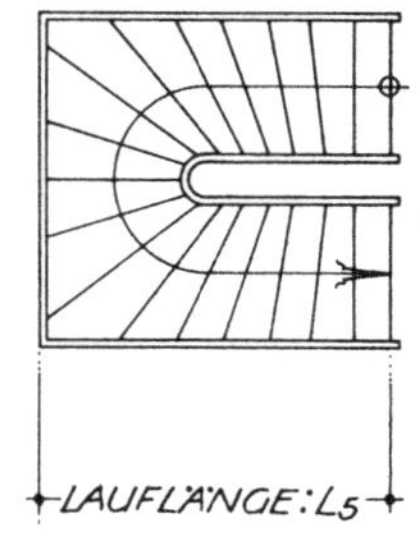

LAUFLÄNGE: $L_5 = \frac{L}{2} + 0{,}50$

0,50 IST EIN ANNAHMEWERT

HALBGEWENDELTE TREPPE

STOCK-WERKSHÖHE METER	ANZAHL STEIG.	ANZAHL AUFT.	STEIG.VERH. STEIG. CM	STEIG.VERH. AUFT. CM	LAUFLÄNGE GERAD.TREP. L · METER
2,80	15	14	18,67	25,6	3,584
				27,1	3,794
	14	13	20,00	23,0	2,990
				25,4	3,302
2,85	16	15	17,81	27,4	4,110
				28,3	4,245
	15	14	19,00	25,0	3,500
				26,7	3,738
2,90	17	16	17,06	28,8	4,608
				29,3	4,688
	16	15	18,13	26,8	4,020
				27,9	4,185
	15	14	19,33	24,4	3,416
				26,3	3,682
2,95	17	16	17,35	28,2	4,512
				28,9	4,624
	16	15	18,44	26,2	3,930
				27,5	4,125
	15	14	19,67	23,6	3,304
				25,8	3,612
3,00	17	16	17,65	27,6	4,416
				28,5	4,560
	16	15	18,75	25,4	3,810
				27,0	4,050
3,05	17	16	17,94	27,2	4,352
				28,2	4,512
	16	15	19,06	24,8	3,720
				26,6	3,990
3,10	18	17	17,22	28,6	4,862
				29,1	4,947
	17	16	18,24	26,6	4,256
				27,8	4,448
	16	15	19,38	24,2	3,630
				26,2	3,930
3,15	18	17	17,50	28,0	4,760
				28,7	4,879
	17	16	18,53	26,0	4,160
				27,4	4,384
3,20	18	17	17,78	27,4	4,658
				28,3	4,811
	17	16	18,82	25,4	4,064
				27,0	4,320
3,25	19	18	17,11	28,8	5,184
				29,3	5,274
	18	17	18,06	26,8	4,556
				27,9	4,743
	17	16	19,12	24,8	3,968
				26,6	4,256
3,30	19	18	17,37	28,2	5,076
				28,9	5,202
	18	17	18,33	26,4	4,488
				27,7	4,709
	17	16	19,41	24,2	3,872
				26,2	4,192
3,35	19	18	17,63	27,8	5,004
				28,6	5,148
	18	17	18,61	25,8	4,386
				27,3	4,641
3,40	20	19	17,00	29,0	5,510
				29,4	5,586
	19	18	17,89	27,2	4,896
				28,2	5,076
	18	17	18,89	25,2	4,284
				26,9	4,573
3,45	20	19	17,25	28,4	5,396
				29,0	5,510
	19	18	18,16	26,6	4,788
				27,8	5,004
	18	17	19,17	24,6	4,182
				26,5	4,505
3,50	20	19	17,50	28,0	5,320
				28,7	5,453
	19	18	18,42	26,2	4,716
				27,5	4,950
	18	17	19,44	24,2	4,114
				26,2	4,454
3,55	20	19	17,75	27,4	5,206
				28,3	5,377
	19	18	18,68	25,6	4,608
				27,1	4,878
3,60	21	20	17,14	28,8	5,760
				29,3	5,860
	20	19	18,00	27,0	5,130
				28,1	5,339
	19	18	18,95	25,0	4,500
				26,7	4,806
3,65	21	20	17,38	28,2	5,640
				28,9	5,780
	20	19	18,25	26,4	5,016
				27,7	5,263
	19	18	19,21	24,6	4,428
				26,5	4,770
3,70	21	20	17,62	27,8	5,560
				28,6	5,720
	20	19	18,50	26,0	4,940
				27,4	5,206

STOCK-WERKSHÖHE METER	ANZAHL		STEIG.VERH.		LAUFLÄNGE GERAD.TREP.
	STEIG	AUFT.	STEIG. CM	AUFT. CM	L · METER
3,75	22	21	17,05	28,8	6,048
				29,3	6,153
	21	20	17,86	27,2	5,440
				28,2	5,640
	20	19	18,75	25,4	4,826
				27,0	5,130
3,80	22	21	17,27	28,4	5,964
				29,0	6,090
	21	20	18,10	26,8	5,360
				27,9	5,580
	20	19	19,00	25,0	4,750
				26,7	5,073
3,85	22	21	17,50	28,0	5,880
				28,7	6,027
	21	20	18,33	26,4	5,280
				27,7	5,540
3,90	23	22	16,96	29,0	6,380
				29,4	6,468
	22	21	17,73	27,6	5,796
				28,5	5,985
	21	20	18,57	25,8	5,160
				27,3	5,460
3,95	23	22	17,17	28,6	6,292
				29,1	6,402
	22	21	17,95	27,0	5,670
				28,1	5,901
	21	20	18,81	25,4	5,080
				27,0	5,400
4,00	23	22	17,39	28,2	6,204
				28,9	6,358
	22	21	18,18	26,6	5,586
				27,8	5,838
	21	20	19,05	24,8	4,960
				26,6	5,320
4,05	23	22	17,61	27,8	6,116
				28,6	6,292
	22	21	18,41	26,2	5,502
				27,5	5,775
4,10	24	23	17,08	28,8	6,624
				29,3	6,739
	23	22	17,83	27,4	6,028
				28,3	6,226
4,15	24	23	17,29	28,4	6,532
				29,0	6,670
	23	22	18,04	27,0	5,940
				28,1	6,182
4,20	24	23	17,50	28,0	6,440
				28,7	6,601

STOCK-WERKSHÖHE METER	ANZAHL		STEIG.VERH.		LAUFLÄNGE GERAD.TREP.
	STEIG	AUFT.	STEIG. CM	AUFT. CM	L · METER
4,20	23	22	18,26	26,4	5,808
				27,7	6,094
4,25	25	24	17,00	29,0	6,960
				29,4	7,056
	24	23	17,71	27,6	6,348
				28,5	6,555
4,30	25	24	17,20	28,6	6,864
				29,1	6,984
	24	23	17,92	27,2	6,256
				28,2	6,486
4,35	25	24	17,40	28,2	6,768
				28,9	6,936
	24	23	18,13	26,8	6,164
				27,9	6,417
4,40	26	25	16,92	29,2	7,300
				29,5	7,375
	25	24	17,60	27,8	6,672
				28,6	6,864
4,45	26	25	17,12	28,8	7,200
				29,3	7,325
	25	24	17,80	27,4	6,576
				28,3	6,792
4,50	26	25	17,31	28,4	7,100
				29,0	7,250
	25	24	18,00	27,0	6,480
				28,1	6,744
4,55	26	25	17,50	28,0	7,000
				28,7	7,175
	25	24	18,20	26,6	6,384
				27,8	6,672
4,60	27	26	17,04	29,0	7,540
				29,4	7,644
	26	25	17,69	27,6	6,900
				28,5	7,125
4,65	27	26	17,22	28,6	7,436
				29,1	7,566
	26	25	17,88	27,2	6,800
				28,2	7,050
4,70	27	26	17,41	28,2	7,332
				28,9	7,514
	26	25	18,08	26,8	6,700
				27,9	6,975
4,75	28	27	16,96	29,0	7,830
				29,4	7,938
	27	26	17,59	27,8	7,228
				28,6	7,436
	26	25	18,27	26,4	6,600
				27,7	6,925

Es wird daher in der Formel eine Auftrittsbreite dazugerechnet, für die man im Mittel 25—30 cm annimmt. Man setzt daher in diesem Falle, da es sich um eine einfache Treppe handelt und der Auftritt nicht sehr breit werden wird, für b 25 cm ein.

$$x = \frac{2 \times 260 + 275 + 25}{63} = \frac{820}{63} = 13{,}01$$

x = rund 13 Steigungen

Genaue Größe der Steigungshöhe

$$h = \frac{S}{x} = \frac{260}{13}$$

h = 20 cm

Auftrittsbreite

$$b = \frac{L}{x-1} = \frac{275}{13-1} = \frac{275}{12}$$

b = 22,91 cm

Das ergibt nach der Formel 2h + b = 63 cm für die Schrittlänge

S = 2h + b = 2 × 20 + 22,91 = 62,91 cm

besser wäre das Steigungsverhältnis 20/25,5 cm.

Für dieses Steigungsverhältnis müßte jedoch das Grundmaß von 0,255 × 12 = 3,06 m vorhanden sein.

Wie diese wenigen Beispiele schon zeigen, ist das Berechnen der Treppen für den Entwerfenden sehr umständlich. Man wird daher in der Praxis mit Hilfsmitteln arbeiten.

Mit Hilfe der „Tabelle für die Berechnung der Treppe im Entwurf" können die Steigungsverhältnisse und Lauflängen für eine bestimmte Stockwerkshöhe und für die übrigen Treppenformen rasch gefunden werden.

Laufbreite der Treppe

Die Laufbreite muß mit der Anlage und dem Steigungsverhältnis der Treppe in Einklang stehen und dem besonderen Zweck der Treppe angepaßt werden. Sie richtet sich nach der Anzahl der Personen, die auf der Treppe aneinander vorbeigehen sollen, und darf nie so gering sein, daß der Transport von Möbeln erschwert und der Verkehr bei Feuersgefahr gestört würde.

Auch bei Nebentreppen sind gewisse Forderungen hinsichtlich der Breite zu erfüllen. Es wird oft vergessen, daß gerade Keller- und Speichertreppen durch Hausfrau und Hilfskräfte mit oft schweren Lasten begangen werden müssen, daß schon ein Wäschekorb mittlerer Größe, quer zur Laufrichtung getragen, eine Durchgangslichte von 0,80 m erfordert.

Die Laufbreite der Treppe wird zwischen den Wangen bzw. zwischen den Handläufen oder der Wand und dem Handlauf gemessen und ist meist gleich der Stufenlänge der Treppe.

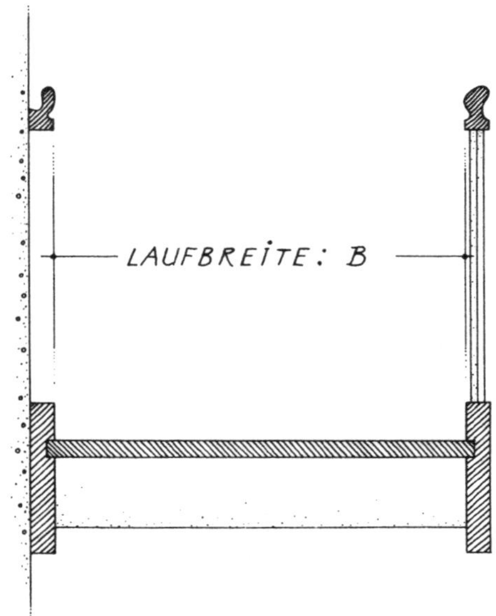

Die Laufbreite

Man spricht daher auch von der **nutzbaren Breite** der Treppe. Keine Treppe soll eine geringere Laufbreite als 0,75 (0,70) m haben. Wendeltreppen in Türmen mittelalterlicher Bauten haben jedoch oft Laufbreiten bis zu 0,60 m.

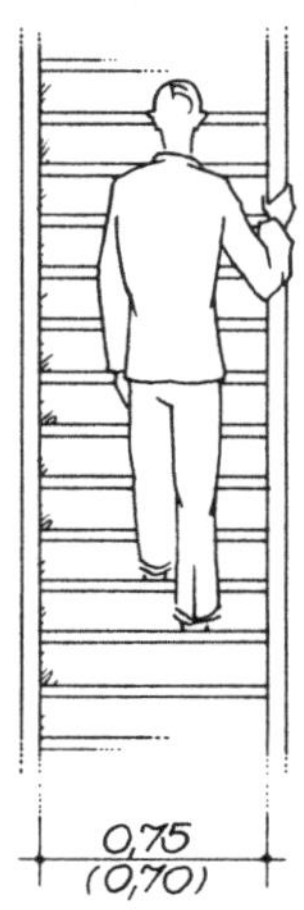

Mindestbreite für Treppen

Breite für Treppen, auf denen 2 Personen nebeneinander Platz haben

Breite für Treppen, auf denen 3 Personen nebeneinander Platz haben

Man rechnet als Laufbreite für

Dachboden- und Kellertreppen	0,75—0,85 m
Geschoßtreppen in bescheidenen Wohnhäusern, Einfamilienhäusern und Kleinhäusern nicht unter	0,90 m
Geschoßtreppen in einfachen Wohnhäusern normal	1,00 m
Geschoßtreppen in Wohngebäuden	1,20—1,50 m
Geschoßtreppen in Wohngebäuden	
mit 1 Obergeschoß mindestens	1,00 m
mit 2 Obergeschossen mindestens	1,10 m
mit 3 Obergeschossen mindestens (für jedes weitere Geschoß um mindestens 0,10 m mehr!)	1,20 m
Geschoßtreppen in Fabrikgebäuden mindestens	1,25 m
Geschoßtreppen in Schulen mindestens	1,30 m
Haupttreppen in öffentlichen Bauten	1,50—3,00 m
Haupttreppen in Theaterbauten	1,25—1,80 m
Haupttreppen in Lichtspieltheatern	1,25—2,50 m
Haupttreppen in Bühnenhäusern mindestens	1,25 m
Haupttreppen in Warenhäusern	1,50—2,00 m

Bei Miethäusern ist die Vergrößerung der Laufbreite durch die Zahl der Stockwerke bedingt und in den örtlichen Bauordnungen festgelegt.

Bei Treppen öffentlicher Versammlungsräume, Theater, Lichtspielhäuser usw. errechnet man die *Laufbreite nach der erwünschten Entleerungszeit.*
Man rechnet als Laufbreite:

0,70 m für je 100 Personen bei einer Anzahl von 100—500 Personen

0,50 m für je 100 Personen bei einer Anzahl von 500—1000 Personen

0,30 m für je 100 Personen bei einer Anzahl von über 1000 Personen

Beispiel

Für einen Versammlungsraum für 1400 Personen benötigt man:

$$B = 5 \times 0{,}70 + 5 \times 0{,}50 + 4 \times 0{,}30 = 7{,}20 \text{ m}$$

Das ergibt bei der Anordnung von 4 Treppen eine Laufbreite von je 1,80 m, bei der Anordnung von 3 Treppen eine Laufbreite von je 2,40 m oder bei der Anordnung von 2 Treppen eine Laufbreite von je 3,60 m.
Bei Treppenbreiten von über 2,00 m Breite soll in der Mitte ein Doppelhandlauf angeordnet werden.
Im Grundriß wird als **Treppenbreite** gewöhnlich das Maß von Außenkante zu Außenkante Wange angegeben, und es sind daher zur Laufbreite die Stärken der beiden Wangen noch dazuzurechnen.
Für Wohnhaustreppen ist eine Treppenbreite von 1,0—1,2 m vollkommen ausreichend. Bei Treppen einfacher ländlicher Bauten kann mit der Treppenbreite bis auf 0,90 m, bei den Treppen der Kleinhäuser und bei der Speichertreppe bis auf 0,80 m heruntergegangen werden, besonders wenn die Treppen gerade und einläufig sind.

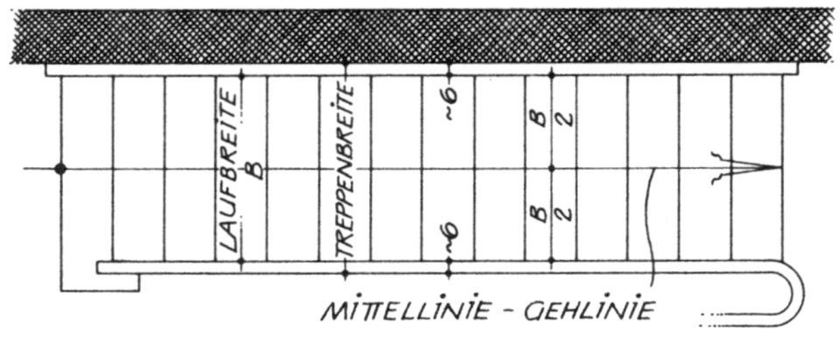

Laufbreite und Treppenbreite

Die Ganglinie oder Gehlinie der Treppe ist normal bis zu einer Laufbreite von 1,10—1,20 m in der Mitte der Laufbreite.

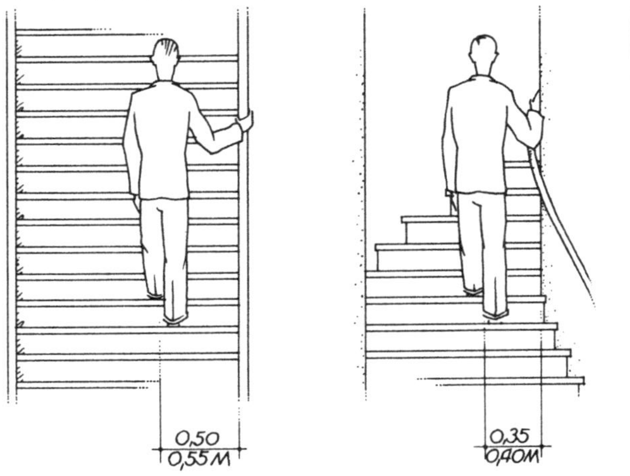

Linke Figur: Bei bequemen Treppen Abstand der Gehlinie vom Geländer normal 0,50—0,55 (0,60) m

Rechte Figur: Bei Wendeltreppen und schmalen Treppen Abstand der Gehlinie vom Geländer 0,35—0,40 m

Bei größeren Breiten ist sie von der Freiwange 0,50 bis 0,55 (bis 0,60) m entfernt. Bei Wendeltreppen und bei schmalen Treppen beträgt der Abstand der Gehlinie von der Spindel bzw. von der Freiwange mindestens 0,35—0,40 m.

Anlage der Treppe

Die Grundrißanlage der Treppe kann verschieden sein und wird von der Grundrißgestaltung des betreffenden Gebäudes bestimmt. Die Anwendung der verschiedenen Grundrißformen, die bereits in dem Abschnitt „Die verschiedenen Treppenarten" unter V, VI und VII gezeigt wurden, richtet sich nach der Zweckbestimmung des Bauwerkes, nach den Verkehrsforderungen, nach der Art der Benutzung und nach dem zur Verfügung stehenden Raum bzw. bei beschränkten und unregelmäßigen Bauplätzen nach deren Form und Größe.
Die Raumentwicklung des Treppenhauses erfolgt aus der Grundrißform der Treppe, aus der Treppenbreite der Läufe sowie aus der Anzahl und Breite der Auftritte, die sich aus der Stockwerkshöhe errechnen. Die Größe des Treppenhauses soll nach der größten Geschoßhöhe eines Gebäudes bestimmt werden. Bei besonders großen Erdgeschoßhöhen städtischer Geschäftshäuser wird die Größe aus dem

höchsten Obergeschoß — gewöhnlich dem 1. Obergeschoß — ermittelt und die Treppenführung vom Erd- zum 1. Obergeschoß besonders gelöst.

Bei der Anlage einer Treppe sind folgende Grundsätze zu beachten:

1. Vom Standpunkt des sicheren Gehens sind einzelne Tritte zu vermeiden, weil sie leicht übersehen werden und daher zu Unfällen Anlaß geben. Auch 2 und 3 Stufen sind noch als gefährlich zu bezeichnen. Die Anordnung von einzelnen Stufen von Hauseingangstüren bildet eine Ausnahme, die üblich und begründet ist.
2. In einem Lauf sollen nicht weniger als 3 oder besser nicht weniger als 5 und nicht mehr als 15 Steigungen angeordnet werden. Möglichst nach 12—13 Steigungen, jedoch unbedingt nach 15 Steigungen, ist ein Podest einzuschalten. Nur bei sehr flachen, bequemen Treppen kann man ausnahmsweise Treppenläufe bis zu 22 Steigungen anordnen.
3. Das gewählte Steigungsverhältnis ist bei derselben Treppe durch alle Geschosse möglichst beizubehalten. Ein Zunehmen der Steigung muß unbedingt vrmieden werden.
4. Die lichte Durchgangshöhe muß — von Vorderkante Trittstufe senkrecht nach oben gemessen — für Nebentreppen mindestens 1,80 m und normal mindestens 2,00 m betragen. Wenn möglich soll jedoch die Kopfhöhe bei Haupttreppen nicht unter dem erwünschten Maß von 2,20 m liegen.

Es ist darauf zu achten, daß sowohl auf den Läufen und bei seitlich abzweigenden Türen als auch beim Antritt der verschiedenen Geschoßtreppen durch Anlage eines genügend langen Treppenloches überall eine genügende lichte Durchgangshöhe vorhanden ist.

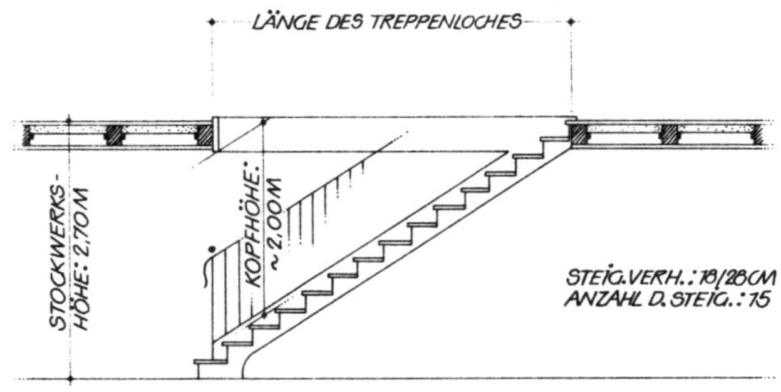

Kopfhöhe einer geraden einläufigen Treppe

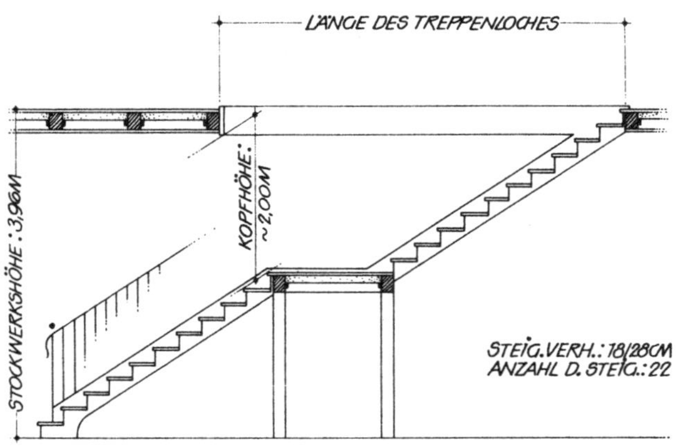

Kopfhöhe einer geraden zweiläufigen Treppe

Die gerade einläufige Treppe erfordert lt. nachfolgender Untersuchung den geringsten Raumaufwand und stellt die billigste und einfachste Anordnung dar. Umgekehrt zeigt aber die Untersuchung, daß der Weg vom Austritt der unteren zum Antritt der oberen Treppe bei der geraden Treppe am längsten ist. Durch Wendelung der Stufen kann dieser Weg wesentlich verkürzt werden.

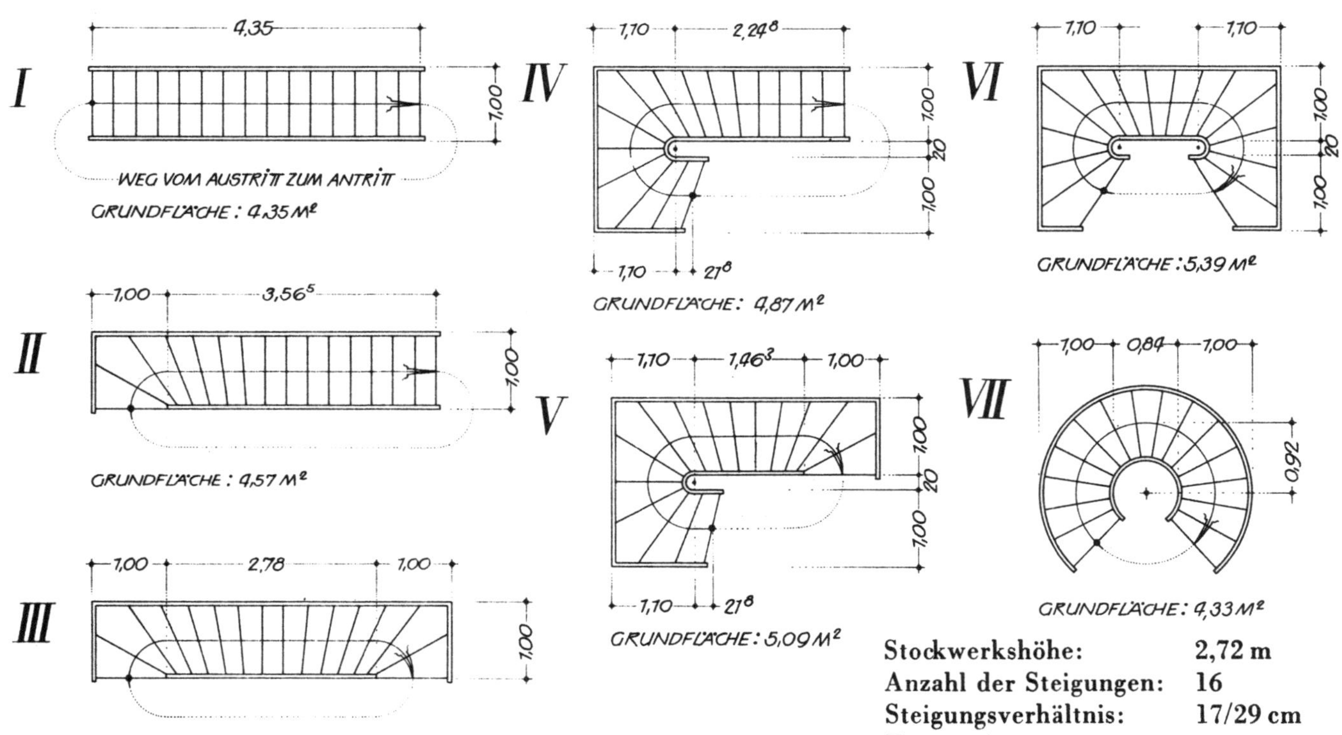

Stockwerkshöhe:	2,72 m
Anzahl der Steigungen:	16
Steigungsverhältnis:	17/29 cm
Treppenbreite:	1,00 m

Raumbedarf einer Treppe

Eine gerade einläufige Treppe läßt auch bei geringster Breite und großer Steigung das an sich seltene Herauf- und Heruntertragen von großen Hausratstücken und dergleichen noch am ehesten zu. Sie ist daher im Kleinhause, bei dem es vor allem auf möglichste Billigkeit und Raumersparnis ankommt, und bei geringer Stockwerkshöhe das gegebene. Auch im Einfamilienhaus soll möglichst diese Treppe, eventuell mit Wendelung im An- oder Austritt, gewählt werden. Leider wird oft im Einfamilienhause die zweiläufige Podesttreppe mit gleich langen Läufen verwendet. Diese Treppe ist nur im Miethause am Platz. Die geradläufigen Treppen sind den gewendelten Treppen auch aus Sicherheitsgründen vorzuziehen und sollten, wenn irgend möglich, stets schon im Entwurf vorgesehen werden. In der Länge sind die einläufigen Treppen allerdings auf ein gewisses Maß beschränkt.

Bei ausnahmweise hohen Stockwerken muß der Lauf durch Ruheplätze unterbrochen werden. Um das Begehen der Treppen zu erleichtern, schiebt man daher bei größerer Stockwerkshöhe und Stufenzahl — über 12 bis 15 Steigungen — Absätze oder Podeste ein und zerlegt dadurch die Treppen in **zweiläufige Treppen** oder in

mehrläufige Treppen, deren Läufe in der Widerkehr oder im Winkel zueinander angeordnet werden.

Die zweiläufige Treppe wird gewöhnlich im Miethaus angeordnet, da bei dieser Treppe der Weg vom Austritt der unteren zum Antritt der höher hinaufführenden Treppe verhältnismäßig kurz ist. Das Besteigen einer langen, aus mehreren Läufen und Podesten bestehenden Treppe ist angenehmer als das Besteigen einer Treppe mit gleicher Stufenzahl und Größe ohne Podeste. Durch Podeste wird das Gehen auf einer langen Treppe angenehm un-

I

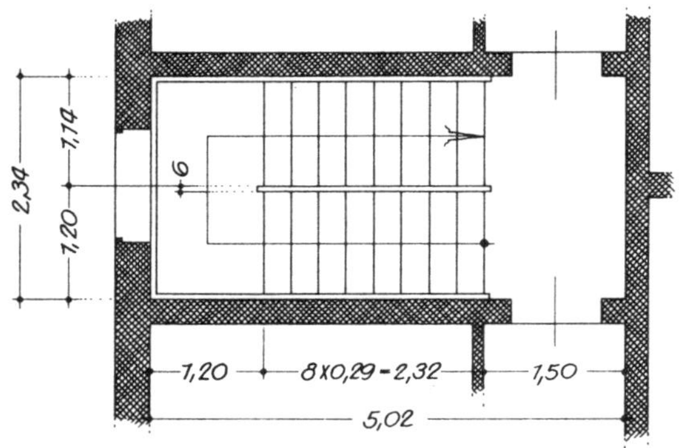

IV

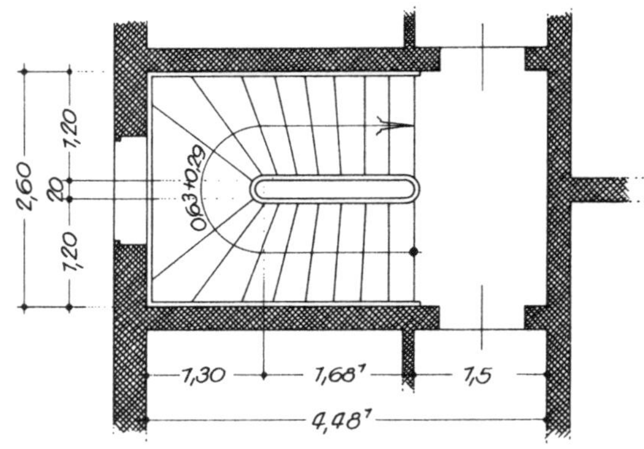

II

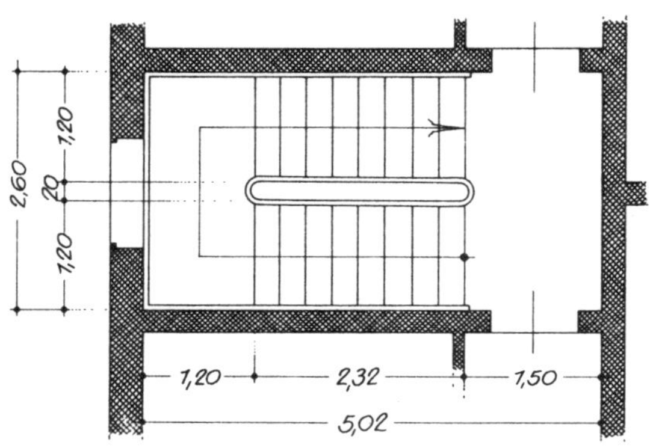

V

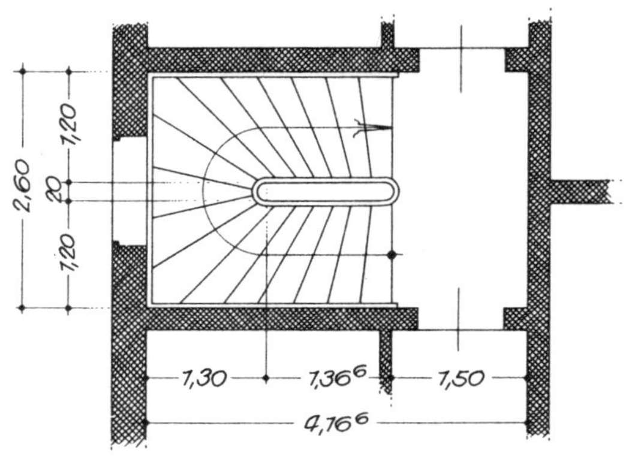

III

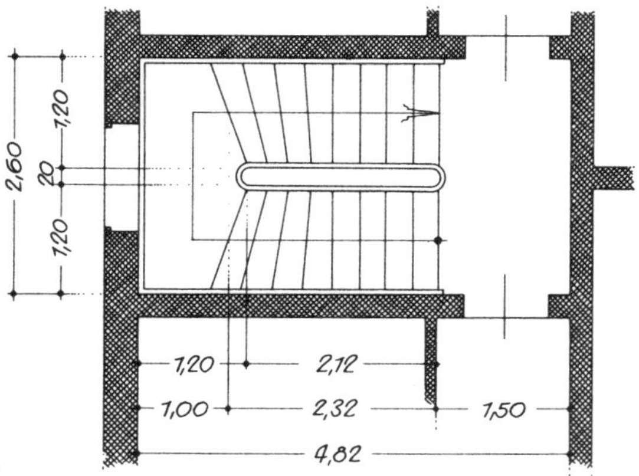

Zweiläufige Treppen für ein Miethaus

Stockwerkshöhe:	3,06 m
Anzahl der Steigungen:	18
Steigungsverhältnis:	17/29 cm
Treppenbreite:	1,20 m

I Wange auf Wange (sehr sparsam)
II Mit Laterne (Treppenauge)
III Mit schräggestellten oder verzogenen Stufen
IV Mit Wendelung und Podest mit einer Schrittlänge
V Mit halber Wendelung

terbrochen. Kann jedoch ein Podest wegen Raummangel nicht die dem Schrittmaß entsprechende Länge erhalten, so verzichtet man besser ganz auf die Anordnung eines Podestes und nimmt dafür ein sanfteres Steigungsverhältnis. Wer sich während des Steigens ausruhen will, kann ebenso auf einer Stufe stehenbleiben.

Für die Größe des Podestes gelten folgende Regeln: Die Breite muß der Treppenbreite entsprechen.

Jedes Podest einer Treppe soll mindestens die Breite der anschließenden Treppenläufe haben. Man kann das Podest auch breiter, jedoch niemals schmäler als die anschließenden Treppenläufe machen, da sonst der Transport größerer Möbelstücke schwierig wird.

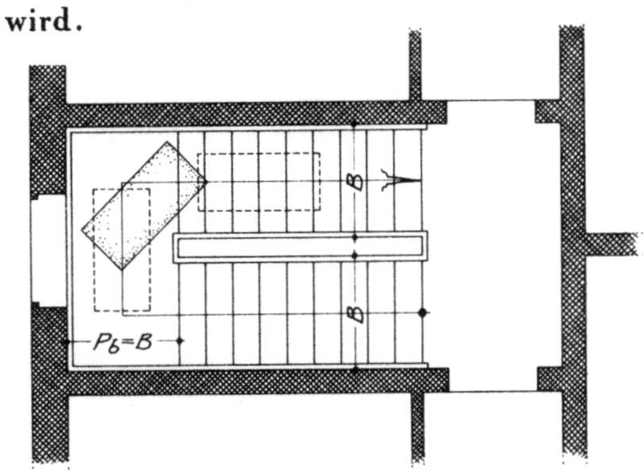

Breite des Podestes bei gleich breiten Treppenläufen
Platzbedarf bei Möbeltransport

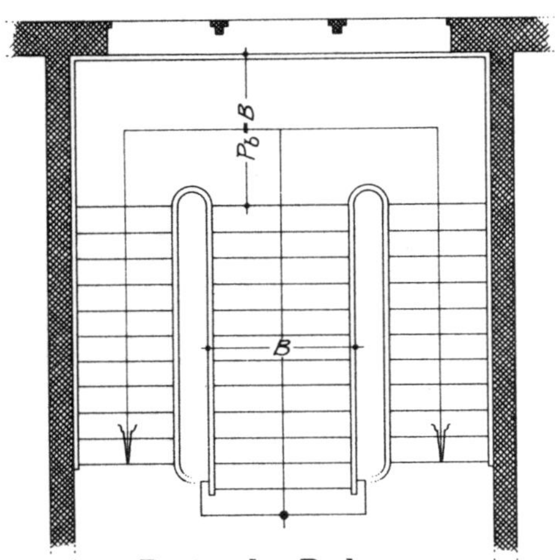

Breite des Podestes
bei verschieden breiten Treppenläufen

Bei verschieden breiten Treppenläufen muß die Podestbreite gleich der Breite des breitesten Treppenlaufes sein.

Bei rechtwinkelig gebrochenen Treppen ergibt sich eine quadratische Form für das Podest. Bei einem sogenannten Eckpodest ist die Austeilung der Stufen im Grundriß derart vorzunehmen, daß die Durchbildung der Freiwange sowie des Treppengeländers auf keine Schwierigkeiten stößt und die gleichförmige Weiterführung des Handgriffes möglich ist. Stoßen die Stufen am Podest spitz zusammen, so treffen bei A plötzlich 2 Steigungshöhen aufeinander. Die Abwickelung der Freiwange zeigt die Unmöglichkeit dieser Anordnung.

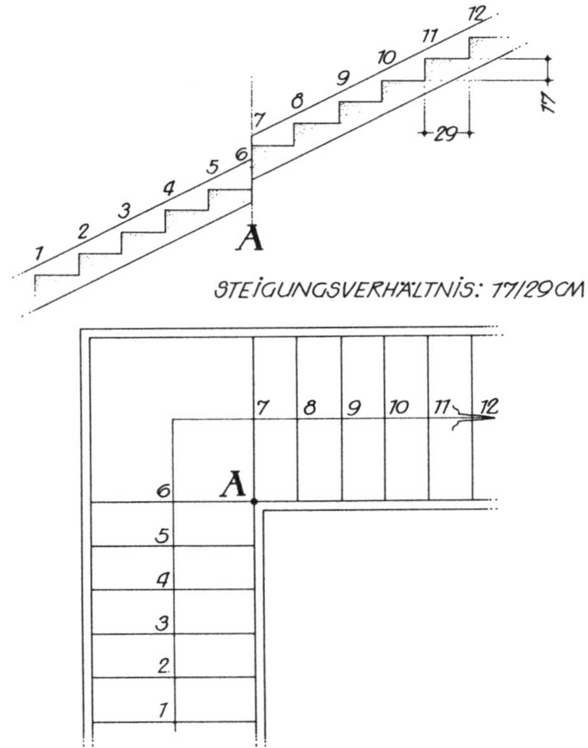

Anordnung der Stufen am Eckpodest — falsch

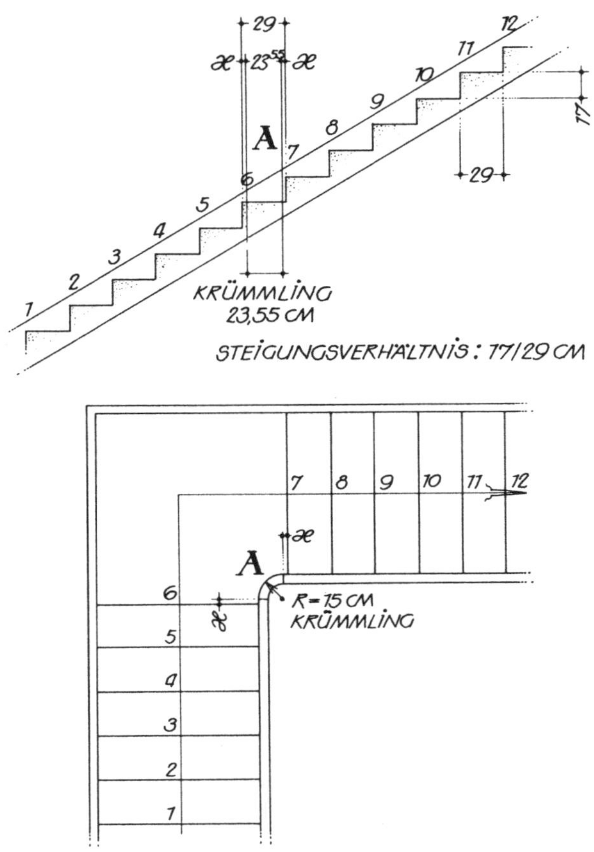

Anordnung der Stufen am Eckpodest — richtig

Die Austeilung der Stufen erfolgt am besten mit Hilfe der inneren Abwickelung der Freiwange.

Innere Abwickelung des Krümmlings:

$$\frac{2\,r\,\pi}{4} = \frac{15 \times 3{,}14}{2} = 23{,}55 \text{ cm}$$

$$x = \frac{29 - 23{,}55}{2} = 2{,}725 \text{ cm}$$

Sollte diese Anordnung wegen Raumbeschränkung nicht möglich sein, so schweift man die Stufen 6 und 7 oder besser die Stufen 5, 6, 7 und 8 derart gegen die innere Seite der Freiwange, daß die Steigungslinien der beiden Läufe bei A bogenförmig ineinander übergehen.

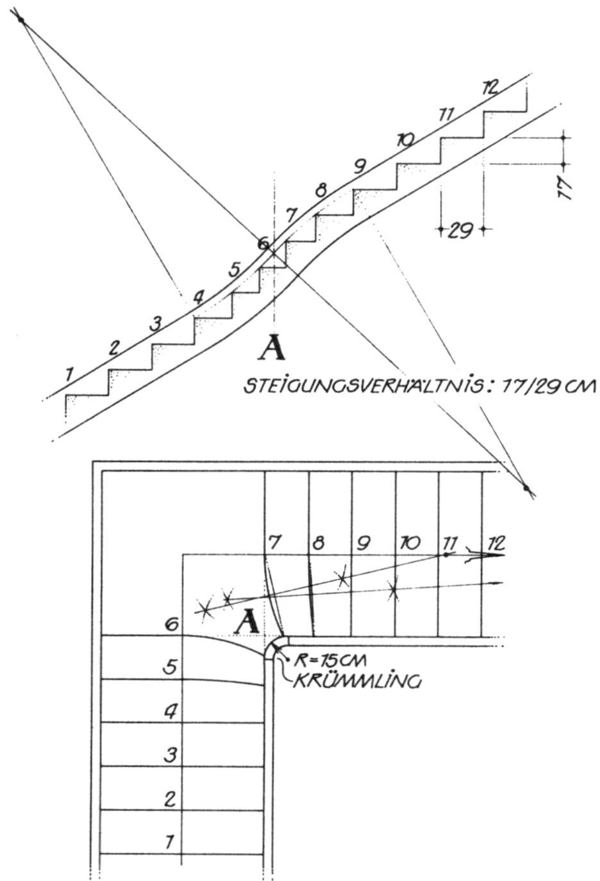

Anordnung der Stufen am Eckpodest — möglich

Es muß die Länge des Podestes gleich einer Schrittweite vermehrt um einen Auftritt sein.
Es ergibt sich lt. Zeichnung für die Länge des Podestes bei einer Schrittweite:

$$P_l = \frac{b}{2} + s + \frac{b}{2} = s + b$$

Bei 2 Schrittweiten:

$$P_l = 2s + b$$

oder allgemein bei n Schrittweiten:

$$P_l = n \times s + b$$

Bei gewundenen Treppen oder Wendeltreppen werden sowohl die Länge der Podeste als auch die der Auftritte der einzelnen Stufen auf der Gehlinie gemessen.
Sind größere Mittel verfügbar, so kann die Treppe mit Rücksicht auf die Raumabmessungen und auf eine gefälligere Wirkung ganz oder teilweise im Bogen geführt werden, und zwar als
einseitig geschwungene Treppe oder als
gewundene Treppe mit oder ohne Podeste.

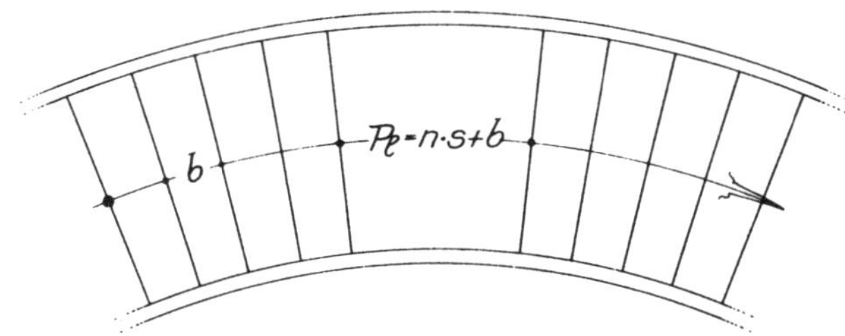

Podestlänge bei gewundenen Treppen

Die Podestlänge gerader oder um weniger als 90° gebrochener Treppen wird aus der Schrittlänge dadurch bestimmt, daß man entweder einen oder zwei Schritte — mehrere kommen selten vor — auf dem Podest machen soll, ehe man den nächsten Treppenlauf besteigt. Bei einer Schrittlänge wird man mit demselben Fuß, mit dem man das Podest erreicht, auch die erste Stufe des nachfolgenden Treppenlaufes betreten.

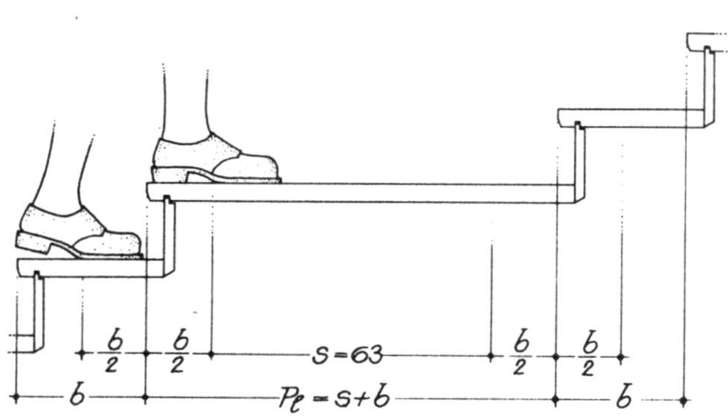

Bestimmung der Podestlänge aus der Schrittlänge

Wendeltreppen sind sowohl als einfachste Nutzform oder auch in reichster Ausstattung als Lauftreppen anzuwenden, als Haustreppen jedoch nur in großer Breite, da sie sonst den Transport von Möbeln verhindern.
Das Studium älterer Treppenanlagen zeigt uns, daß in der geschickten und mannigfaltigen Anordnung alter Treppenanlagen ein ganz besonderer Reiz liegt.

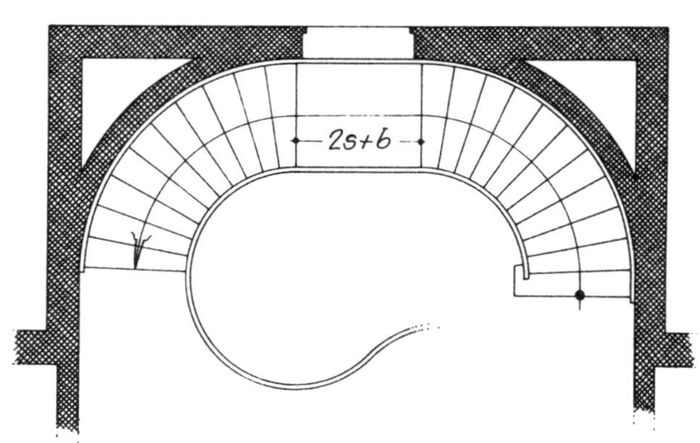

Gewundene Treppe mit Zwischenpodest

Unsere Aufgabe muß es sein, bei der Anlage der Treppe mit Hilfe der mannigfaltigen Grundrißformen und anderer Architekturmittel ähnlich gute Wirkungen in der Anlage der Treppe zu erzielen.

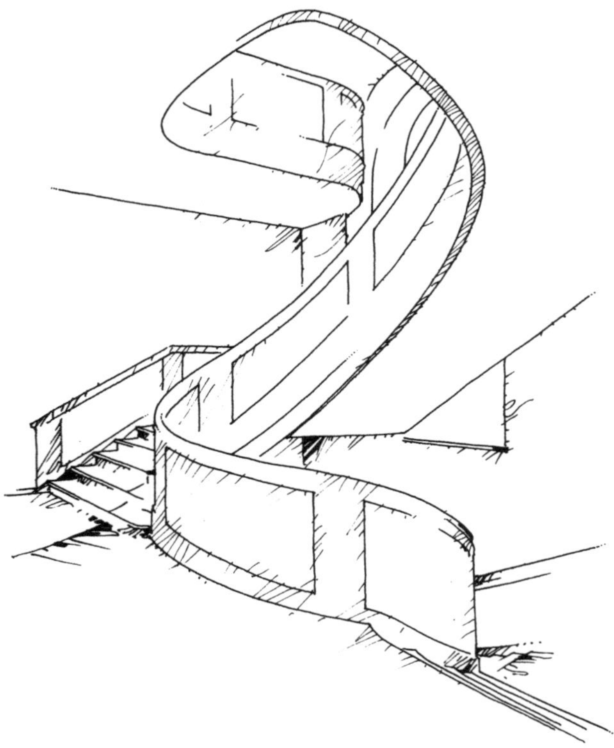

Treppenhaus
Schloß Niederschönhausen bei Berlin

Material der Treppe

Treppen aus Holz sind wegen der großen Elastizität des Holzes am angenehmsten zu begehen, am einfachsten und am billigsten herzustellen sowie einzubauen, haben das geringste Eigengewicht und lassen sich am leichtesten in jede beliebige Form bringen.
Holztreppen werden aus weichem oder hartem Holz oder aus beiden Holzarten gemischt hergestellt.
Man verwendet zum Treppenbau gewöhnlich folgende Hölzer:
weiche Hölzer (Nadelhölzer): Weißtanne, Fichte, Kiefer (Forche, Föhre), seltener Lärche;
harte Hölzer (Laubhölzer): vor allem Eiche und seltener Rotbuche. Für den Treppengeländerbau und besonders für die Fertigung des Handlaufes verwendet man meist folgende harte Holzarten: Rotbuche, Ahorn, Esche, seltener Eiche, in besonderen Fällen Kirschbaum, Birnbaum, Nußbaum und andere Laubhölzer.
Ob für eine Treppe weiches oder hartes Holz verwendet werden soll, ist neben anderen Erwägungen vor allem eine Kostenfrage.
Nach der verwendeten Holzart unterscheidet man:

1. Treppen aus weichem Holz

Für Nebentreppen in untergeordneten Räumen werden sämtliche Teile der Treppe aus Fichten- oder Föhrenholz hergestellt. Bei wenig begangenen Treppen, wie Speichertreppen, werden auch die Trittstufen aus weichem Holz hergestellt.

2. Treppen aus hartem Holz

Bei Haupttreppen und bei Treppen in anspruchsvollen Wohngebäuden werden sämtliche Treppenteile aus Eichenholz, das sich am besten zum Treppenbau eignet, hergestellt. Dabei sollen Trittstufen möglichst ohne Splint und astrein sein. In Gegenden, wo Eichenholz fehlt, verwendet man Buchenholz, das zwar billiger als Eichenholz ist, aber in bezug auf Schönheit dem Eichenholz nachsteht.

3. Treppen aus weichem und hartem Holz, sogenannte gemischte Treppen

Für einfachere Wohnhaustreppen werden Wangen und Setzstufen aus weichem Holz und die Trittstufen aus hartem Holz, gewöhnlich aus Eichenholz, gefertigt. Es ist im übrigen ratsam, für Trittstufen, die durch Abnutzung stark beansprucht werden, stets hartes Holz zu verwenden, wenn auch alle übrigen Teile der Treppe aus weichem Holz hergestellt werden.
Die gemischten Treppen sind gegenüber denen aus hartem Holz wesentlich billiger, und es ist daher den gemischten Treppen meist der Vorzug zu geben.
Bei reicherer Ausführung werden die aus Weichholz hergestellten Wangen und Setzstufen oft mit Eiche furniert, wobei stärkere Furniere verwendet werden sollen.
Sämtliche zur Verwendung kommenden Hölzer müssen möglichst trocken sein. Bei Wangen gestemmter Treppen ist es ratsam, nur halbtrockenes Holz zu verwenden. Da die Trittstufen und Stoßbretter so in den Wangen einzulassen sind, daß diese möglichst stramm in den Wangen sitzen, so gewinnt bei Verwendung von halbtrockenem Wangenholz diese Verbindung später an Festigkeit, da die Wangen noch etwas zusammentrocknen.
Wangen sollen möglichst aus Kernbohlen hergestellt werden, da diese sich weniger werfen als Wangen, die aus Seitenbohlen gefertigt sind.
Es ist stets sorgsam darauf zu achten, daß eine Treppe erst dann auf den Bau gebracht wird, wenn dieser genügend ausgetrocknet ist, da die beste Treppenbauarbeit durch Quellen und nachheriges Schwinden verdorben wird.
Bei der Konstruktion der Treppe ist auf die handelsüblichen Holzstärken Rücksicht zu nehmen. Die in den späteren Werkzeichnungen eingetragenen Holzstärken beziehen sich stets auf den ausgehobelten Zustand.
Die Schnittware oder Blockware für den Treppenbauer wird nach dem Zollmaß in den Handel gebracht.
Über die Kennzeichnung der Hölzer wird auf die Ausführungen in den Bänden „Holzfenster in handwerklicher Konstruktion“ sowie „Holztüren und Holztore in handwerklicher Konstruktion“ unter Einleitung, Kapitel und Material verwiesen.

Die Holzabmessungen für Bretter und Bohlen (Nadelholz und Laubholz) nach DIN 4 071.

Die Maße gelten für trockenes Holz in rauhem Zustand. „Trockenes" Holz darf höchstens 20% Feuchtigkeit, bezogen auf das Darrgewicht, enthalten. Diese Angabe entspricht „lufttrocken" im handelsüblichen Sinne.

Bretter, besäumt und unbesäumt
Dicke in mm: 10, 12, 15, 18, 20, 24, 26, 30, 35, 40.

Bohlen, besäumt und unbesäumt
Dicke in mm: 45, 50, 55, 60, 65, 70, 80, 90, 100.
Längenstufung innerhalb eines Meters:
für Nadelholz: 0,0 (0,25) 0,5 (0,75) 1,0 m
für Laubholz: von 10 zu 10 cm.

Für ausländische Bretter und Bohlen, die nach englischem Maß eingeschnitten sind, gelten die Handelsgebräuche des Vereins Deutscher Holzeinfuhrhäuser e. V., Bremen.

Handelsübliche Breiten:

	4	5	6	7	8	9	10	11	12	13	14 Zoll
etwa	9 1/2	12	14 1/2	17	19 1/2	22	24	26 1/2	29	31 1/2	34 cm

Handelsübliche Längen: Hauptlagerlänge 4,50 m.
Nebenlängen: 2,50—6 m, gestuft nach DIN 4071.

Hobelverluste:

Bei einseitiger Bearbeitung bis zu 36 mm Brettstärke 2 mm,
über 36 mm Brettstärke 3 mm,
bei zweiseitiger Bearbeitung bis zu 36 mm Brettstärke 3 mm,
über 36 mm Brettstärke 4 mm.

Man rechnet daher für *einseitige Bearbeitung:*

Dicke in mm: 8, 10, 13, 16, 18, 22, 24, 28, 33, 37, 42, 47, 52, 57, 62, 67, 77, 87, 97.

Man rechnet daher für *zweiseitige Bearbeitung:*

Dicke in mm: 7, 9, 12, 15, 17, 21, 23, 27, 32, 36, 41, 46, 51, 56, 61, 66, 76, 86, 96.

Die Stärke der zu verwendenden Hölzer, ihre Verbindungen und Befestigungen richten sich nach der Größe der Treppe und nach den Anforderungen, welche Eigengewicht und Belastung an die Festigkeit stellen.
Die Holzstärken der verschiedenen Treppenteile richten sich nach der Konstruktion der Stufen und werden später im konstruktiven Teil des Buches besprochen.

Oberflächenbehandlung und Farbgebung der Treppe

Sowohl technische als auch ästhetische Gründe verlangen eine Behandlung der Oberfläche des Holzes. Durch entsprechende Schutzanstriche bzw. durch Oberflächenbehandlung werden die offenen Poren des Holzes geschlossen, ein Eindringen von Staub und Schmutz vermieden, und es wird das Holz vor allem gegen Einflüsse der wechselnden Luftfeuchtigkeit widerstandsfähig gemacht.
Solche Schutzüberzüge entstehen durch Ölen, Wachsen, Mattieren, Polieren, Streichen mit Öl- bzw. Lackfarbe und durch Lackieren. Je nach der gewählten Behandlungsart erreicht man die gewünschte ästhetische Wirkung.
Treppen aus weichem Holz müssen bereits in der Werkstätte des Treppenbauers, d. h. vor Lieferung auf die Baustelle, einen tadellose Grundanstrich erhalten. Dabei müssen vor allem sämtliche später nach dem Einbau nicht mehr sichtbaren Holzteile gestrichen werden. Für diese später nicht mehr sichtbaren Teile, insbesondere die mit den Wänden in Berührung kommenden Teile, können auch Holzschutzmittel, wie z. B. Xylamon, Verwendung finden. Der Grundanstrich schützt die Holzteile gegen Eindringen von anfänglicher Baufeuchtigkeit und verhindert ein Anquellen der Holzteile.
Bei Treppen aus weichen und unansehnlichen Hölzern wählt man gewöhnlich als Schutzanstrich einen gut deckenden Ölfarbanstrich bzw. einen Anstrich aus reinem Leinölfirnis mit weißer Farbzugabe. Außer dem Grundanstrich erhalten die zu streichenden sichtbaren Treppenteile später am Bau 2 oder 3 weitere Ölfarbanstriche und einen abschließenden Lackfarbenanstrich. Nach dem Trocknen jedes Ölfarbanstriches sind die zu streichenden Holzteile mit Glaspapier zu schleifen und sauber zu spachteln. Beim letzten Anstrich, dem Lackfarbenanstrich, ist sorgsam darauf zu achten, daß der Treppenraum vollkommen staubfrei ist.
Die Treppe soll sich durch den Anstrich in sorgfältig gewähltem stumpfem mattem Farbton von der Wandfläche des Treppenraumes abheben. Dabei müssen aber Wandton und Farbton der Treppe in gutem Einklang mit der übrigen Raumausstattung und -farbgebung stehen. Grelle Farbtöne lassen sich mit gutem Geschmack schlecht vereinbaren.
Bei Holzarten (z. B. ausgesuchte Föhre oder Lärche), deren natürliche Farbe und Struktur zur Geltung kommen sollen, wird für den ersten Schutzanstrich reines Leinöl verwendet.
Um dem Holz einen gleichmäßigen Farbton zu geben, werden Wangen und Setzstufen oft durch chemische Beizen oder durch Beizen mit Farben (Farbbeizen, Wasserbeizen) nach vorhergehender Entharzung behandelt. Dabei ist den chemischen Beizen der Vorzug zu geben, da die Wirkung dieser Beizen der natürlichen Verfärbung des Holzes am nächsten kommt. Das Beizen der Treppenteile erfolgt am besten vor dem Zusammenbau der Treppe in der Werkstätte, da hier eine gleichmäßige Farbgebung und Bearbeitung gewährleistet ist.
Abschließend werden die Holzflächen mit Mattierung (nicht wasserfest!) oder mit wasser- und kratzfesten Zellulose-Präparaten behandelt. Zellulose-Präparate sind vollkommen farblos, und es bleibt dabei der Naturton des Holzes erhalten. Es ist auch möglich, daß man die sichtbaren Holzteile abschließend mit Kopal- oder Kunstharzlack lackiert, wobei eine völlig wasserabweisende Fläche erreicht wird.

Für Nebentreppen, bei denen auch die Trittstufe aus weichem Holz hergestellt werden, sollen diese nur lasiert werden, da sich an Trittstufen Farbe wie Beize schnell abtreten würden. Trittstufen aus Eichenholz, denen man immer den Vorzug geben soll, werden wie Parkettboden mit weißem Fußbodenwachs behandelt oder womöglich geölt.
Das Bürsten der Holzteile, wie auch das Abbrennen und Bürsten von Wangen und Stoßbrettern, ist im Hinblick auf die spätere Behandlung weniger zu empfehlen.
Für Treppen im Einfamilienhause läßt sich auch das weiche Lärchenholz gut verwenden, das Schönheit der Faser und Struktur mit einem ins Rötliche gehenden warmen Ton verbindet.
Treppen aus hartem Holz, meist aus Eichenholz, werden nach eventuellem vorhergehendem Beizen entweder mattiert oder lackiert.
Während mattierte oder mit Zellulose-Präparaten gestrichene Holztreppen fertig behandelt auf den Bau kommen, werden lackierte Treppen vor Lieferung auf die Baustelle mit reinem Leinöl eingelassen. Das Lackieren erfolgt später am Bau. Je nach dem Zustand der Baustelle und je nach der Jahreszeit ist es zu empfehlen, die Treppe bereits in der Werkstätte zu lackieren.
Beim Beizen und Mattieren der Treppenteile ist darauf zu achten, daß die Verbindungsflächen unmattiert bleiben, denn die geringsten Bewegungen in den Stemmlöchern und Auflagestellen der Stufen verursachen hörbare Reibung und somit auch ein Knarren der Treppe.
Nach dem Aufstellen der Treppe am Bau ist diese durch allseitiges Abdecken mit kräftigem Packpapier gegen Beschmutzung zu schützen. Zum Schutze der Trittstufen-Vorderkanten sind außerdem auf diesen, die Vorderkanten etwas überstehend, etwa 20 cm breite Brettstücke, möglichst in der Länge der Laufbreite, aufzunageln. Besonders bei Naturholztreppen ist auf das „Einbinden" sämtlicher Treppenteile ganz besonders zu achten, da durch eindringendes Wasser und durch Mörtelspritzer insbesonders das Eichenholz grau und schwarz wird.
Die Schutzabdeckung wird am besten erst nach dem Bezug des Hauses abgenommen, um Beschädigungen durch Möbeltransport zu verhindern. Nach sauberem Abkehren und Reinigen werden die eichenen Trittstufen mit der Parkettbodenziehklinge abgezogen und nochmals gewachst oder geölt.
Der Handlauf aus völlig glattem, hartem, nicht splitterndem Holz (gewöhnlich Buche oder Ahorn) darf nicht mit Ölfarbe gestrichen werden, da sich die Farbe bald abgreifen würde. Um anhaftenden Schmutz leicht entfernen zu können, ist der Handlauf zu polieren.

Normung der Treppe

Sowohl in der Industrie als auch im Bauwesen werden verschiedene Erzeugnisse genormt, um eine gleichartige, einheitliche und verbilligte Herstellung zu erreichen sowie eine Anfertigung auf Vorrat zu ermöglichen. Die Deutschen Normen oder die **Deutschen Industrie-Normen** (DIN) geben in den verschiedenen Normenblättern oder -heften darüber Aufschluß. Diese sind durch den Beuth-Vertrieb GmbH., Berlin W 15, Uhlandstraße 175, zu beziehen.
Mit den im Jahre 1921 herausgegebenen Normenblättern wurden einläufige Holztreppen für Wohngeschosse der Kleinhäuser festgelegt. Dabei wurde die Laufbreite, d. i. das Maß zwischen Wand und Handlauf, mit 90 cm bestimmt. Die Holzstärken betrugen für die Freiwange 45 mm, für die Wandwange 36 mm, für die Trittstufen als Kleinstmaß 32 mm und für die Stoßstufen 17 mm.
Die vom Deutschen Normenausschuß im Jahre 1921 herausgegebenen DIN-Blätter sind:

DIN 287	Einläufige Holztreppen für Wohngeschosse der Kleinhäuser Geradläufig, hohe Steigungen
DIN 288	Einläufige Holztreppen für Wohngeschosse der Kleinhäuser Geradläufig, niedrige Steigungen
DIN 289	Einläufige Holztreppen für Wohngeschosse der Kleinhäuser Mit unteren Wendelstufen, hohe Steigungen
DIN 290	Einläufige Holztreppen für Wohngeschosse der Kleinhäuser Mit unteren Wendelstufen, niedrige Steigungen
DIN 291	Einläufige Holztreppen für Wohngeschosse der Kleinhäuser Mit oberen Wendelstufen, hohe Steigungen
DIN 292	Einläufige Holztreppen für Wohngeschosse der Kleinhäuser Mit oberen Wendelstufen, niedrige Steigungen
DIN 293	Einläufige Holztreppen für Wohngeschosse der Kleinhäuser Einzelheiten der geradläufigen Treppen
DIN 294 Blatt 1	Einläufige Holztreppen für Wohngeschosse der Kleinhäuser Einzelheiten der Wendelpfosten Mit festem Geländer
DIN 294 Blatt 2	Einläufige Holztreppen für Wohngeschosse der Kleinhäuser Einzelheiten der Wendelpfosten Mit abnehmbarem Geländer

Im Mai 1922 erschien:

DIN 107	Links- und Rechtsbezeichnung für Fenster, Türen, Fenster- und Türbänder, Einsteckschlösser, Treppen und Herde

Damit wurde die Links- und Rechtsbezeichnung der Treppen eindeutig festgelegt.
Im Rahmen der Reichsbauformen aus dem Jahre

1950 wurden lediglich versetzbare Stahlbetonwangentreppen genormt. Für diese Normung wurden die Steigungsverhältnisse 18/26 cm und 19,6/25 cm festgelegt, und es ergaben sich damit:
für das Steigungsverhältnis 18/26 cm die Stockwerkshöhen von 2,34, 2,88, 3,06 und 3,24 m;
für das Steigungsverhältnis 19,6/25 cm die Stockwerkshöhen von 2,75 und 2,94 m.
Der Fachnormenausschuß Bauwesen im Deutschen Normenausschuß legte mit dem nachfolgend wiedergegebenen Normblatt DIN 4174 im März 1951 die Geschoßhöhen und Treppensteigungen fest.

Geschoßhöhen und Treppensteigungen
DIN 4174

1 Geschoßhöhen

1.1 Die Geschoßhöhen rechnen von Oberkante Fußboden bis Oberkante Fußboden. Sie sind in Spalte a der Tafel angegeben.

1.2 Vorzugsweise sind die Werte der Zeilen 1, 2, 4 und 5 zu verwenden. Die Höhe von 2250 mm (Zeile 1) kommt nur für Keller in Betracht. Weitere Geschoßhöhen steigen in Sprüngen von je 250 mm, z. B. 3250 mm, 3500 mm usw.

2 Treppensteigungen[1])

2.1 Die Treppensteigungen sind in den Spalten b bis i angegeben. Mit Rücksicht auf Frauen, Kinder, Schwerbeschädigte und Kranke sollen möglichst die in den Spalten b, c und f, g angegebenen guten Steigungen bevorzugt werden.

[1]) Normen für die übrigen Abmessungen der Treppen werden vorbereitet.

2.2 Bei zweiläufigen Treppen sollen zur Vereinfachung der Treppenausbildung nur gerade Stufenzahlen, also gleiche Lauflängen, verwendet werden (Spalten b bis e).

2.3 Die in der Tafel angegebenen Stufenzahlen können bei allen genormten Geschoßhöhen nur dann mit je einer gleichen Treppenstufe für die Spalten b, c, f, g und d, e, h, i erreicht werden, wenn man Bauarten verwendet, deren Steigungsverhältnis in geringen Grenzen veränderlich ist.

2.4 Bei Geschoßwohnhäusern wird die Steigung der Kellertreppe häufig nicht einheitlich sein, da die Ausgleichsstufen zwischen Eingang und Erdgeschoßfußboden sich nach der Steigung der Haupttreppe richten, während die eigentliche Kellertreppe u. U. etwas steiler gewählt wird. Ihre Stufenhöhe soll aber nicht größer als 196,4 mm sein (siehe Zeile 4, Spalte e).

Geschoßhöhen mit Stufenzahl und Stufenhöhen von Treppen

Zeile	Geschoßhöhe	Zweiläufige Treppen				Einläufige, dreiläufige und gebogene Treppen (Stufenzahl gleich Spalte b bis e) oder:			
		Gute Steigung		Steile Steigung		Gute Steigung		Steile Steigung	
		Stufenzahl	Stufenhöhe	Stufenzahl	Stufenhöhe	Stufenzahl	Stufenhöhe	Stufenzahl	Stufenhöhe
	a	b	c	d	e	f	g	h	i
1	2 250	—	—	12	187,5	13	173,0	—	—
2	2 500	14	178,5	—	—	15	166,6	13	192,3
3	2 625	—	—	14	187,2	15	174,7	—	—
4	2 750	16	172,0	14	196,4	—	—	15	183,3
5	3 000	18	166,6	16	187,5	17	176,4	—	—

Laut Rundschreiben des Bundesministers für Wohnungsbau an die für das Bau-, Wohnungs- und Siedlungswesen zuständigen Minister (Senatoren) der Länder vom 24. Dezember 1951 und vom 12. September 1952 wurde unter anderen das Normblatt DIN 4174 als „Pflichtnorm" für den mit Bundesmitteln geförderten sozialen Wohnungsbau erklärt. Der Fachnormenausschuß Bauwesen, Bamberg, hat derzeitig folgende DIN-Blätter in Vorbereitung, die zum Teil schon im Entwurf vorliegen:

DIN 18064 Treppen, Begriffe.
DIN 18065 Treppen, Rohbau-Richtmaße, Bl. 1 Wohnhaustreppen.
DIN 18066 Holztreppen. Begriffe, Werkstoffe, Ausführung.
DIN 18067 Wohnhaustreppen aus Holz. Einläufige Treppen.
DIN 18068 Wohnhaustreppen aus Holz. Zweiläufige Treppen.
DIN 18069 Wohnhaustreppen aus Holz. Einzelheiten.

Weiterhin ist geplant, daß für zweiläufige Treppen, ebenso für Profile von Handläufen usw., um die entsprechende Werkzeugzahl zu vermindern, Normen bearbeitet werden sollen.

Baupolizeiliche Vorschriften über Treppen

Die baupolizeilichen Bestimmungen über Anlage und Bemessung der Treppen sind in den Bauordnungen der einzelnen Länder und in den örtlichen Bauvorschriften sehr verschieden.
Es ist daher schwer, allgemeine Richtlinien zu geben. Die nachfolgenden Angaben, die den Angaben der Bayerischen Bauordnung bzw. der Münchener Bauordnung entsprechen, sind in jedem Einzelfall durch Erkundigung bei dem jeweiligen Bauaufsichtsamte zu prüfen und entsprechend zu ergänzen.

Anlage und Ausbildung des Treppenhauses

Bei Wohn- und Fabrikbauten von größerer Ausdehnung müssen auf angemessene Entfernung von der Haupttreppe Nebentreppen angeordnet werden, deren Zahl und Lage die Baupolizeibehörde zu bestimmen hat. Grundsätzlich müssen Treppen in verschiedenen Richtungen und in solcher Anzahl vorgesehen werden, daß von jedem Raum, der zum dauernden Aufenthalt von Personen bestimmt ist, eine solche auf höchstens 25 m Entfernung erreichbar ist, wobei der Abstand von der Mitte des betreffenden Raumes bis zur Treppenhaustüre gemessen wird.
Die Treppenhauswände müssen aus 25 cm starken massiven Mauern erstellt werden. Diese Bestimmung gilt auch für Miethäuser bzw. für Wohngebäude. Lediglich bei Kleinhausbauten (Einfamilienhäuser oder Mehrfamilienhäuser mit Erd- und Obergeschoß) kann für das Treppenhaus eine Ziegelmauerstärke von 12 cm zugelassen werden.
Treppenhäuser müssen einen unmittelbaren Ausgang ins Freie haben und zum Dachraum hin einen feuersicheren Abschluß durch Anordnung feuersicherer Türen erhalten.
In jedem Stockwerk einer Haupttreppe muß ein leicht zu öffnendes Fenster von angemessener Größe, welches direkt ins Freie geht, angeordnet werden.
Äußere Aufgangstreppen aus Holz sind nur ausnahmsweise bei freistehenden Gebäuden und nur bis zum 1. Obergeschoß zulässig.

Bauweise der Treppen

Treppen zu Versammlungs- und Gesellschaftsräumen sowie zu Zuschauerräumen von Theatern und Lichtspielhäusern müssen aus unverbrennlichem Material feuersicher hergestellt werden. Als feuerbeständig bzw. feuersicher gelten Treppen, wenn sie unverbrennlich sind, unter dem Einfluß des Brandes und des Löschwassers ihre Tragfähigkeit oder ihr Gefüge nicht wesentlich ändern und den Durchgang des Feuers geraume Zeit verhindern. Feuerbeständig sind Massivtreppen aus Stahlbeton, aus Ziegelsteinen oder eventuell aus erprobtem Kunststein bzw. aus erprobtem Werkstein. Zulässig sind auch Massivtreppen, deren Stufen mit Holz belegt werden.
Treppen in Wohnbauten können in feuerhemmender Bauweise erstellt werden. Als feuerhemmend gelten Treppen, wenn sie, ohne sofort selbst in Brand zu geraten, wenigstens $^1/_4$ Stunde dem Feuer erfolgreich Widerstand leisten und den Durchgang des Feuers verhindern. Feuerhemmend sind insbesondere Holztreppen, deren Untersicht geschalt, gerohrt und verputzt wird.

Laufbreite der Treppe

Die Laufbreite der Treppe wird in Höhe des Handlaufes gemessen, wobei Wandhandläufe nicht berücksichtigt werden.
Haupttreppen müssen den Anforderungen des Verkehrs entsprechen. Demgemäß schreibt die Münchener Bauordnung als Laufbreite bzw. als Stufenlänge vor:
Für Gebäude mit einem Stockwerk über dem Erdgeschoß eine Stufenlänge von 1,00 m, für Gebäude mit 2 Stockwerken über dem Erdgeschoß eine Stufenlänge von 1,1 m. Für jedes weitere Stockwerk hat die Stufenlänge um wenigstens 10 cm zuzunehmen. Bei einer größeren Stufenlänge als 1,50 m sowie bei Wendelstufen sind außer den Geländern an der inneren Wange auch an den Wänden Handgriffe anzubringen.
Für Nebentreppen werden noch Laufbreiten von 75 cm im allgemeinen genehmigt. Im Einfamilienhaus sind Geschoßtreppen mit 90 cm Laufbreite noch zulässig, Keller- und Speichertreppen genügen noch mit Laufbreiten von 70 cm.
Die Kopfhöhe, lotrecht von Stufenvorderkante gemessen, muß mindestens 1,80 m betragen; manche Baubestimmungen verlangen die stets anstrebenswerte Mindestkopfhöhe von 2,00 m.

Steigungsverhältnis

Für Haupttreppen schreibt die Münchener Bauordnung eine Stufenhöhe von höchstens 17 cm in den Stockwerken und eine Stufenhöhe von höchstens 20 cm bei Keller- und Speichertreppen vor. Bei Wendelstufen muß die geringste Stufenbreite, in der Mitte gemessen, noch 29 cm, an der inneren Wange noch 15 cm betragen. Das Maß der Auftrittsbreite an der inneren Wange, die sogenannte Mindestauftrittsbreite, ist im allgemeinen mit 10 cm noch zulässig.
Allgemein werden Nebentreppen, Keller- und Speichertreppen mit einem Steigungsverhältnis von 20/23 cm und Haupttreppen mit einem Steigungsverhältnis von 18/26 cm noch genehmigt.

Die Vergebung der Treppen

Die Grundlage der Vergebung bildet die Verdingungsordnung für Bauleistungen im Hoch- und Tiefbau (VOB), aufgestellt vom Deutschen Verdingungsausschuß. Für Treppen sind die entsprechenden Vorschriften bezüglich Werkstoff, Ausführung, Nebenleistungen sowie Aufmaß und Abrechnung in den Technischen Vorschriften für Bauleistungen unter VI. Zimmermannsarbeiten DIN 1969 im einzelnen aufgeführt.
Für die Ausführung wird in der DIN 1969 unter Abschnitt B, 15, folgendes festgelegt:
Treppen sind im allgemeinen nach besonderen Werkzeichnungen auszuführen. Ihre Maße sind vorher an Ort und Stelle genau nachzuprüfen. Soweit nichts anderes zugelassen, müssen in den Hauptgeschossen die sichtbaren Flächen der Trittstufen möglichst astfrei sein. Trittstufen bis zu 32 cm Breite sollen nicht aus mehreren Stücken zusammengeleimt werden; bei größeren Breiten sind Leimfugen zu verdübeln. Kropfstücke oder Krümmlinge sind entweder zu verleimen, auszuarbeiten oder zu biegen; hierbei muß jedoch die Holzfaser in der Wangenrichtung verlaufen. Kropfstücke sind unter sich und mit den geraden Wangen mit Zapfen und schmiedeeisernen Schraubenbolzen zu verbinden. Bei geputzten Treppenhäusern oder solchen ähnlicher Ausführung erhalten die Wandwangen Putzdeckleisten. Die Treppen müssen so sorgfältig zusammengearbeitet und aufgestellt werden, daß beim Begehen die Stufen sich nicht bewegen oder knarren. Geländer müssen sicher befestigt werden. Schrauben sind einzulassen und die Öffnungen mit Holzdübeln zu schließen. Als Nebenleistungen, die durch die Preise des Angebotes abgegolten sind, sind insbesondere die Lieferung und Anbringung aller für die Aufstellung und Befestigung der Treppen, ihrer Geländer und Handläufe erforderlichen Eisenteile zu erwähnen.
Die Bestimmungen über Aufmaß und Abrechnung sind unter Abschnitt D, 23, folgendermaßen festgelegt:
Treppen werden einschließlich der Wangen nach Stückzahl der Stufen berechnet. Die Anzahl gewendelter Stufen soll aus den Ausschreibungsunterlagen ersichtlich sein, ebenso, ob an den An- und Austritten durchgehende Stufen verlangt werden. Für besonders ausgestaltete Antritts-(Block-)stufen und Antrittspfosten sind besondere Zuschläge vorzusehen. Geländer und Handläufe an den Wänden werden nach Längenmaß in der Treppenschräge gemessen, Treppenabsätze unter Abzug der Austrittsstufen nach dem Flächenmaß berechnet.
In einem Leistungsverzeichnis ist außer einer allgemeinen Vorbemerkung eine genaue Beschreibung für jede geforderte Treppe in Form von „Positionen“ zu geben. Jede Position muß enthalten: Angaben über Anlage und Konstruktion der Treppe, über Steigungsverhältnis, über Laufbreite, über Holzstärken und Abmessungen, über Material und Nebenleistungen.
Beispiel:

Pos. 1. Stockwerkstreppe vom Erdgeschoß zum ersten Obergeschoß einläufig, geradläufig, gestemmt genau nach Zeichnung.
Steigungsverhältnis: 18,75/25,50 cm, Laufbreite von Wangenaußenkante zu Wangenaußenkante gemessen: 0,96 m. Wandwange: 60 mm stark und 290 mm hoch. Freiwange: 60 mm stark und 330 mm hoch. Die Wandwange erhält oben ein einfaches Profil. Die Freiwange erhält oben beidseitig und unten einseitig das gleiche einfache Profil. Die einfach profilierten Trittstufen sind 40 mm stark und erhalten 45 mm Vorsprung. Die Stoßbretter sind 20 mm stark. Auf der Freiwange sitzt eine 360 mm hohe und 60 mm starke Blindwange, die rechtwinkelig abgebogen ist, insgesamt 4,10 m lang. Die Blindwange erhält oben beidseitig und unten einseitig das gleiche Wangenprofil. Die Anfangsstufe ist, leicht geschwungen, als Blockstufe auszubilden.
Die Trittstufen sind aus Eichenholz, alle übrigen Treppenteile aus Fichtenholz herzustellen. Putzdeckleisten sind lt. Zeichnung anzubringen.
Nach dem Aufstellen ist die Treppe durch Belegen und Einbinden mit kräftigem Packpapier und durch Aufnageln von Brettern gegen Beschädigungen zu schützen. Im Preis inbegriffen ist das Abnehmen der Schutzabdeckung sowie das Abziehen und Einwachsen der Treppenstufen.
Das Geländer aus Stahl wird bauseits erstellt.

16 Stufen
Pauschal DM.........

Instandsetzung ausgetretener Treppen

Die Erneuerung alter Holztreppen ist dadurch erschwert, daß bei den Wiederherstellungsarbeiten eine Störung des Verkehrs verursacht wird. Es ist daher meist unmöglich eine neue Treppe zu machen, da man die alte Treppe vollständig herausreißen und durch eine neue ersetzen müßte, was in der Regel einen schwer tragbaren Eingriff in den Organismus eines Hauses bedeutet.

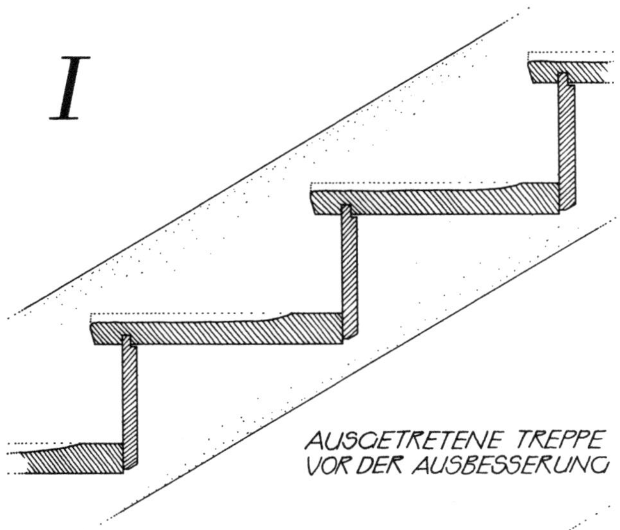

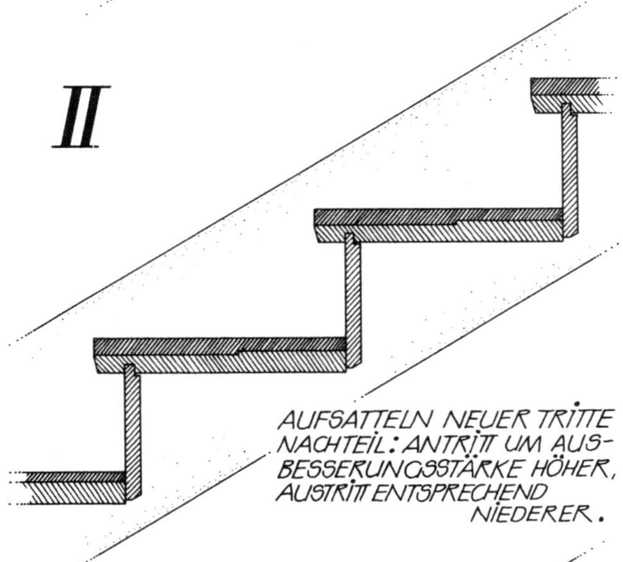

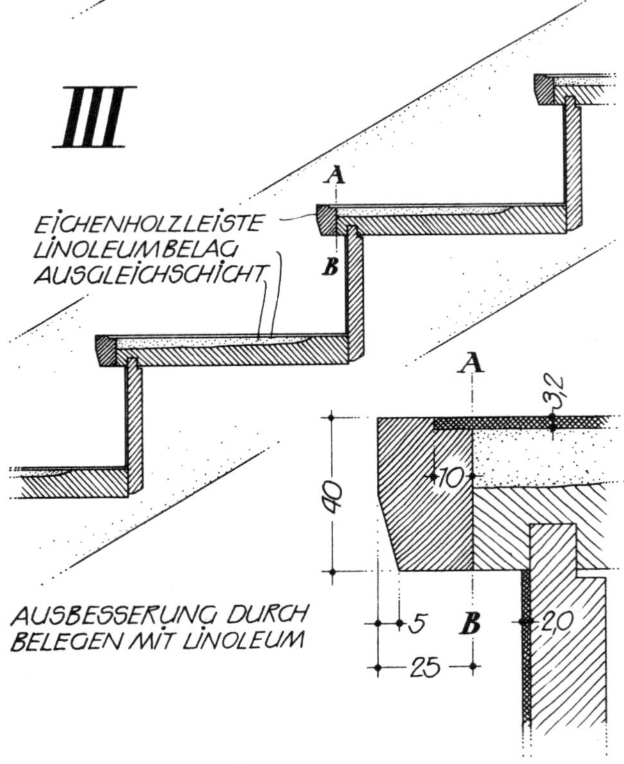

Man wird in der Praxis aus diesem Grunde immer wieder auf eine solide Ausbesserung ausgehen. Das geschieht entweder durch Aufsatteln neuer Tritte nach vorherigem Abstemmen der alten, wobei die Anschlußfugen mit Stäbchen oder Deckleisten verdeckt werden, oder man stemmt die ausgetretenen Trittstufen ab, rauht sie auf und überstreicht sie mit einer Holzestrichmasse, die dann nach dem Trocknen den neuen Auftritt bildet. In manchen Gegenden werden auch fertige Holzestrich- oder Xylolithtritte hergestellt und geliefert, die auf die alten Tritte nach entsprechendem Abstemmen und Ausgleichen aufgeschraubt werden. Die vordere Fuge zwischen altem und neuem Teil wird dabei durch ein herabgezogenes Profil am Xylolithtritt verdeckt.

Auch durch Belegen mit Linoleum lassen sich verbrauchte, unansehnliche und verkehrstechnisch nicht einwandfreie alte Treppen ohne weiteres in tadellosen Zustand zurückversetzen. Der richtige Arbeitsgang ist dabei folgender:

Die abgelaufene Nase der Trittstufe wird mit senkrechtem Schnitt A—B abgesägt. Die vorher gestrichenen, geölten oder gewachsten Flächen der Trittstufen werden durch Abbeizen von Farbe, Öl oder Wachsresten befreit, weil sonst darauf weder die Ausgleichsmasse noch der Linoleumkitt haften würden. Sodann werden die Flächenteile der Trittstufen, die ausgeglichen werden müssen, gründlich aufgerauht. Als neue Nase wird der Trittstufe eine Hartholzleiste, die eine Nute für den späteren Linoleumbelag erhält, vorgeschraubt. Sodann werden alle Unebenheiten der ausgetretenen Trittstufen mit einer Planiermasse ausgegeglichen, wobei die waagrechte Kante der Nute eine unentbehrliche Führung für das Ausgleichen abgibt.

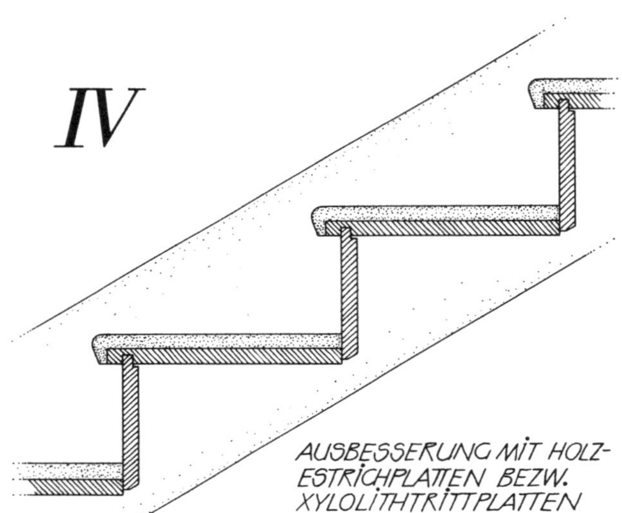

Ausbesserung ausgetretener Holztreppen
Maßstab 1 : 10 und 1 : 2

I. Zustand vor der Ausbesserung
II. Ausbesserung durch Aufsatteln neuer Tritte
III. Ausbesserung durch Belegen mit Linoleum
IV. Ausbesserung mit Holzestrich- bzw. Xylolithtrittplatten

Die Ausgleichsmasse kann selbst hergestellt werden: 1 Gewichtsteil handelsüblicher Sulfitablaugekitt, mit 3 1/2 Gewichtsteilen Wasser verdünnt, wird mit einem Gemisch aus 3 Raumteilen Baugips und 1 Raumteil Schlemmkreide zu einem gleichmäßigen gut streichbaren Mörtel verarbeitet. Zweckmäßig ist ein Vorstrich mit verdünntem Sulfitablaugekitt (4 Raumteile Wasser auf 1 Raumteil Kitt), oder: 1 Gewichtsteil Dextrinpulver, 1 1/2 Gewichtsteile Schlämmkreide und 12 Gewichtsteile Baugips trocken gründlich gemischt, werden mit Wasser zu einer homogenen, plastischen Mörtelmasse angemacht. Ein Vorstrich der auszugleichenden Flächenteile mit einem Brei, der durch Zusatz von Dextrin und Wasser aus dem Ausgleichsmörtel gewonnen wird, ist ratsam. Fertige Ausgleichsmassen sind unter verschiedenen Namen wie z. B. Nivellin, Planolin, Rapid, Citoplan, Linoplan u. a. im Handel.

Die sich rasch vollziehende Trocknung der Ausgleichschicht, die natürlich während des Trockenvorganges nicht betreten werden darf, muß abgewartet werden; notfalls muß diese durch aufgelegte Bretter geschützt werden. Zum Schlusse werden die Linoleumblätter genau eingepaßt und auf die Trittstufen vollflächig aufgeklebt. Bis zum fertigen Abbinden des Linoleumkittes sind die Beläge mit Belastungsmaterial (Sandsäcke) zu beschweren.

Sollen die Treppenwangen durch Anstrich oder dergleichen mit aufgefrischt werden, so geschieht dies am besten vor Beginn der Ausgleichsarbeiten an den Trittstufen.

Eine zusätzliche Bekleidung der Trittstufenvorderfläche mit dunklerem, in der Farbe zum Trittstufenbelag richtig abgestimmten Linoleum von geringer Stärke ergibt Treppenläufe von besonders gutem Aussehen.

DIE BAUARTEN DER TREPPE

Blocktreppe

Die Blocktreppe ist eine der ältesten Treppenarten. Die Stufen bestehen, wie schon der Name besagt, aus einem vollen Holzquerschnitt. Diese Treppenart war früher weit verbreitet; heute wird sie jedoch nur mehr selten ausgeführt.

Die Konstruktion der Blocktreppe erinnert stark an die der Steintreppe. Die Blocktreppe ist in der Tat eine Nachahmung der Steintreppe, und daher ist die Profilierung der Blockstufe die gleiche wie die einer Steinstufe.

Die einzelnen Stufen werden entweder beim Hochführen der Treppenhauswände wie Balkenköpfe eingemauert oder aber mit Holznägeln (Nägel oder Schrauben) auf 2 oder 3 Tragbalken befestigt. Den Balken fällt konstruktiv die Rolle der heute üblichen Wange zu.

Die Balken bilden also das tragende Element der Treppe. Jeder dieser Tragbalken soll unten eine Klaue erhalten, damit er mit mindestens $^2/_3$ seiner Breite auf dem unteren Podestbalken aufliegt. Oben wird der Stiegenbaum senkrecht abgeschnitten und lehnt sich mit seinem stumpfen senkrechten Abschnitt an den oberen Podestbalken an. Die unterste Blockstufe liegt auf dem Fußbodenbelag, während die oberste Blockstufe um die Fußbodenstärke höher als Oberkante Podestbalken liegen muß.

Durch Aufnageln einer Bohle auf die Blockstufenendigungen und auf den Stiegenbaum kann die Wirkung einer Wange erreicht werden.

Blocktreppen sind selbst bei Verwendung von Eichenholz nicht wesentlich teurer als gestemmte Treppen. Im Freien, in Aussichtstürmen usw., überall wo die Treppen den Witterungseinflüssen stark ausgesetzt sind, werden Blocktreppen anderen Konstruktionen heute noch vorgezogen, zumal Blockstufen sehr gut zu begehen sind und außerdem nicht knarren. Auch besitzen Blocktreppen eine hohe Tragfähigkeit.

Die Blocktreppe ist eigentlich eine derbe Zimmermannskonstruktion. Da diese Treppenkonstruktion sehr viel Bauholz benötigt, wurde sie bald durch leichtere Treppenarten aus Schnittholz abgelöst.

Um Holz zu sparen, wurden meist Blocktreppen sehr steil angelegt, da man für den Bau flacher Steigungsverhältnisse verhältnismäßig starke Stämme benötigt.

Eine moderne Art ist die Herstellung von Blockstufen samt Stiegenbaum aus verleimten Bohlen.

Die Werkblätter zeigen in der Konstruktion I die einfachste Ausbildung der Blockstufe, während die Konstruktion II eine bessere Verbindung der Blockstufen untereinander vermittelt. Die Konstruktion III stellt eine der Steintreppe nachgebildete Profilierung der Blockstufe dar; auf die Verbindung der einzelnen Blockstufen mit dem Stiegenbaum wurde bei der Konstruktion IV großer Wert gelegt. Die Konstruktionen V und VI sind neuzeitliche Abwandlungen der alten zimmermannsmäßigen Konstruktion.

Eingeschobene Treppe

Diese einfachste Treppenkonstruktion wird nur für untergeordnete Räume, hauptsächlich in Lagerhäusern, Scheunen, Schuppen und für Dachräume und nur als geradläufige Treppe verwendet. Die eingeschobene Treppe besteht aus 2 gleichartigen Wangen von 5—7 cm (in der Regel 6 cm) Stärke und von 22—28 cm Breite, in welche von vorne 4—5 cm starke und 25—30 cm breite Trittstufen beidseitig auf Grat eingeschoben werden. Die Eingratung beträgt 2—3 (normal 2,5) cm. Vorne an den Trittbrettern bleibt durch die Eingratung eine 2—3 cm breite Nase stehen, die an der Treppenwange ansteht und oft vorne abgeschrägt wird. Wenn eingeschobene Treppen frei im Raum stehen, werden diese Nasen oft bis zur Wangenaußenkante geführt und dienen dann zum Annageln der Stufe an den Wangen. Um der Treppe einen sicheren Halt zu geben, werden einzelne Stufen — die erste, mittlere und letzte Stufe — ohne Grat, jedoch 2—3 cm eingestemmt, mit einem 4 cm breiten Zapfen verzapft und verkeilt, oder es werden Anker (Treppenschrauben) zum Zusammenhalten der Wangen mit den Stufen verwendet. Bei Anordnung von Zapfen werden die Wangenlöcher nach außen etwas erweitert, die Zapfen darin verleimt und so verkeilt, daß sie schwalbenschwanzförmige Gestalt haben. Die Wangen werden am unteren und oberen Ende auf den Balken

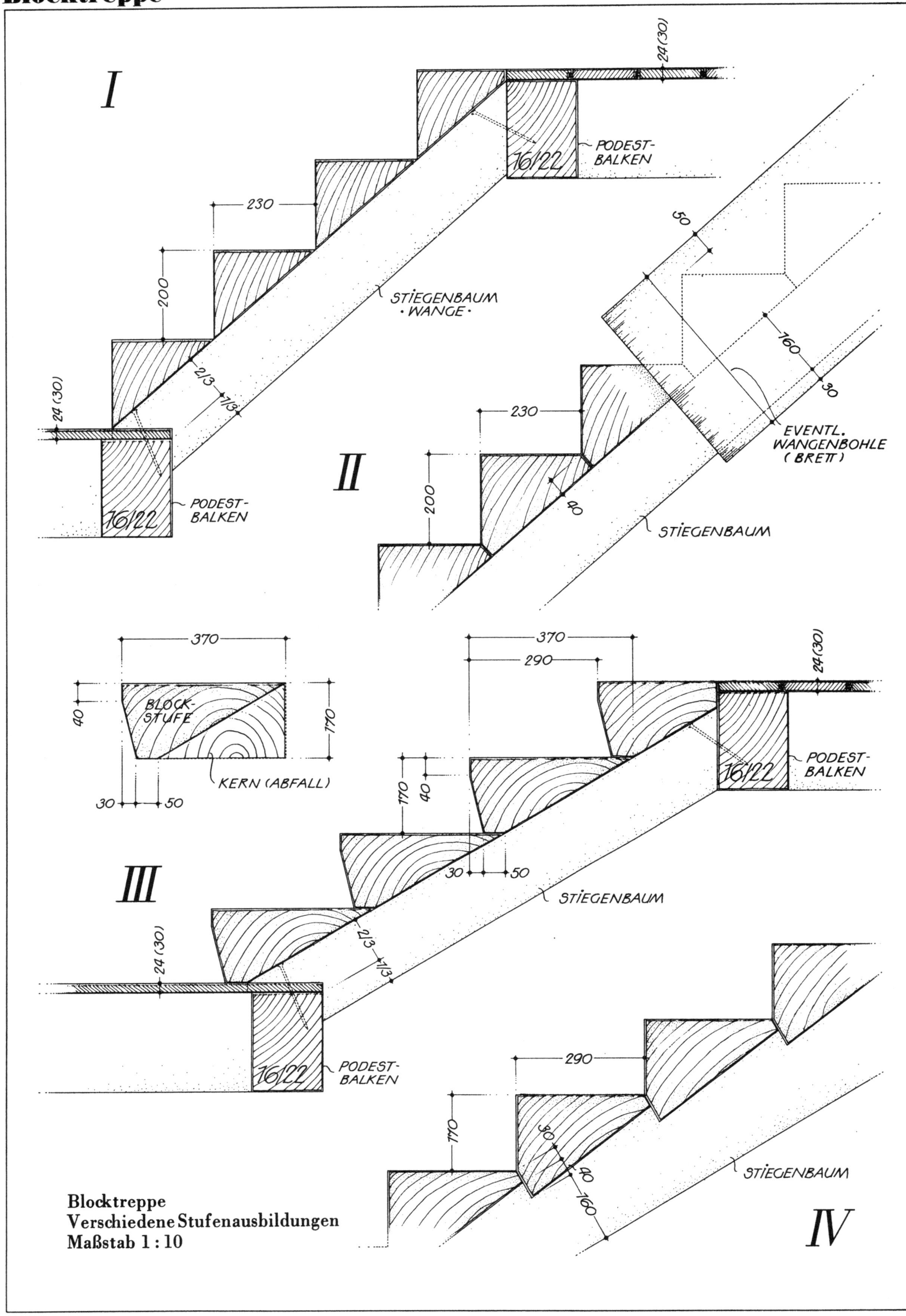

Blocktreppe
Verschiedene Stufenausbildungen
Maßstab 1 : 10

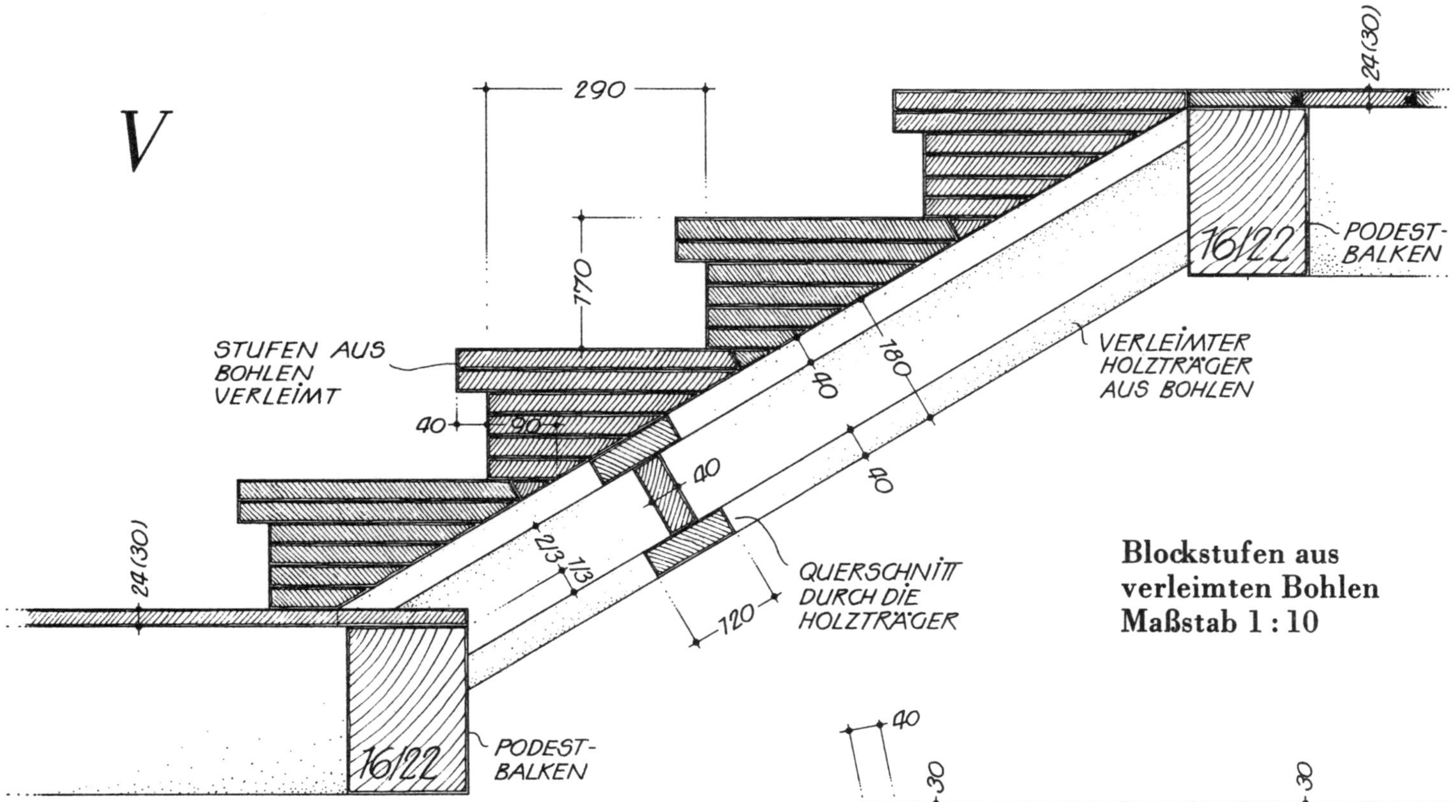

Blockstufen aus verleimten Bohlen
Maßstab 1 : 10

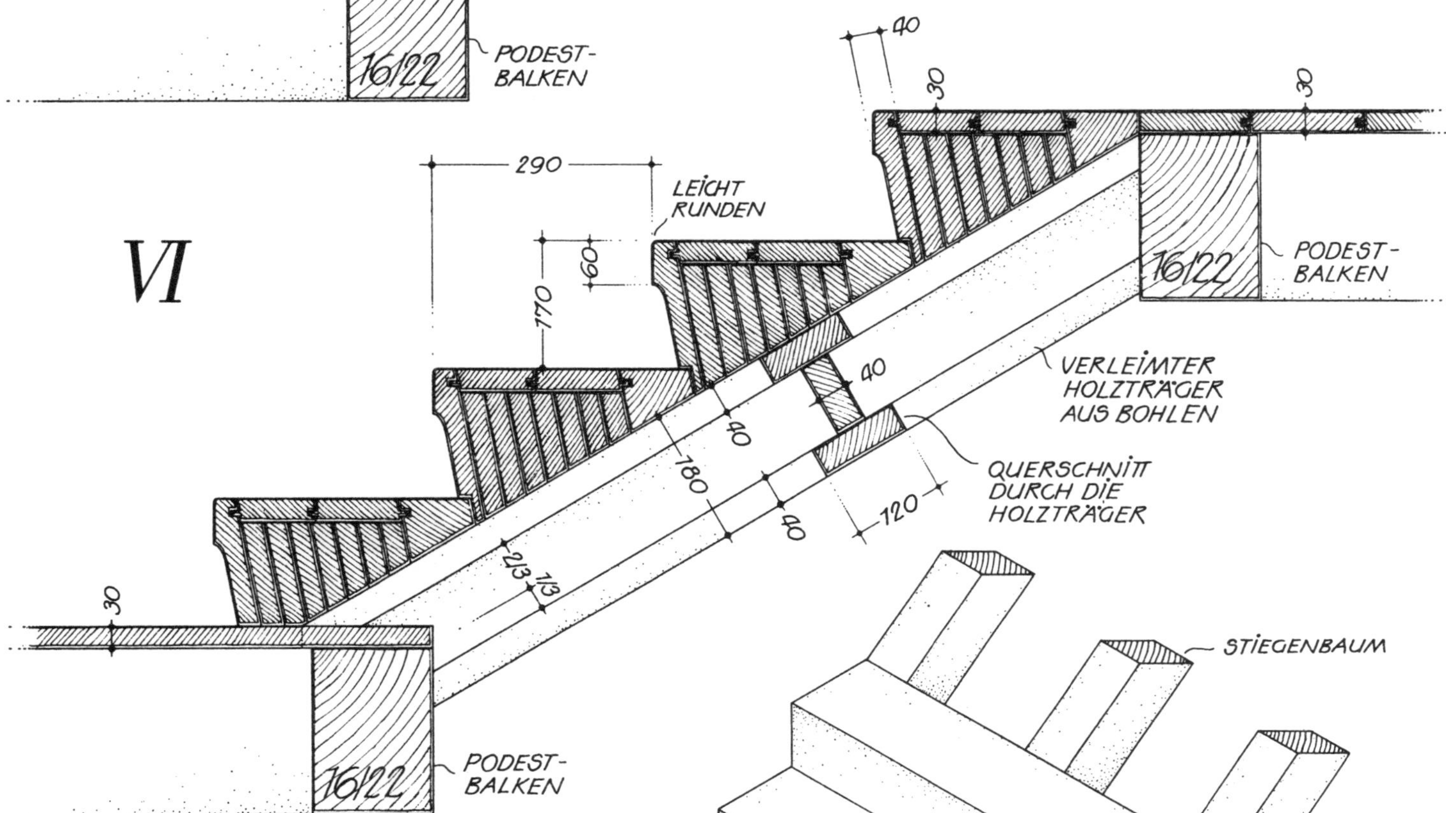

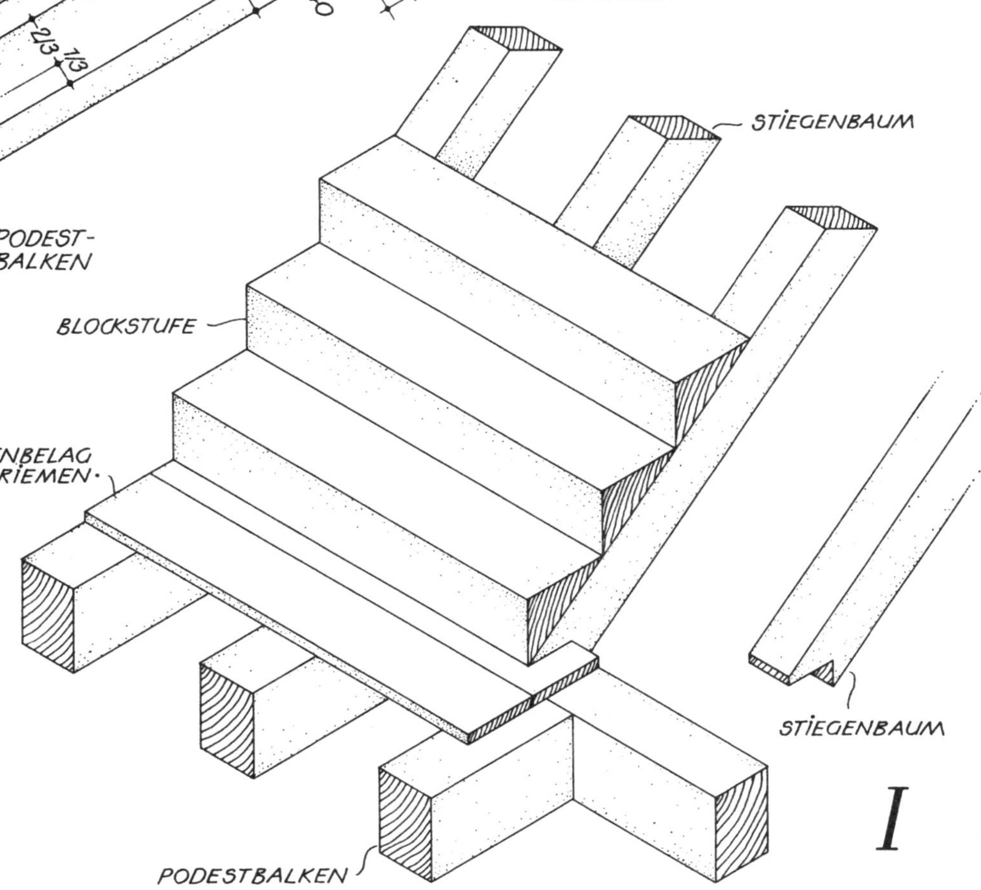

Isometrische Darstellung
der Konstruktion I
Maßstab 1 : 20

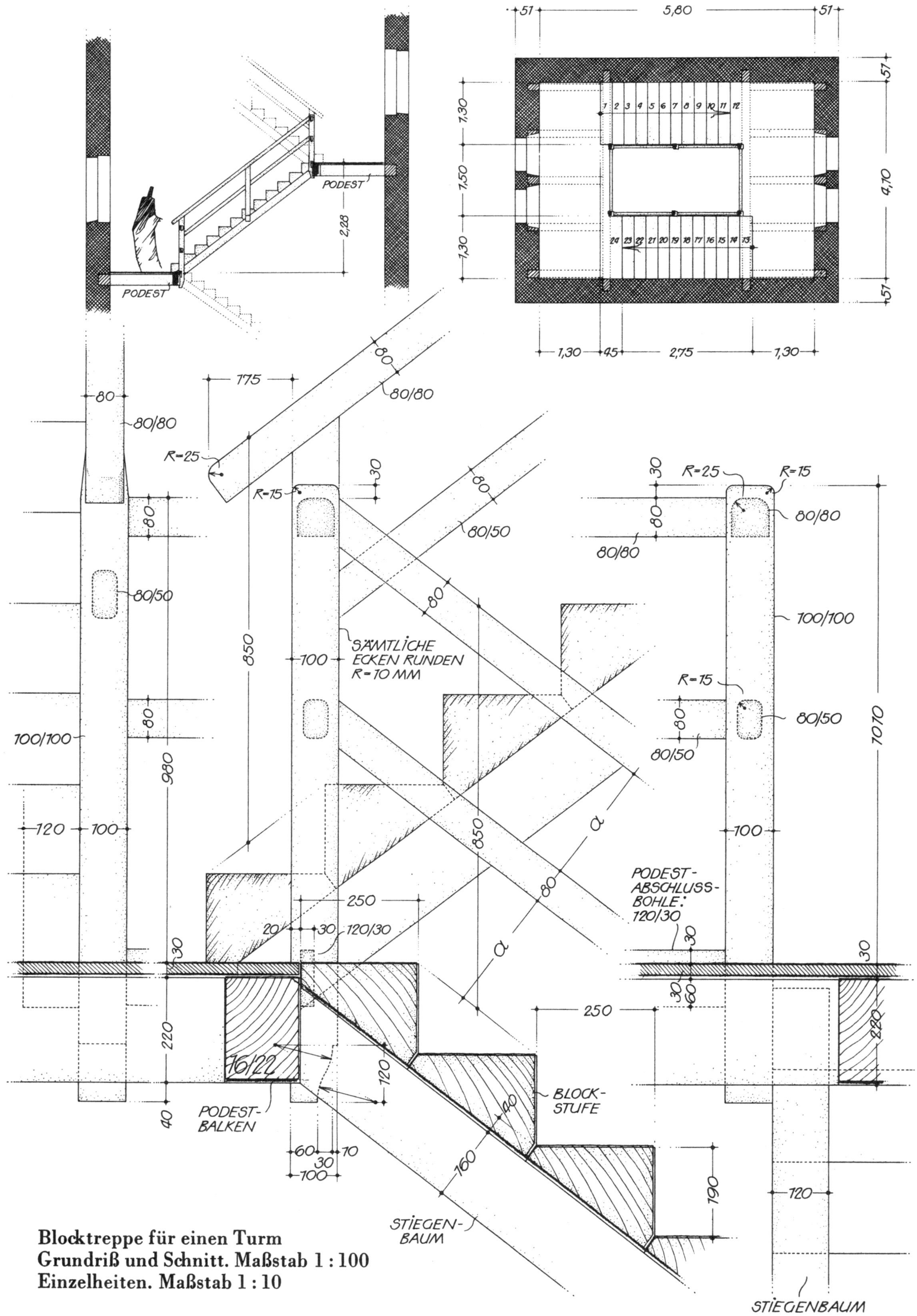

Blocktreppe für einen Turm
Grundriß und Schnitt. Maßstab 1 : 100
Einzelheiten. Maßstab 1 : 10

bzw. Balkenwechsel aufgeklaut bzw. eingezapft. Die Treppe erhält keine Setzstufen (Futterbretter) und bleibt in der Regel offen, wodurch beim Begehen ein gewisses Gefühl der Unsicherheit entsteht. Nach Wunsch kann man die Unterseite mit Brettern, die die Länge der Treppe haben, verschalen und sogar rohren und verputzen. Durch eine solche Abschalung erreicht man eine Absperrung des Luftzuges und einen oft erwünschten Schutz für verschlossene Räume, zu denen solche Treppen führen.

Eingeschobene Treppen werden als leiterartige Treppen meist sehr steil angelegt. Das Fehlen der Setzstufen und der dadurch mögliche Eintritt des Fußes (wenigstens im Aufwärtsgehen) begünstigt ein kräftiges Steigungsverhältnis, das bei 45° und meist steiler liegt. Bei einer Steigungshöhe von rund 20 cm ist die Entfernung von Vorderkante zu Vorderkante Stufe 15—20 cm. Geländer bestehen meistens aus einfachen festen An- und Austrittspfosten, mit einfachen Stangen und einfacher Handleiste verbunden. Zur besseren Anbringung des Geländers ist es daher oft zweckmäßig, den Anschluß des Austrittes mit einem sogenannten Hängepfosten zu vermitteln.

Die Werkblätter zeigen für den oberen Anschluß der Wange am Podestbalken 3 verschiedene Ausbildungen. Die Konstruktion IV stellt den oberen Anschluß der Wange mit einem dazwischengebauten Hängepfosten dar. Bei dieser Lösung wird der Podestbalken verhältnismäßig wenig geschwächt. Für den unteren Anschluß der Wange am Podestbalken werden 2 Lösungen gezeigt. Die Konstruktion II bringt die Verbindung eines in der Wangenachse stehenden Geländerpfostens. Weitere Beispiele stellen den unteren Anschluß der Wange auf Betonboden bzw. Massivdecke und auf einer Beton-Antrittsstufe, aufgesattelt, dar.

Halbgestemmte Treppe

Die halbgestemmte Treppe wird wie die eingeschobene Treppe als steil angelegte Nebentreppe verwendet. Man kann diese Treppe auch bei Wendelungen ausführen. Sie wird wie die ganz gestemmte Treppe ausgeführt, besitzt jedoch keine Stoß- oder Futterbretter. In etwa 6 cm (5—7 cm) starke Wangen werden die 4—5 cm starken Trittstufen 2 cm tief eingestemmt. Um ein Durchtreten beim Begehen zu verhindern, wird ein Trittvorsprung von mindestens 3—5 cm angeordnet. Der obere und untere Vorsprung der Wange von Vorder- bzw. Hinterkante Trittstufe (Besteckmaß) wird gleich groß, meistens 5 cm, gemacht. Zum Zusammenhalt der Treppe werden ebenfalls Treppenschrauben angeordnet. Auf ein rückwärtiges Abschalen der Treppe wird meist verzichtet, da man sonst besser die ganz gestemmte Treppe wählt.

Da bei dieser Treppenart, wie bei der eingeschobenen Treppe, zum oberen Abschluß derselben oft Klappdeckel gewählt werden, werden die 2 Anschlagmöglichkeiten solcher Klappdeckel unter Verwendung gewichtausgleichender Gegengewichte gezeigt.

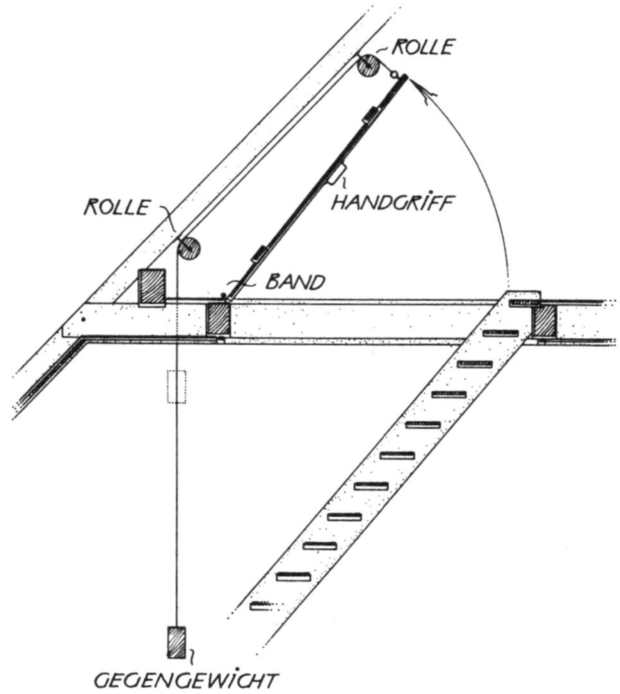

Bodenfalle. 1) Band rückwärtig angebracht
Maßstab 1:50

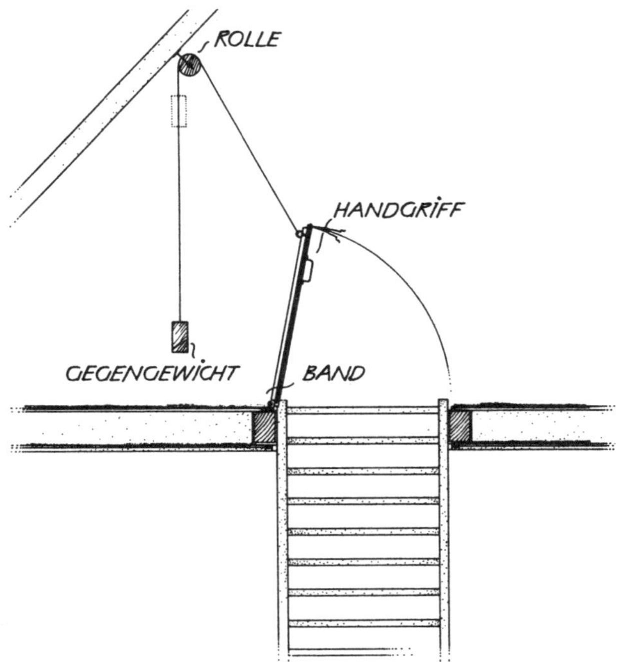

Bodenfalle. 2) Band seitlich angebracht
Maßstab 1:50

Das erste Werkblatt zeigt die konstruktiven Einzelheiten der halbgestemmten Treppe. Auch wird hier eine primitive Ausführung in Nagelkonstruktion gezeigt. Bei dieser einfachen Ausführung werden die Stufen auf seitlich angebrachte Lattenstücke aufgenagelt.

Weitere praktische Beispiele zeigen den unteren Anschluß der Wange an Balken, die mit der Treppe gleichlaufen, und außerdem den praktischen Fall einer Viertelwendelung am Antritt.

Bezüglich der Konstruktion der Verziehung der Stufen wird auf das spätere Kapitel „Das Verziehen der Stufen" hingewiesen.

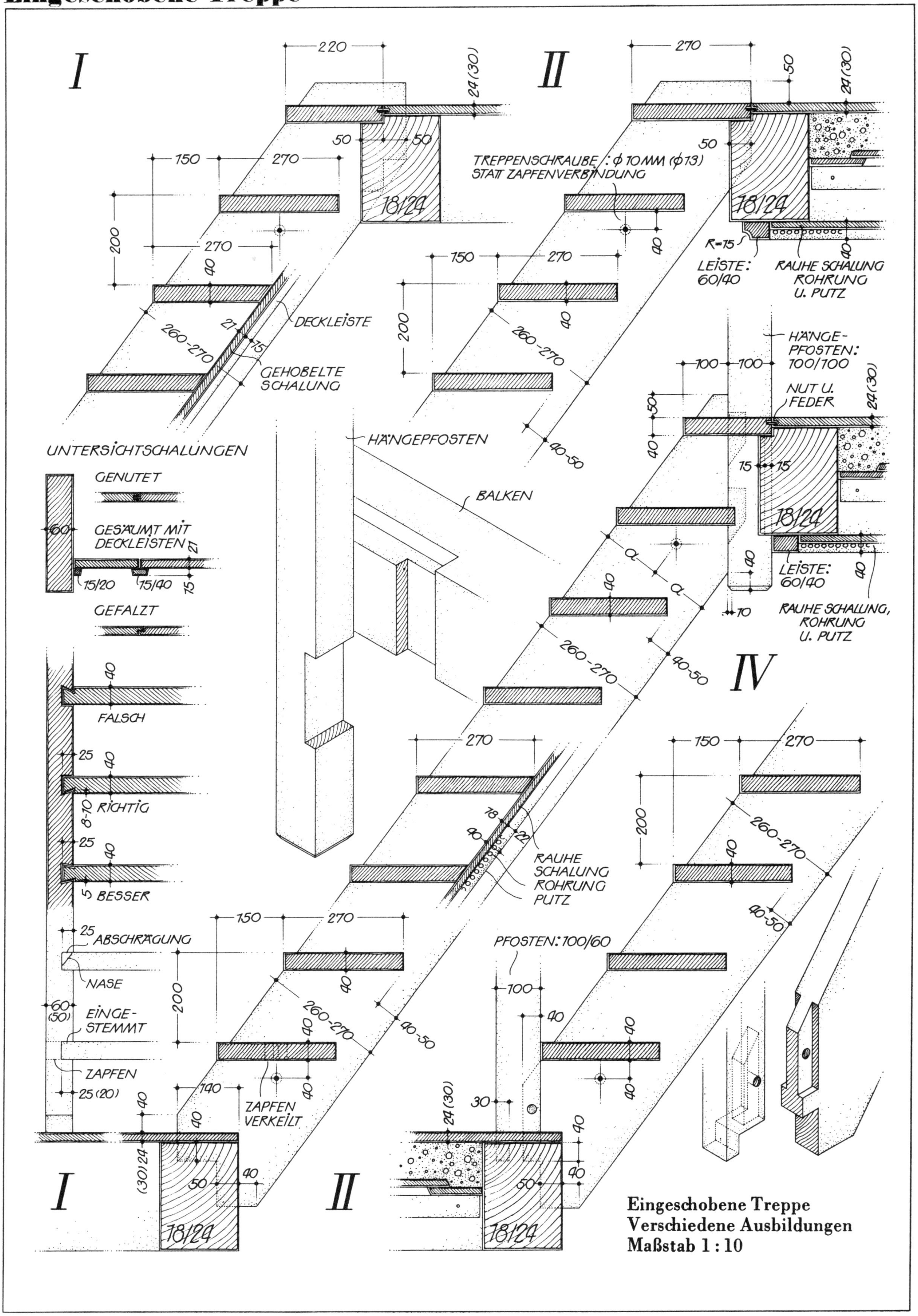

Eingeschobene Treppe
Verschiedene Ausbildungen
Maßstab 1 : 10

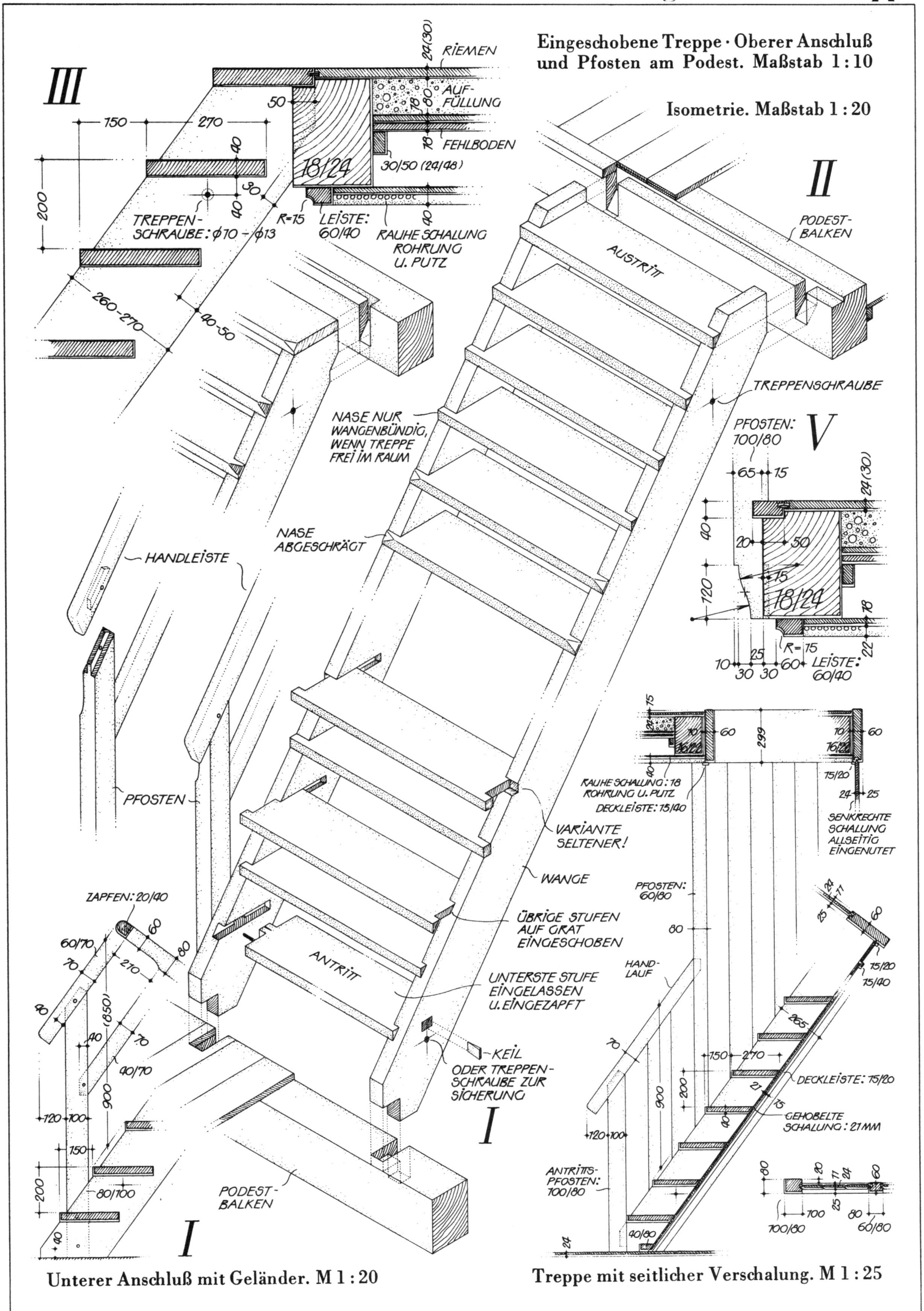

Eingeschobene Treppe · Oberer Anschluß und Pfosten am Podest. Maßstab 1 : 10

Isometrie. Maßstab 1 : 20

Unterer Anschluß mit Geländer. M 1 : 20

Treppe mit seitlicher Verschalung. M 1 : 25

Eingeschobene Treppe. Unterer Anschluß der Wange auf Betonboden. Maßstab 1 : 20

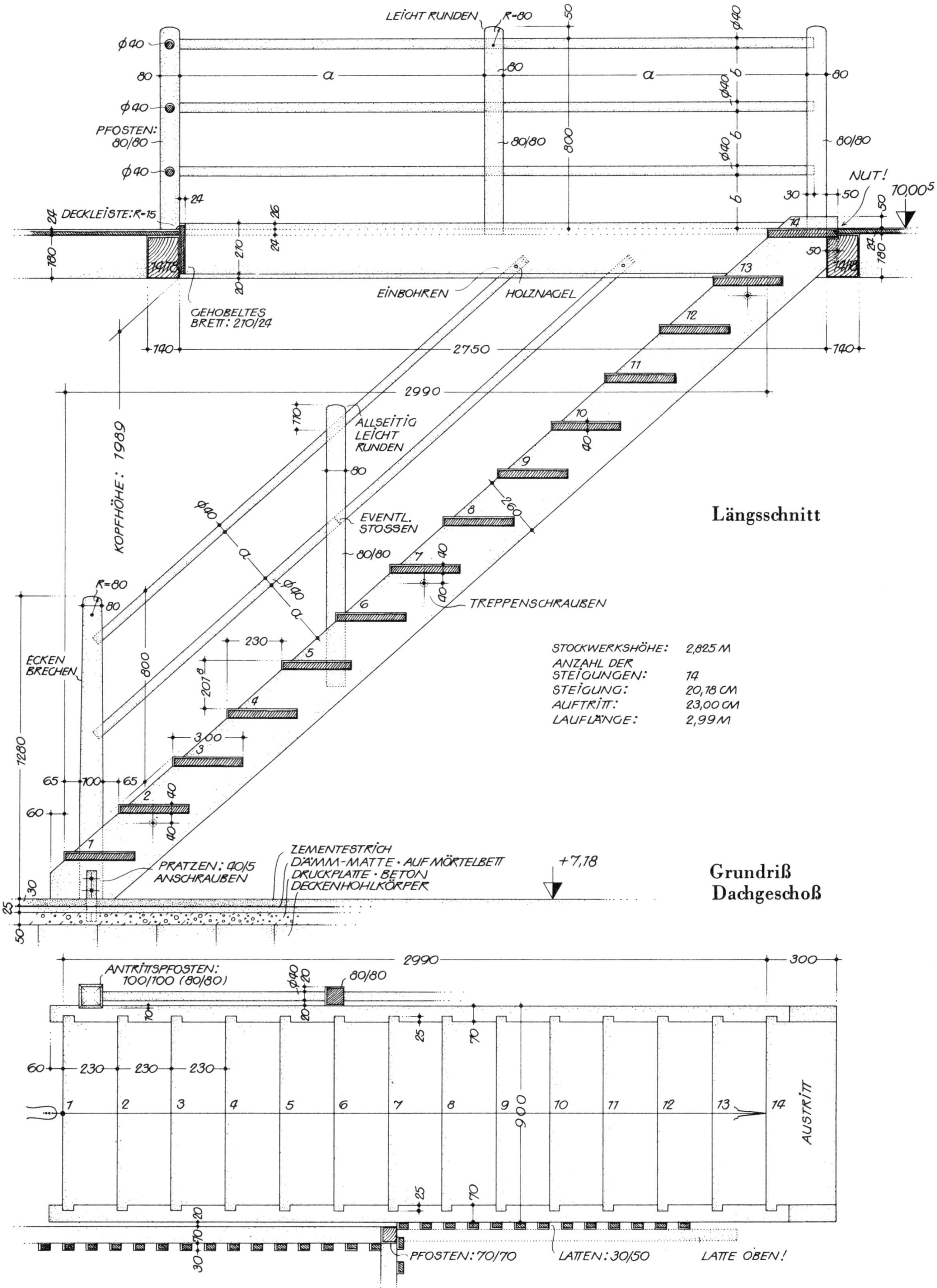

Längsschnitt

Grundriß Dachgeschoß

Eingeschobene Treppe. Unterer Anschluß der Wange auf Betonboden. Maßstab 1 : 20

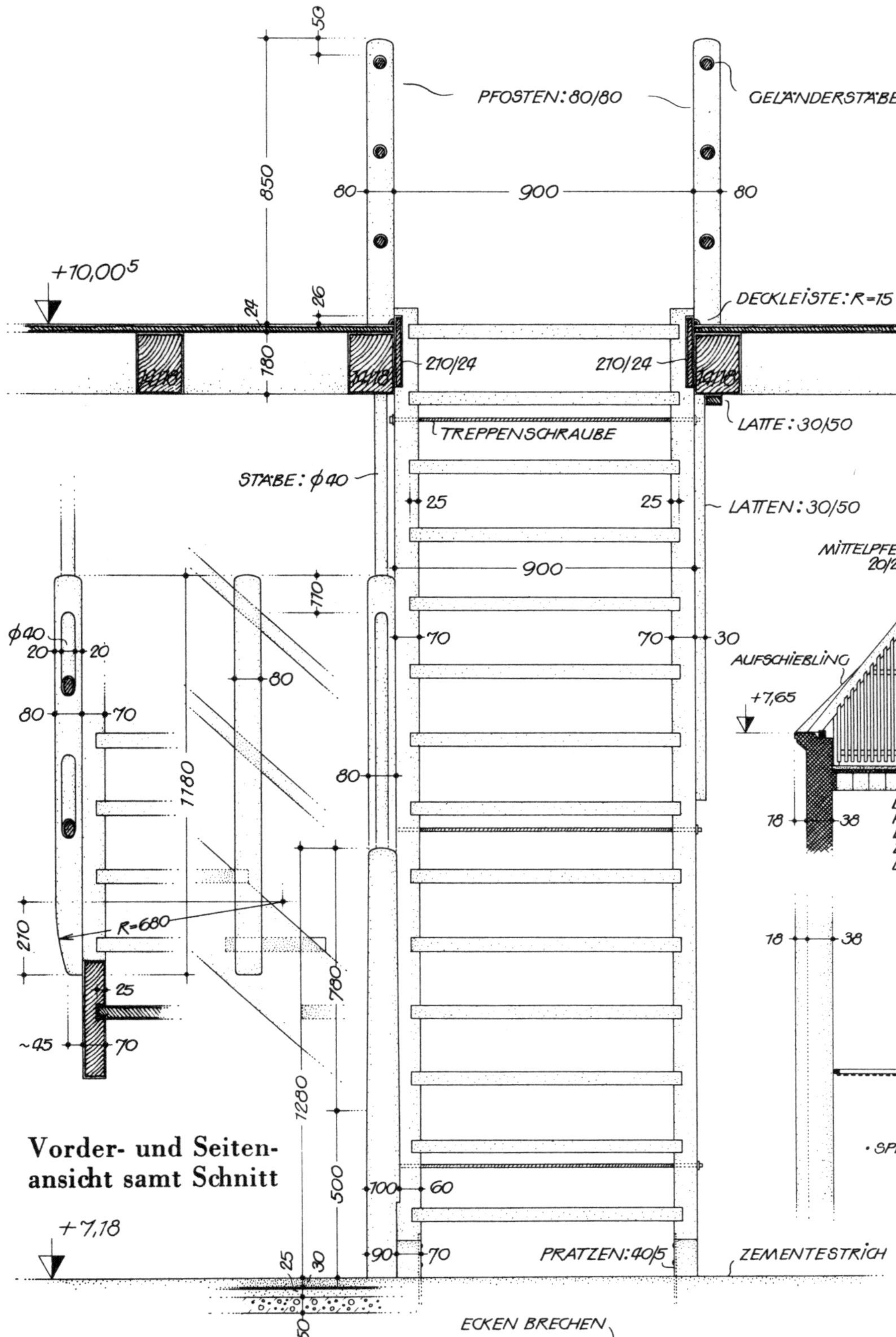

Vorder- und Seitenansicht samt Schnitt

Übersicht
Grundriß und Schnitt
Maßstab 1 : 100

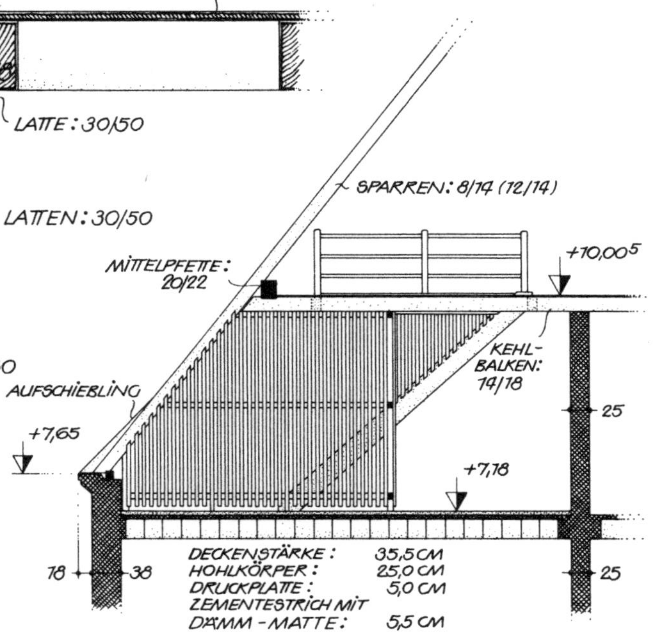

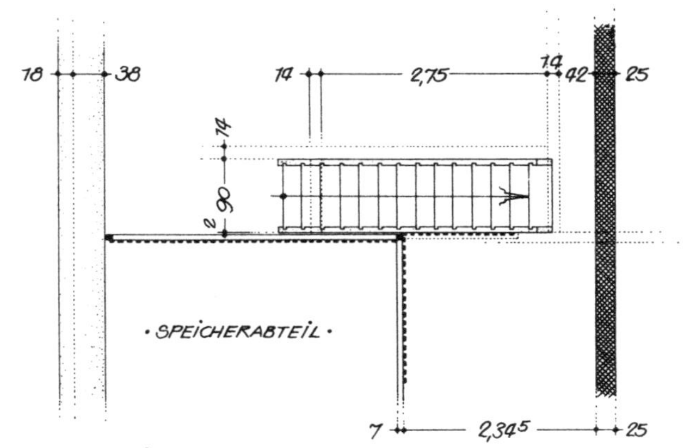

Grundriß. Kehlbalkenlage

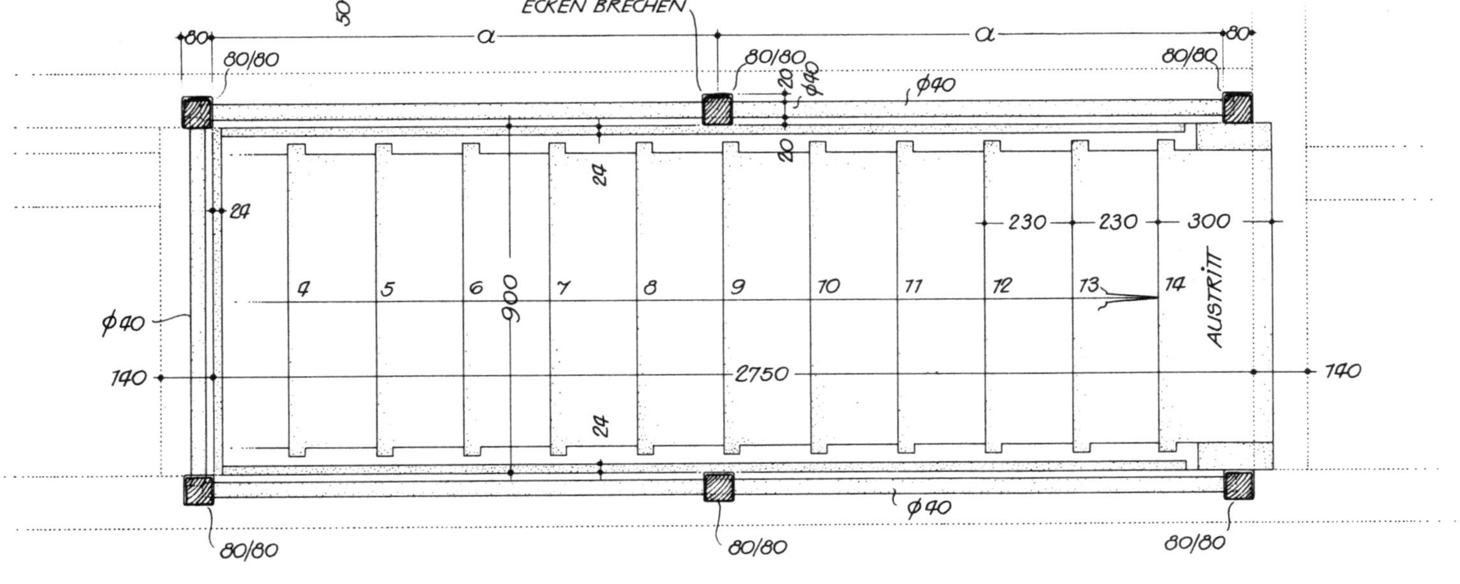

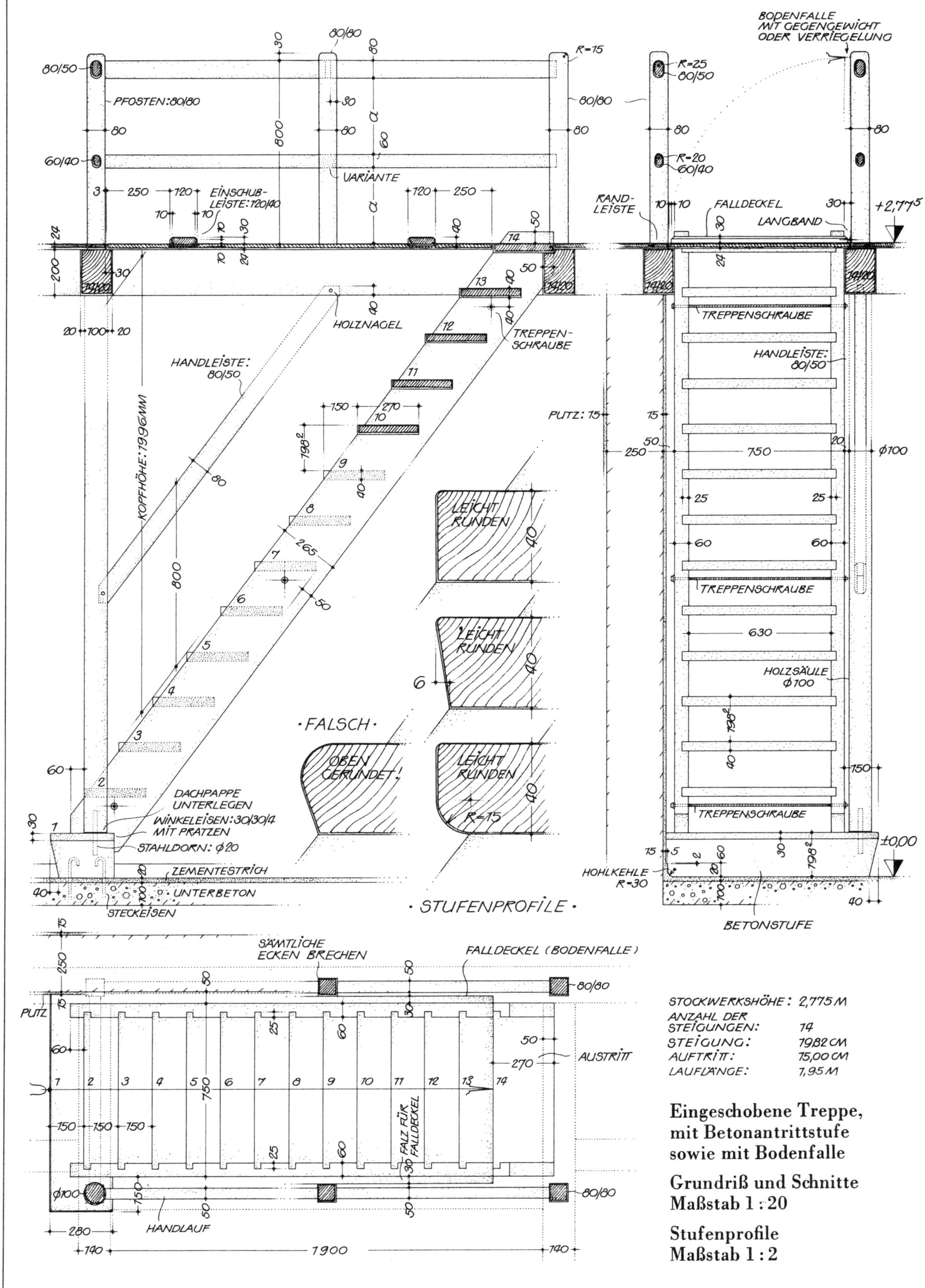

STOCKWERKSHÖHE:	2,775 M
ANZAHL DER STEIGUNGEN:	14
STEIGUNG:	19,82 CM
AUFTRITT:	15,00 CM
LAUFLÄNGE:	1,95 M

Eingeschobene Treppe, mit Betonantrittstufe sowie mit Bodenfalle

Grundriß und Schnitte Maßstab 1 : 20

Stufenprofile Maßstab 1 : 2

Halbgestemmte Treppe. Schnitt durch den Lauf, unterer und oberer Anschluß. Maßstab 1 : 10

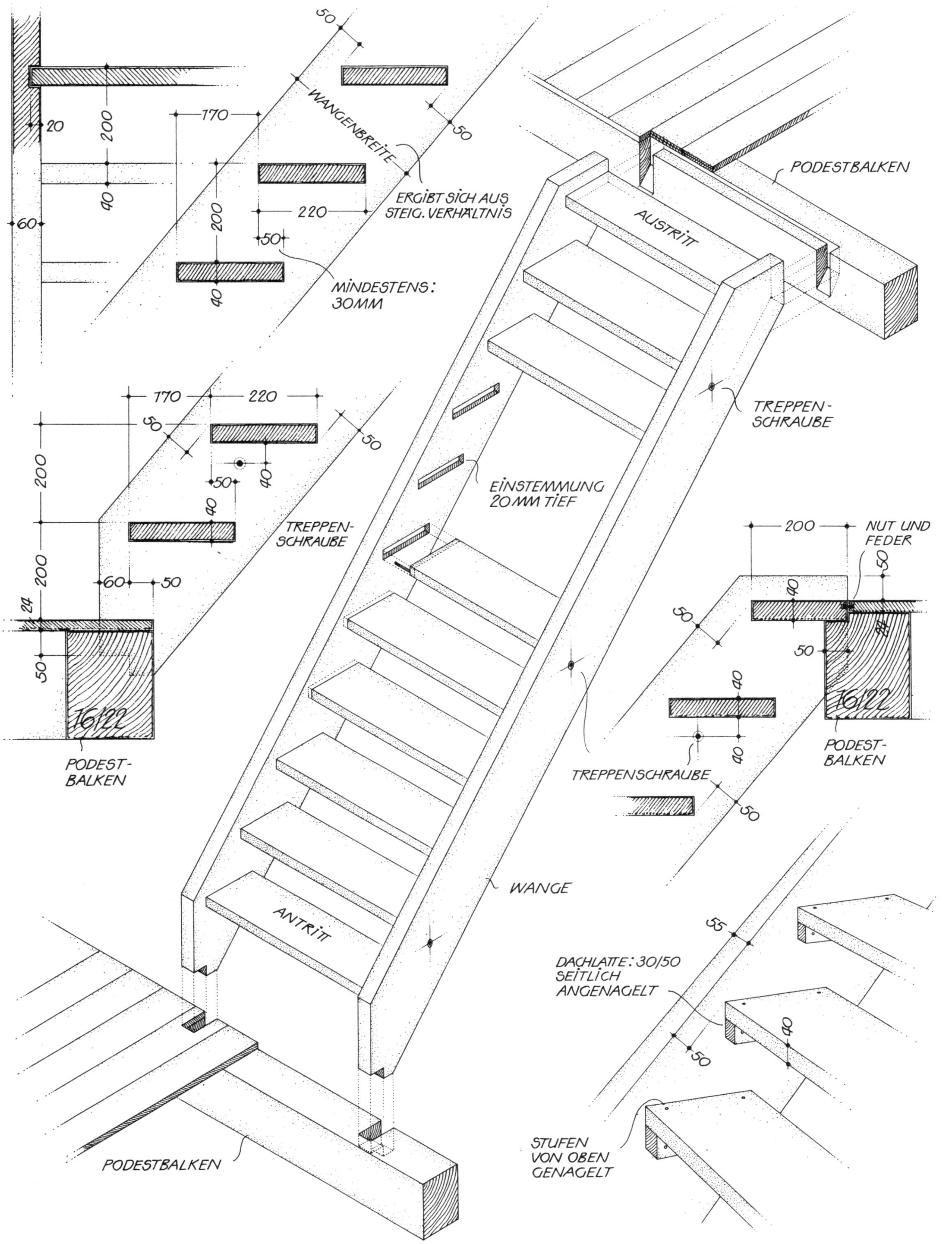

Isometrie. Maßstab 1 : 20

Kellertreppe, Stufen seitlich angenagelt

Halbgestemmte Treppe, geradläufig. Schnitt, Vorderansicht und Grundriß. Maßstab 1 : 20

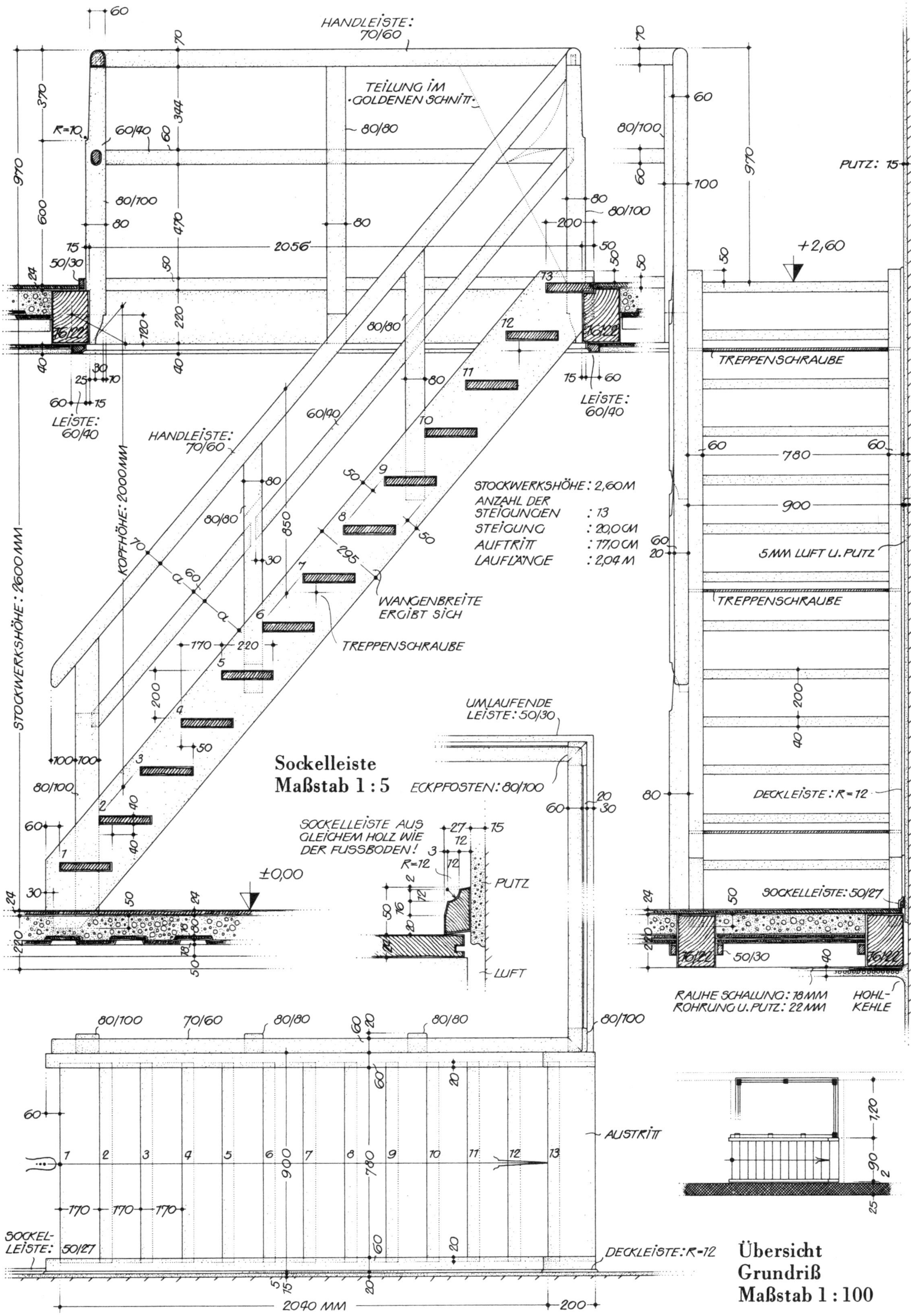

Halbgestemmte Treppe mit Viertel-Wendelung am Antritt. Ansichten, Schnitt und Grundriß. M 1:20

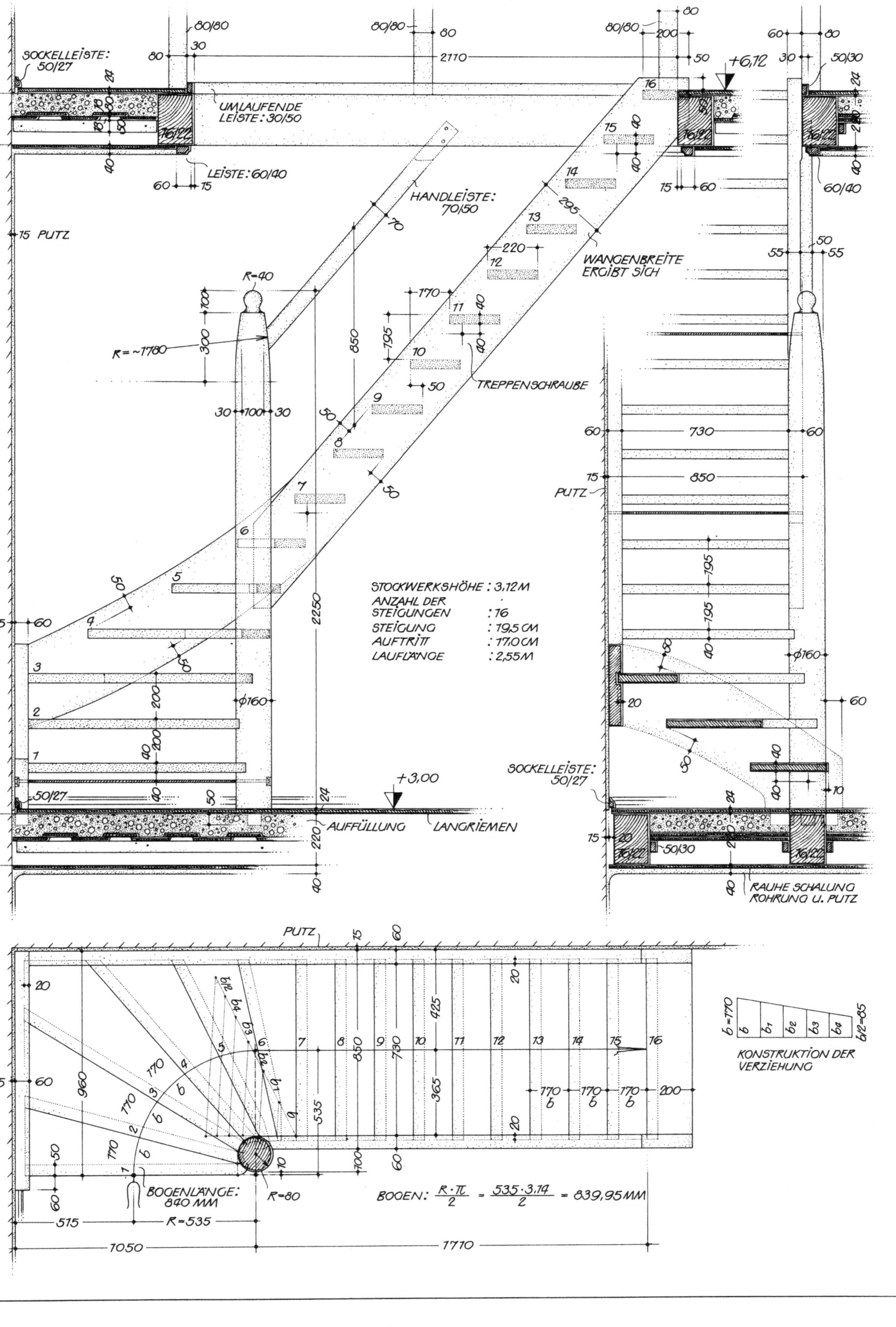

Gestemmte Treppe

Die gestemmte Treppe ist die gebräuchlichste Treppenkonstruktion und wird heute am häufigsten angewendet. Die solide und einfache Konstruktion der gestemmten Treppe ermöglicht die Ausführung von Treppen jeder Grundrißform, aller Wendelungsformen, selbst der schwierigsten Lösungen.

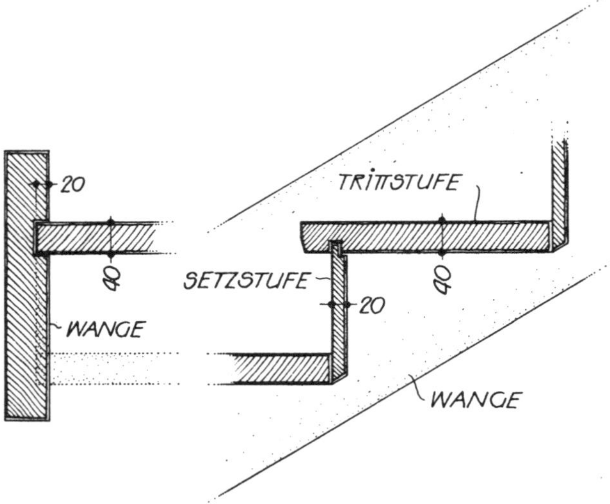

Die Bestandteile der gestemmten Treppe
Maßstab 1:10

Die Bestandteile der gestemmten Treppe sind Wange, Trittstufe und Setzstufe. Die Enden der Tritt- und Setzstufen werden in die Wangen 2 bis 3 cm tief eingelassen bzw. eingestemmt. Die Setzstufe ist mit dem oberen Ende mit einer Feder in das Trittbrett eingenutet, das untere Ende wird stumpf mit der Trittstufe durch Nagelung oder Verschraubung verbunden. Da die Stufen in die Wangen nur eingestemmt sind, werden die Wangen nach dem Zusammenbau gut zusammengetrieben und mit durchgehenden Treppenschrauben von 10, 12, 13 oder 16 mm Durchm. zusammengezogen, damit bei eventuellem Verziehen der Wangen ein Herausfallen der Stufen verhindert wird (Tafel Seite 68).
Die Schrauben werden in der Mitte der Treppenwangenbreite jeweils unter der Trittstufe angebracht. Die Schraubenbolzenmutter wird gewöhnlich nicht in die Wangen eingelassen. Man verwendet auf der sichtbaren Wangenseite meist sogenannte Mutterrosetten, so man nicht den eingelassenen Schraubenkopf ausstöpselt oder mit profilierten Holzrosetten von ca. 1 cm Dicke und von genügender Fläche außen aufsetzt. Einer verdeckten Anordnung der Schraubenbolzenmutter ist der Vorzug zu geben. Bei geraden Treppen rechnet man auf ungefähr 4—5 Tritte eine Treppenschraube. Es werden daher meistens für einen Treppenlauf (mit 14—15 Steigungen) 3 Treppenschrauben benötigt. Die erste Schraube liegt gewöhnlich unter der dritten Trittstufe, die zweite in der Mitte und die letzte unter der vorletzten oder drittletzten Stufe. Bei gewendelten Treppen werden die Treppenschrauben parallel zu den Setzstufen gebogen.

Die Verwendung von kurzen Treppenschrauben soll nur auf besonders geartete Fälle beschränkt werden. Sogenannte Tritthäkchen sind weniger zu empfehlen.
In bezug auf die Holzstärken ist grundsätzlich zu sagen:
Die Stärke der zu verwendenden Hölzer, ihre Verbindung und Befestigung richten sich nach der Größe der Treppen, der Stufenform und den Anforderungen, welche das Eigengewicht und die aufzunehmenden Lasten an die Festigkeit der Treppe stellen. Wangen sollen möglichst aus Kernbohlen hergestellt werden, da diese sich weniger werfen als Wangen aus Seitenbohlen.
Die Wangenstärke beträgt normal 6 cm, wobei oft Wandwangen 5—6 cm und Freiwangen 6—8 cm stark gemacht werden. Die Wandwange kann schwächer sein, da diese oft eingeputzt und durch Bankstifte (Treppeneisen) unterstützt wird. Bei Treppen von 1,00 m Breite werden die Wangen normal 5—6 cm und bei Treppen von 1,25—1,50 m Breite normal 6—7 cm, seltener 8 cm, stark gemacht. Die Wangenbreite ergibt sich aus dem Steigungsverhältnis der Treppe. Sie wird folgendermaßen ermittelt: Man trägt einige Stufen — Trittstufen und Setzstufen — genau auf. Von der Vorderkante der Tritte wird senkrecht zur Treppenschräge 5 cm schräg aufwärts und von der Hinterkante der Tritte normal ebenfalls 5 cm schräg abwärts angetragen und durch die hiermit erhaltenen Endpunkte Parallele zur Treppenschräge gezogen. Der Abstand dieser Parallelen ergibt die Wangenbreite.
Dieses Schrägmaß heißt Wangenbesteck und soll 4—6 cm betragen. Die Trittstufen werden gewöhnlich 4—5, seltener 6 cm stark gemacht. Bei Wohnhaustreppen von 1,00 m Breite sind die Trittstufen 4 cm und bei solchen bis 1,50 m Breite 5 cm stark.
Die Setzstufen — Stoßstufe, Stoßbrett, Futterstufe,

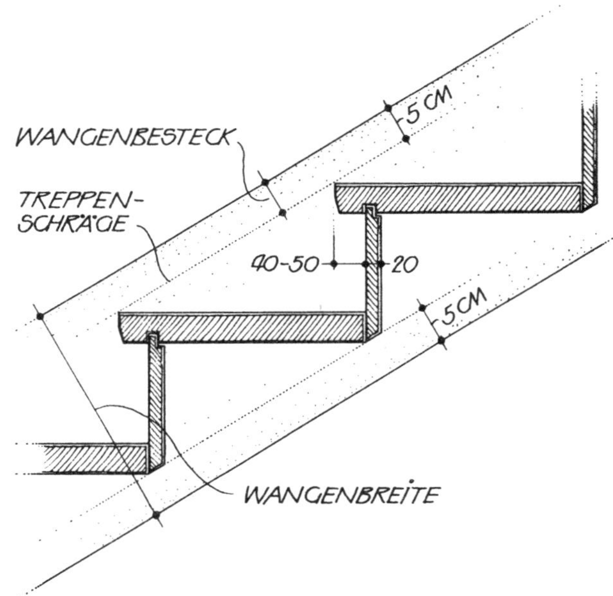

Ermittlung der Wangenbreite. Maßstab 1:10

Futterbrett —, die die Tragfähigkeit der Trittstufen erhöhen, werden als Füllung zwischen den Trittstufen eingefügt und sind gewöhnlich 2 cm — mindestens 18, höchstens 30 mm — stark. Die Anfängerstufe wird gewöhnlich aus vollem Holz ausgeführt und heißt dann Blockstufe. Die Blockstufe steht seitlich etwas vor, damit auf ihr die Wange gut aufgeklaut und der Geländeranfangspfosten eingezapft werden kann. Auf die obere Verbindung der Trittstufe mit der Setzstufe ist größter Wert zu legen. Die Feder — Falz — der Setzstufe greift in eine 12 × 12 mm große Nute der Trittstufe. Dabei ist zu beachten, daß die glatte Vorderkante des Stoßbrettes durchläuft, damit sich am Tritt eine horizontale Fuge ergibt (Tafel Seite 69).

Man kann auch die Setzstufe oben abplatten und den Falz um etwa 1 mm konisch gestalten. Um ein Knarren der Holztreppe zu vermeiden, wölbt man die Oberkante des Futterbrettes um 3—5 mm bzw. um ½% der Kantenlänge geschweift nach oben. Da die Trittstufe die Neigung hat, dem Gewicht nachzugeben und sich dadurch nach unten durchzubiegen, soll durch das Schweifen der Futterbrettoberkante dem vorgebeugt werden, zumal durch das Auseinanderklaffen der Hölzer das Knarrgeräusch verursacht wird.

Die untere Verbindung der Trittstufe mit der Setzstufe ist von der Behandlung der Treppenuntersicht abhängig. Bleibt die Treppe unten sichtbar, so gibt man der unteren Verbindung meist durch Profilierung der Rückseite des Setzstufenendes ein gefälliges Aussehen. Als Verbindungsmaterial wählt man in diesem Falle statt Nägel oft Linsensenkholzschrauben aus Messing oder Leichtmetall.

Gewöhnlich wird jedoch die Treppenuntersicht durch Verputzen unsichtbar gemacht. Bei dieser Ausführung werden die gerade oder schräg gestoßenen Stoßbretter mit Nägeln an die Trittstufen genagelt.

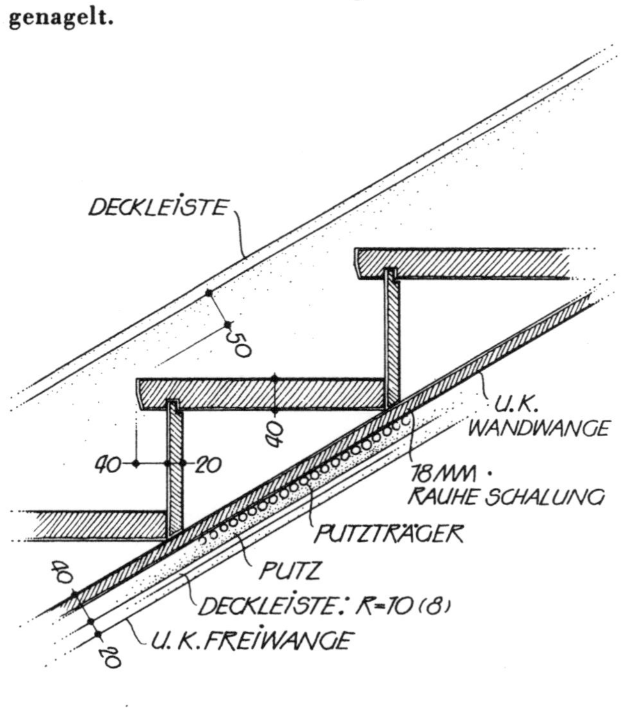

Verputzen der Treppenuntersicht. Maßstab 1:10

Auf die Hinterkanten der Stoßbretter werden nach dem Einbau der Treppe parallel zu den Wangen laufende, 18 mm starke rauhe Schalbretter aufgenagelt, mit Putzträger, gewöhnlich mit Rohrmatten, versehen und dreilagig verputzt. Man rechnet für Schalung, Rohrung und Putz rund 4 cm.

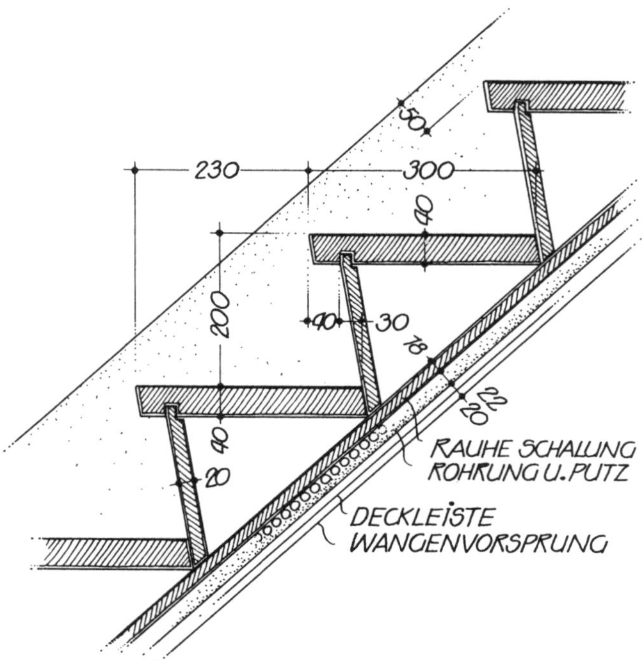

Gestemmte Treppe mit schräg gestellten Setzstufen (größerer Eintritt des Fußes) für steile Treppen Maßstab 1:10

Beim Verputzen der Treppenuntersicht ist besonderes Augenmerk auf die Stellen zu legen, wo Holz und Putz zusammenstoßen. In jedem Neubau arbeitet das Holz und so auch das Holz der Treppenwangen, das sich vom Putz losreißt. Läßt man die Wandwange sichtbar, so erhält man 2 Stellen, wo sich Holz und Putz durch das Schwinden trennen werden. Außerdem wirkt die unvermittelt in den Putzflächen sitzende Wange unschön. Man wird daher die Wandwange mit verschalen bzw. mit Unterkante der Schalung abschneiden und den Putz an dieser Stelle bis zum Wandputz durchgehen lassen. Die Freiwange dagegen läßt man um ca. 2 cm von Unterkante Putz der Treppenuntersicht vorstehen, damit die dort entstehende Fuge mit einer Deckleiste verdeckt werden kann.

Bei der Profilierung der Trittkanten — Stufenprofil — ist auf das Wesen des Materials Rücksicht zu nehmen.

Die obere Kante muß immer leicht gebrochen werden, da eine scharfe Kante absplittert. Eine ausgesprochene Rundung hier anzuordnen ist falsch, da bei einer solchen Ausbildung die Fasern flach getroffen werden, im Gebrauch absplittern und damit eine Gefahr für den Benutzer bedeuten. Eine solche Rundung gibt auch beim Begehen wenig Halt und es ist auch die Vorderkante des Trittbrettes für das Auge nicht deutlich zu erkennen. Im allgemeinen wähle man, so man nicht auf Profile

Treppenschrauben. Verschiedene Anordnungen. Maßstab 1 : 10

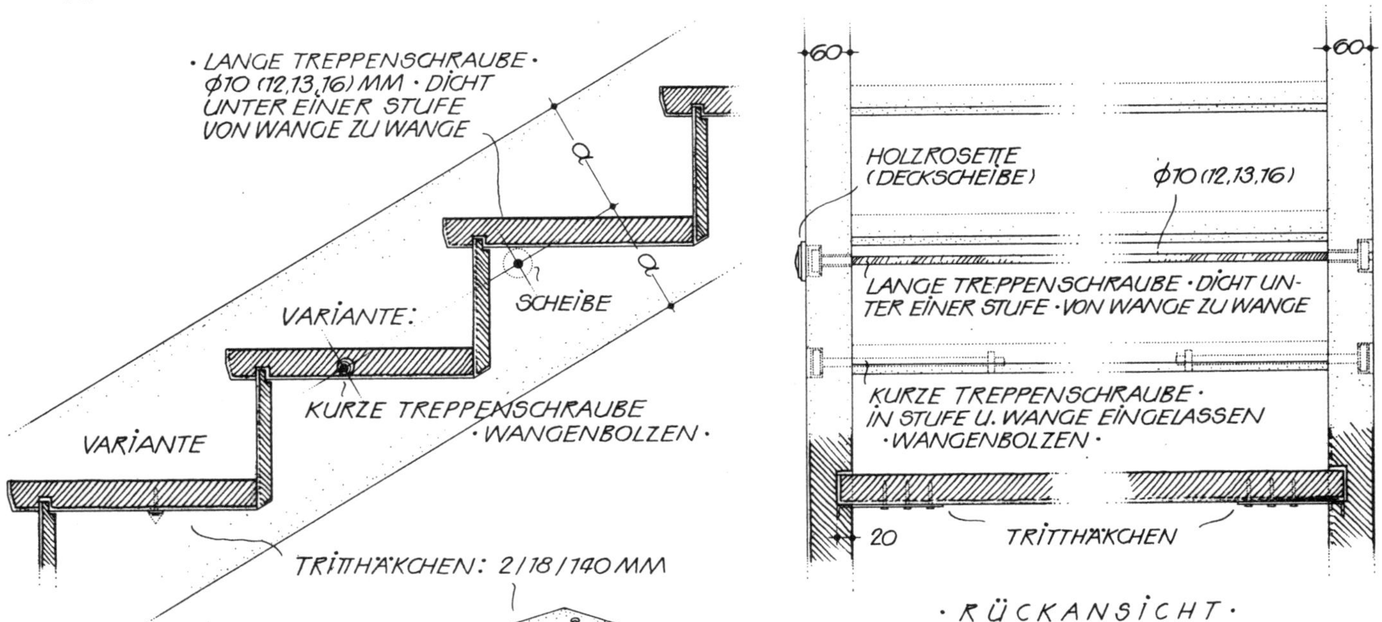

Lange Treppenschraube
Maßstab 1 : 1

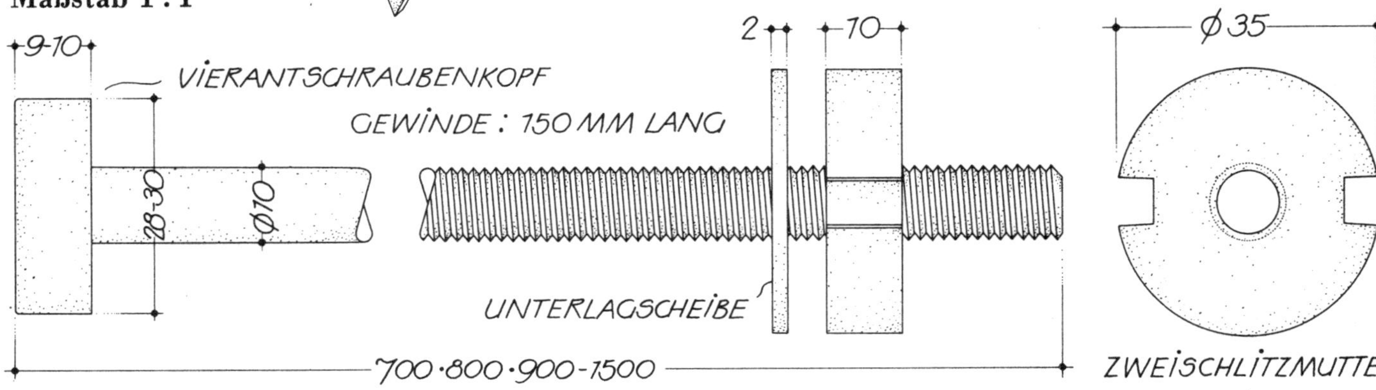

Anschluß der Treppenschraube an der Wange. Maßstab 1 : 5

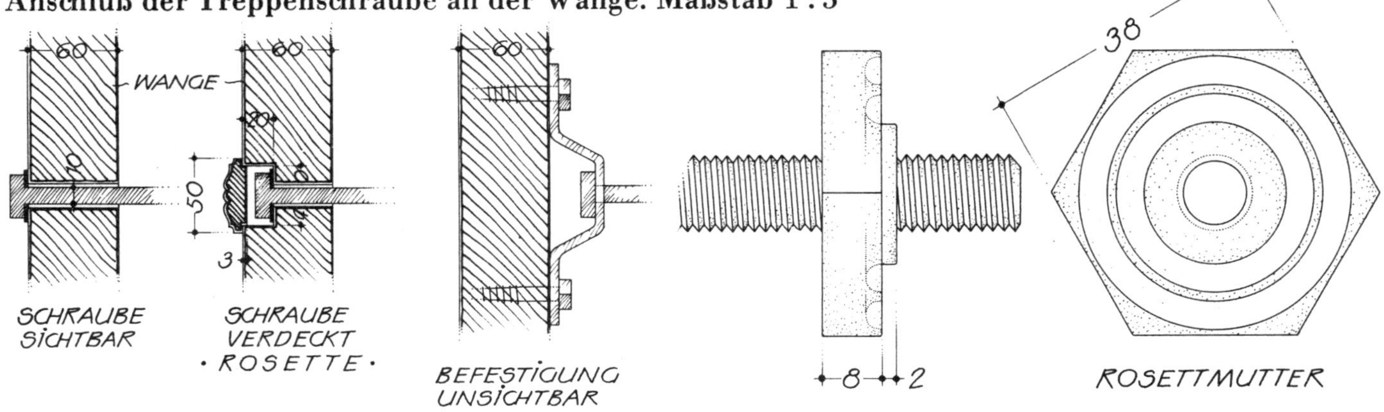

Kurze Treppenschraube. Maßstab 1 : 2

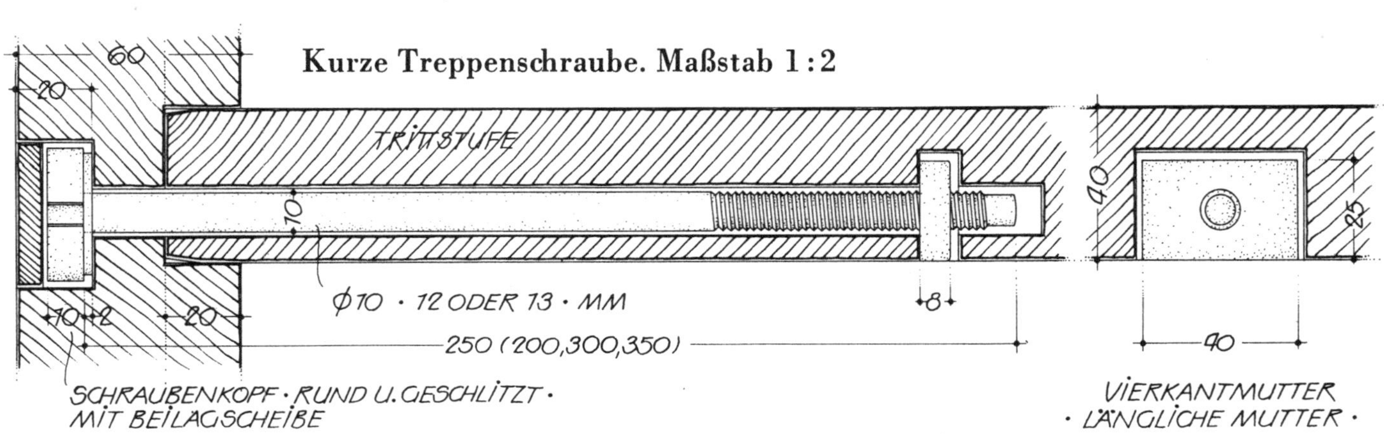

Herstellerfirmen: Karl Georg, Groß-Umstadt (Hessen); Richard Merklinger, Göppingen (Württ.); Gebrüder Hilberer, Berghaupten bei Gengenbach (Baden); R. Röppel & Co., Memmingen (Allgäu)

Obere Verbindung der Trittstufe mit der Setzstufe. Maßstab 1 : 2

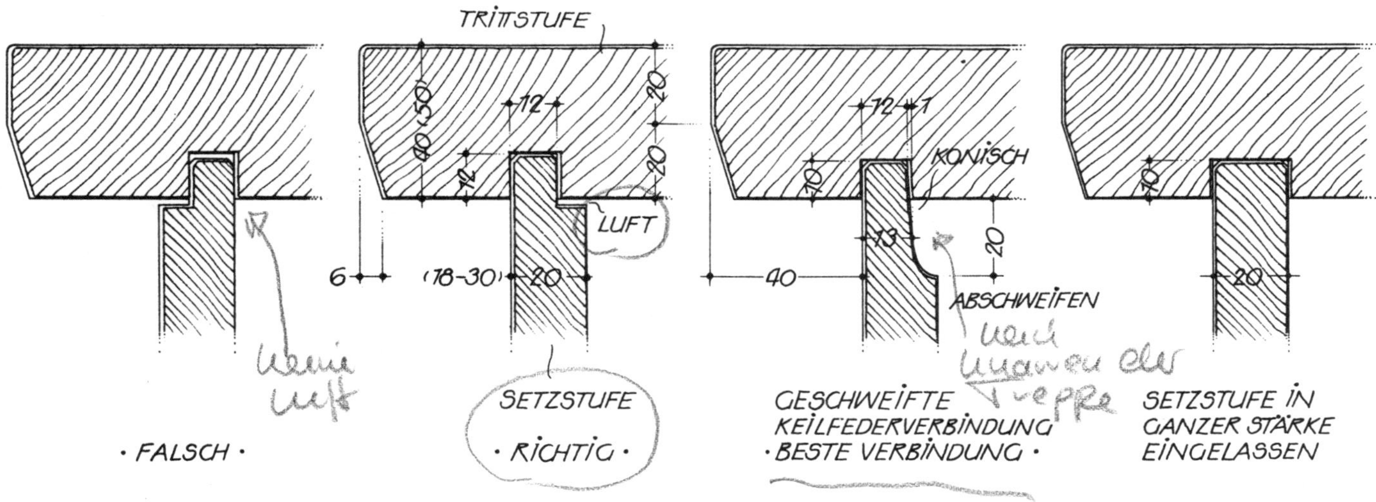

Abnageln der Treppe, Rückansicht der Setzstufe. Maßstab 1 : 10

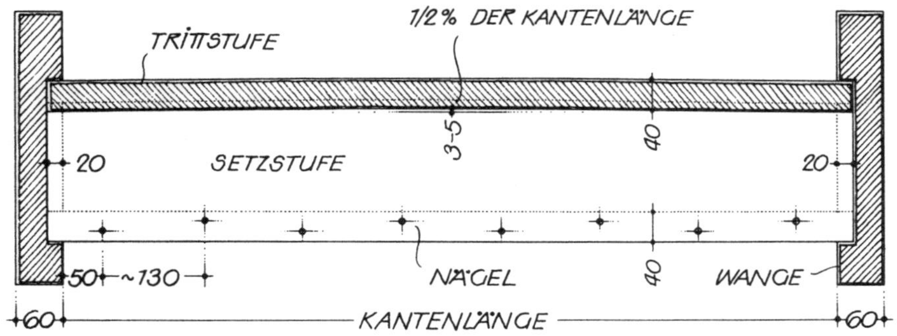

Untere Verbindung der Trittstufe mit der Setzstufe. Maßstab 1 : 2

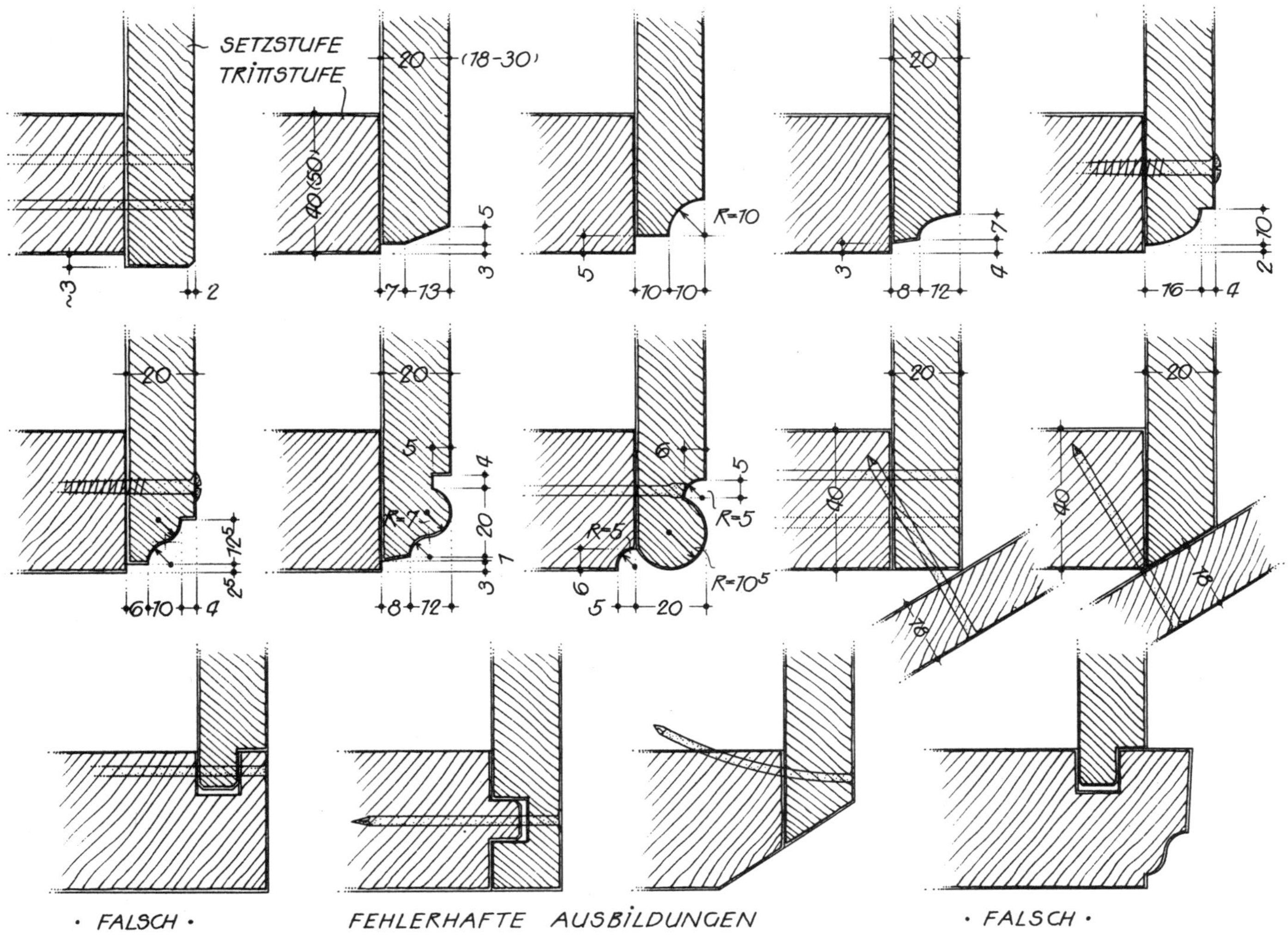

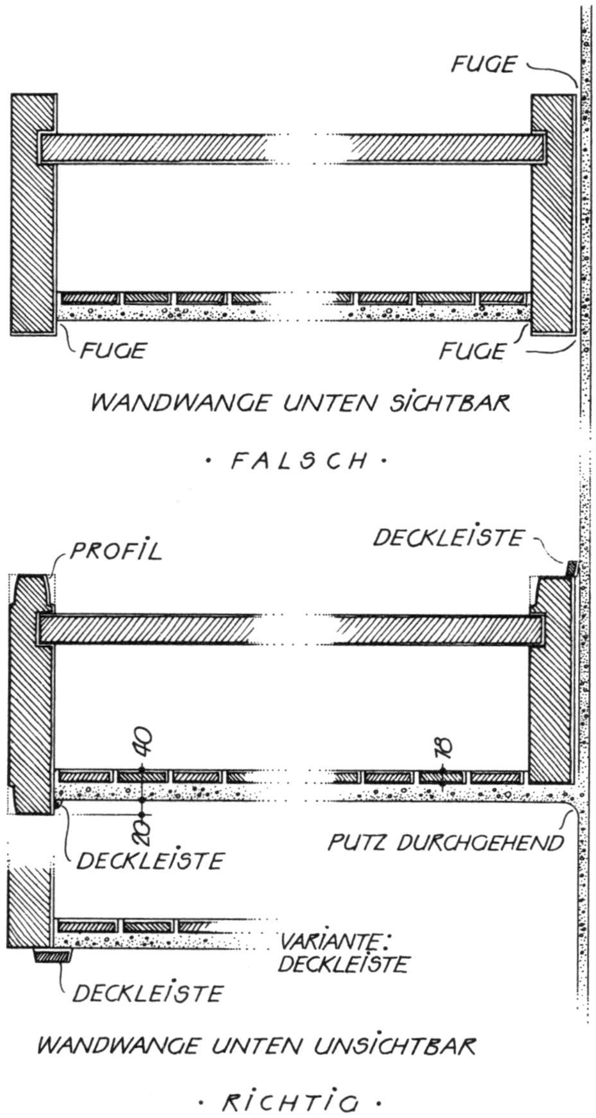

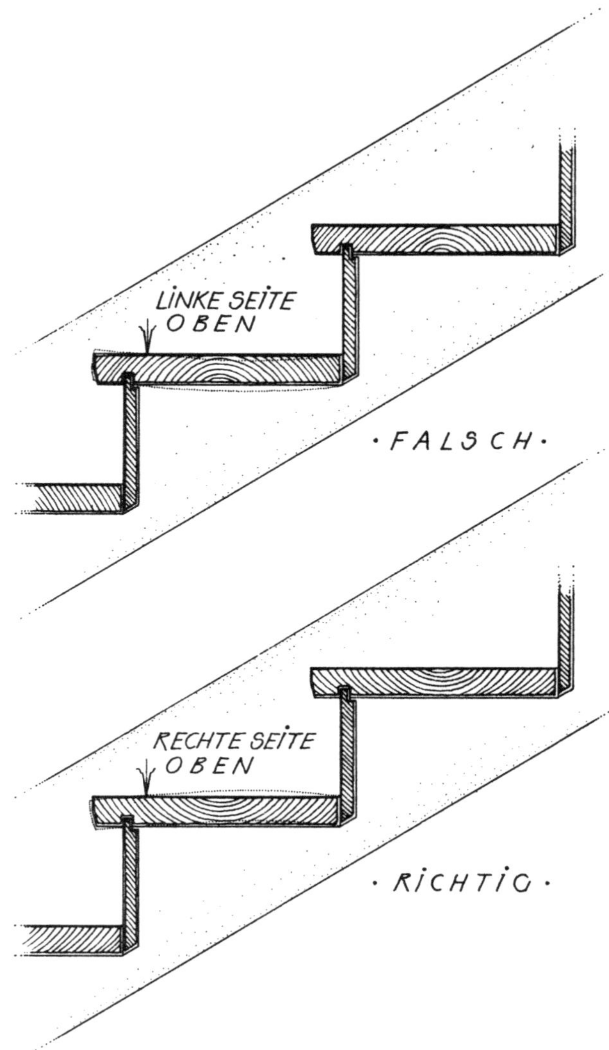

Rechte oder linke Brettseite bei Trittstufen
Maßstab 1 : 10

Verputzen der Treppenuntersicht. Maßstab 1 : 10

überhaupt verzichtet, möglichst einfache Stufenprofile, wobei der obere senkrechte Teil der Stufenvorderkantenfläche unprofiliert bleiben muß. Um das Abtreten der Stufenkanten zu verhindern und dem Fuß einen besseren Halt zu bieten, werden oft Metallschienen aus Messing, seltener aus Eisen, angebracht.
Auch werden oft solche Metallschienen, Treppenschienen genannt, zur Ausbesserung abgetretener Kanten verwendet. Durch vieles Begehen werden jedoch die Köpfe der Halteschrauben abgetreten, damit lockern sich die Schienen, so daß diese erst recht eine Gefahr für den Benutzer darstellen. Es ist daher viel besser, an der Stufenkante in diagonaler Richtung eine Metallschiene einzulassen. Bei bestem Kantenschutz besteht hier keine Gefahr der Lockerung und teilweiser Loslösung.
Bei den Trittstufen, die einer wiederholten Belastung ausgesetzt sind, ist darauf zu achten, daß nicht die linke, sondern stets die rechte Seite des Holzes nach oben kommt. In den beiden Abbildungen ist angedeutet, wie sich der nie ganz vermeidbare allmähliche Schwindvorgang auswirkt. Dieser Schwindvorgang tritt besonders bei Hartholz auf.

Im oben dargestellten Falle vertieft sich die Trittmitte und die Vorderkante der Stufe wird leicht nach oben gebogen. Tritt man nun auf diese Vorderkante, so besteht die Gefahr des Wippens, da der hohle Tritt auf der senkrecht stehenden Setzstufe reitet. Im unteren Falle bleibt das Auflager auf 2 Stützpunkte — innen und außen — verteilt, wodurch eine Wippbewegung und damit ein Knarren der Treppentritte eher vermieden wird. Das lästige Knarren einer Treppe ist fast stets auf die Verwendung von nicht genügend trockenem Holz für die Treppenteile zurückzuführen. Neben der im vorhergehenden gezeigten Möglichkeit ist häufig das Schwinden der Setzstufe die Ursache des Knarrens. Man wird daher, wie bereits besprochen, der Setzstufe auf die ganze Breite der Treppe eine Rundung nach oben geben, damit die darauf ruhende Trittstufe in der Mitte der Treppe stets ganz satt aufsitzt. Auch ist diese Wölbung der Setzstufe nach unten empfehlenswert. Um sicher zu gehen, daß alle Trittstufen satt sitzen, sind alle Setzstufen unter die zugehörigen Trittstufen einzupassen und zu prüfen, da die Trittstufen manchmal nicht ganz gerade geliefert werden. Das Abnageln der Stoßbretter hat sorgfältig, wie folgt beschrieben, zu geschehen.

Verschiedene Stufenprofile. Maßstab 1 : 2

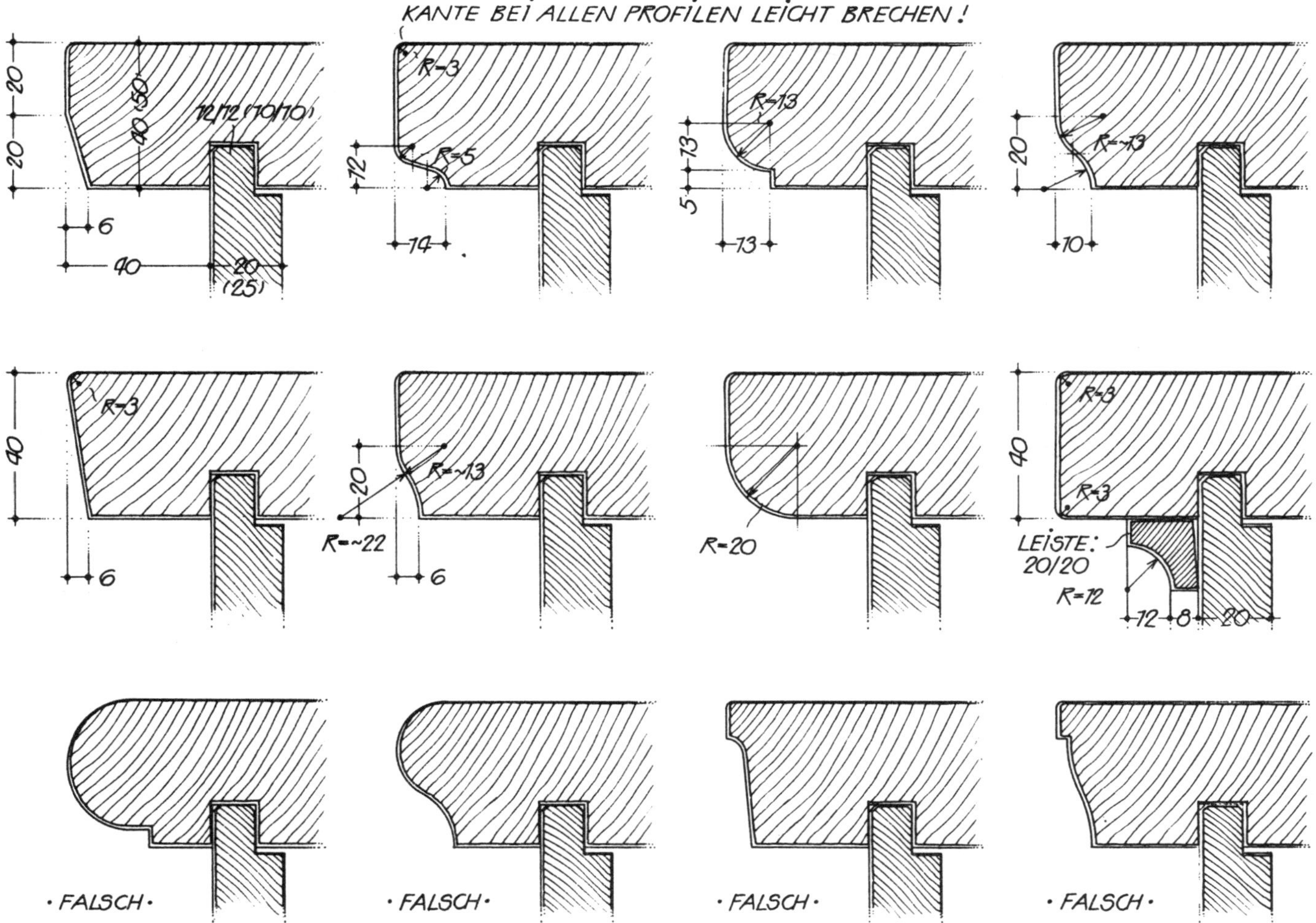

Schutz der Trittstufenkante durch Metallschienen oder Hartholzvorstoß. Maßstab 1 : 2

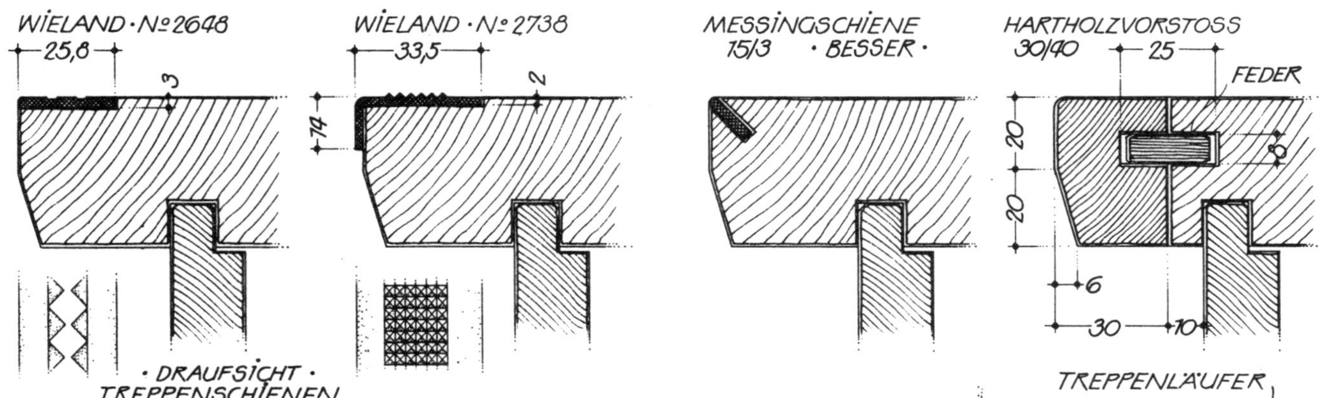

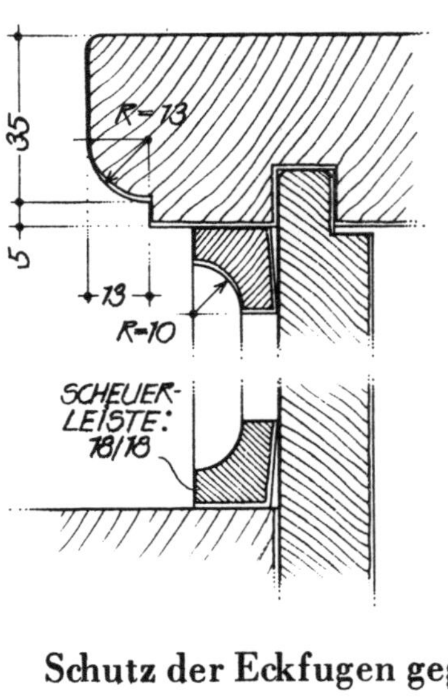

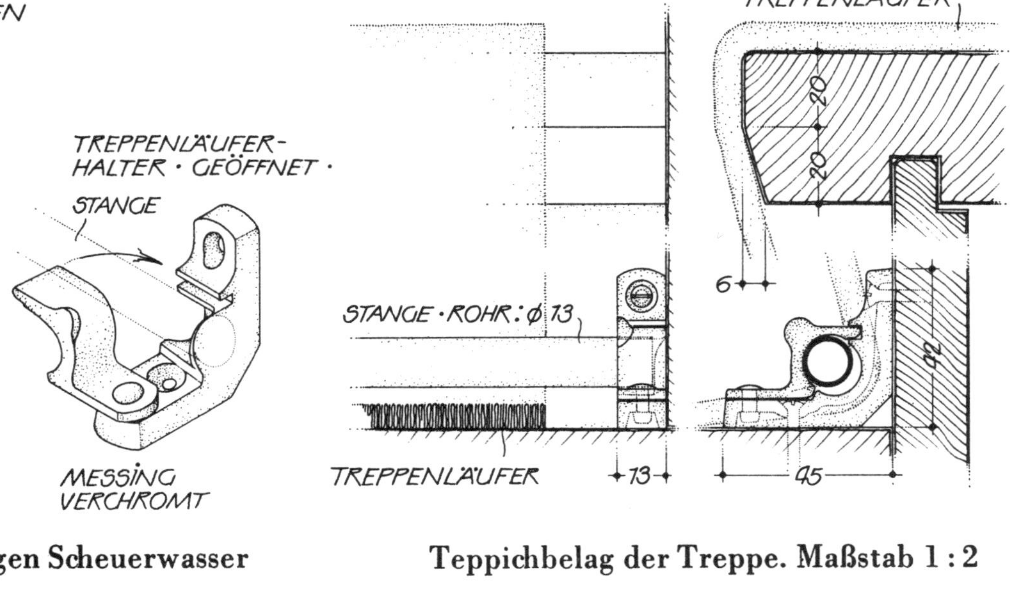

Schutz der Eckfugen gegen Scheuerwasser

Teppichbelag der Treppe. Maßstab 1 : 2

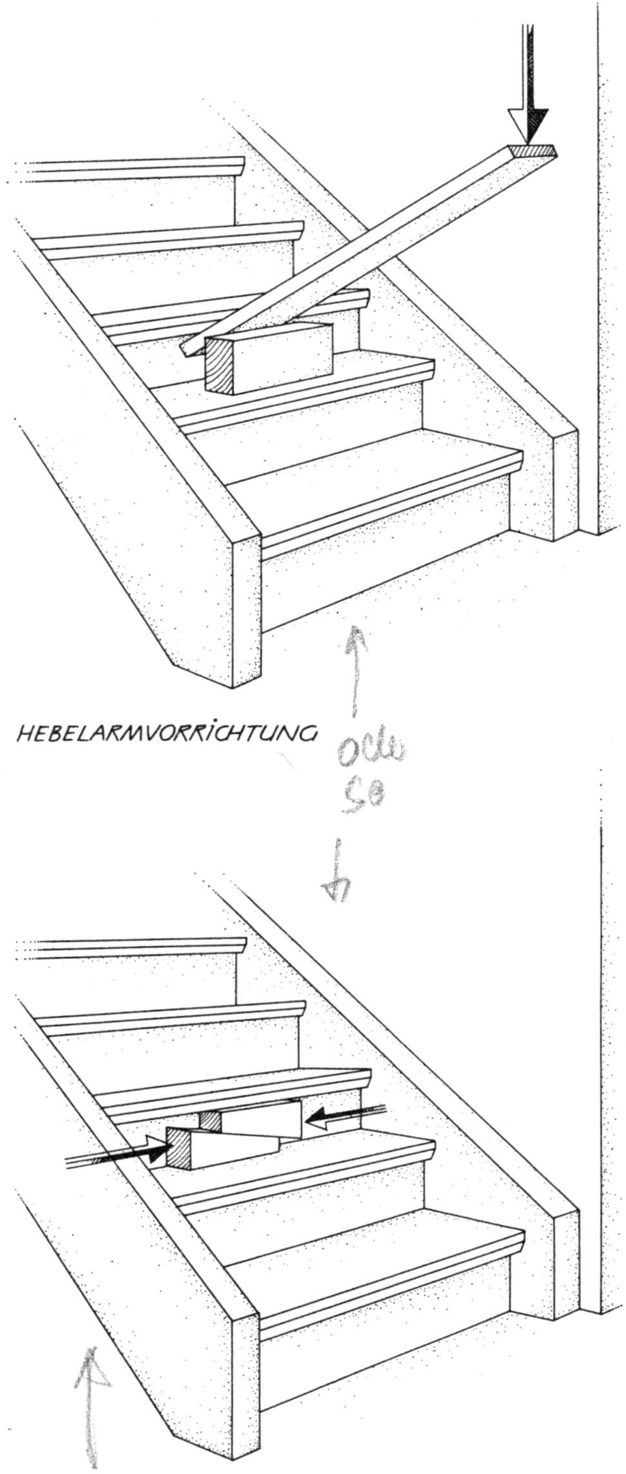

Vorrichtungen zum Abnageln der Treppe

Das Abnageln der Treppe hat von oben nach unten zu erfolgen. Von oben beginnend werden die Trittstufen entweder durch eine einfache Hebelarmvorrichtung oder durch Keile auseinandergespreizt, die Stoßbretter von hinten hochgeschlagen und dann an die hintere Kante der unteren Trittstufe mit kräftigen Nägeln in Abständen von 10—15 cm festgenagelt. Wichtig ist, daß während des Abnagelns zwischen den Stufen eine starke Spannung entsteht. Dadurch wird bei nachträglichem Schwinden ein Klaffen der Treppenhölzer untereinander unmöglich und damit ein Knarren vermieden.

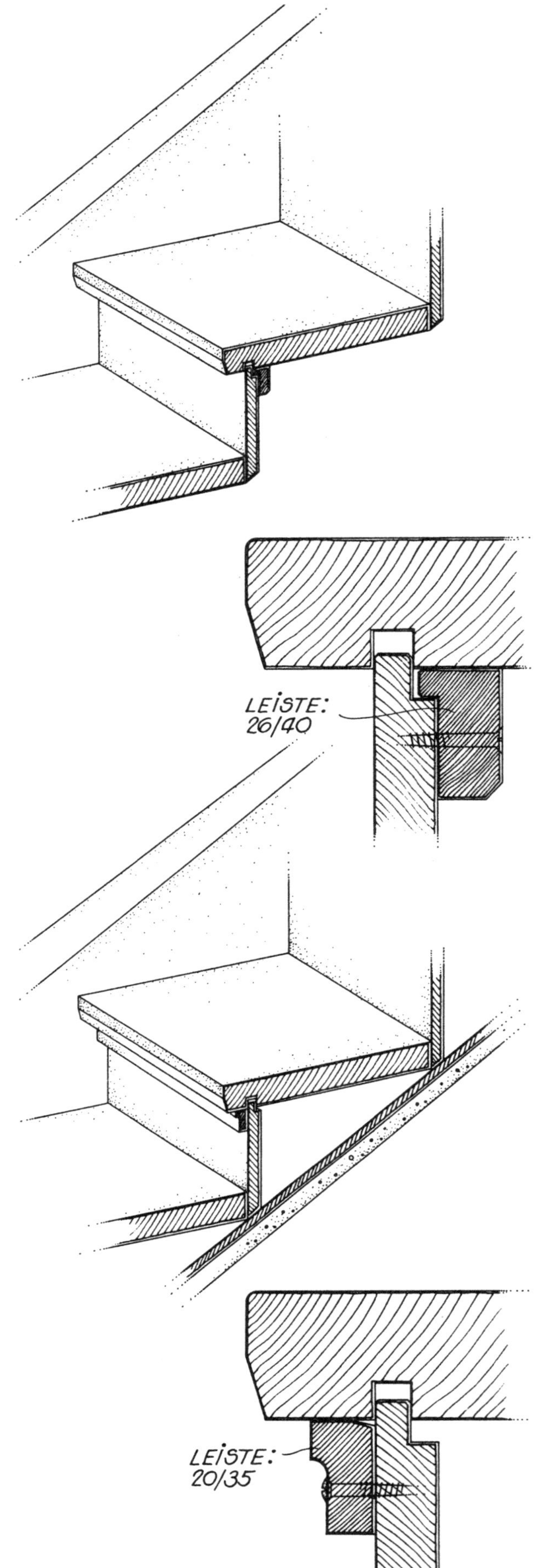

Anbringen von Knarrleisten bei bestehenden Treppen. Isometrie Maßstab 1:10. Einzelheiten Maßstab 1:2

Bedeutend schwieriger ist es, an einer bestehenden Treppe das Knarren nachträglich zu beseitigen. So hier das Knarren beseitigt werden soll, muß darauf abgezielt werden, daß die Lockerung beseitigt und ein strammer Sitz, d. h. eine gewisse Spannung zwischen den einzelnen Tritt- und Setzstufen nachträglich wieder erreicht wird. Man verfährt dabei wie beim Abnageln, indem man je 2 Tritte auseinanderspreizt, dann Keile oder konische Leistchen in die entstehende Fuge eintreibt und sie in dieser Lage festschraubt.

Ist dies nicht möglich, weil man von der Unterseite der Treppe nicht beikommen kann, so muß während des Auseinanderspreizens eine vorbereitete Halteleiste vorne an die Setzstufe angeschraubt werden, die eine weitere Bewegung der Trittstufe beim Auftreten verhindert.

Die Wangen der gestemmten Treppe werden meist profiliert, um diesen ein gefälligeres Aussehen zu geben. Profile können nur an den sichtbaren Wangenkanten eingefräst werden. Form und Größe der Profile richten sich nach der Gesamtgestaltung einer Treppenanlage (Tafel Seite 74).

Es ist auch möglich, die senkrechte Außenfläche der Freiwange reicher zu gestalten. Dies geschieht entweder durch Aufsetzen von Zierleisten oder durch Einfräsen von Profilen bzw. durch reichere Schnitzarbeit (Tafeln Seite 75—77).

Besondere Beachtung ist der Ausbildung des Antrittes und des Austrittes zu schenken. Der Antritt einer Treppe beginnt gewöhnlich im Erdgeschoß auf einer Massivdecke, wobei die erste Stufe aus massivem Holz, als Blockstufe, ausgebildet wird. Die Blockstufe wird entweder aus verleimten Bohlen lt. Konstruktion I oder kastenartig aus massiven Endstücken mit verbindenden Stoßbrettern aus Bohlen gemäß Konstruktion II hergestellt. Die Blockstufe wird in der Wandwange eingelassen; die Freiwange dagegen wird auf die Blockstufe aufgeklaut. Gewöhnlich gibt man der Blockstufe als Treppenantritt eine geschmeidige Form. Die Konstruktion III zeigt die Verwendung einer Steinstufe als Antritt. Der untere Wangenabschnitt wird von Stufenvorderkante an gerechnet meist etwas größer als das Wangenbesteckmaß genommen oder in der Verlängerungslinie von Stufenoberkante der ersten Stufe im Schnittpunkt der schrägablaufenden Wangenoberkante senkrecht abgeschnitten.

Bei Anordnung von Holzgeländern wird am Anfänger meist ein Antrittspfosten gewählt. Dieser ist mit der Wange entweder mit doppelten abgesetzten Zapfen, 2—3 cm dick und 5—6 cm lang, oder mit 2 Dübeln von 20—25 mm Durchm. und 8—10 cm Gesamtlänge zu verbinden. Um die Wange fest an den Pfosten heranzuziehen, wird eine Pfostenschraube oder eine Kropfschraube angeordnet. Besonders zu empfehlen sind Kropfschrauben mit Halbrundbeilagscheiben, da die Löcher mit runden Querholzdübeln leicht ausgeflickt werden können.

Der Pfosten wird um 1—1½ cm länger, als er sein sollte, gelassen. Dadurch, daß der Pfosten etwas länger ist, ruht die Treppenwange nicht mehr mit ihrer ganzen Last auf der Blockstufe bzw. auf dem Podestwechsel, sondern es wird diese Last auf den Pfosten übertragen. Die auf diese Weise auf den Pfosten übertragene Last übt einen sehr starken Druck auf den Pfosten aus. Der Pfosten wird nach unten gepreßt — eine Konstruktion, die sogar die Befestigung mittels einer Schraube noch an Güte übertrifft. Zu beachten ist, daß der untere Pfostenabschnitt nicht buckelig, sondern eher hohl abgeschnitten sein muß. Wenn beim Einbauen einer Treppe der Antrittspfosten nicht gleich angesetzt wird, so muß beim späteren Befestigen des Pfostens die Treppe bzw. die Wange etwas in die Höhe geschoben werden, um den etwas zu langen Pfosten stellen und die Treppenlast auf ihn ablenken zu können.

Liegt der Antritt einer Treppe auf einer Balkenlage, so soll mit dem Fußboden bündig ein Antrittbrett, 10—12 cm breit und normal 4 cm stark, eingelegt werden, um die Last der Treppe auf eine größere Basis zu verteilen.

Der Austritt der Treppe ist so anzuordnen, daß die Wangen entweder satt am Podestbalken anliegen oder daß ein Keil zwischen Wangenende und Podestbalken eingetrieben wird. Der Ausbildung eines Hängpfostens am Treppenaustritt ist nur dann der Vorzug zu geben, wenn die Treppenuntersicht unverputzt bleibt. Der Austrittspfosten soll etwa 1—1,5 cm vom Treppenwechsel durch einen Keil abgerückt werden. Es empfiehlt sich, auch hier den Austrittspfosten mit der Treppenwange vor dem Aufstellen mit 1 oder 2 Holzdübeln und einer Kropfschraube zu befestigen.

Besonderes Augenmerk ist auf die Verbindung von Wangenteilen, den Wangenstoß gerader Wangen, die Verbindung von Wange mit Krümmlingen, den Eckstoß bei gewendelten Treppen, zu richten. Gewöhnlich werden gerade Wangen aus einem Stück gemacht; bei Längen von über 4,50—5,00 m wird ein Stoßen der geraden Wangenteile notwendig (Tafel Seite 78).

Die Verbindung eines Krümmlings mit der Wange erfolgt am besten mit einer Kropfschraube mit 2 kräftigen Holzdübeln. Die zusätzliche Anordnung von 2 schwachen gegeneinander versetzten Holzdübeln am oberen und unteren Teil des Wangenabschnittes ist zu empfehlen. Die Kropfschraube wird in die gerade Wange und in das Kropfstück — Krümmling — bis zur halben Schraubenlänge eingelegt. Auch hier sind, wie bereits erwähnt, Kropfschrauben mit Halbrundbeilagscheiben zu empfehlen, damit statt rechteckiger Mutterlöcher runde einzubohrende Löcher angeordnet werden können.

Bei Kropfstücken mit außergewöhnlich langen Senkelstößen kommt es vor, daß zur Verbindung mit den Wangen 2 Kropfschrauben nötig werden. Bei Verwendung von nur einer Kropfschraube sollte diese möglichst weit nach unten gesetzt werden, damit die Wangenstoßrisse, die durch Schwinden des Holzes und durch ungleiches Setzen der Treppe entstehen, einigermaßen vermieden werden.

Profilierung der Wangen

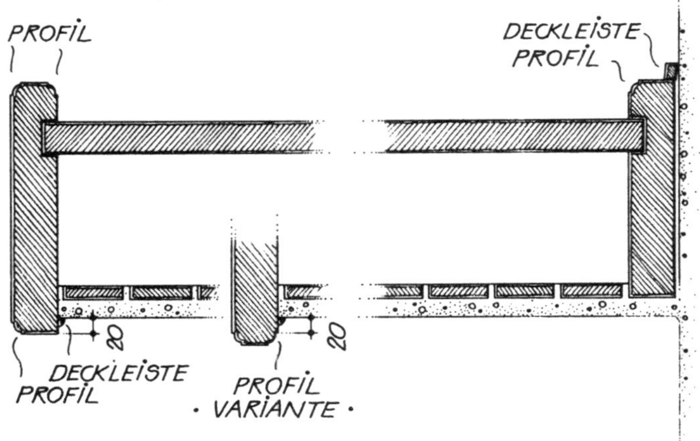

Wangenprofile. Maßstab 1 : 2

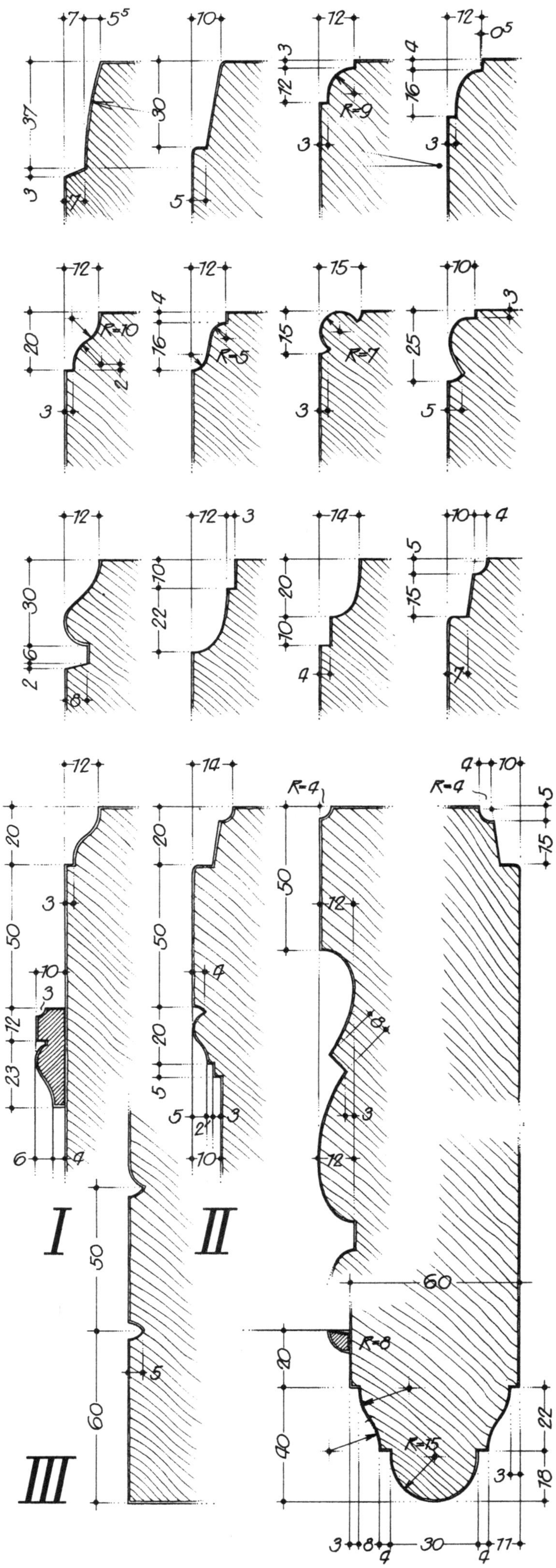

Schnitte und Ansichten
Maßstab 1 : 10

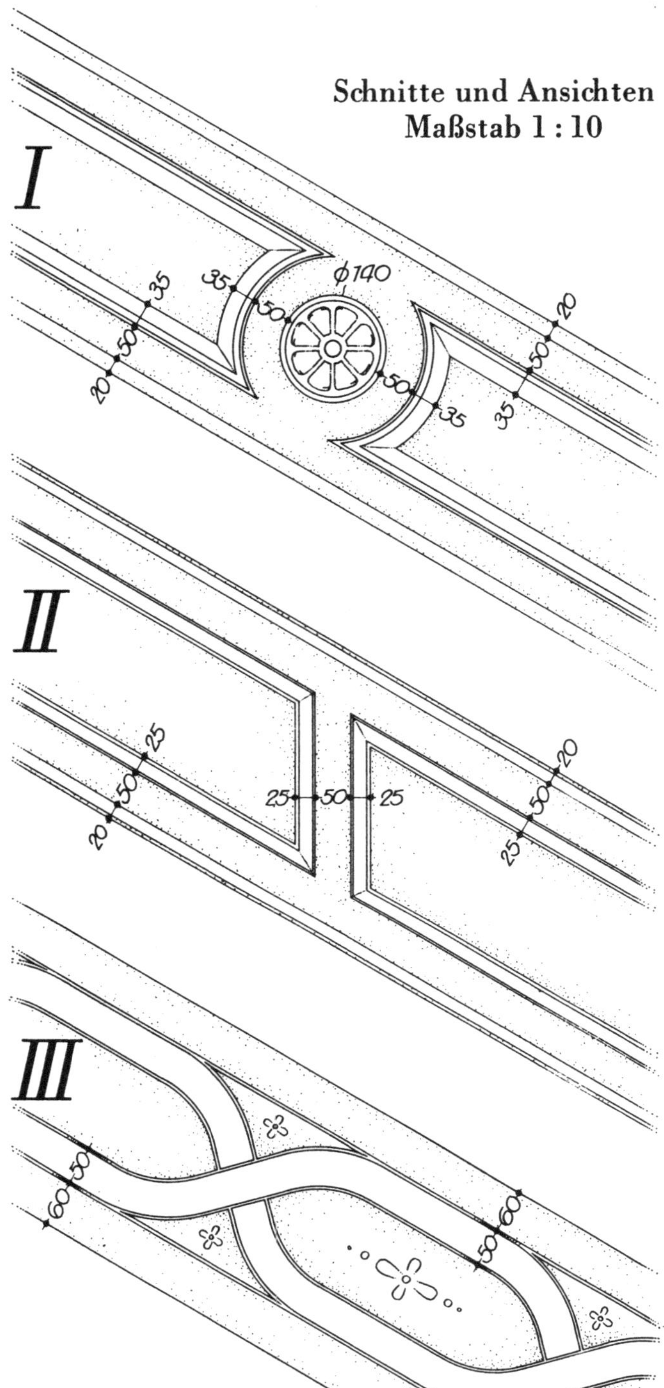

Gestaltung der
Außenfläche der Freiwange

I Aufgesetzte Leisten
II Eingefräste Profile
III Bildhauerarbeit

Der Antritt. Blockstufen auf Massivdecke. Grundriß, Schnitte und Ansicht Maßstab 1 : 10

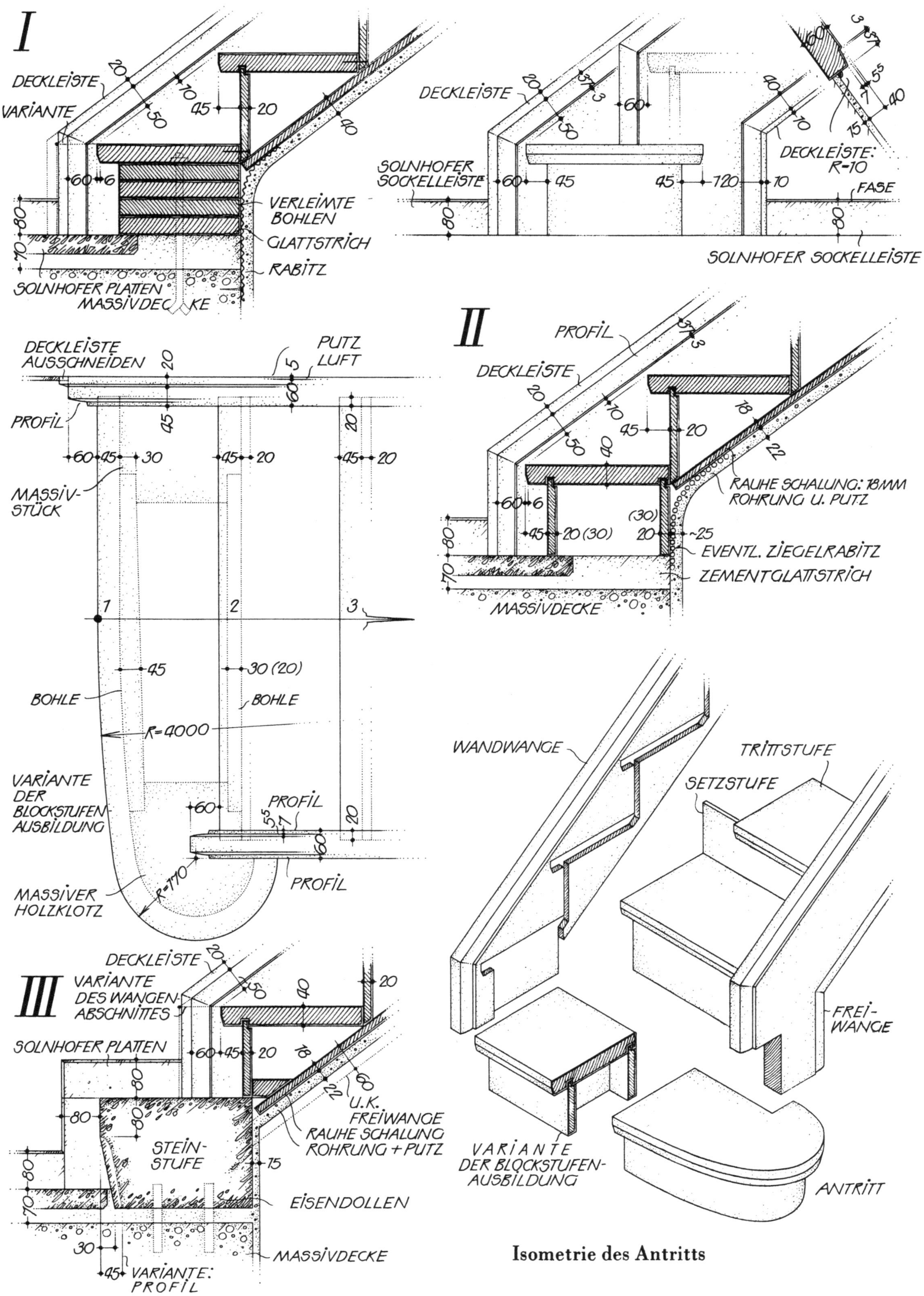

Isometrie des Antritts

Der Antritt. Blockstufe mit Antrittspfosten. Maßstab 1 : 10

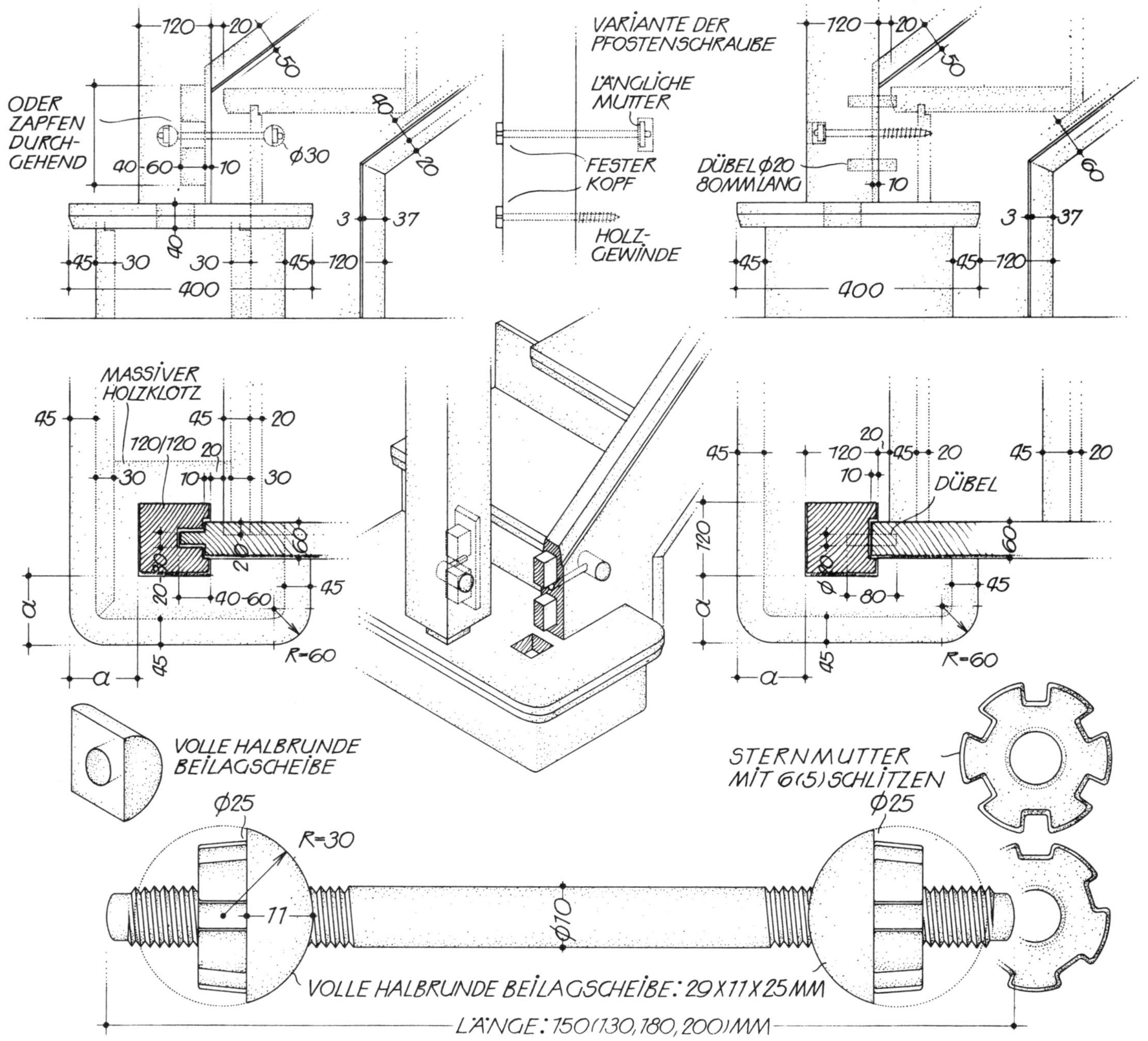

Kropfschraube mit 2 Sternmuttern und 2 vollen halbrunden Beilagscheiben

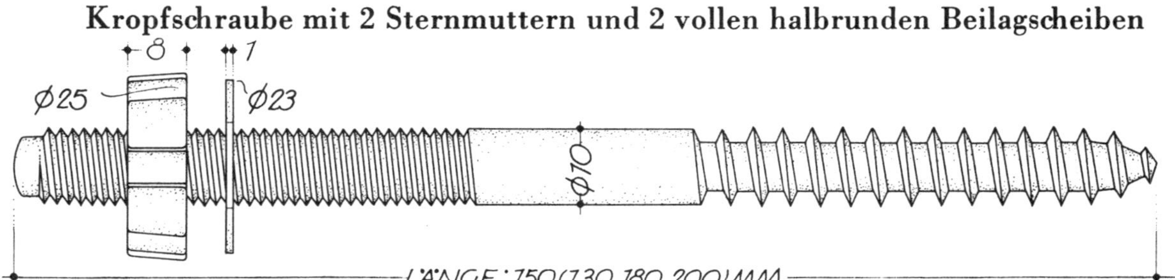

Kropfschraube mit 1 Sternmutter samt Unterlagscheibe und einerseits Holzgewinde

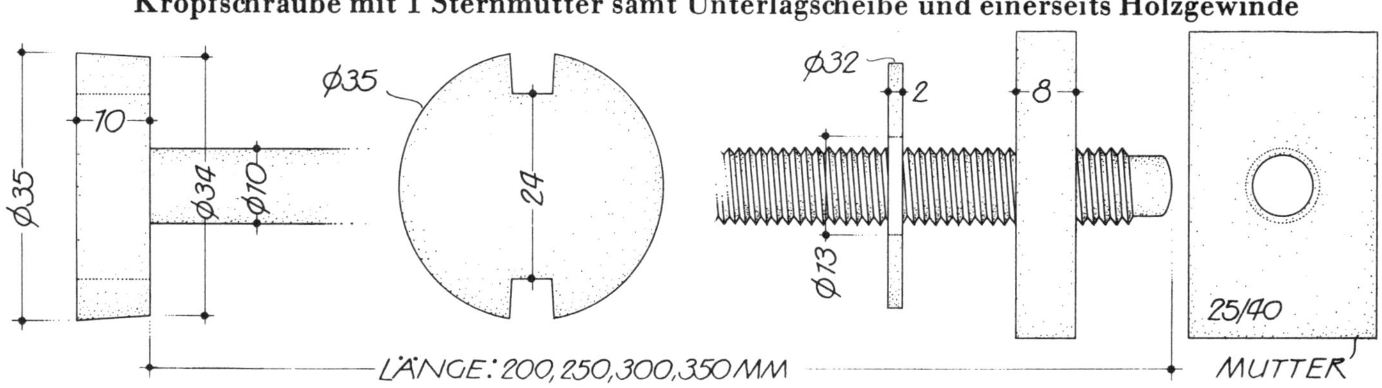

Pfostenschraube mit festem Kopf und länglicher Mutter. Maßstab 1 : 1

Der Antritt auf Balkendecke. Maßstab 1 : 10

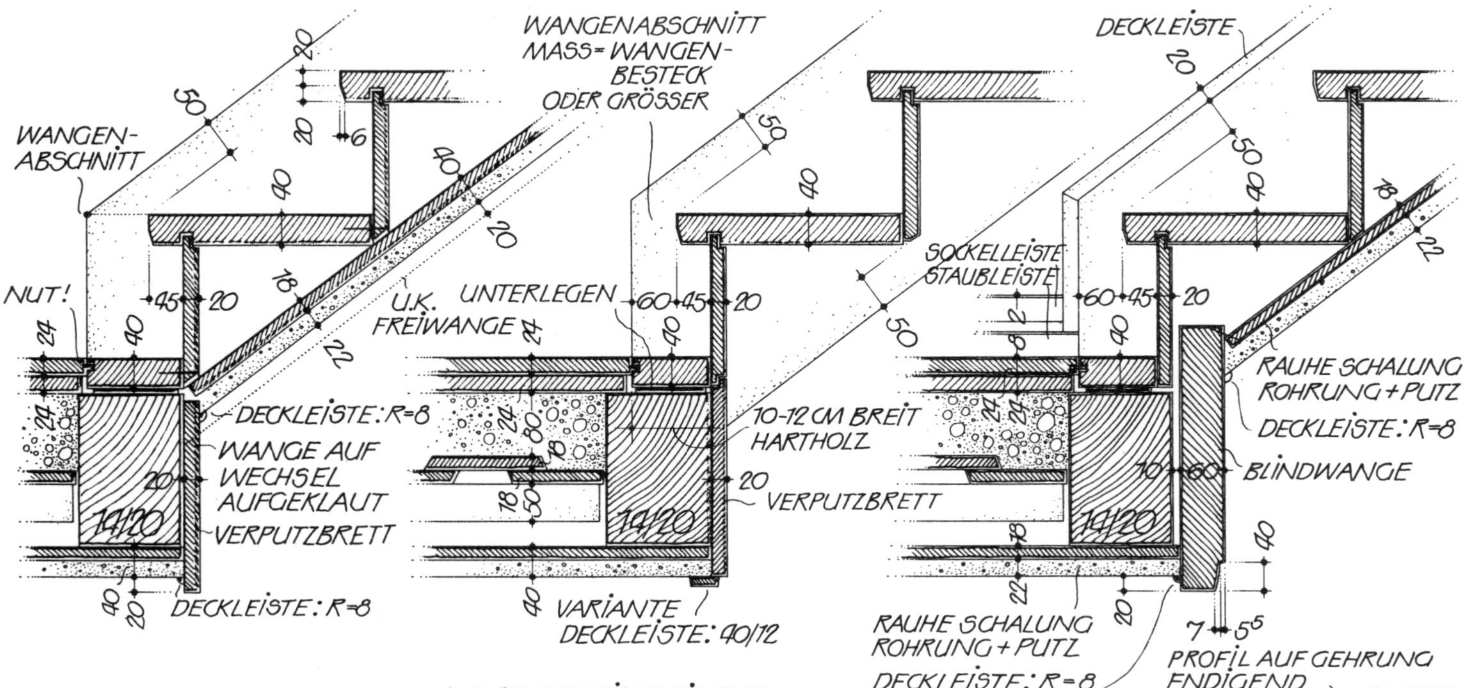

Der Austritt

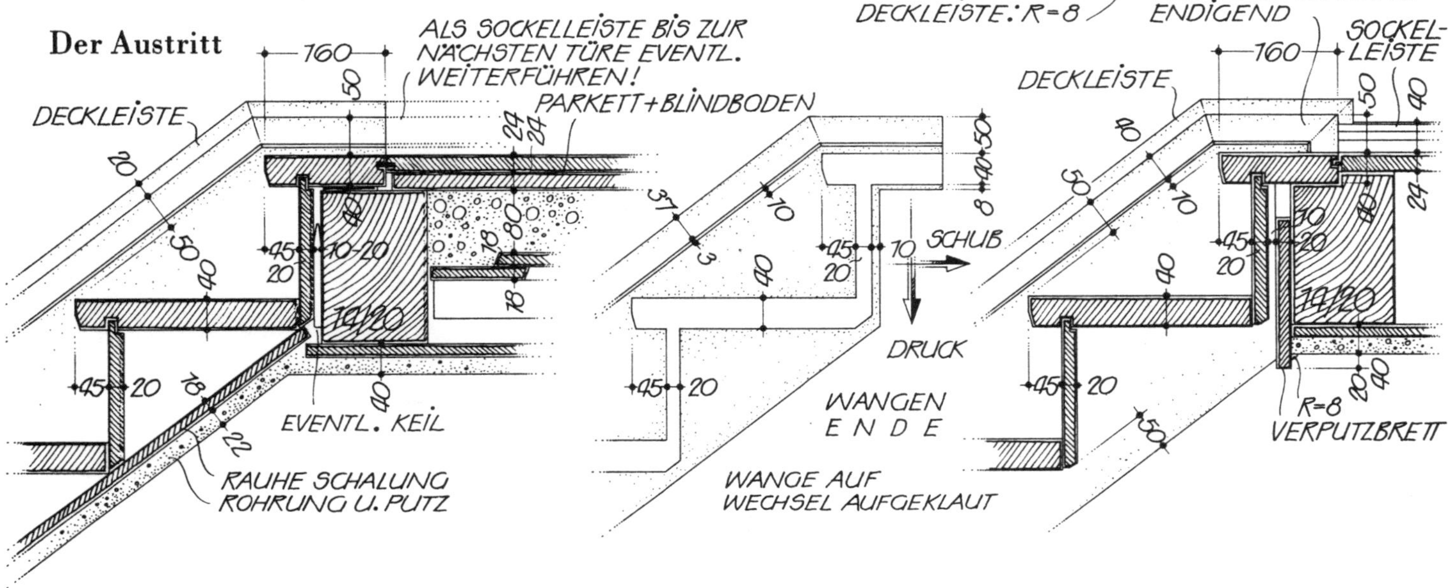

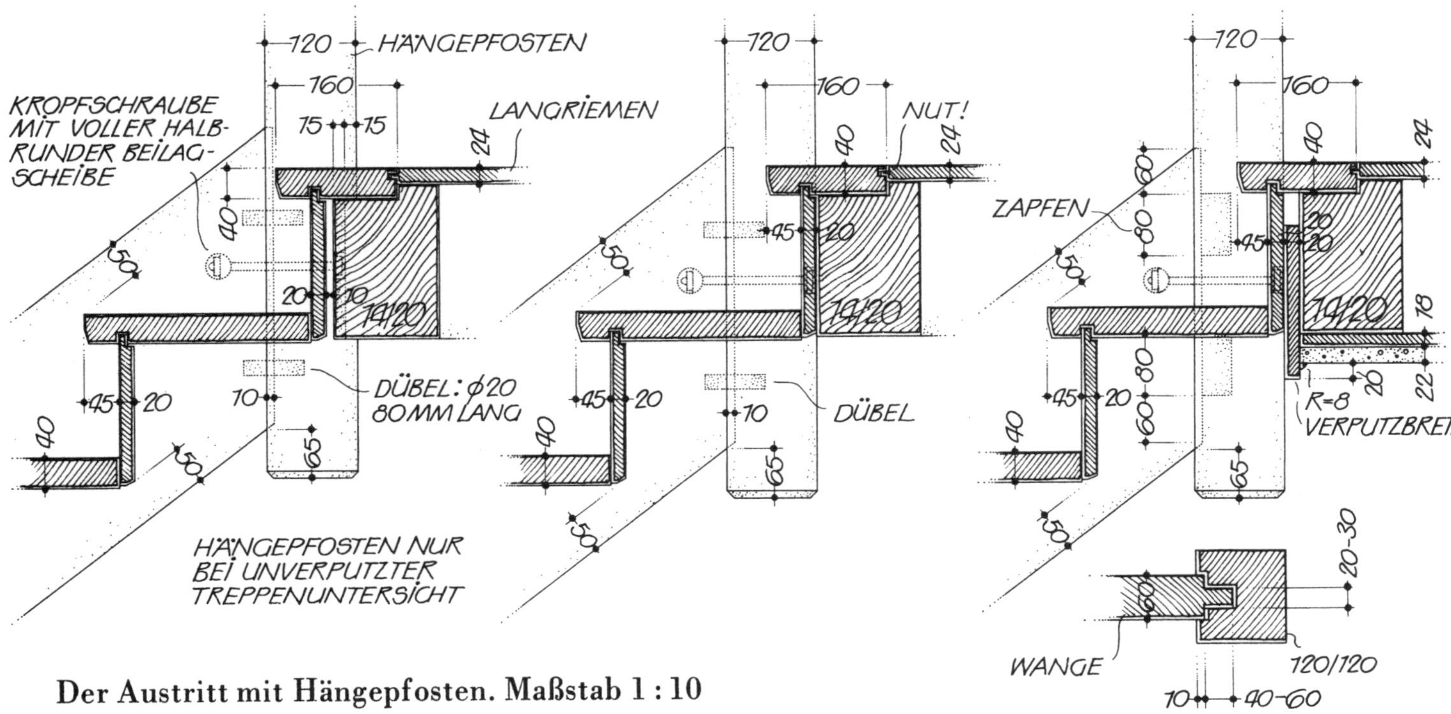

Der Austritt mit Hängepfosten. Maßstab 1 : 10

Verbindung von Wangen. Maßstab 1 : 10

Der Wangenstoß (I, II u. III). Links unten: Verbindung der Wange mit dem Krümmling

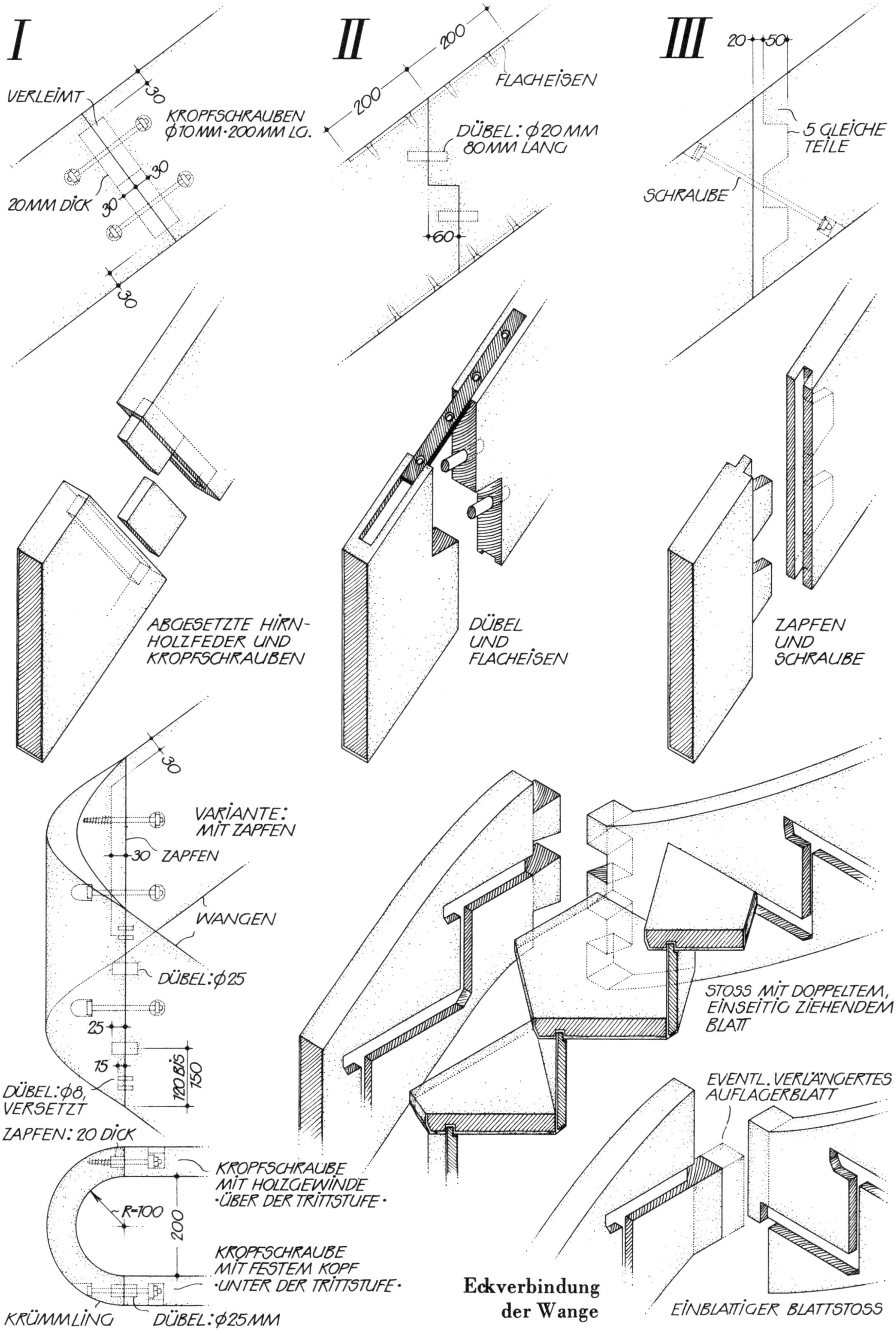

Eckverbindung der Wange

Wird auf das Zusammenbauen der Kropfstücke und der Wangen mittels Kropfschrauben verzichtet, dann empfiehlt es sich, den Wangen oder den Kropfstücken einen abgesteckten Zapfen zu geben. Früher erhielten die Wangen einen Zapfen von 8—10 cm Länge und wurden mit 2 Holznägeln gehalten bzw. befestigt.

Besser jedoch ist die Befestigung mit einem 3 cm langen Zapfen und einer zusätzlichen Kropfschraube.

Krümmlinge oder Kropfstücke sind die Verbindungsstücke zwischen den Enden der aufsteigenden und absteigenden Wange in schräg aufsteigender Linie und unterscheiden sich gegenüber den Wangen nur in der Form. Die Wangen sind gerade, die Krümmlinge dagegen geschweift, gekrümmt oder gebogen. Es gibt linke und rechte Krümmlinge. Man unterscheidet außerdem stehende und liegende sowie geleimte Krümmlinge.

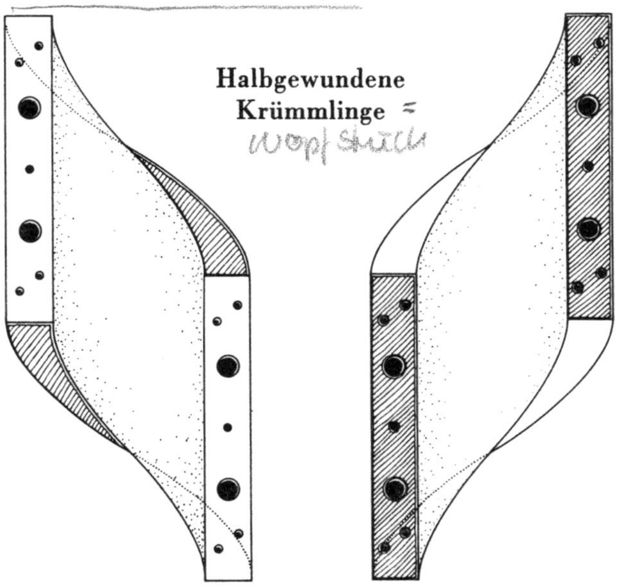

Halbgewundene Krümmlinge

stehender linker Krümmling

liegender rechter Krümmling

Bei den stehenden Kropfstücken laufen die Holzfasern senkrecht und bei den liegenden wie die der Wangen. Die stehenden Kropfstücke sind nicht so tragfähig wie die liegenden. Das geleimte Kropfstück kann liegend oder stehend sein und unterscheidet sich nur dadurch, daß es nicht aus einem ganzen Kantholz, sondern aus einem verleimten Kropfholz herausgeschnitten wird. Liegende geleimte Kropfstücke haben den Vorzug, daß sie später weniger aufreißen und sich auch nicht verziehen. Jedes Kropfstück bildet oder besitzt eine sogenannte Grundform und wird nach ihr genannt.

Für die stehenden Kropfstücke muß eine Grundschablone und für die liegenden eine Verstreckungsschablone angefertigt werden.

Der stehende Kropf wird aus einem Kantholz in der Längsrichtung nach der Grundschablone ausgearbeitet, während zur Ausarbeitung eines liegenden Kropfstückes zuerst eine sogenannte Verstreckungsschablone zu suchen bzw. auszutragen und diese dann an das Kropfstück anzutragen ist.

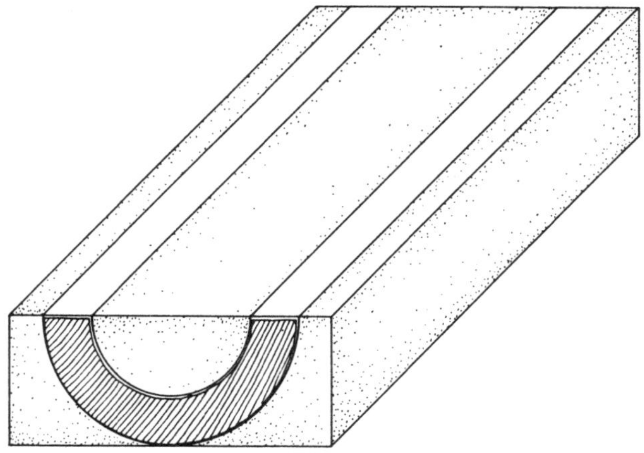

Anreißen eines stehenden Krümmlings

Auf die Austragung des Krümmlings und der Verstreckungsschablone wird bei dem Kapitel über gewendelte Treppen noch näher eingegangen.

Bei zwei- bzw. mehrläufigen Treppen entstehen Zwischenpodeste oder Eckpodeste.

Das Zwischenpodest besteht bei Holztreppen gewöhnlich aus Balken und Wechseln, die oft im Rahmen verzapft werden. Dieses erhält oben einen Bodenbelag und unten eine 18 mm starke rauhe Schalung samt Rohrung und Putz. Die Podestbalken müssen so stark sein, daß sie der Treppenbelastung standhalten, und werden im Mauerwerk des Treppenhauses aufgelagert. Bei Wohnhäusern wählt man Podestbalken von 20—22 cm Höhe.

Eckpodeste erhalten bei einfachster Ausführung einen festen Eckstiel, in den die Wangen eingezapft werden können. Der Eckstiel kann entweder als Geländerpfosten Verwendung finden oder zur Unterstützung des nächsten Podestes hochgeführt werden.

Durch Anordnung eines Diagonal-Podestbalkens, in den die Podestwechsel verzapft sind, erhält man freischwebende Eckpodeste. Bei dieser Lösung müssen die Wangen mit einem Krümmling verbunden werden, wobei auch der Krümmling mit dem Diagonal-Podestbalken zu verschrauben ist. Bei größeren Eckpodesten wird ein Unterzug zur Unterstützung des Diagonal-Podestbalkens angeordnet werden. Eckpodeste können auch ohne Balken dadurch ausgeführt werden, daß man die Wandwangen bis zur Treppenhausecke durchgehen läßt und das Podest als eine Stufenplatte ausbildet.

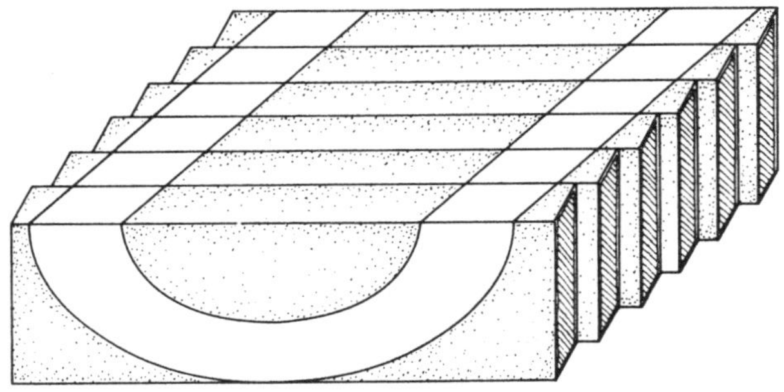

Zusammengeleimtes Kropfholz für einen liegenden Krümmling

Podestausbildungen. Maßstab 1 : 50

Das Zwischenpodest

I

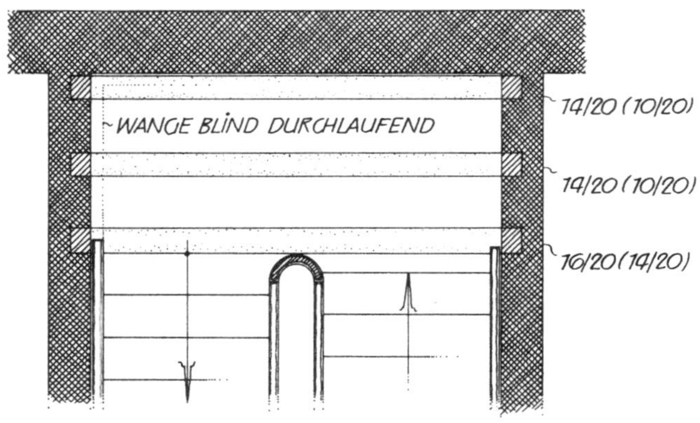

II

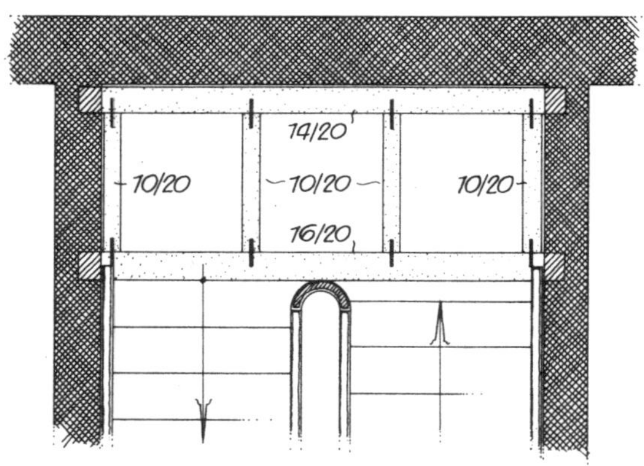

III

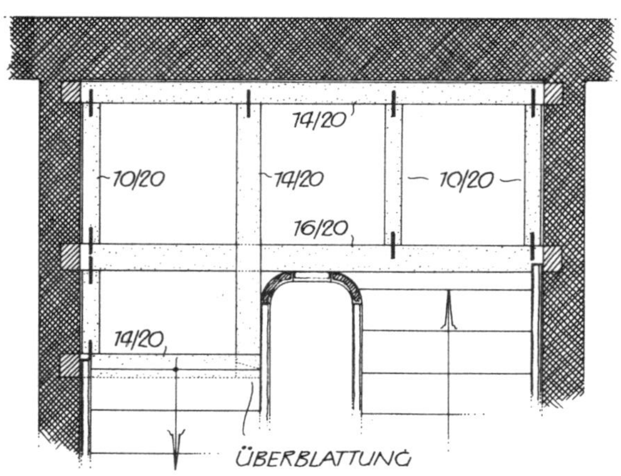

Das Eckpodest

I

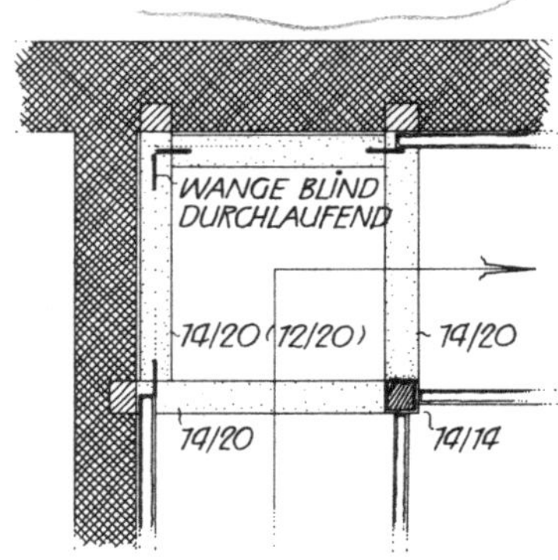

II

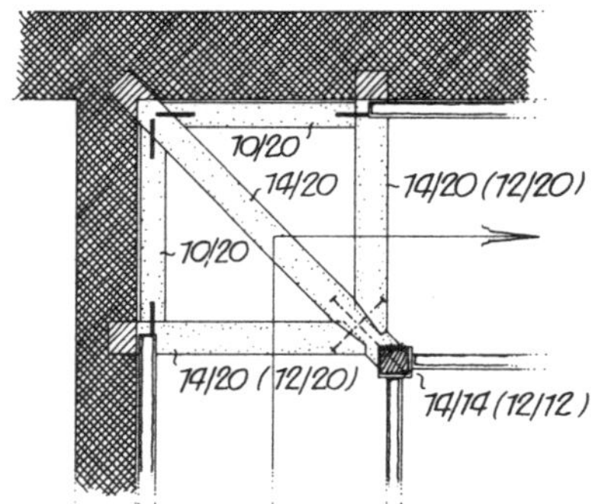

III

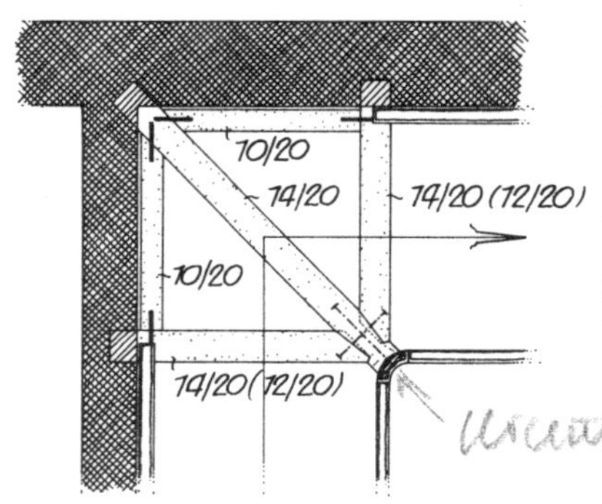

frei-schwebend

Krümmling

IV

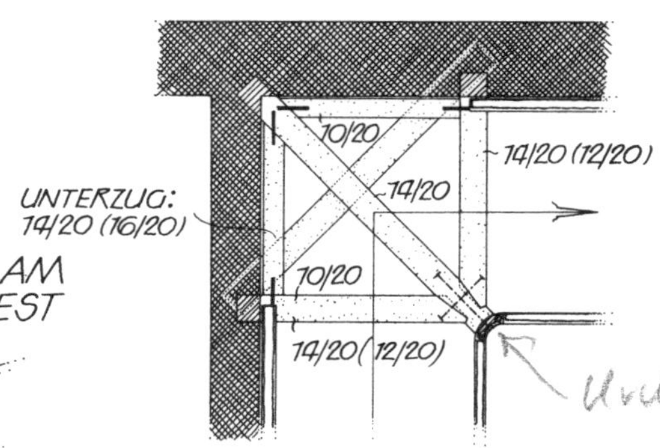

frei-schwebend

Krümmling

V

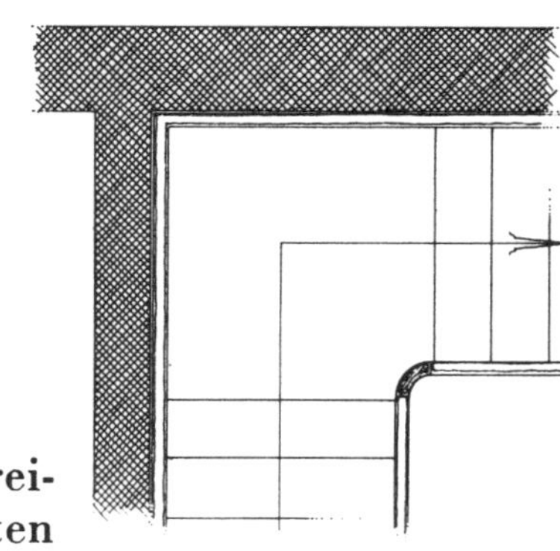

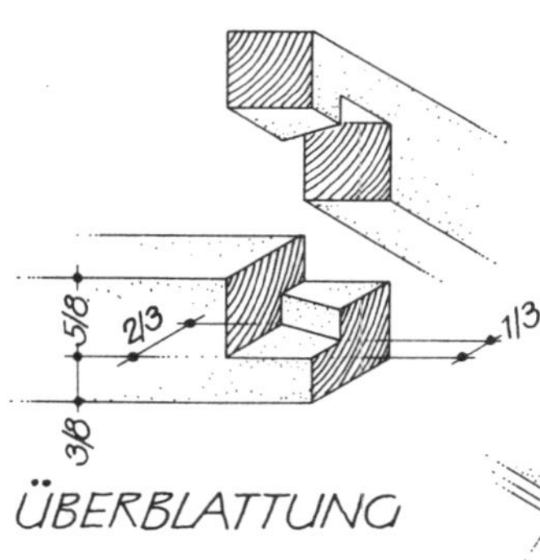

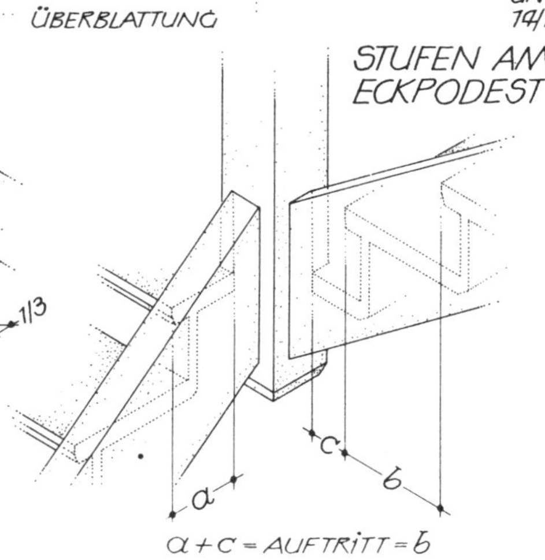

$a + c = \text{AUFTRITT} = b$

Das Zwischenpodest

I Normale Ausbildung
II Podestbalken durch Wechsel versteift
III Einseitig auskragendes Zwischenpodest

Das Eckpodest

I mit festem Eckstiel, II freischwebend mit Hängepfosten
III freischwebend mit Krümmling, IV freischwebend mit Krümmling und mit Unterzug, V Podest als Stufe ausgebildet

Anschluß der Freiwangen am Podest. Maßstab 1 : 10
I Wangen auf den Podestbalken aufgeklaut. II Podestbildung mit An- und Austrittspfosten

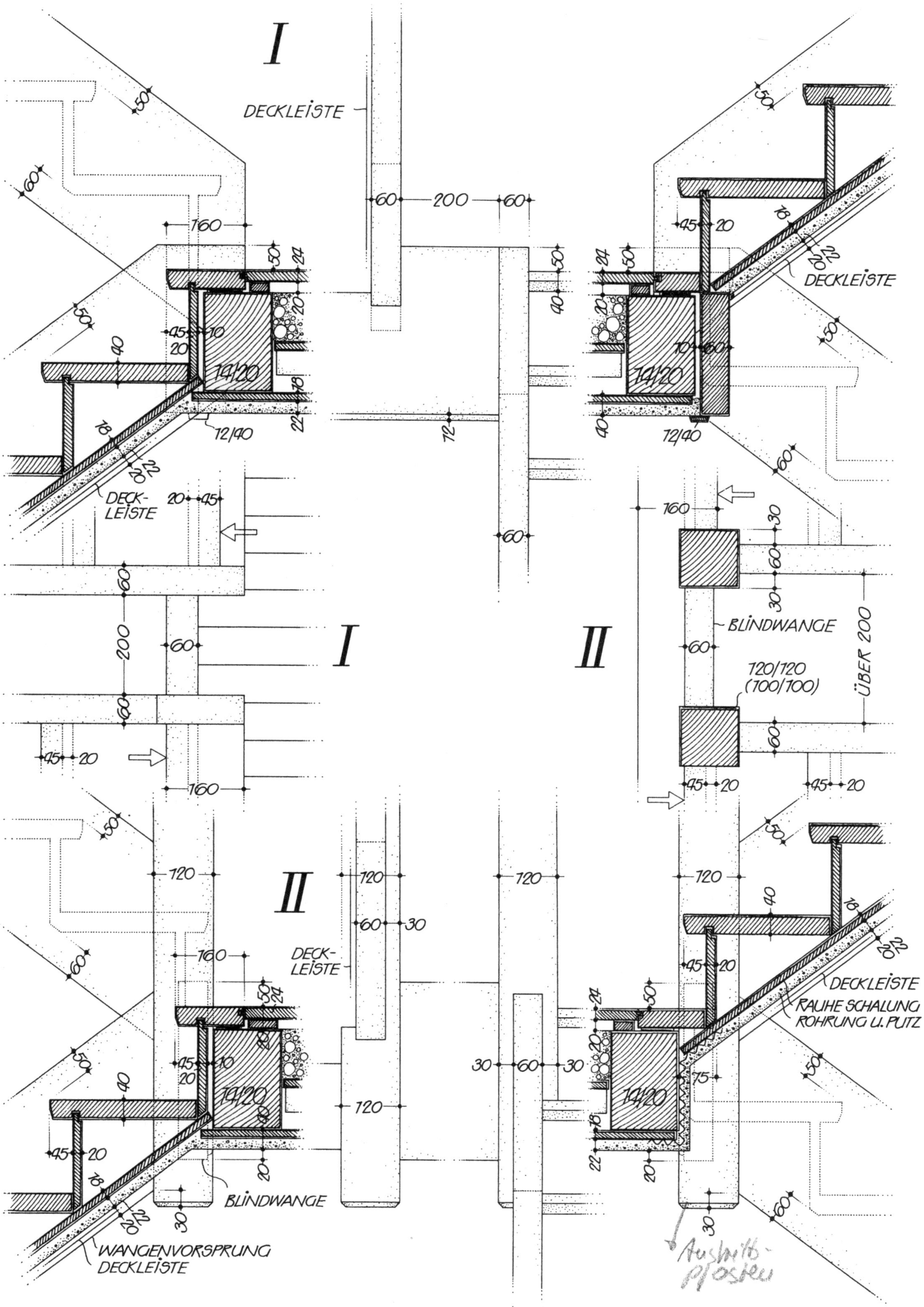

Anschluß der Freiwangen am Podest. Maßstab 1 : 10
III Podestbildung mit Übergangspfosten. IV Übergangspfosten, Wange auf Wange

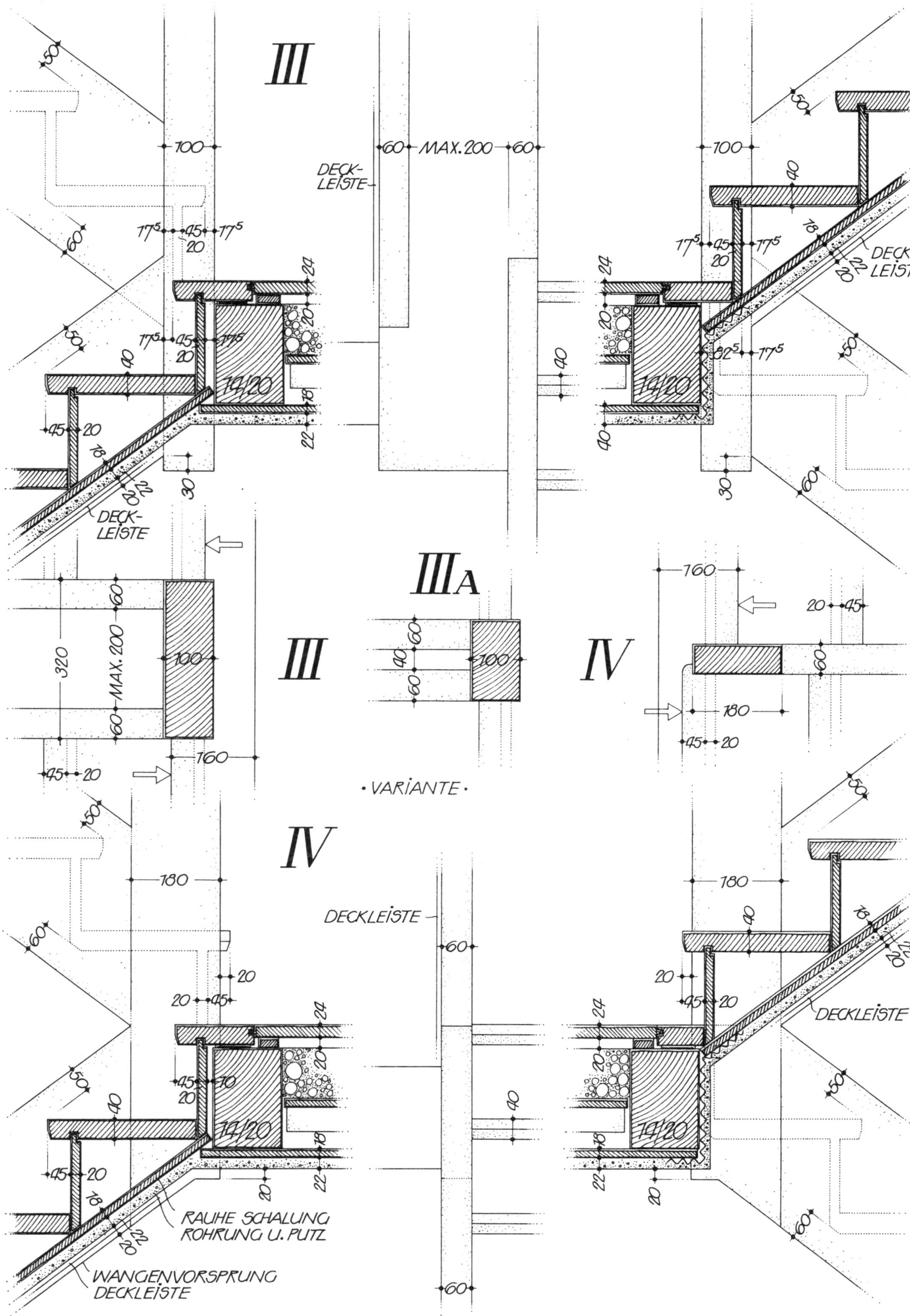

Anschluß der Freiwangen am Podest. Maßstab 1 : 10
V Übergangspfosten, Wange dicht an Wange. VI Übergangspfosten, oben ausgekehlt

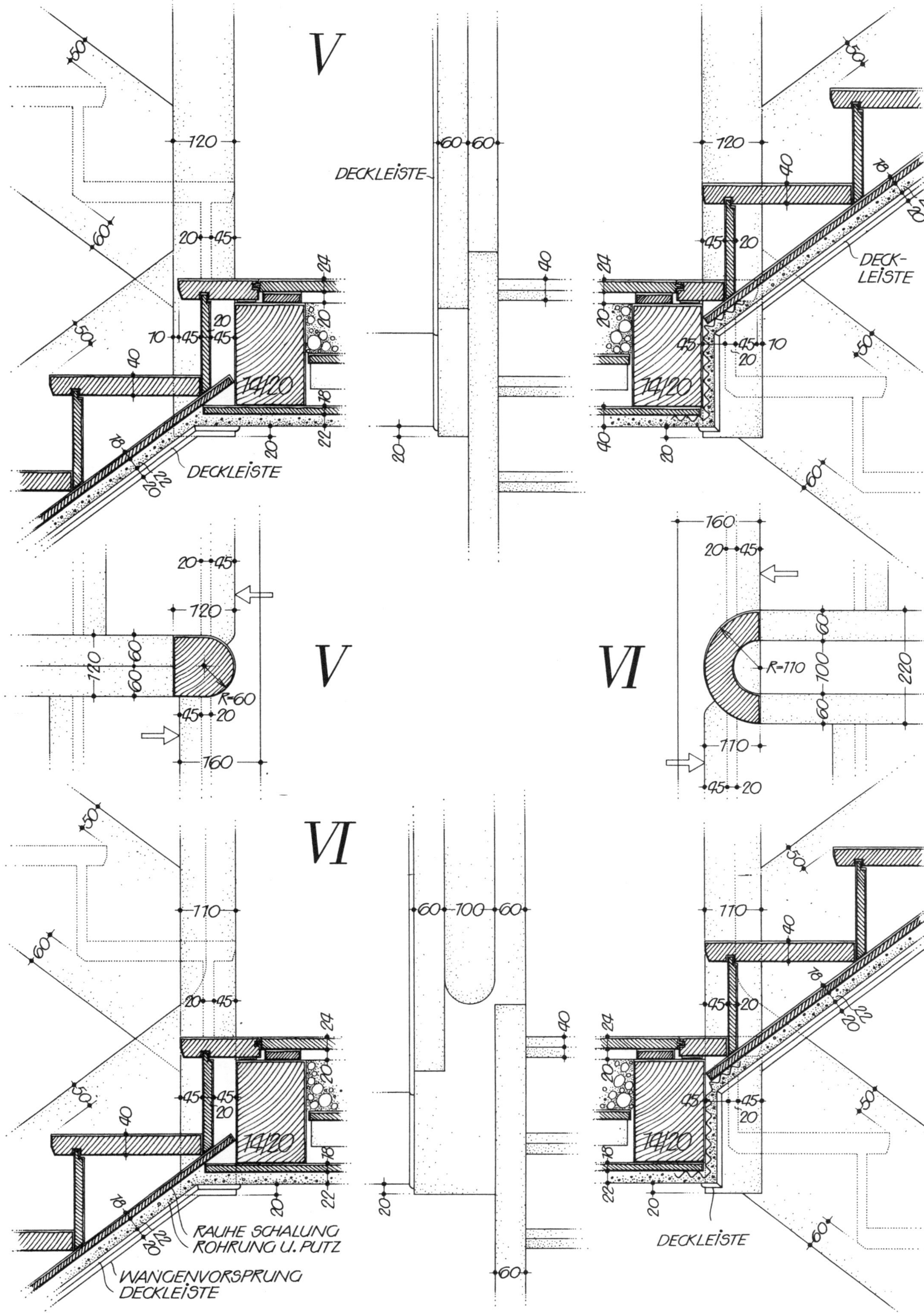

Anschluß der Freiwangen am Podest. Maßstab 1 : 10
VII Podestbildung mit Krümmling und mit Verputzbrett, VIII ohne Verputzbrett

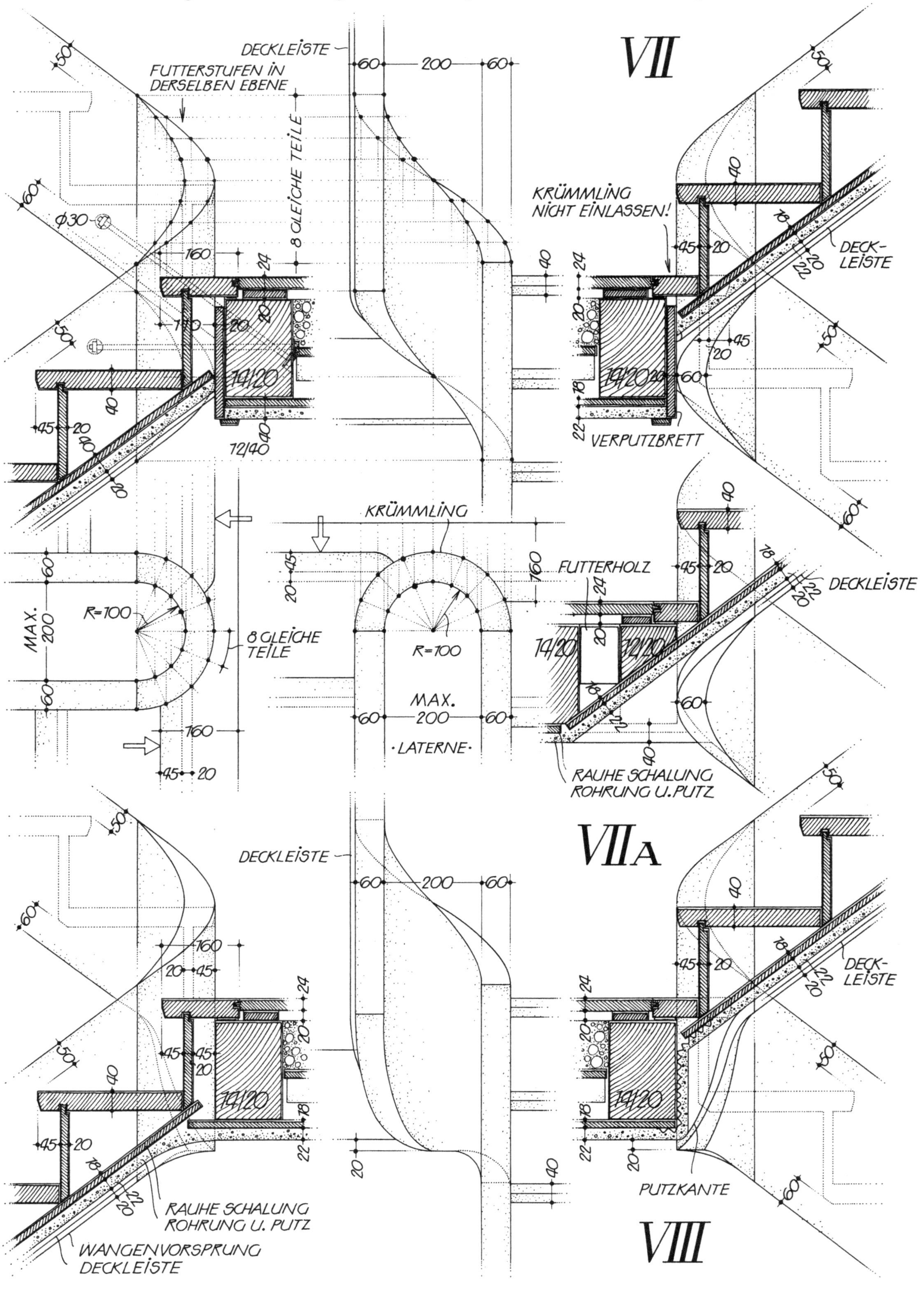

Anschluß der Freiwangen am Podest. Maßstab 1 : 10
IX Podestbildung mit elliptischem gedrücktem Krümmling, IX a mit kreisbogenförmigem doppeltem Krümmling, X mit zwei Krümmlingen und mit geradem Wangenzwischenstück

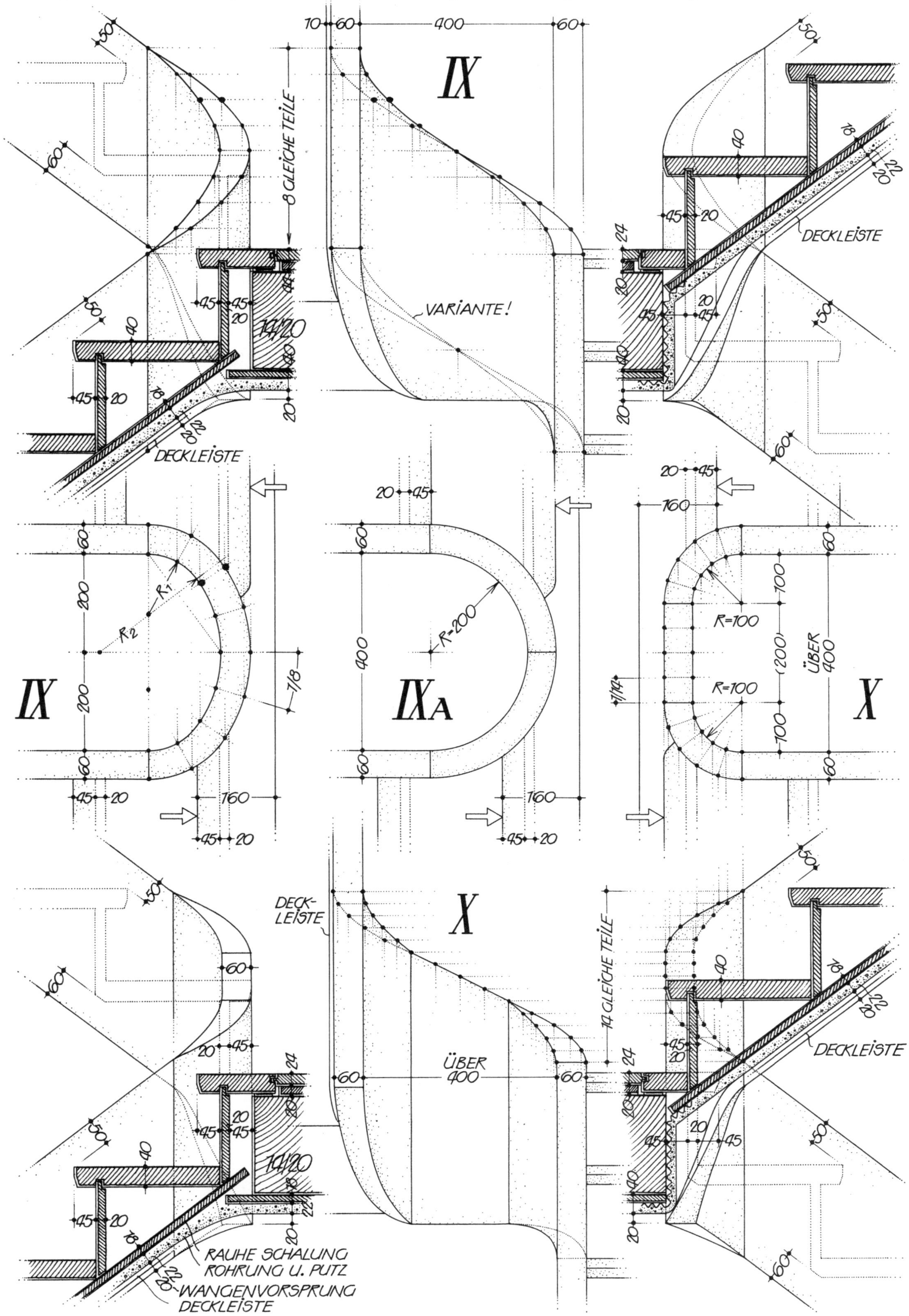

Abschluß der Kellertreppe zum Treppenraum des Erdgeschosses. Maßstab 1 : 50
Einzelheiten Maßstab 1 : 5

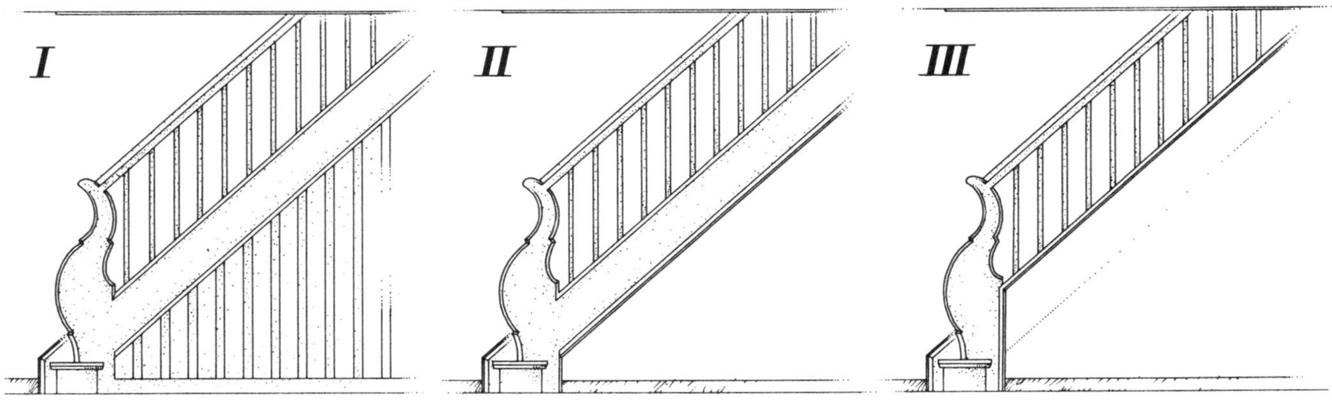

Abschlußwand geschalt

Abschlußwand verputzt (oder mit Sperrholz verkleidet)

Abschlußwand samt Freiwange verputzt (oder mit Sperrholz verkleidet)

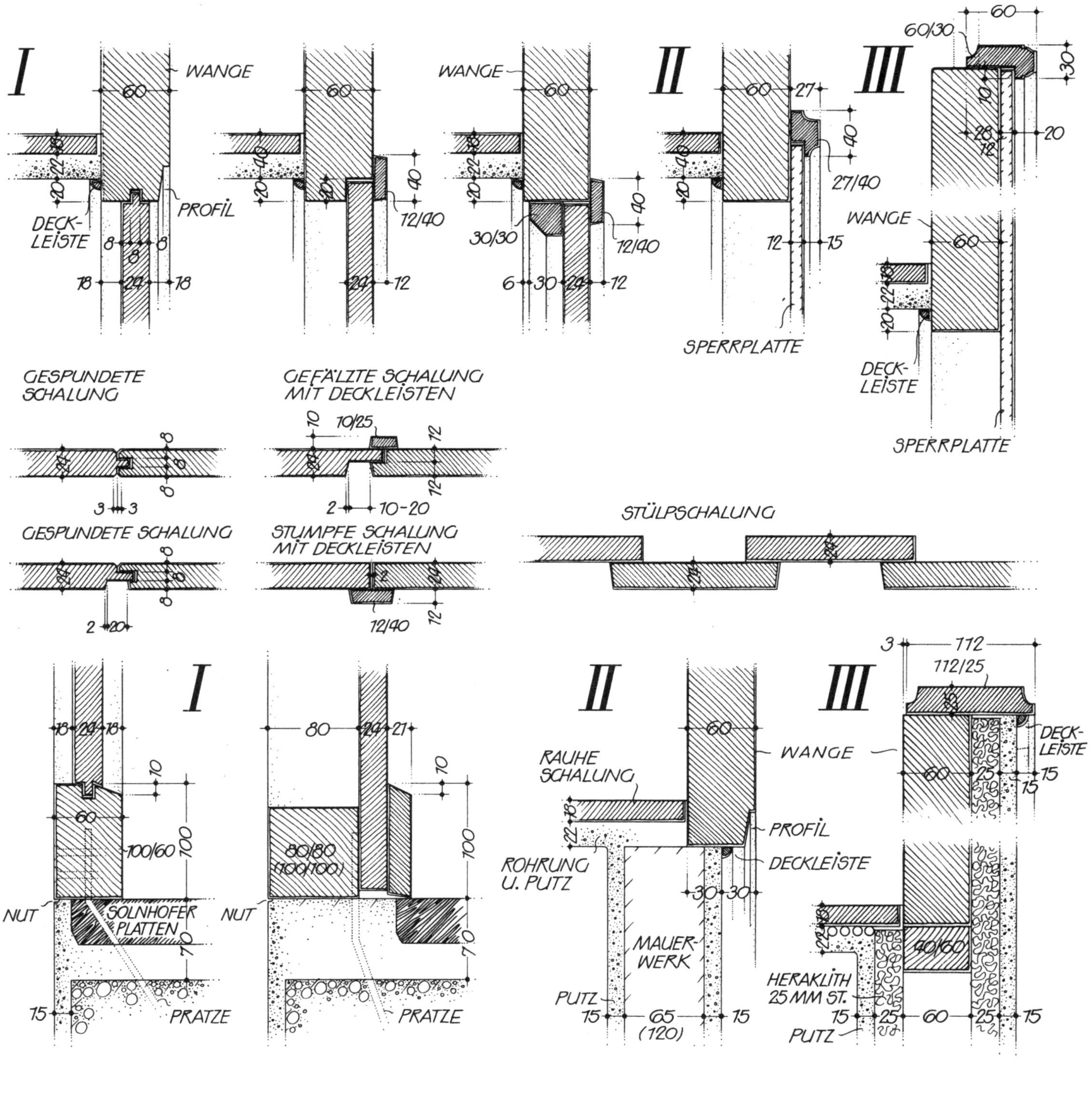

Über den Anschluß der Freiwangen am Podest geben eine Reihe von Tafeln genauen Aufschluß.

Der Anschluß erfolgt:

1. Durch Aufklauen der Wangen am Podestbalken oder an einer vorgeschraubten Podestbohle.
2. Durch Einzapfen der Wangen in einzelne quadratische Pfosten oder in einen rechteckigen Pfosten.
3. Durch Einsetzen eines gebogenen Verbindungsstückes, des Krümmlings oder Kropfstückes. Der Krümmling verbindet die Enden der aufsteigenden und absteigenden Wange in schräg aufsteigender Linie. Er steht satt am Podestbalken an.

Dabei können die Wangen voneinander einen beliebigen Abstand haben — es entsteht dadurch die Laterne —, oder dicht aneinanderliegen oder senkrecht übereinandersitzen. Die letztere Anordnung (Wange auf Wange) ist die hinsichtlich des Platzbedarfes der Treppe sparsamste Anordnung (Tafeln Seite 81—85).

Über den Abschluß der Kellertreppe zum Treppenraum des Erdgeschoßes geben eine Reihe von Vorschlägen Auskunft. Je nach den Gestaltungsabsichten kann man diese Abschlußwand aus Holz fertigen oder aus verputztem Mauerwerk herstellen.

Die Durchzeichnung gestemmter Treppen in Form von Werkblättern bringt zuerst eine geradläufige, einseitig an der Wand laufende Siedlerhaustreppe mit einem ganz einfachen Holzgeländer aus gehobelten Latten. In die aus Sperrholz erstellte Abschlußwand der Kellertreppe ist eine zum Keller führende Brettertüre eingefügt.

Das zweite Beispiel zeigt eine reicher durchgestaltete Treppenanlage eines Einfamilienhauses. Während die Treppe vom Erdgeschoß zum 1. Obergeschoß als teilweise Schachttreppe angelegt ist, ist der zum Dachgeschoß führende Lauf einseitig an einer Wand laufend. Das Geländer dieser Treppe ist aus Metall, aus Stahl. An einer Kassettendecke der Diele im Erdgeschoß wurde die am Ende verbreiterte Blindwange angeschlossen.

Zwei weitere Beispiele zeigen Schachttreppen in kleineren Einfamilienhäusern. Bei dem ersten dieser beiden Beispiele liegt das Brüstungsgeländer auf der linken Seite, bei dem zweiten Beispiel ist das Brüstungsgeländer auf der rechten Seite angeordnet. Dadurch sind verschiedene Lösungen der Handlaufführung dargestellt. Das Brüstungsgeländer beider Treppen ist aus Metall, und zwar aus Stahl, unter Verwendung von Messingteilen hergestellt.

Während bei den vorerwähnten Beispielen die Blindwange auf der Freiwange bzw. Wandwange sitzt, ist bei dem folgenden Beispiel einer einseitig an einer Wand laufenden Treppe eine Laterne angeordnet. Das Geländer dieser Treppe besteht aus quadratischen, über Eck gestellten Holzstäben. Neben einem profilierten Antrittspfosten wird das Holzgeländer mit durchgehenden Übergangskrümmlingen versteift. Die Abschlußwand der Kellertreppe ist aus gespundeten, verschieden breiten Brettern hergestellt. Die Kellerabgangstüre mit fester Oberlichtverglasung ist in ein massives Türgerüst eingebaut.

Für eine zweiläufige, rechtwinklige Treppe mit Eckpodest sind die verschiedenen Möglichkeiten der Stufenanordnung am Eckpodest erläutert. Das Geländer dieser Treppe besteht aus einzelnen durch Ausschnitte einfach verzierten Brettern. Auch wurden neben einem runden Antrittspfosten durchgehende Übergangskrümmlinge gewählt, um ein stabiles Holzgeländer zu erhalten. Der Abschluß der Kellertreppe ist gemauert.

Eine dreiläufige, zweimal einviertel oder zweimal um 90° gebrochene Treppe bringt bei den beiden Eckpodesten zweierlei Ausbildungen. Während das erste Podest einen festen, als Lichtträger ausgebildeten Eckstiel erhielt, wurde das zweite Podest freischwebend konstruiert. Für die Durchgestaltung des ersten Laufes sind je nach den räumlichen Möglichkeiten zwei verschiedene Lösungen in Schemagrundrissen gezeigt. Das einfache aus rechteckigen Holzstäben bestehende Geländer erhielt versteifende durchgehende Übergangskrümmlinge. Die Blindwange wurde holzsparend ausgeführt. In die gemauerte Abschlußwand der Kellertreppe wurde eine Rundbogen-Stocktüre eingesetzt.

Abschließend werden zwei Beispiele von zweiläufigen Miethaustreppen mit Varianten gezeigt.

Während die erste Lösung die normale Ausführung mit Anordnung einer Laterne zeigt, bringt die zweite Lösung eine raumsparende Anlage einer Miethaustreppe, bei der die Freiwangen übereinanderliegen. Bei der Anordnung der Laterne können die Übergangskrümmlinge, den Handlauf des Geländers abstützend, entweder durchgehen oder es können, wie in der Variante gezeigt, die Geländerstäbe auch am Krümmling durchgehen. Bei der raumsparenden Treppe mit den Freiwangen in einer Ebene wird der Handlauf gewöhnlich seitlich über die Freiwange gelegt und an den Podesten durchgeführt. Die in der Variante gezeigte sparsamste Lösung der Handlaufführung läßt diesen an den Podesten vermissen. Für die Ausbildung der Differenzstufen zum Erdgeschoß sind bei den beiden Beispielen der Miethaustreppen zwei verschiedene Vorschläge für Trittstufen- bzw. für Tritt- und Setzstufenbelag gemacht.

Gestemmte geradläufige Treppe mit einfachem Holzgeländer für ein Siedlerhaus

Grundrisse. Maßstab 1 : 20

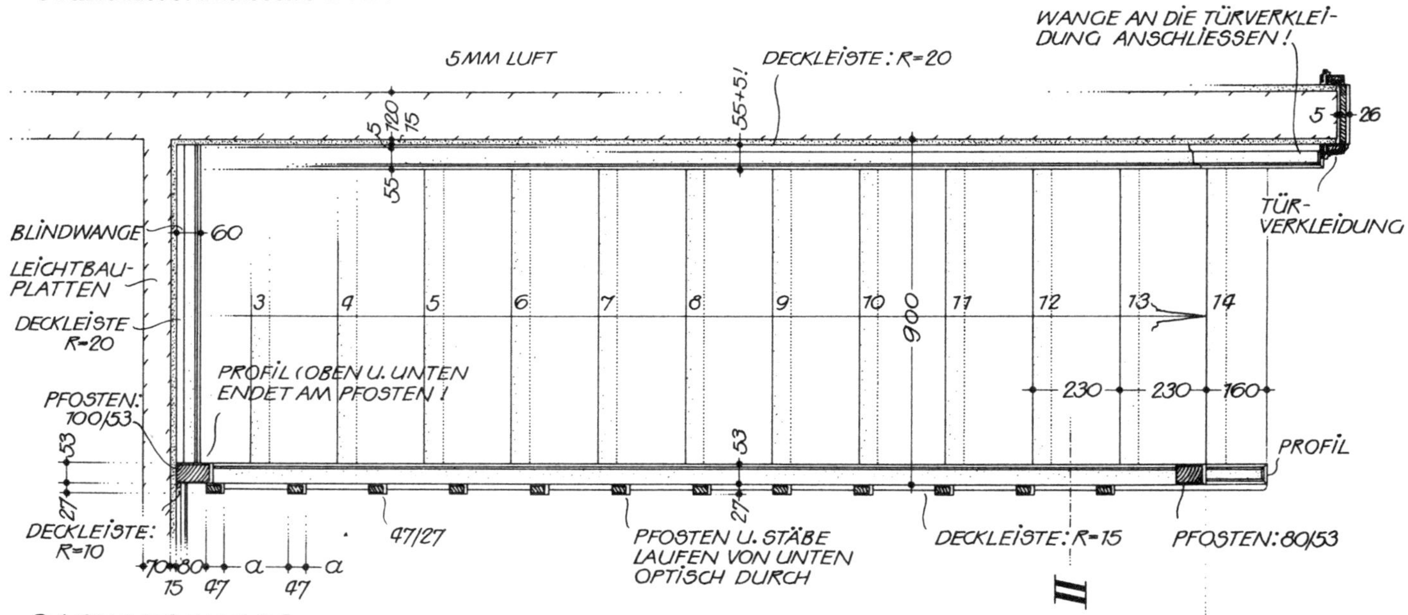

· DACHGESCHOSS ·

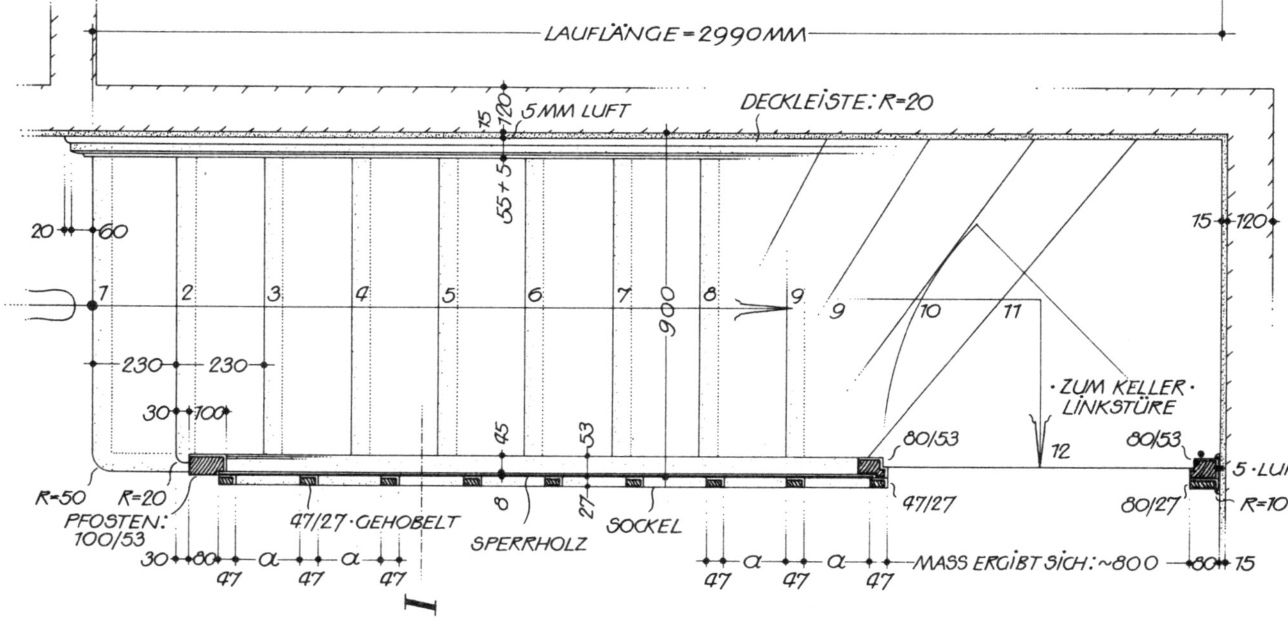

· ERDGESCHOSS ·

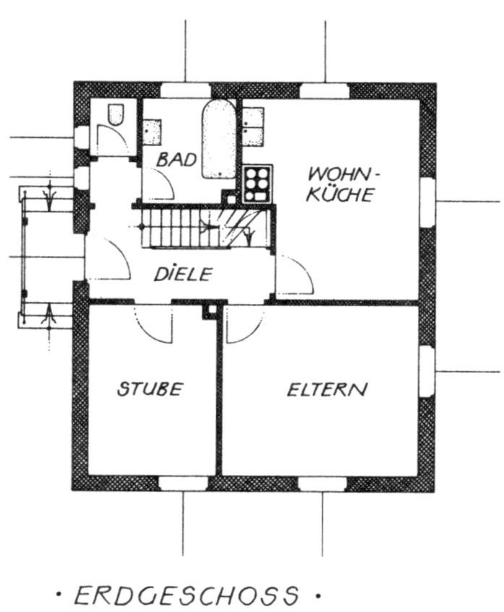

· ERDGESCHOSS ·

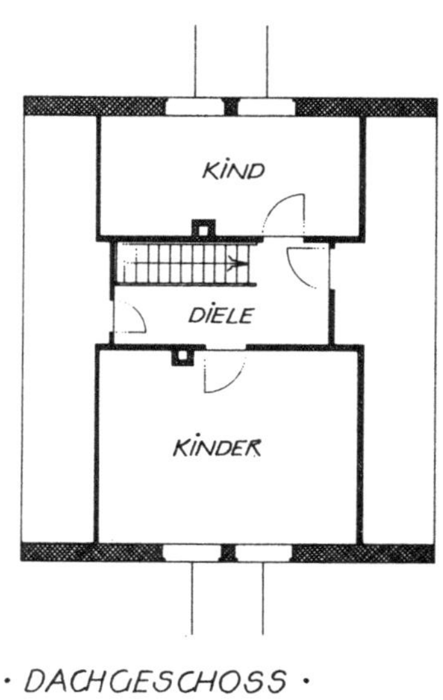

· DACHGESCHOSS ·

Grundrisse. Maßstab 1 : 200

Gestemmte geradläufige Treppe mit einfachem Holzgeländer für ein Siedlerhaus. Ansicht. Maßstab 1 : 20

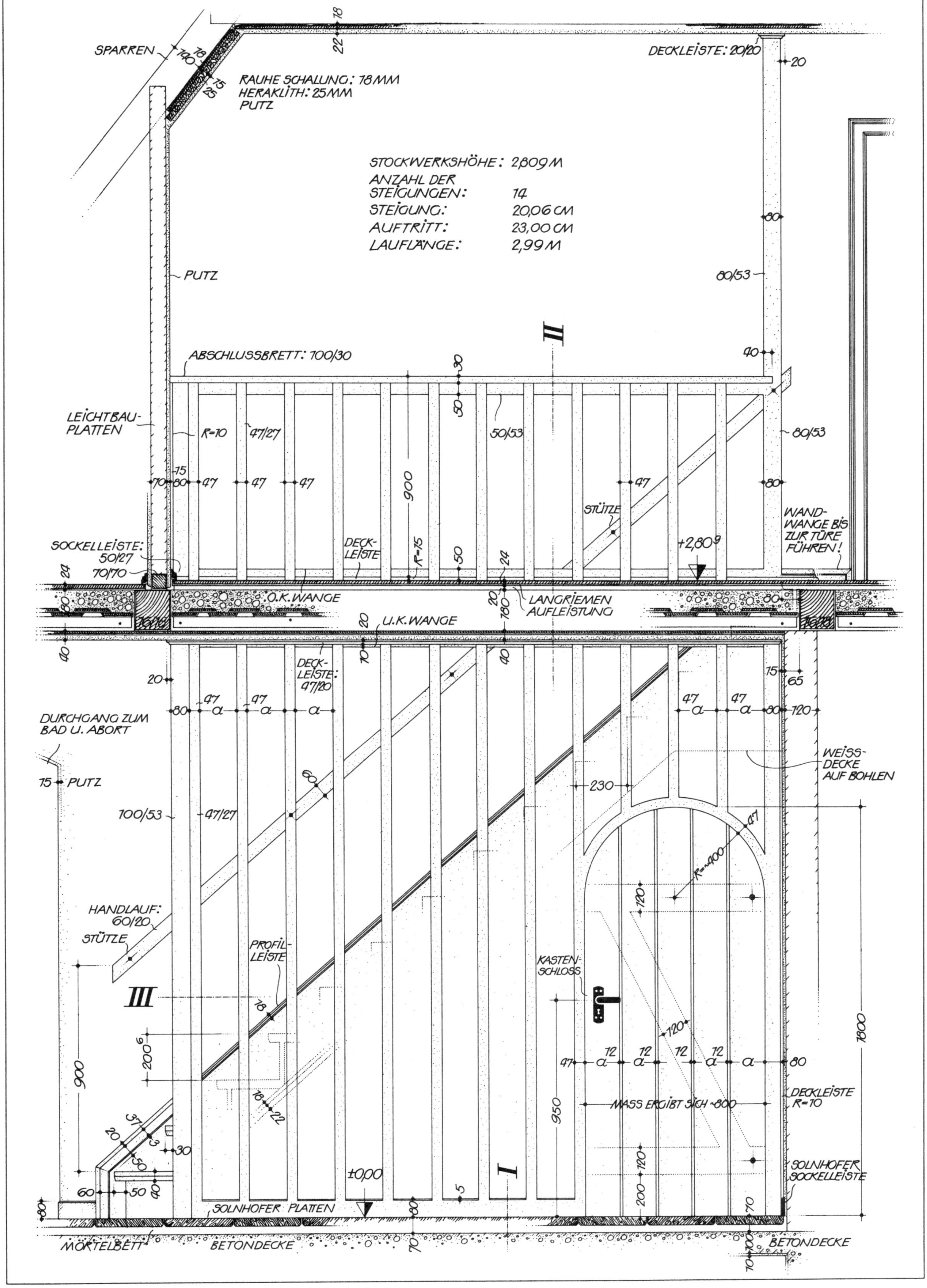

Gestemmte geradläufige Treppe mit einfachem Holzgeländer für ein Siedlerhaus

Einzelheiten. Maßstab 1 : 10, 1 : 5, 1 : 2

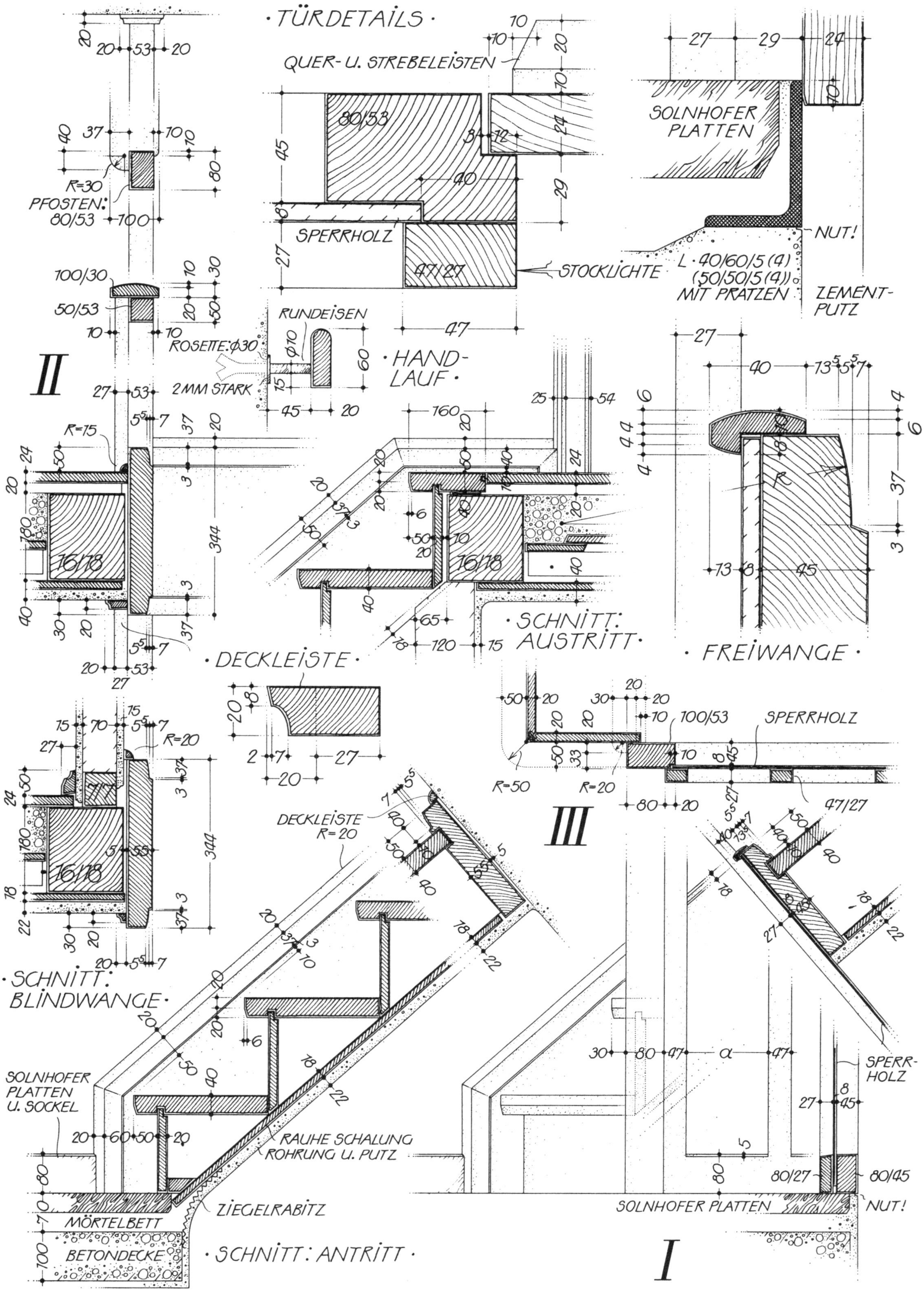

Gestemmte geradläufige Treppe mit Geländer aus Stahl für ein Einfamilienhaus. Ansichten. Maßstab 1 : 50

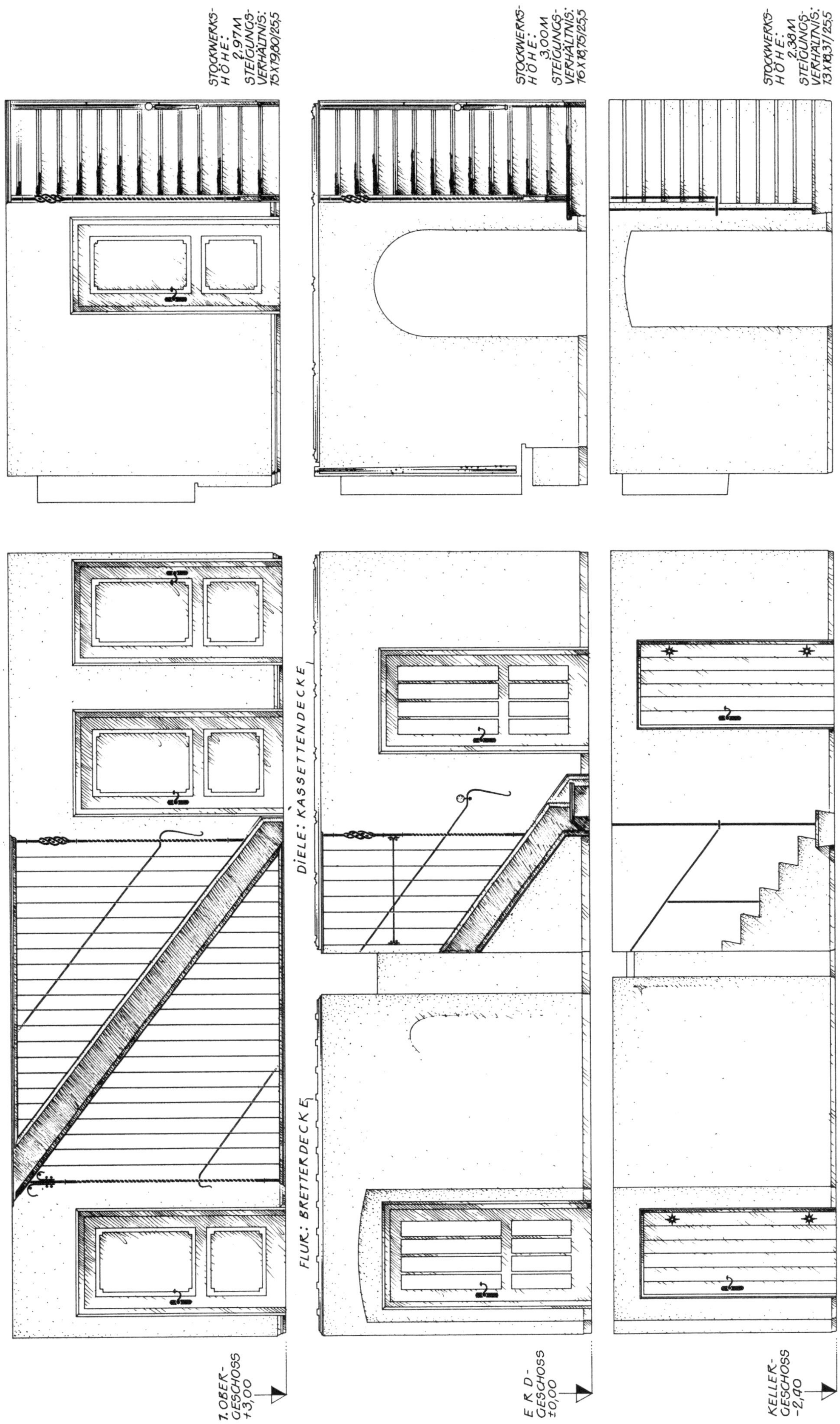

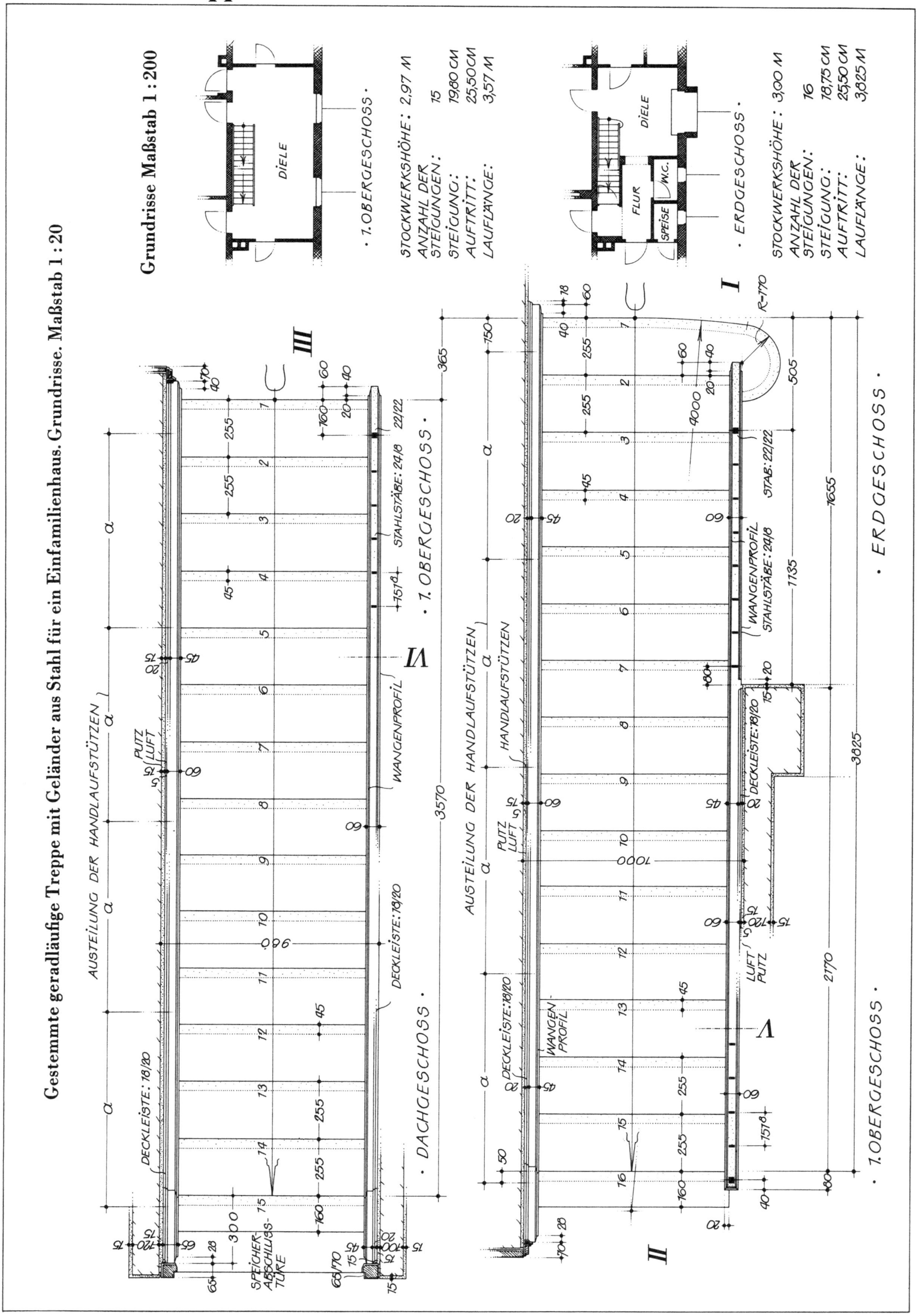

Gestemmte geradläufige Treppe mit Geländer aus Stahl für ein Einfamilienhaus. Grundrisse. Maßstab 1 : 20

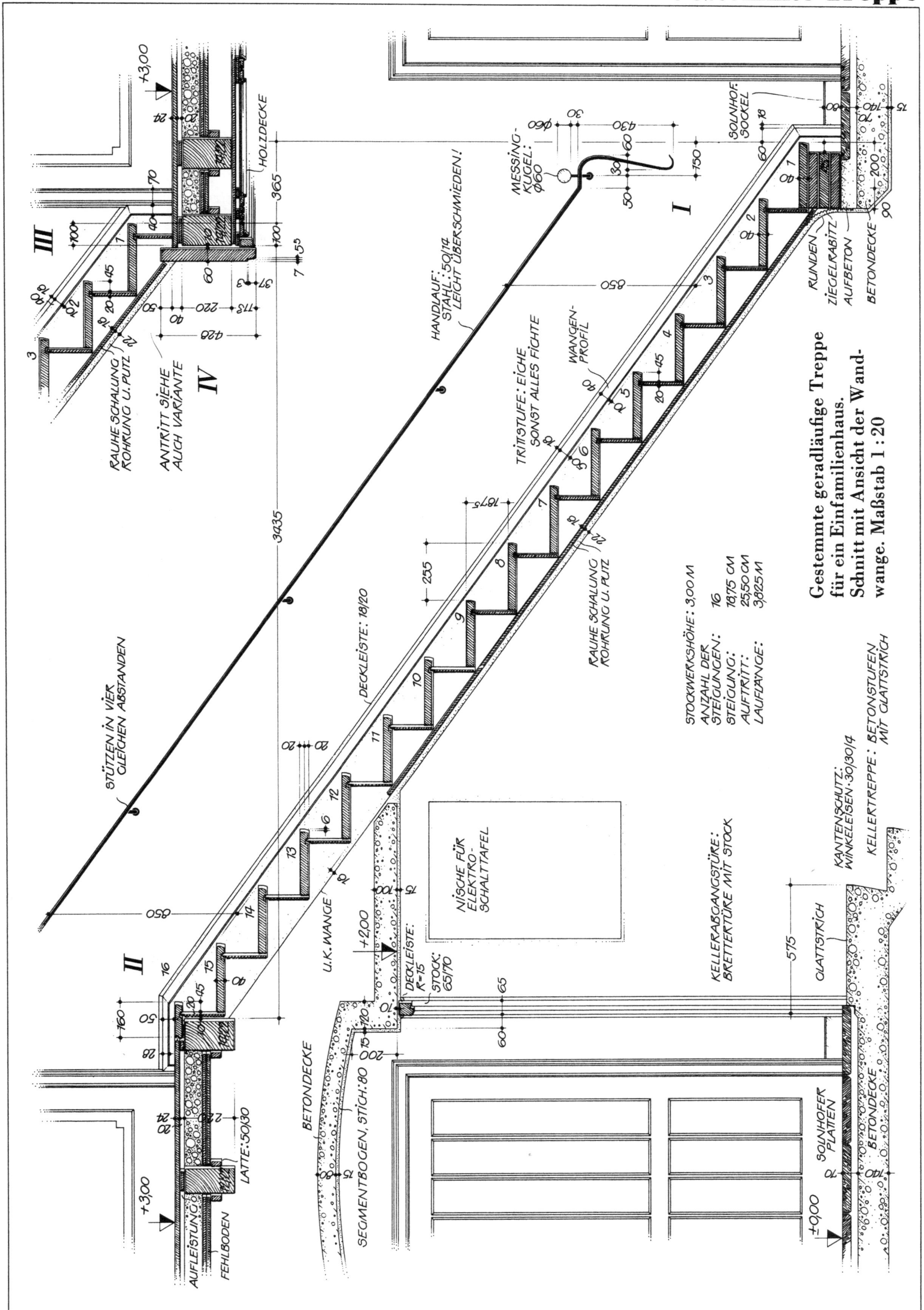

Gestemmte geradläufige Treppe für ein Einfamilienhaus. Schnitt mit Ansicht der Wandwange. Maßstab 1 : 20

Gestemmte Treppe

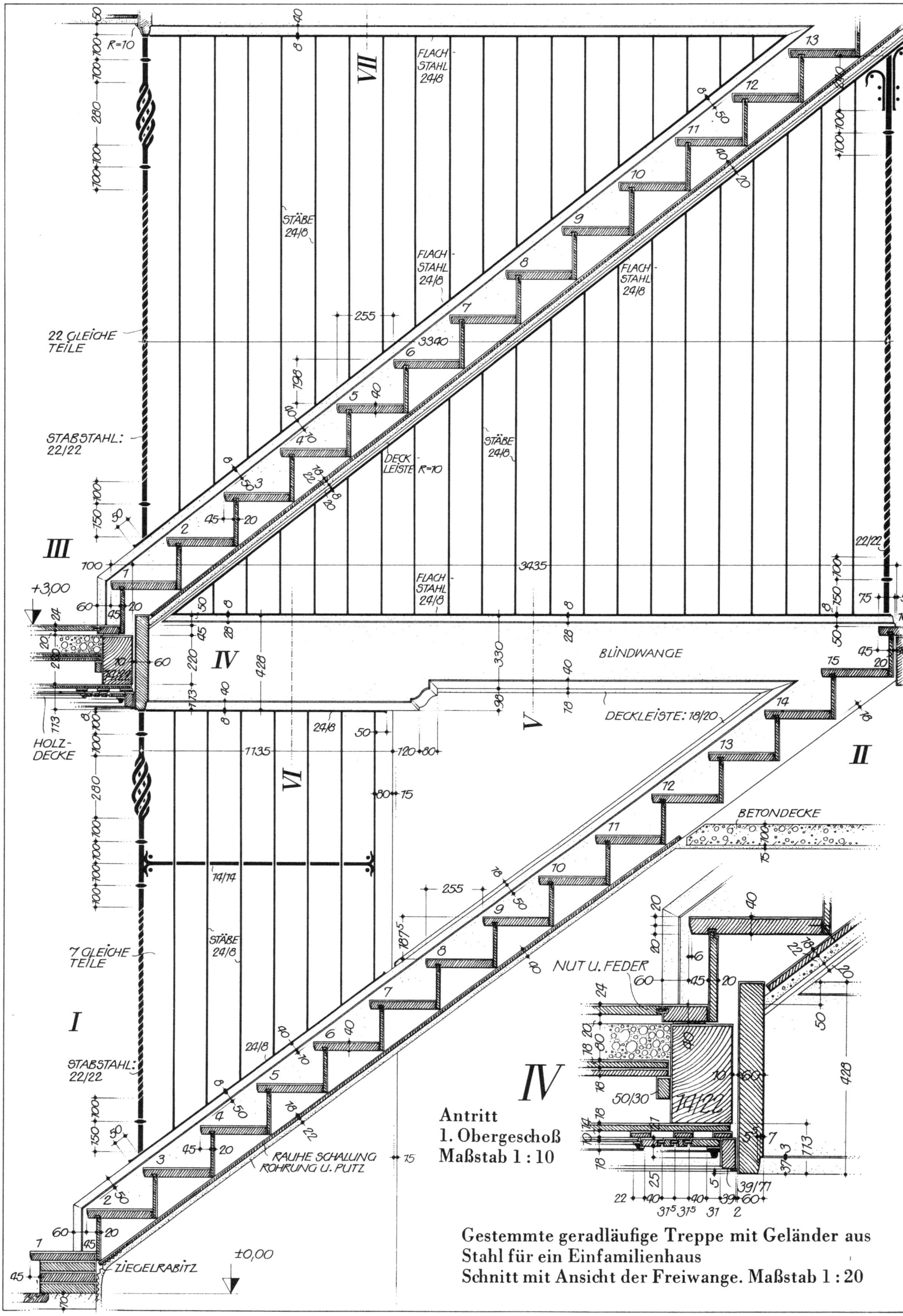

Antritt
1. Obergeschoß
Maßstab 1 : 10

Gestemmte geradläufige Treppe mit Geländer aus Stahl für ein Einfamilienhaus
Schnitt mit Ansicht der Freiwange. Maßstab 1 : 20

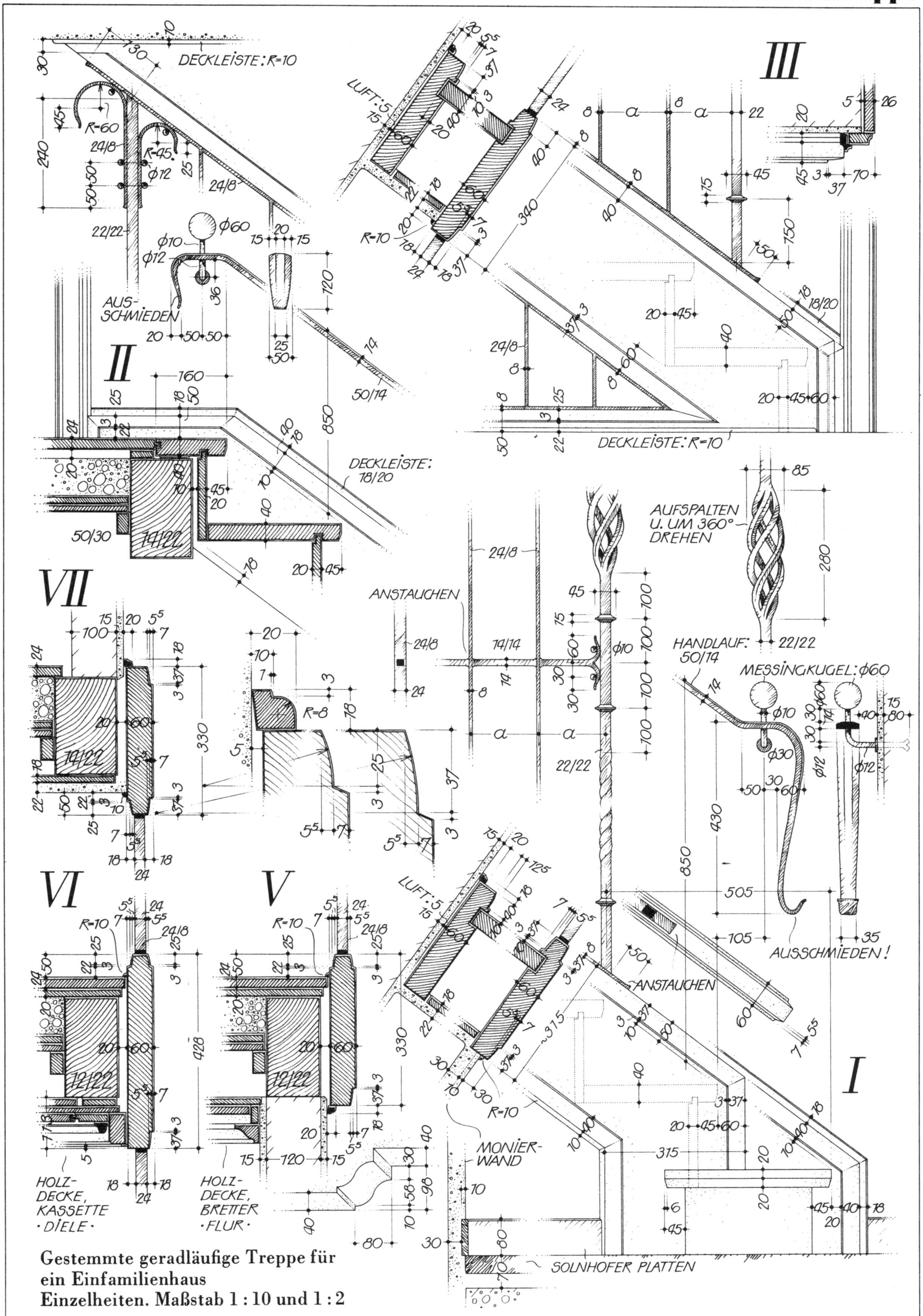

Gestemmte geradläufige Treppe für
ein Einfamilienhaus
Einzelheiten. Maßstab 1 : 10 und 1 : 2

Gestemmte geradläufige Schachttreppe mit Geländer aus Stahl und Messing. Brüstungsgeländer auf der linken Seite. Grundrisse. Maßstab 1 : 20

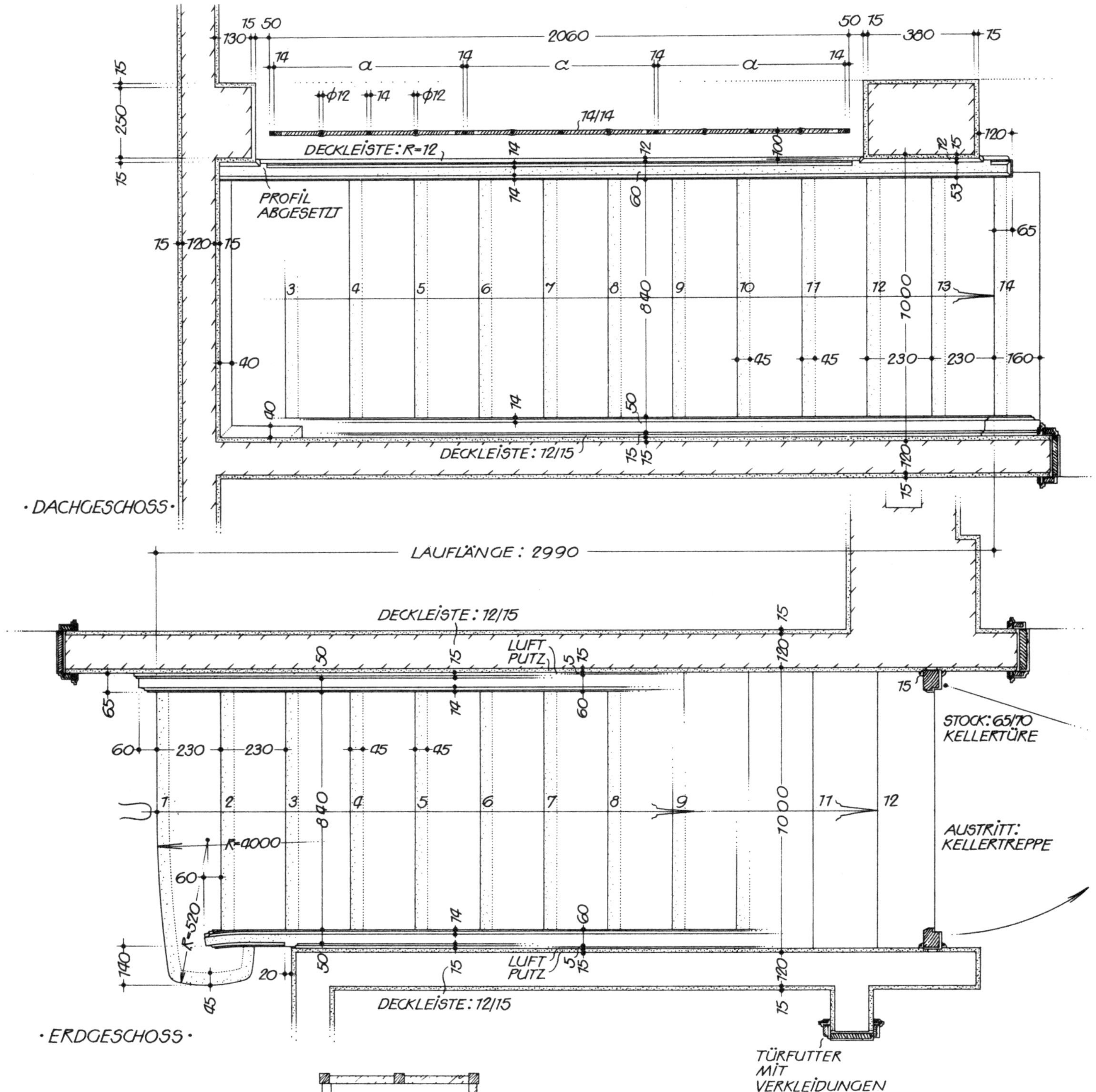

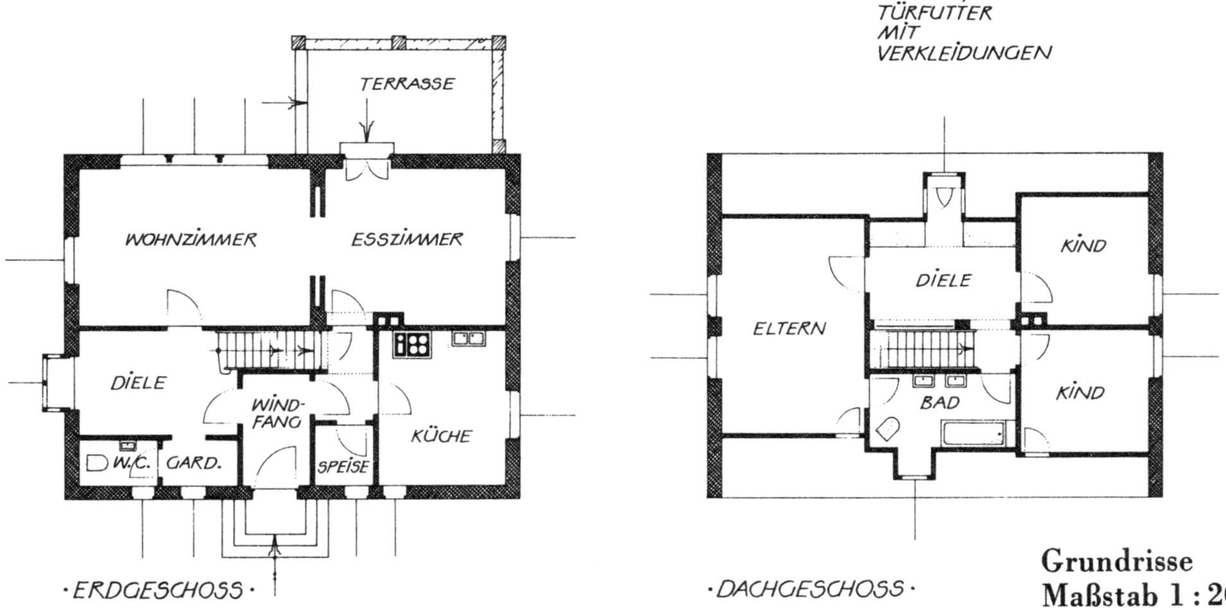

Grundrisse
Maßstab 1 : 200

Gestemmte geradläufige Schachttreppe. Schnitt mit Ansicht des Brüstungsgeländers. Maßstab 1 : 20

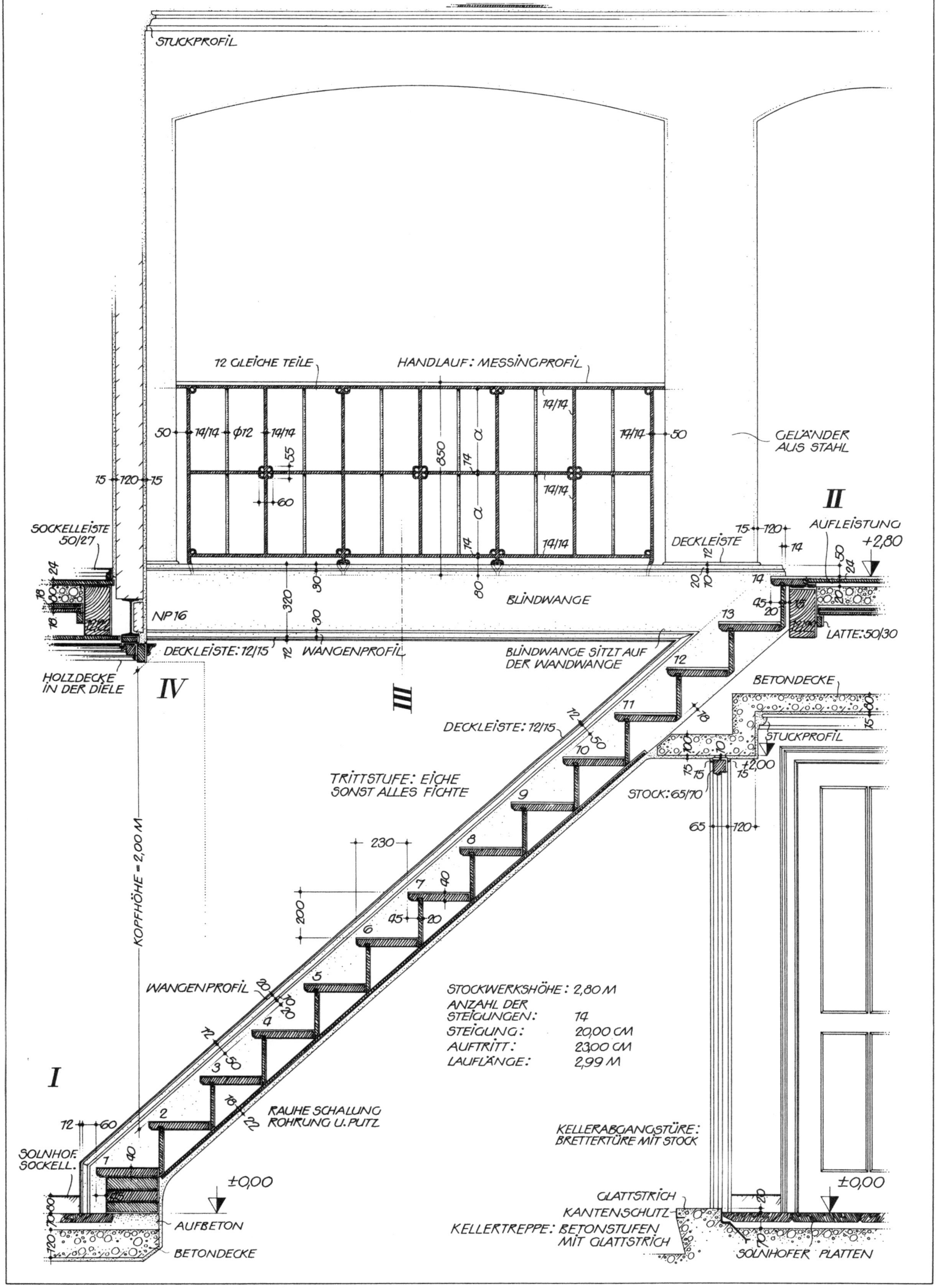

Gestemmte geradläufige Schachttreppe. Schnitt und Vorderansicht des Antrittes. Maßstab 1 : 20

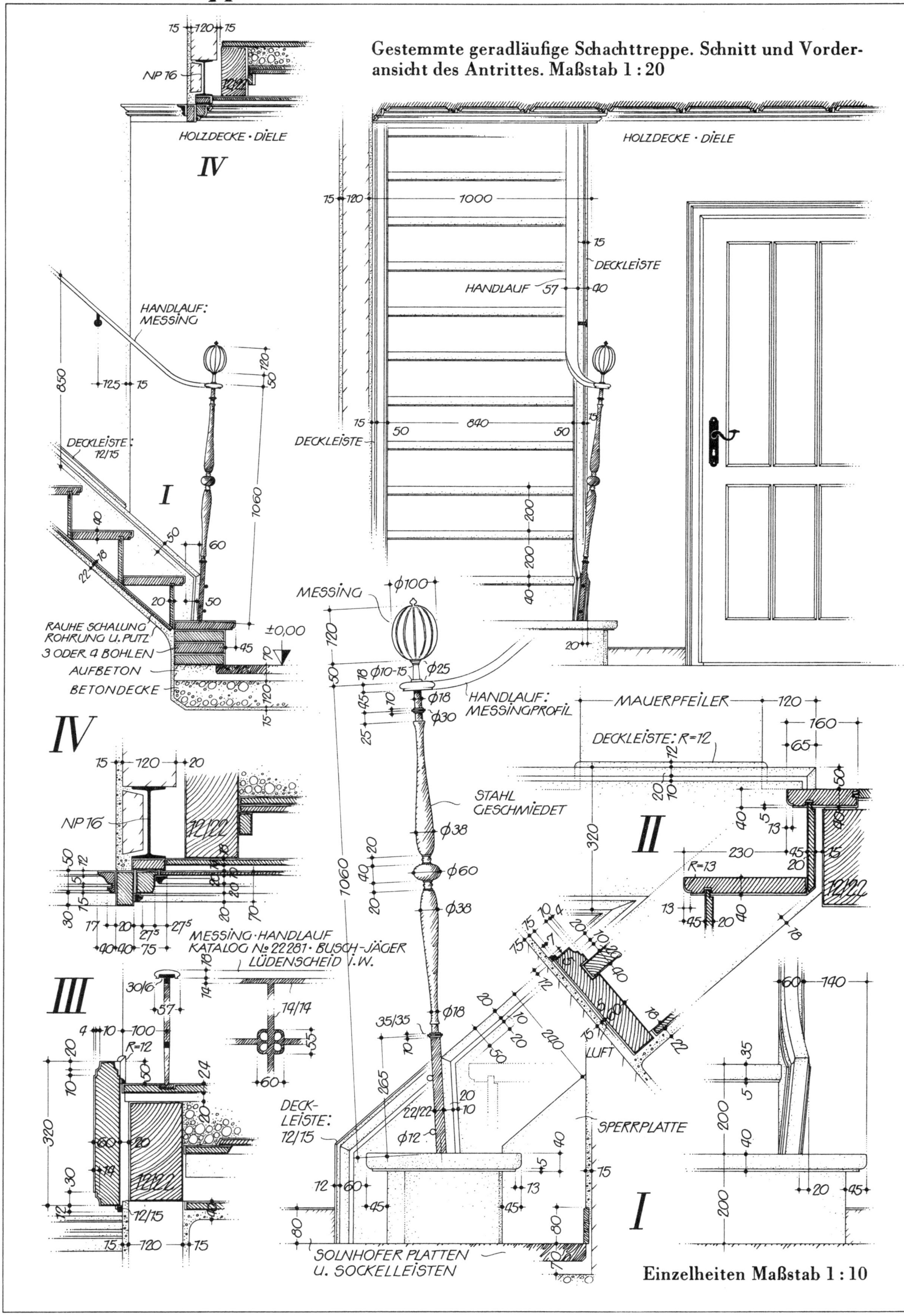

Einzelheiten Maßstab 1 : 10

Gestemmte geradläufige Schachttreppe mit Geländer aus Stahl und Messing. Brüstungsgeländer auf der rechten Seite. Grundrisse. Maßstab 1 : 20

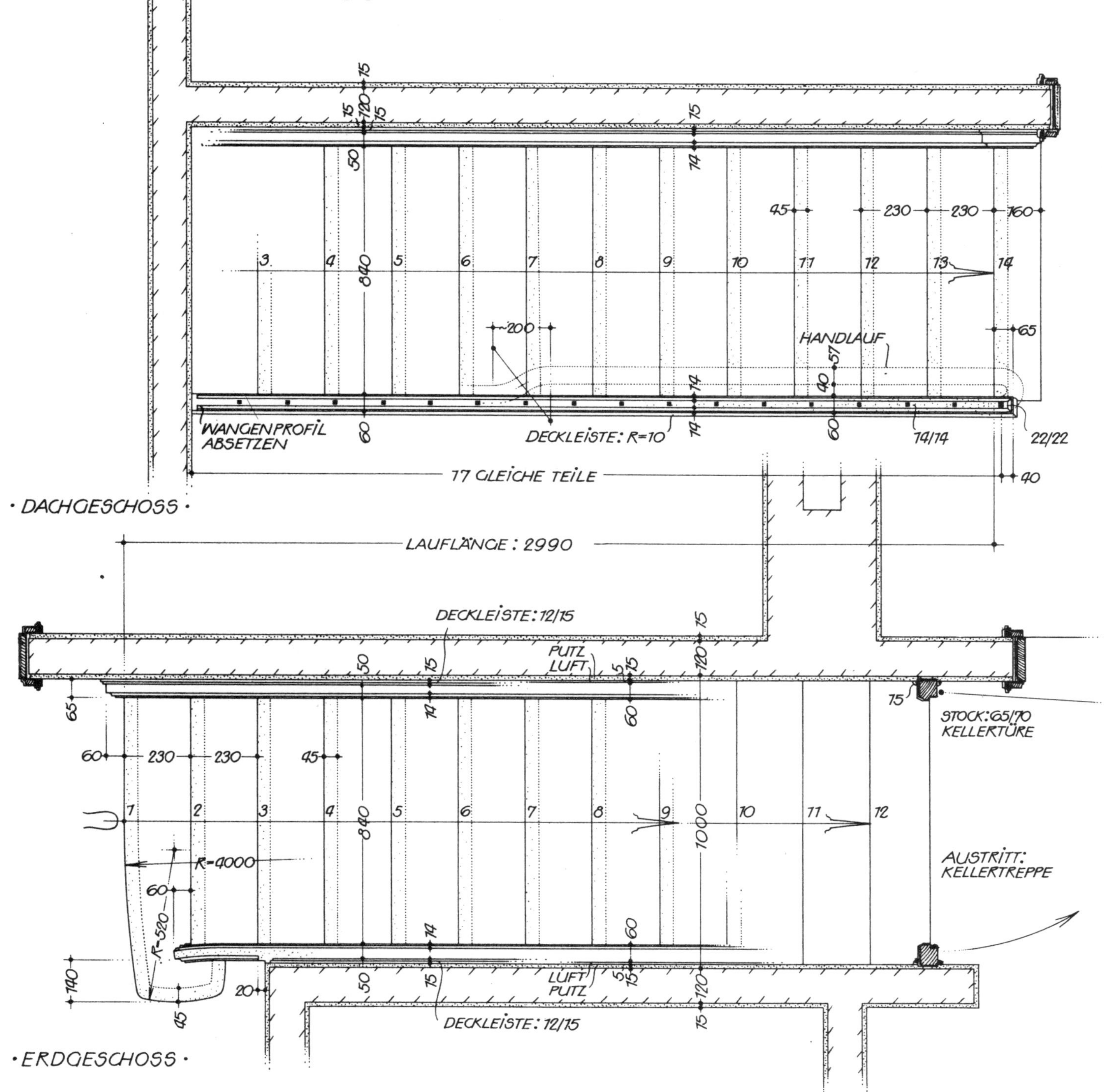

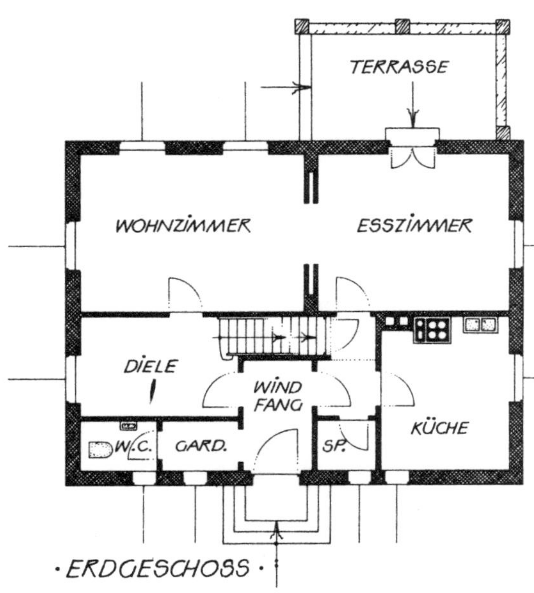

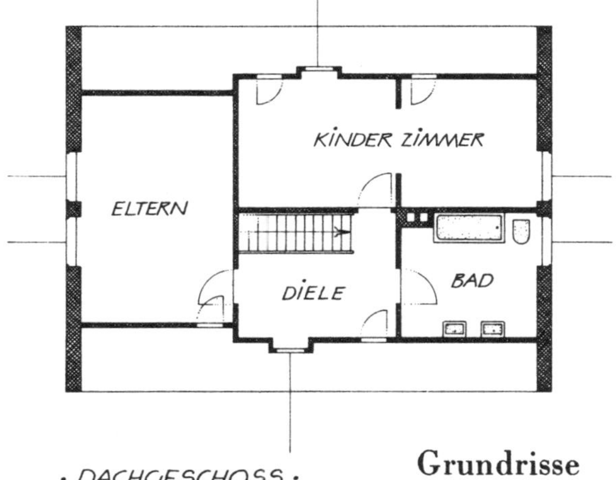

Grundrisse
Maßstab 1 : 200

Gestemmte geradläufige Schachttreppe. Schnitt mit Ansicht des Brüstungsgeländers. Maßstab 1 : 20

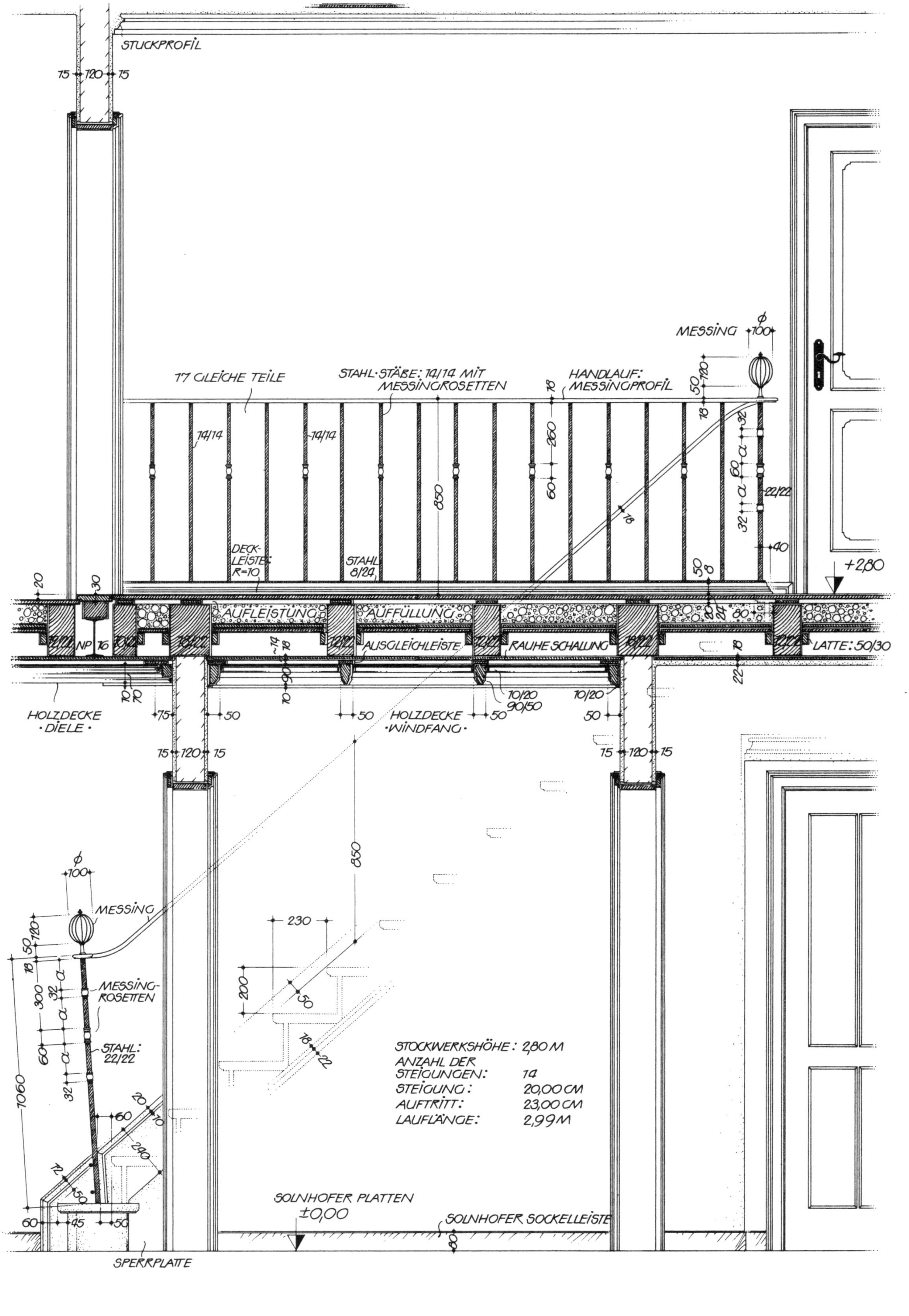

Gestemmte geradläufige Treppe, einseitig an einer Wand laufend, Holzgeländer mit Stäben. Grundrisse. Maßstab 1 : 20

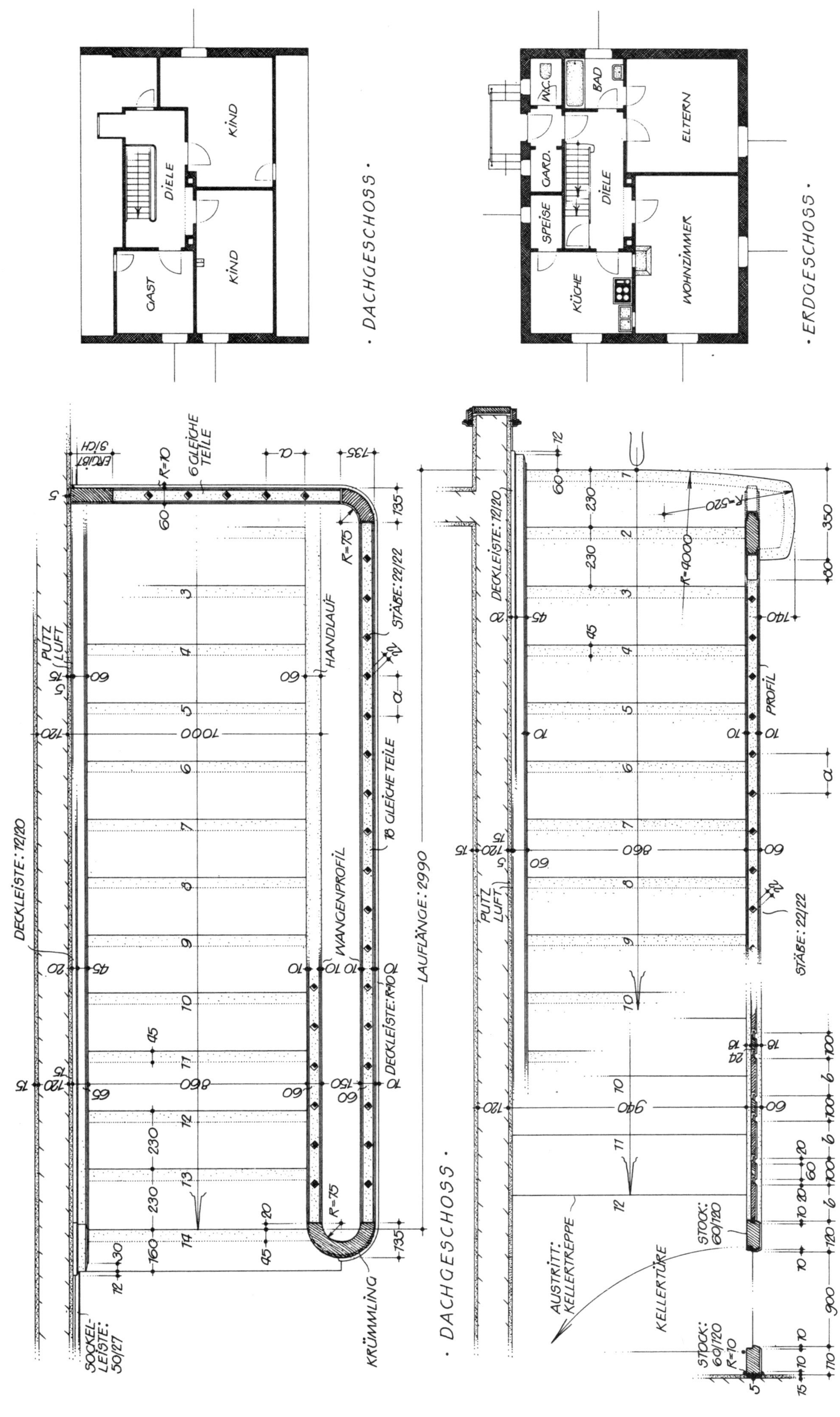

Grundrisse. Maßstab 1 : 200

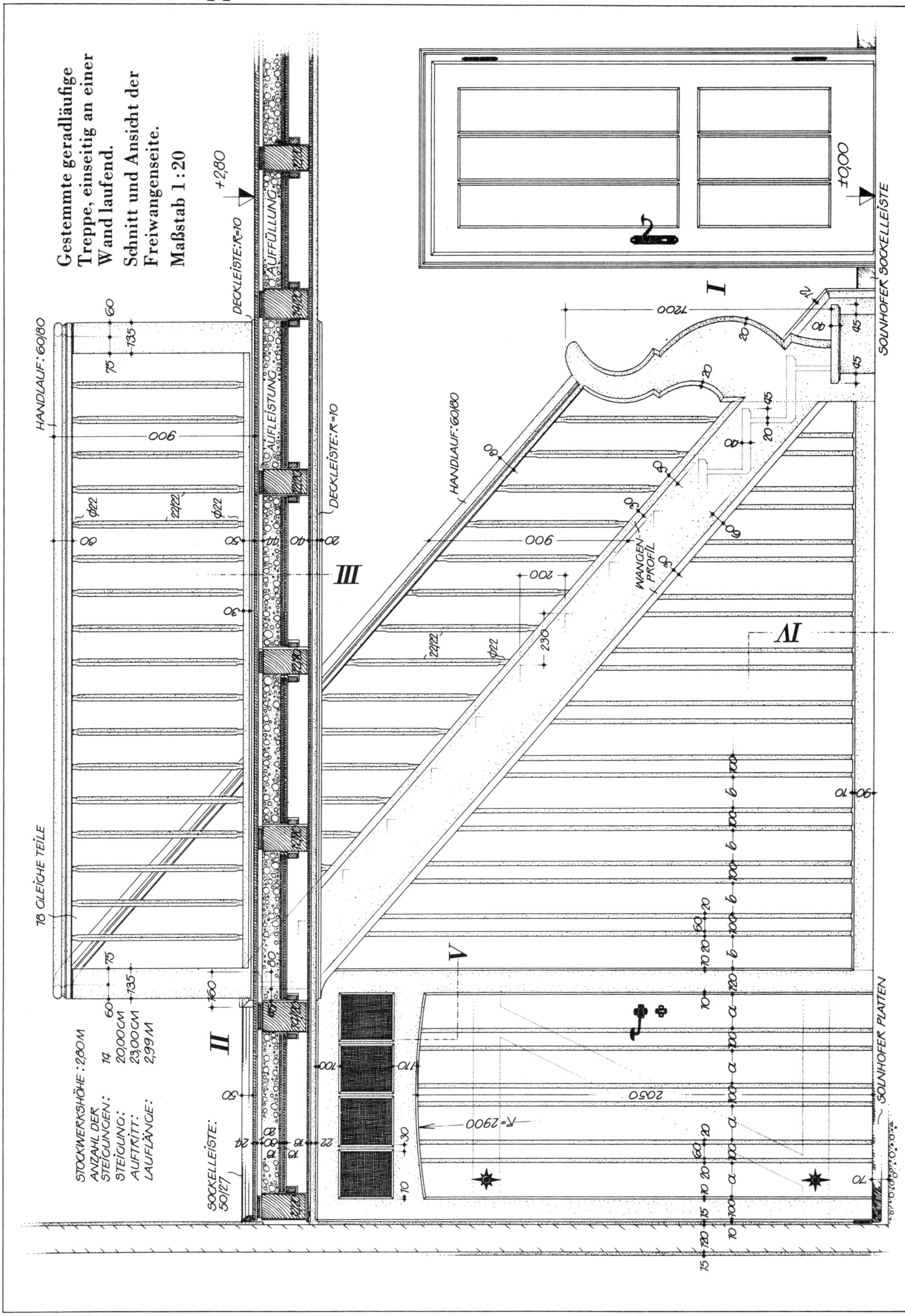

Gestemmte geradläufige Treppe, einseitig an einer Wand laufend.
Schnitt und Ansicht der Freiwangenseite.
Maßstab 1:20

Gestemmte geradläufige Treppe, einseitig an einer Wand laufend.
Einzelheiten. Maßstab 1 : 10 und 1 : 2

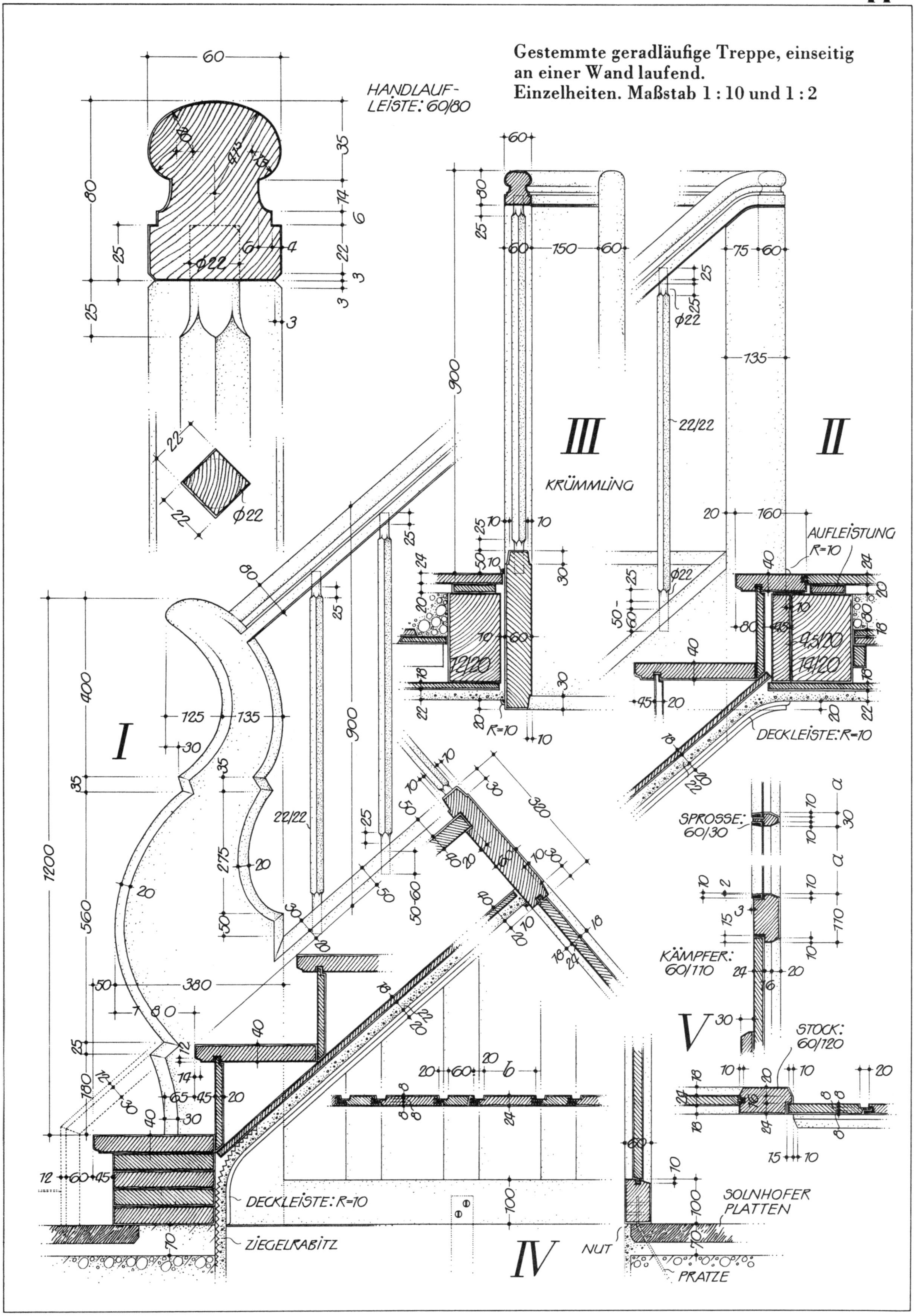

Gestemmte zweiläufige rechtwinkelige Treppe, mit Expodest, Holzgeländer mit Brettfüllungen. Grundriß. Maßstab 1 : 20

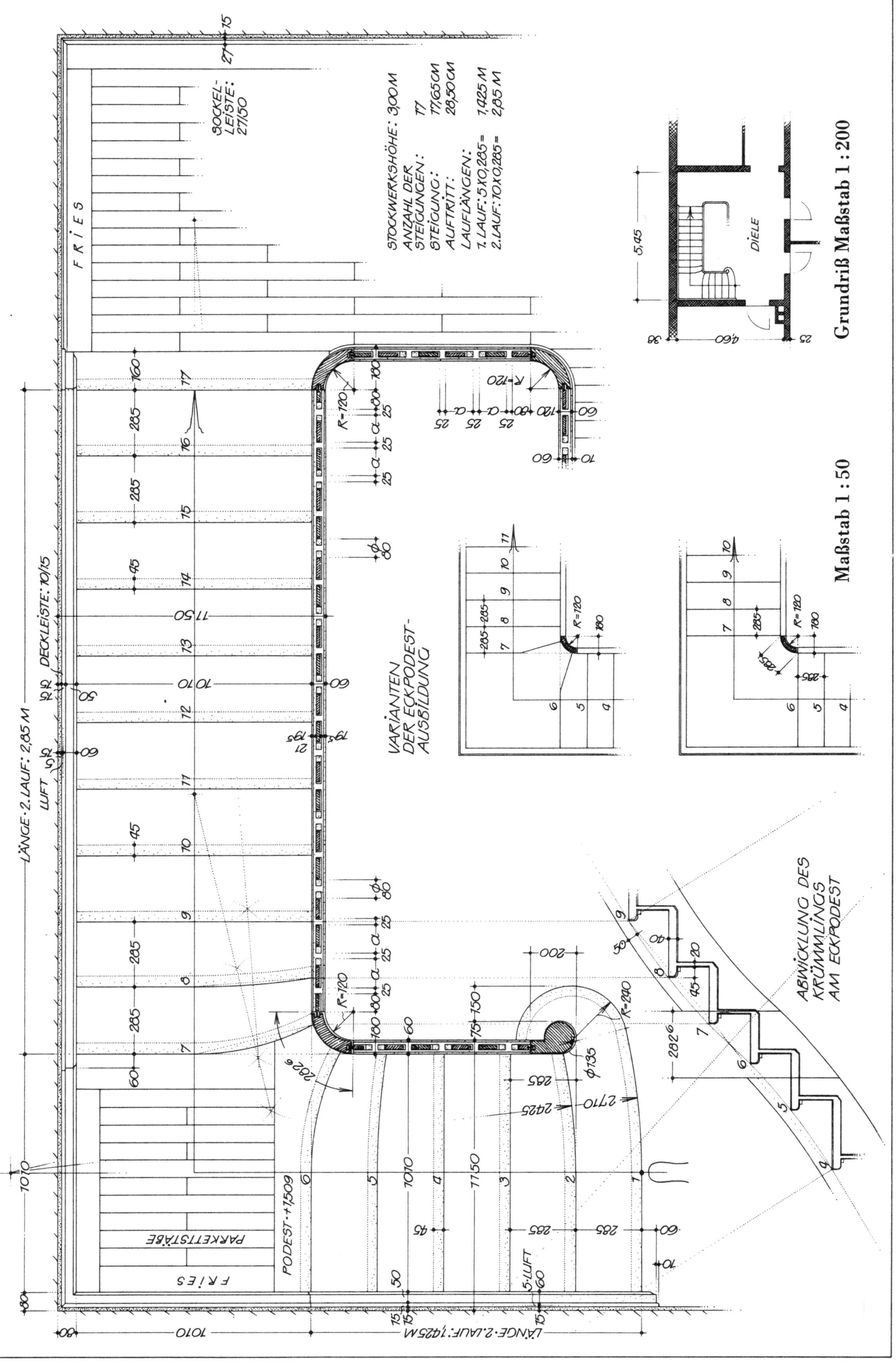

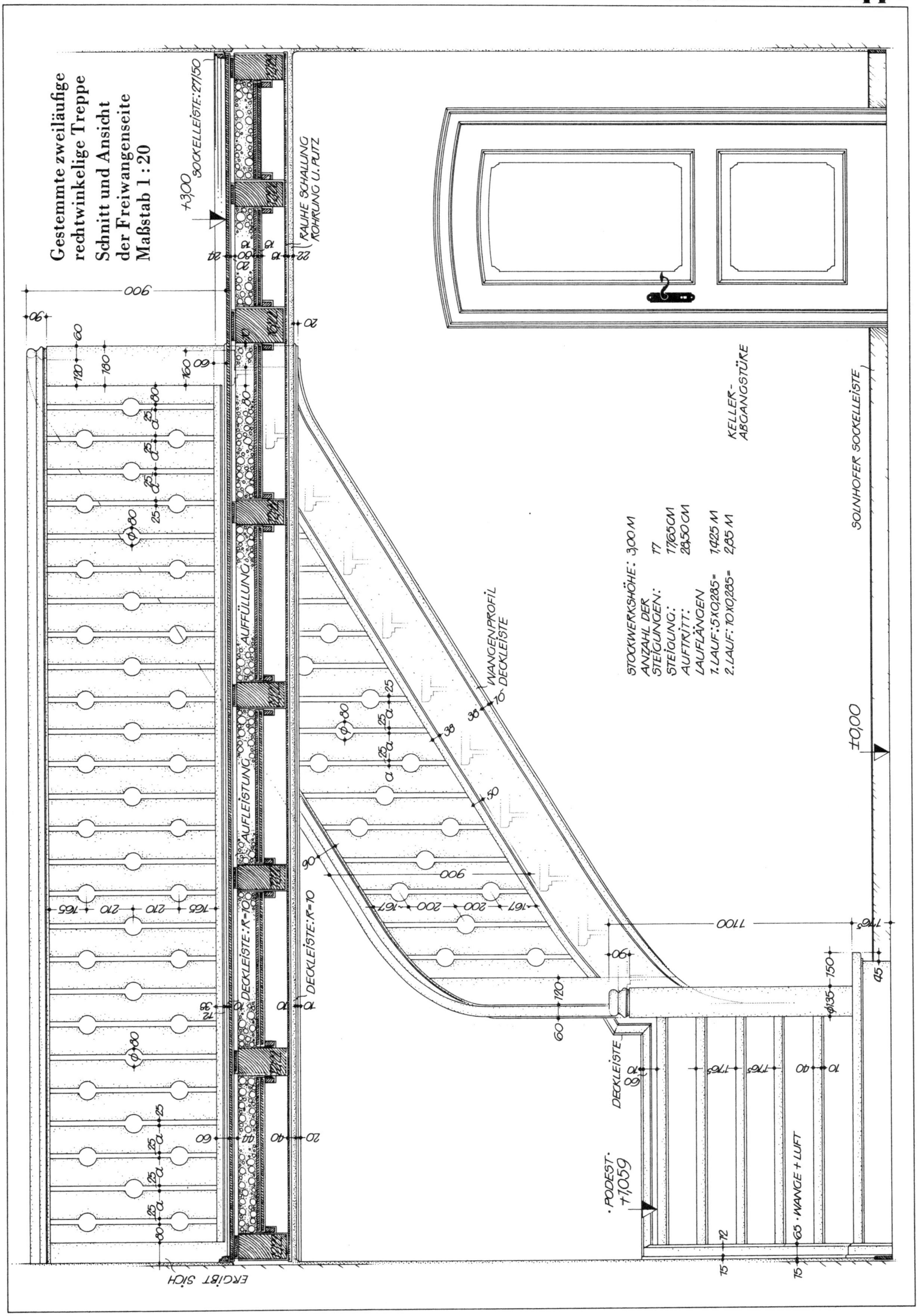
Gestemmte zweiläufige
rechtwinkelige Treppe
Schnitt und Ansicht
der Freiwangenseite
Maßstab 1 : 20
SOCKELLEISTE: 27/50
RAUHE SCHALUNG
ROHRUNG U. PUTZ
AUFFÜLLUNG
AUFLEISTUNG
DECKLEISTE: R-10
WANGENPROFIL
DECKLEISTE
KELLER-
ABGANGSTÜRE
SOLNHOFER SOCKELLEISTE
STOCKWERKSHÖHE: 3,00 M
ANZAHL DER
STEIGUNGEN: 17
STEIGUNG: 17,65 CM
AUFTRITT: 28,50 CM
LAUFLÄNGEN
1. LAUF: 5 X 0,285= 1,425 M
2. LAUF: 10 X 0,285= 2,85 M
±0,00
+3,00
PODEST +1,059
WANGE + LUFT
ERGIBT SICH

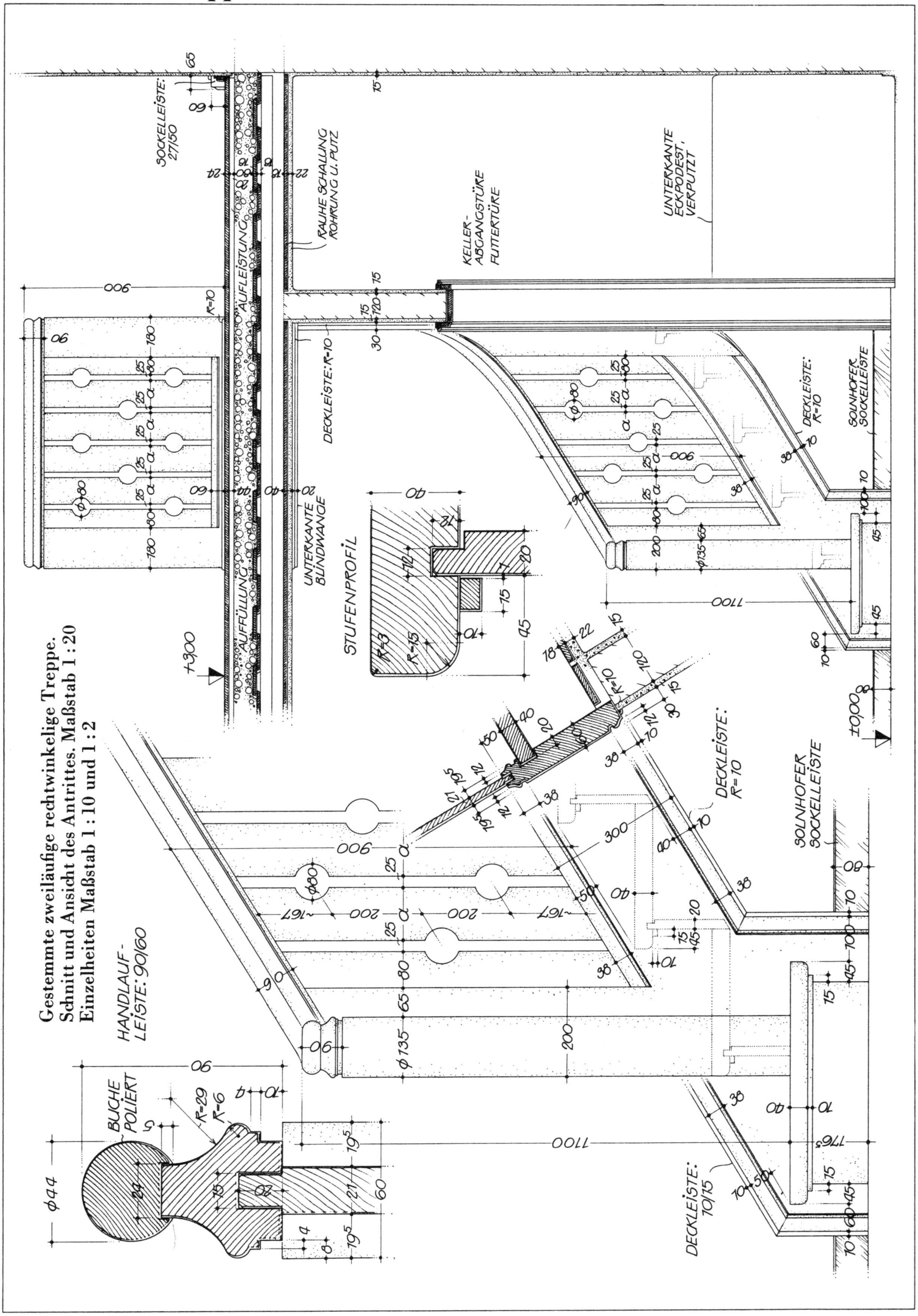

Gestemmte zweiläufige rechtwinkelige Treppe.
Schnitt und Ansicht des Antrittes. Maßstab 1 : 20
Einzelheiten Maßstab 1 : 10 und 1 : 2

Gestemmte dreiläufige Treppe, zweimal einviertel gebrochen, Holzgeländer mit Stäben. Grundriß.

Maßstab 1 : 20

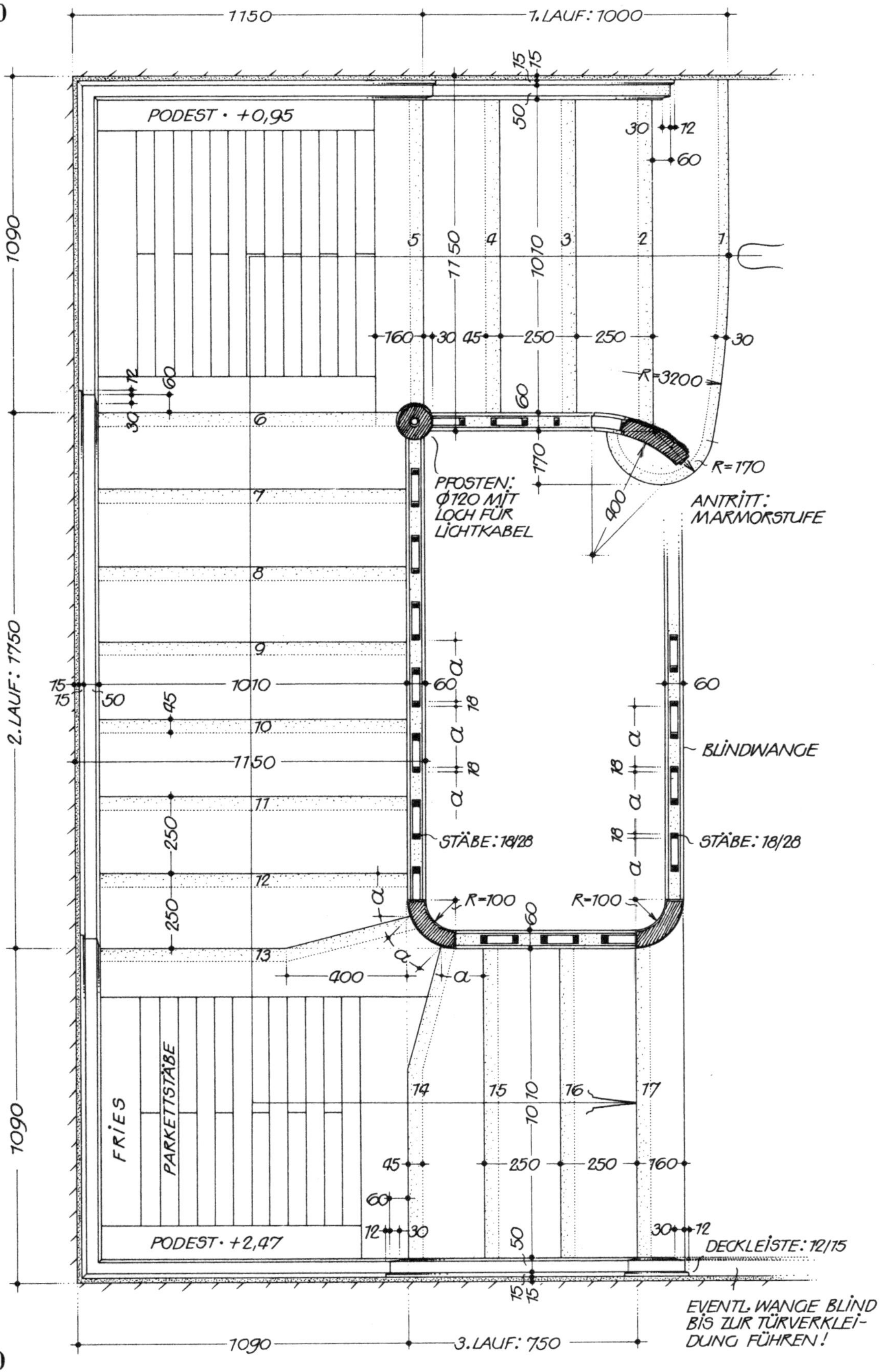

Grundrisse
Maßstab 1 : 200

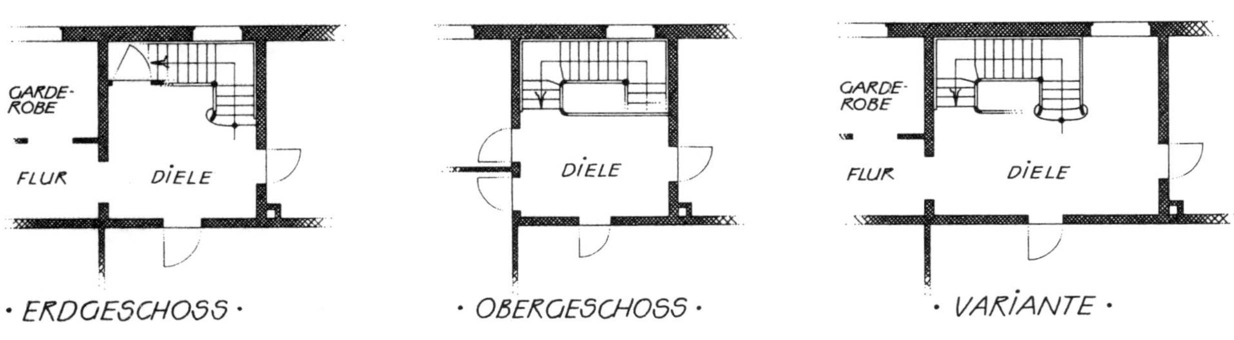

Gestemmte dreiläufige Treppe, zweimal einviertel gebrochen.
Holzgeländer mit Stäben.
Schnitt und Ansicht zum 2. Lauf. Maßstab 1 : 20

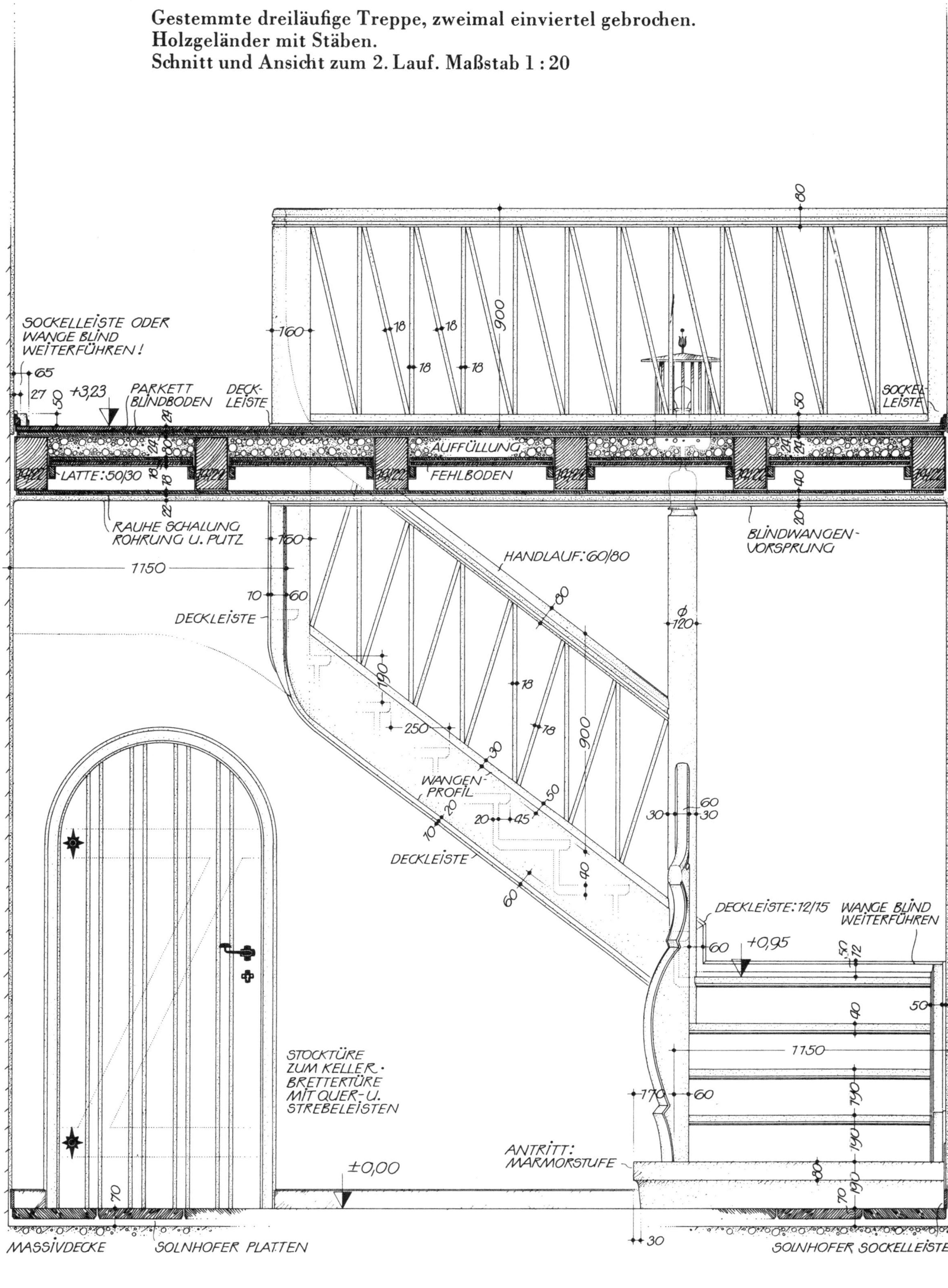

Gestemmte dreiläufige Treppe, zweimal einviertel gebrochen. Holzgeländer mit Stäben. Schnitt durch den 1. Lauf und Ansicht zum 3. Lauf. Maßstab 1 : 20
Einzelheiten. Maßstab 1 : 10 und 1 : 2

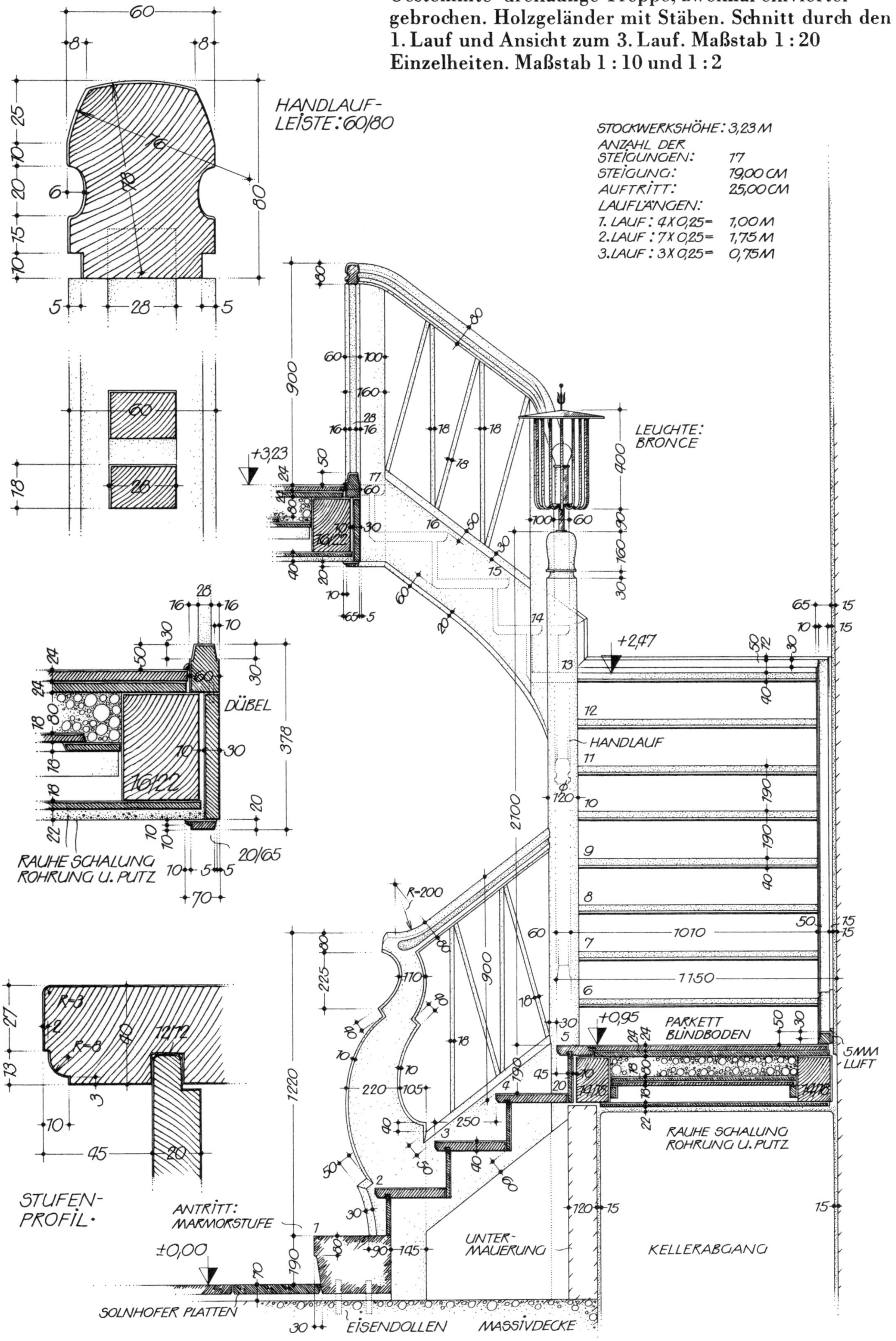

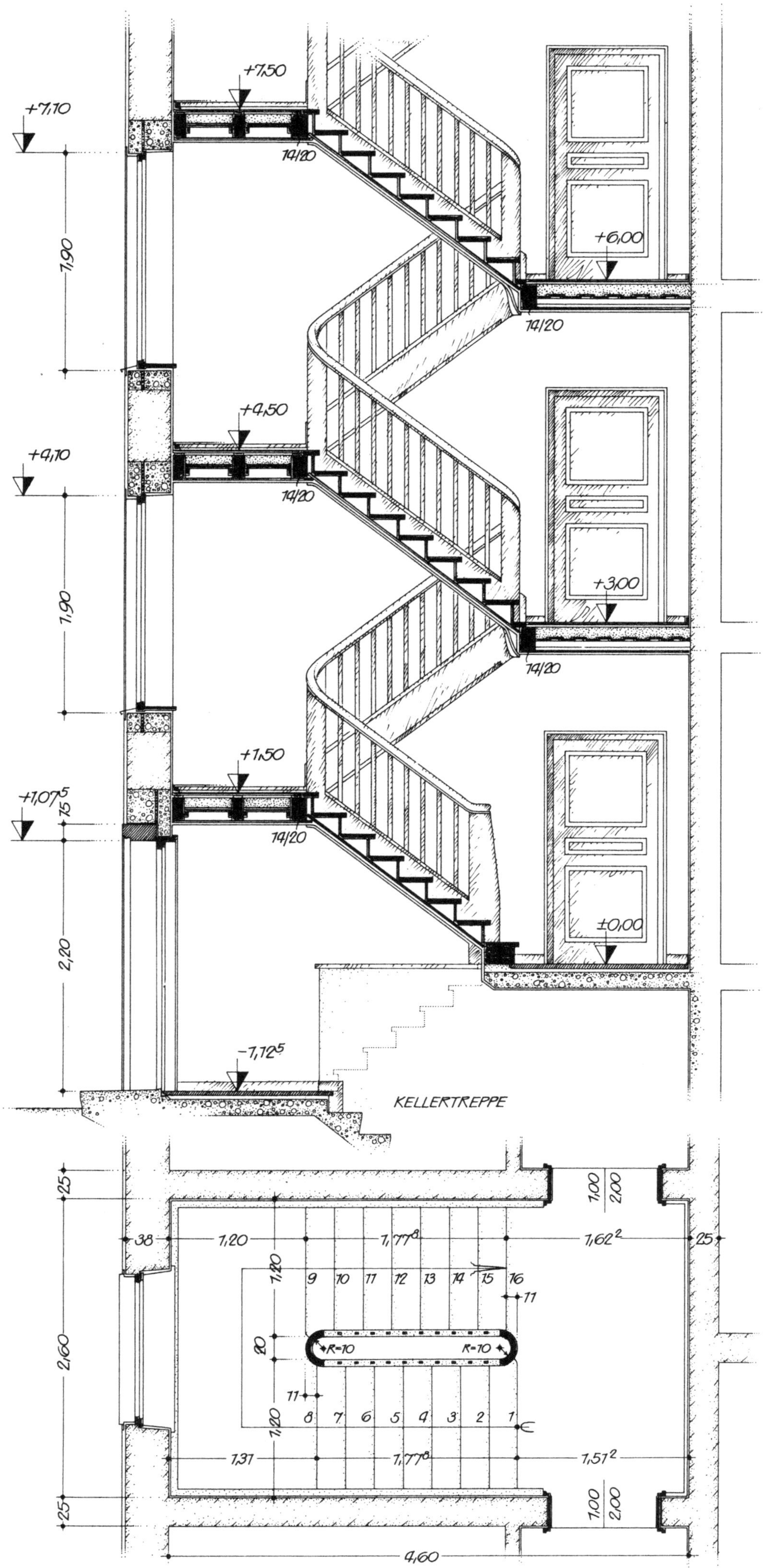

Gestemmte zweiläufige Miethaustreppe mit Laterne

Grundriß u. Schnitt
Maßstab 1 : 50

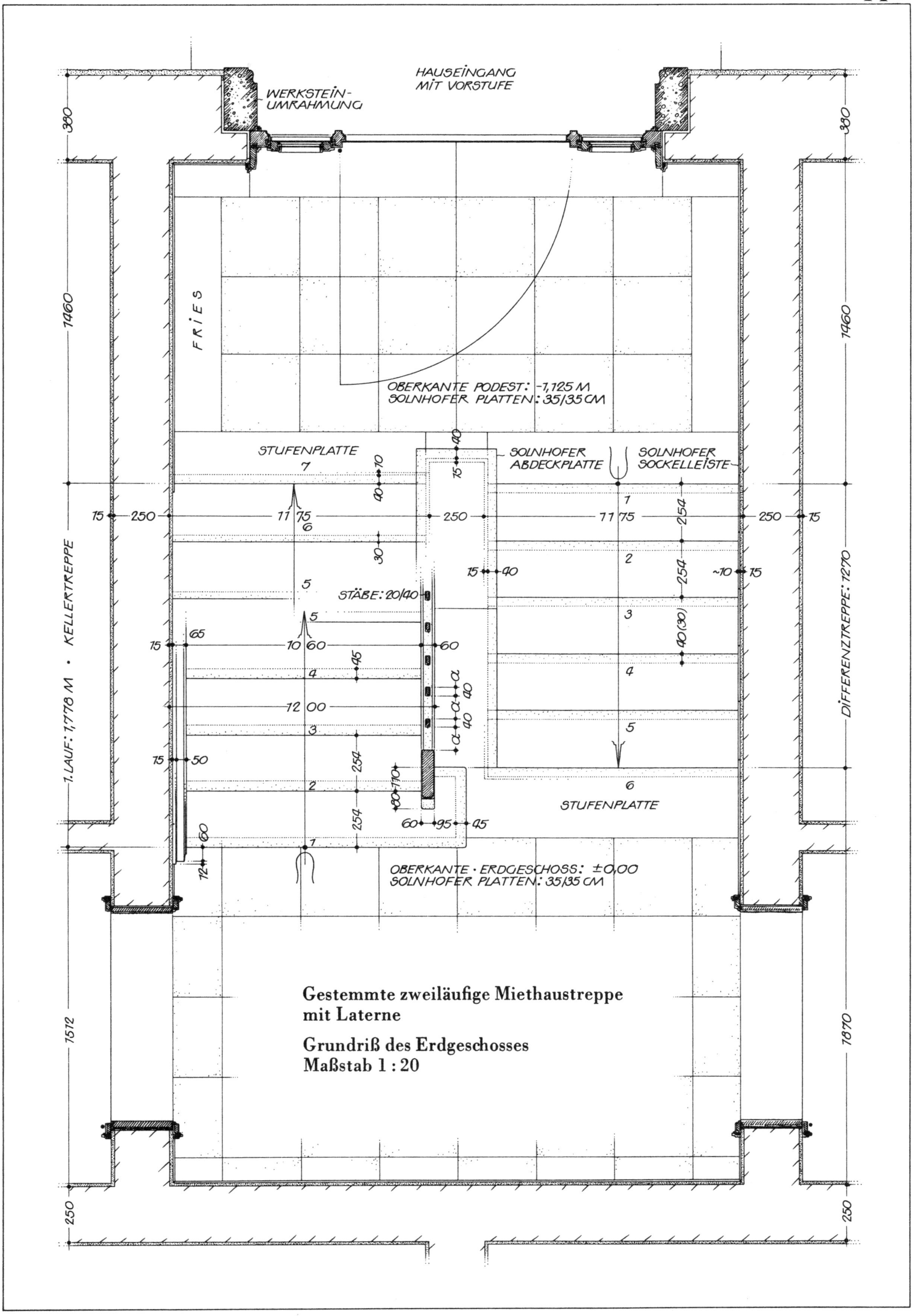

Gestemmte zweiläufige Miethaustreppe mit Laterne

Grundriß des Erdgeschosses
Maßstab 1 : 20

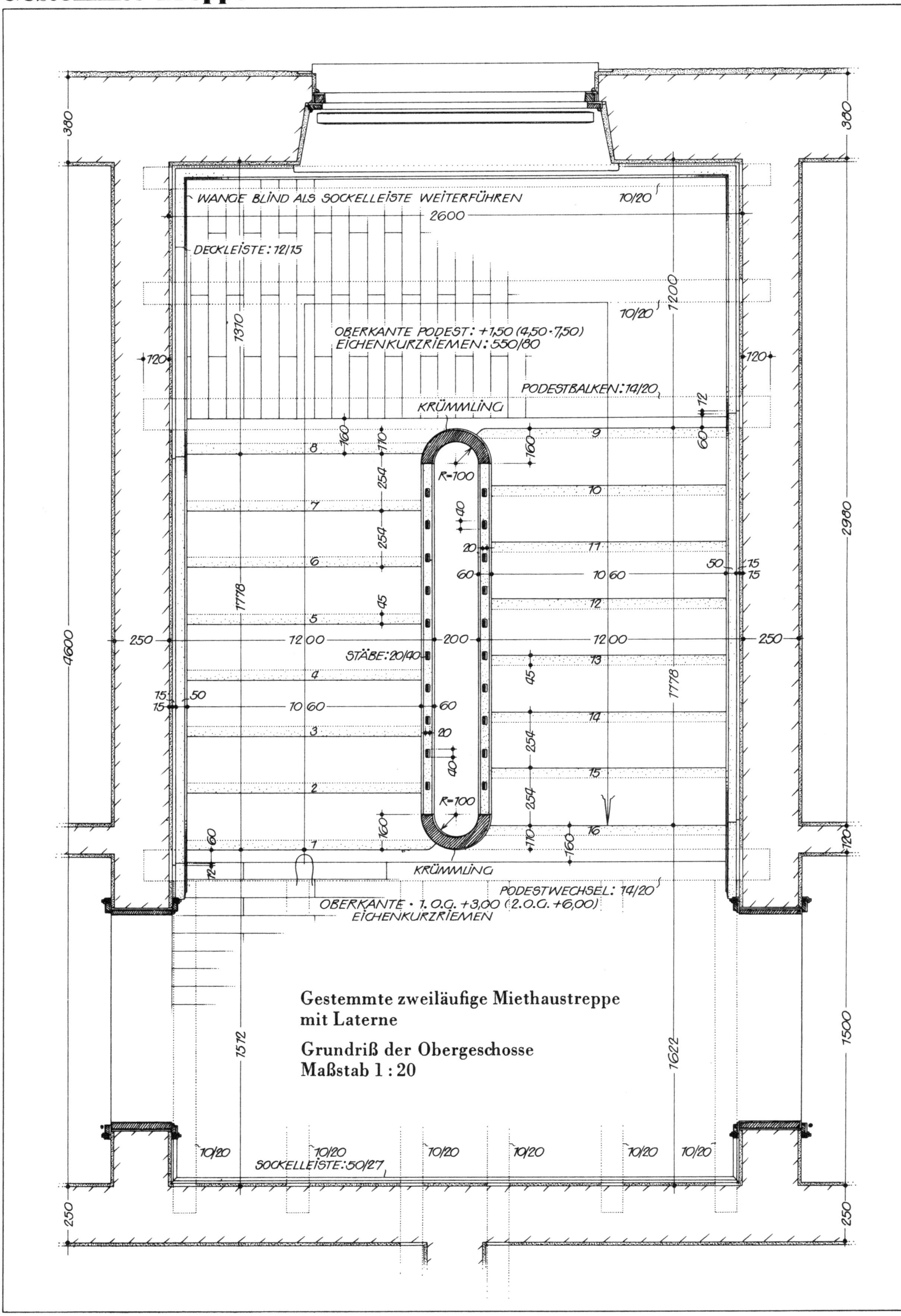

Gestemmte zweiläufige Miethaustreppe
mit Laterne

Grundriß der Obergeschosse
Maßstab 1 : 20

Gestemmte zweiläufige Miethaustreppe mit Laterne
Schnitt und Ansicht Maßstab 1 : 20
Einzelheiten Maßstab 1 : 2

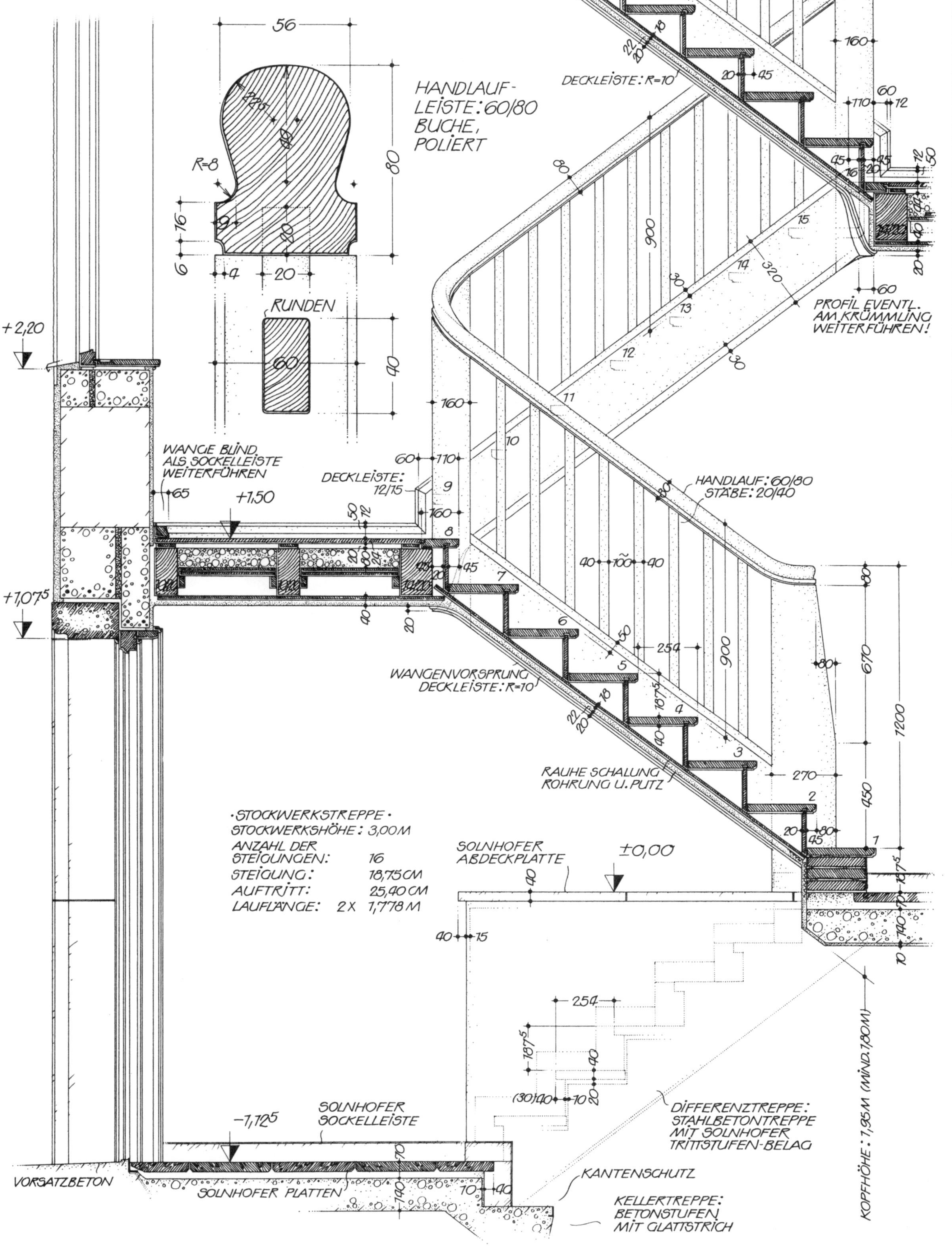

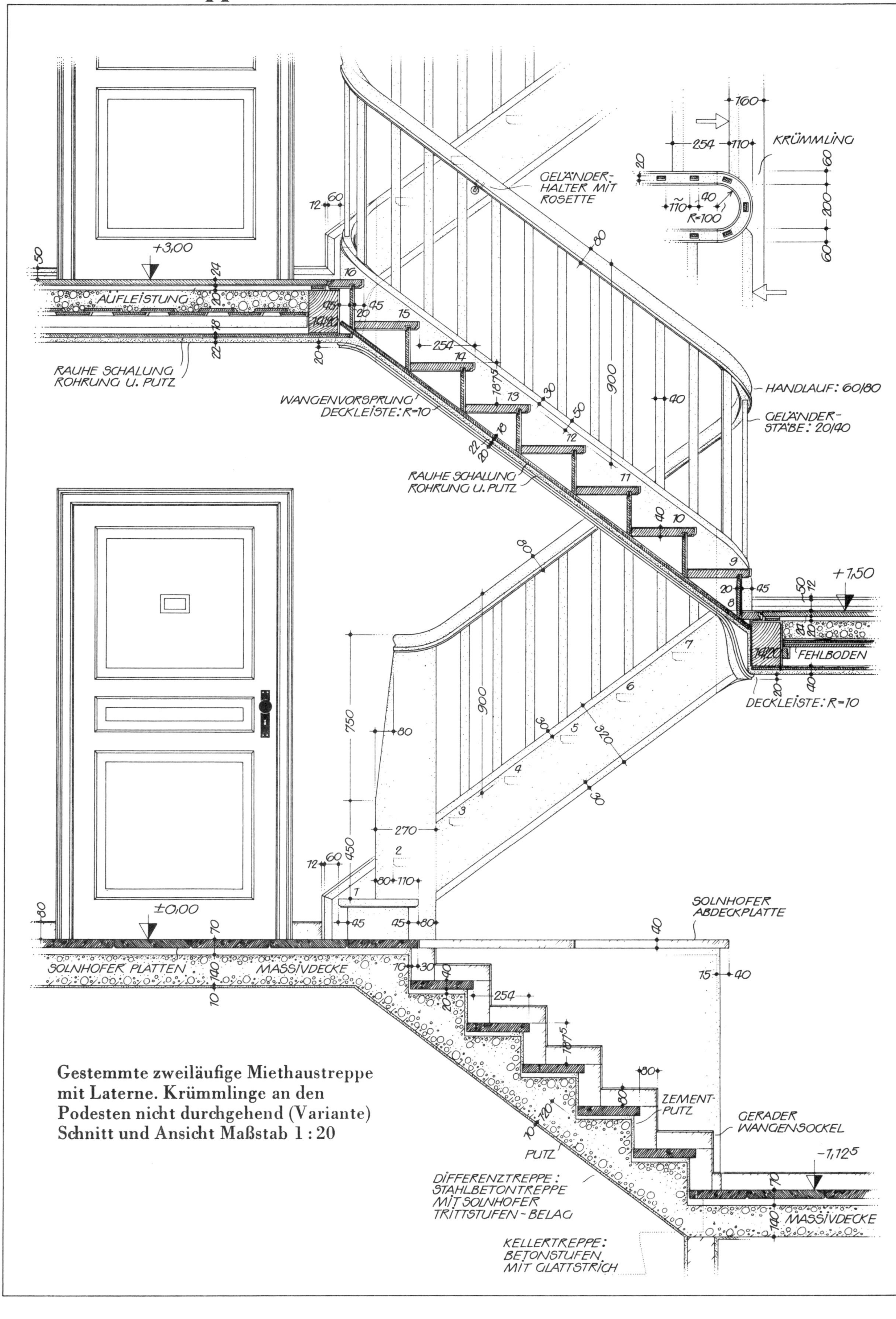

Gestemmte zweiläufige Miethaustreppe
mit Laterne. Krümmlinge an den
Podesten nicht durchgehend (Variante)
Schnitt und Ansicht Maßstab 1 : 20

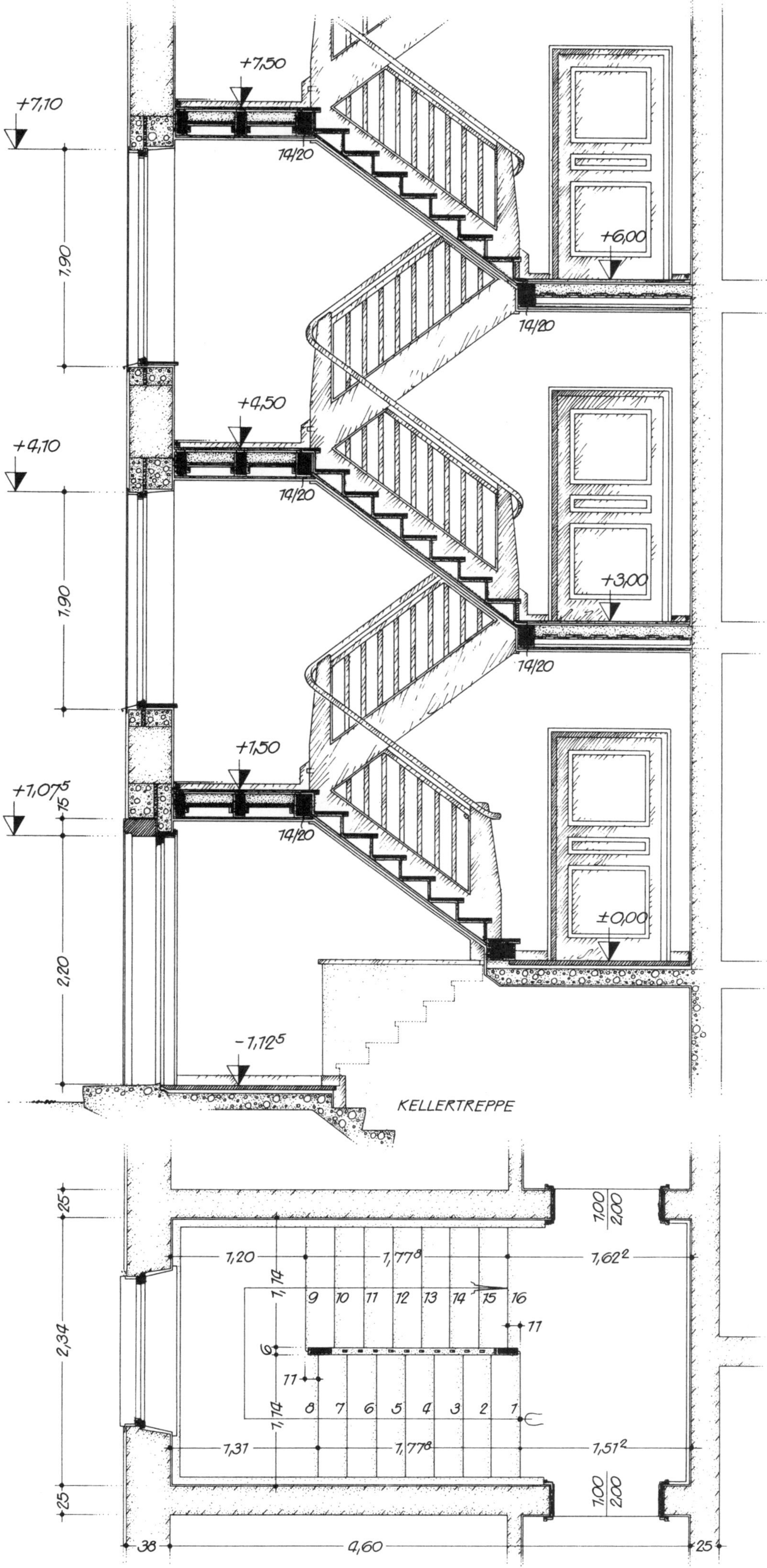

Gestemmte zweiläufige Miethaustreppe Freiwange auf Freiwange

Grundriß und Schnitt Maßstab 1 : 50

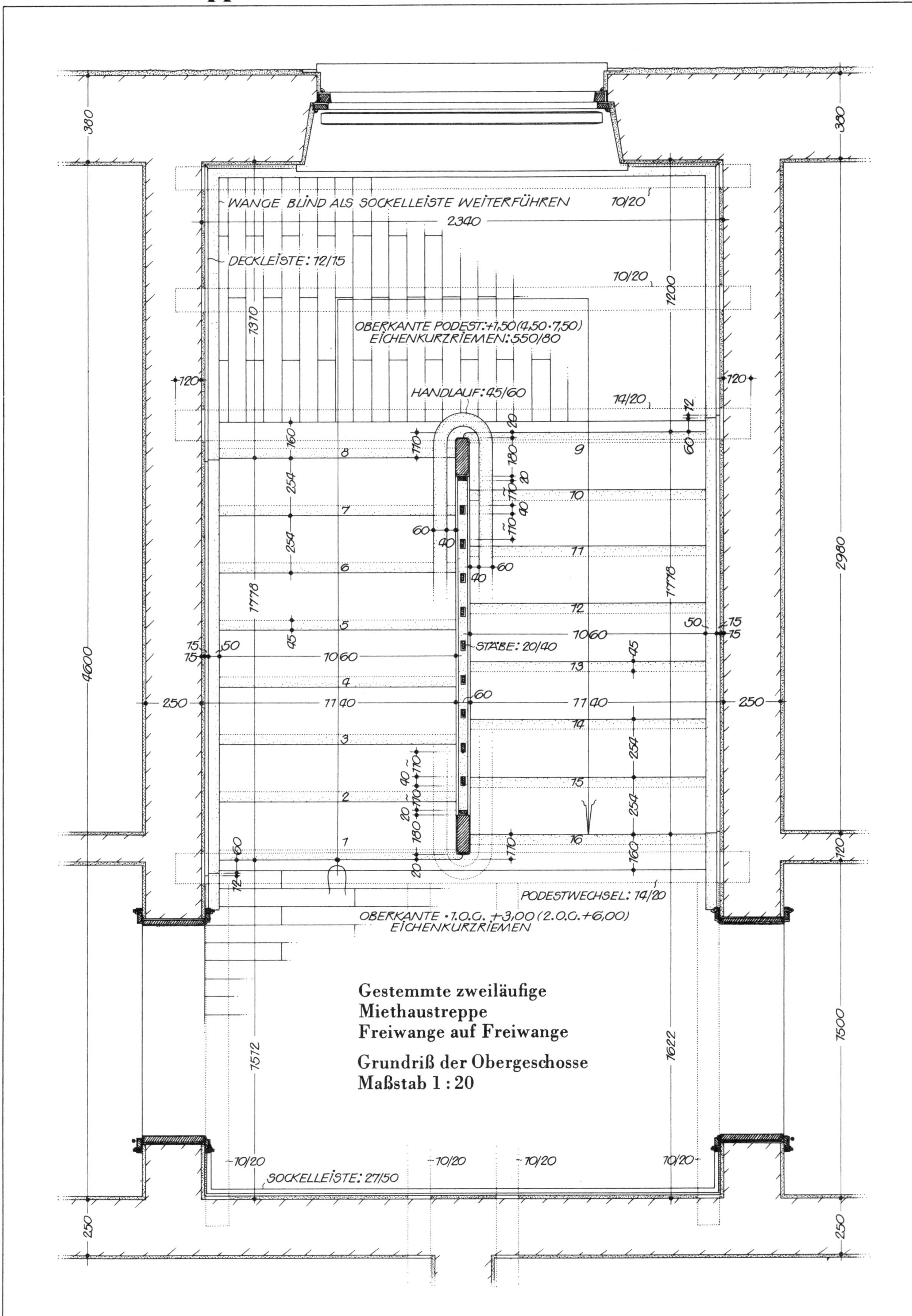

Gestemmte zweiläufige
Miethaustreppe
Freiwange auf Freiwange

Grundriß der Obergeschosse
Maßstab 1 : 20

Gestemmte zweiläufige Miethaustreppe
Freiwange auf Freiwange

Schnitt und Ansicht Maßstab 1 : 20
Einzelheit Maßstab 1 : 2

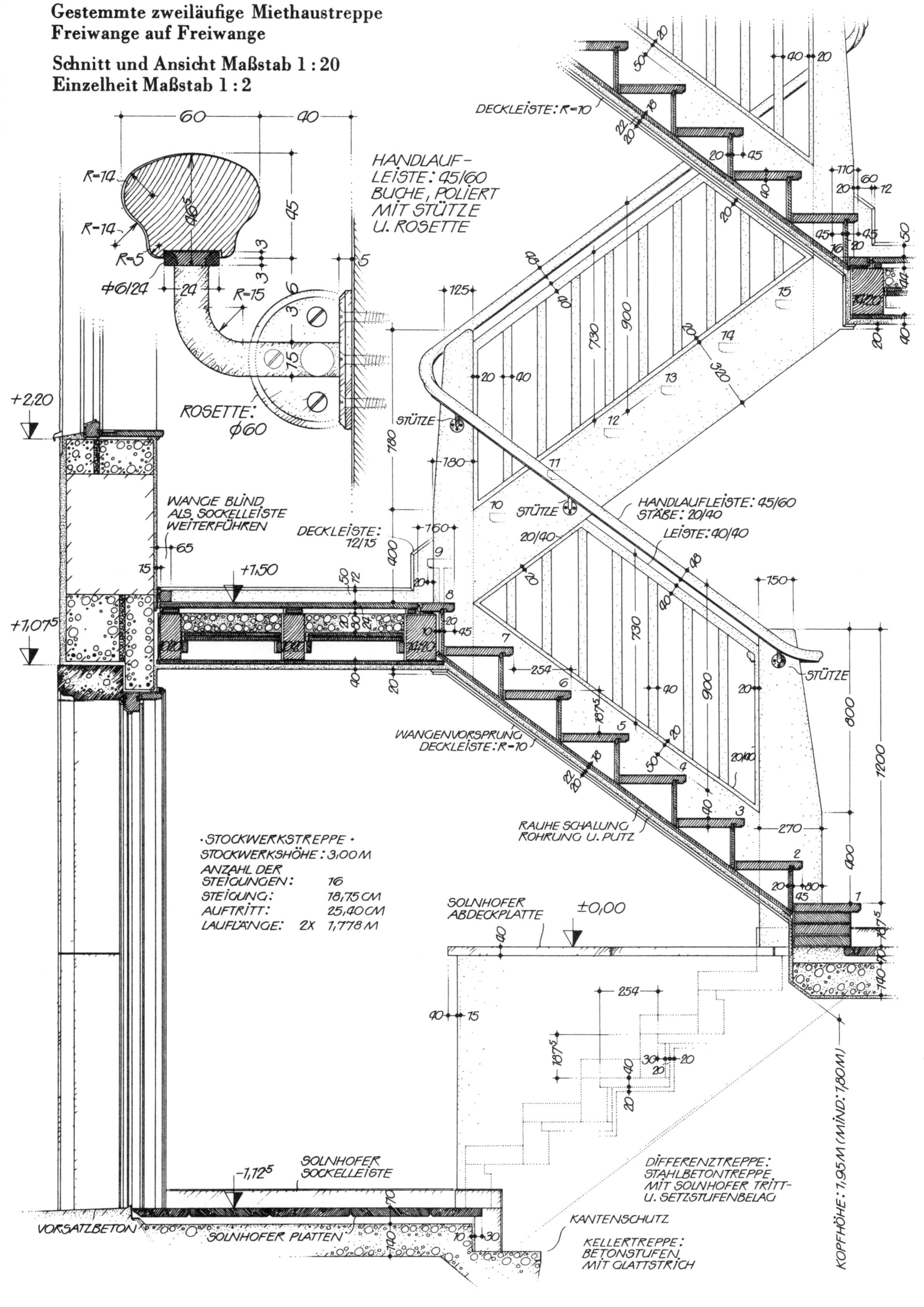

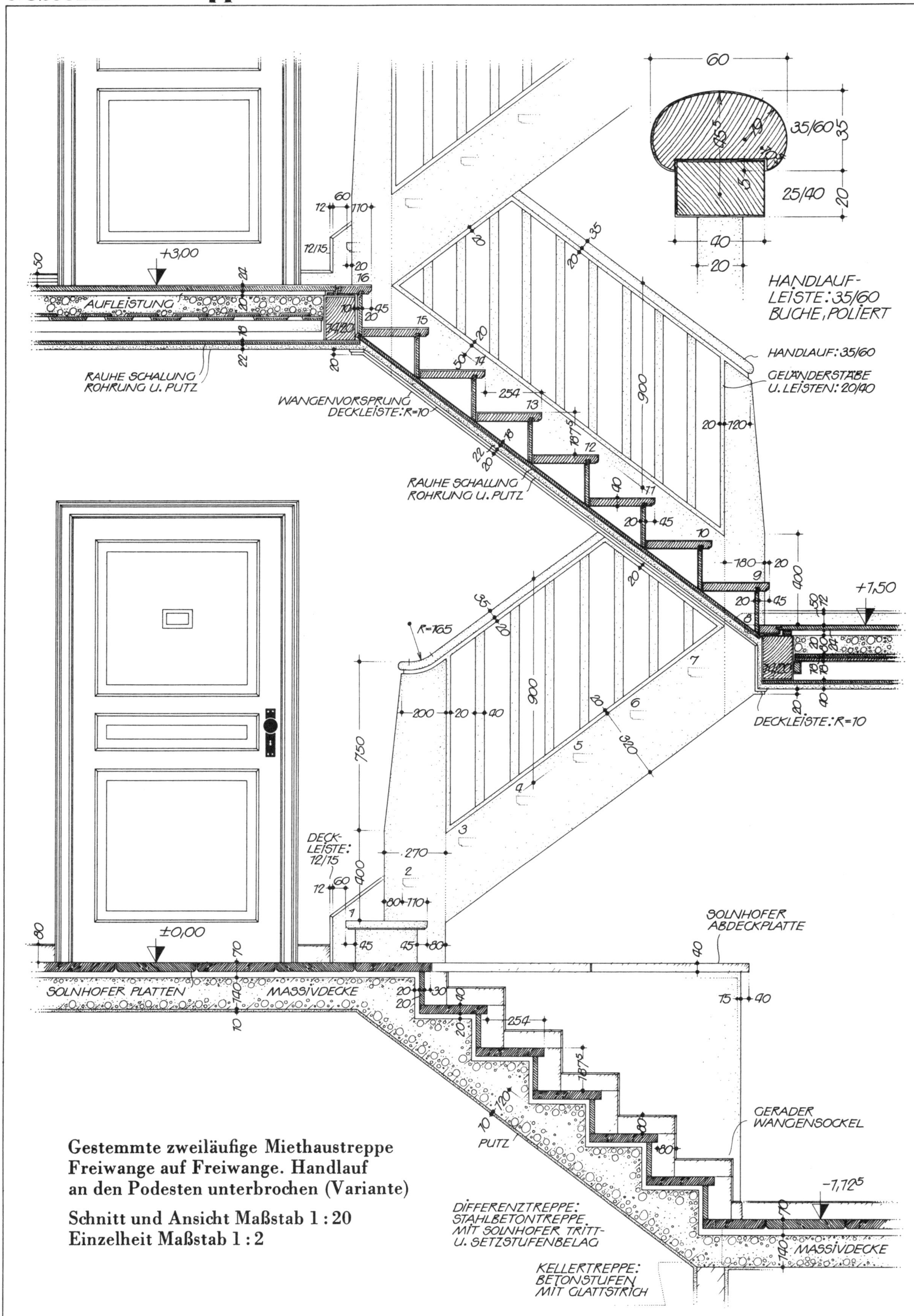

Gestemmte zweiläufige Miethaustreppe
Freiwange auf Freiwange. Handlauf
an den Podesten unterbrochen (Variante)

Schnitt und Ansicht Maßstab 1 : 20
Einzelheit Maßstab 1 : 2

Aufgesattelte Treppe

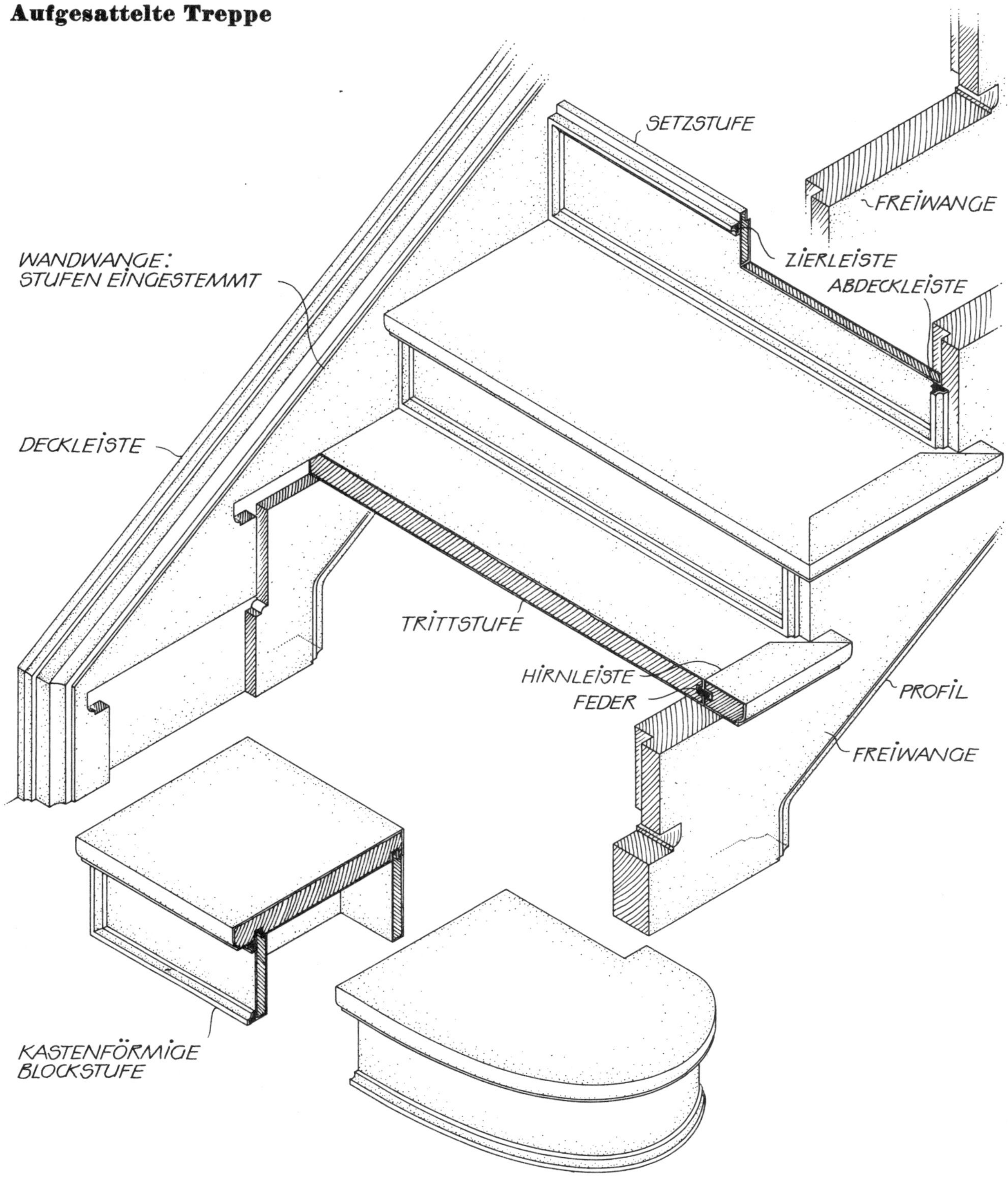

Aufgesattelte Treppe. Isometrie des Antritts

Die aufgesattelte Treppe zeichnet sich hauptsächlich durch die besondere Gestaltung der Wange aus. Aufgesattelte Treppen sind wesentlich teurer als eingestemmte, da die Ausführung sehr umständlich ist. Sie eignen sich auch nicht für gewendelte oder gewundene Treppen sowie für Wendeltreppen; es werden bei gewendelten aufgesattelten Treppen die Krümmlinge zu schwach, und es sacken daher solche Treppen meist durch. Aufgesattelte Treppen können deshalb eigentlich nur als geradläufige Treppen ausgeführt werden.

Im übrigen ist diese Treppenkonstruktion weder eine stoff- noch eine werkgerechte Anlehnung an den Steinbau. Die aufgesattelte Treppe wird nur noch selten verwendet.

Trittstufen und Setzstufen werden auf die stufenförmigen Ausschnitte der Wangen aufgesattelt, d. h. aufgenagelt oder besser aufgeschraubt, wobei die Schraubenköpfe versenkt und verstöpselt werden. Da bei aufgesattelten Treppen die Trittstufen seitlich an der Freiwange vorstehen, wird die Gliederung der Trittstufenvorderkante (Stufenprofil) an der

Hirnseite der Trittstufen herumgeführt. Das Anarbeiten des Stufenprofils an der Hirnseite der Trittstufen bereitet aber Schwierigkeiten, und man setzt deshalb hier meistens eine Hirnleiste, auf Gehrung eingefügt, auf. Durch diese Hirnleiste wird gleichzeitig ein mögliches Werfen der Trittstufe verhindert.

In der Regel werden die Tritt- und Setzstufen *nur auf der Lichtwange* aufgesattelt, in die Wandwange dagegen geradeso wie bei ganz gestemmten Treppen eingestemmt. Werden die Tritt- und Setzstufen jedoch auch auf der Wandwange aufgesattelt, so muß eine Scheuerleiste zum Schutze des Wandputzes beim Reinigen angebracht werden.

Liegt die Treppe dagegen frei im Raum und sind daher beide Wangen als Freiwangen sichtbar, dann müssen die Tritt- und Setzstufen auf beiden Wangen aufgesattelt werden. Tritt- und Setzstufen werden wie bei gestemmten Treppen miteinander verbunden; es besteht auch die Möglichkeit, daß die Trittstufe rückwärtig gegenüber der Setzstufe vorspringt.

Die Wahl der unteren Verbindung der Setzstufe mit der Trittstufe richtet sich darnach, ob die Treppenuntersicht verputzt werden soll oder ob die Untersicht in mehr oder weniger reicher Gestaltung ausgeführt wird.

Der Antritt wird bei der aufgesattelten Treppe wie bei der gestemmten Treppe als massive Blockstufe oder eventuell als kastenförmige Antrittsstufe ausgebildet.

An der Lichtwange wird die Setzstufe, auf Gehrung zugeschnitten, angebracht oder in einen Falz bzw. stumpf aufgelegt und mit Abdeck-Zierleisten versehen.

Infolge der Schwächung der Freiwangen durch das stufenförmige Ausschneiden müssen diese sehr kräftig gehalten werden. Bei Treppen von 1,00 m Breite werden die Freiwangen normal 6—7 cm und bei Treppen von 1,20—1,50 m Breite normal 7—8 cm stark gearbeitet. Die gewöhnlich 7 cm starken Frei- oder Lichtwangen müssen an der schwächsten Stelle noch eine Breite von 15—18 cm haben. Für die Freiwangen wurden früher oft Stärken von 10—12 cm und Gesamtbreiten von 35—40 cm angegeben. Eine alte Regel aus dem 17. Jahrhundert besagt: „Die Dicke der Stiegenbäume ist soviel Zoll, als die Treppe Schuh breit ist", d. h. wenn die Laufbreite einer Treppe 4 Schuh betrug, so wurden die Wangen 4 Zoll stark genommen. (4 Schuh = etwa 1,15 m; 4 Zoll = 10 cm.) Daraus läßt sich auch erklären, daß in früheren Zeiten die Treppenwangen teils übermäßig stark genommen wurden.

Für Trittstufen, Setzstufen und Wandwangen sind die gleichen Stärken wie bei gestemmten Treppen zu wählen.

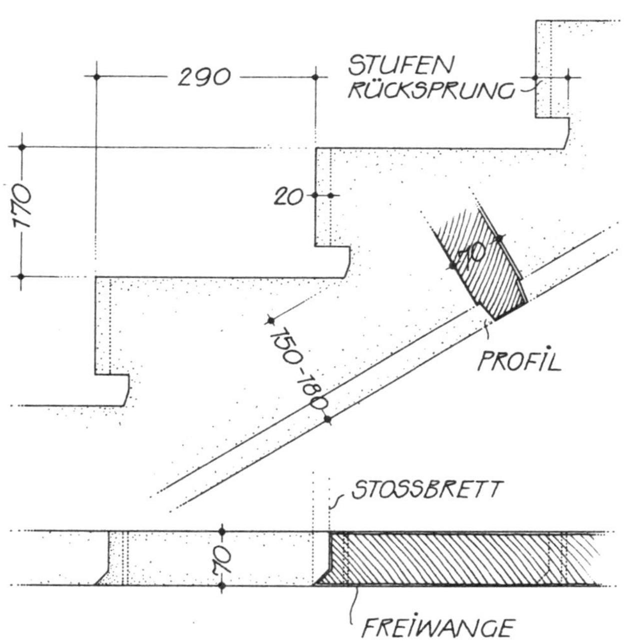

Ausbildung der Freiwange. Maßstab 1:10

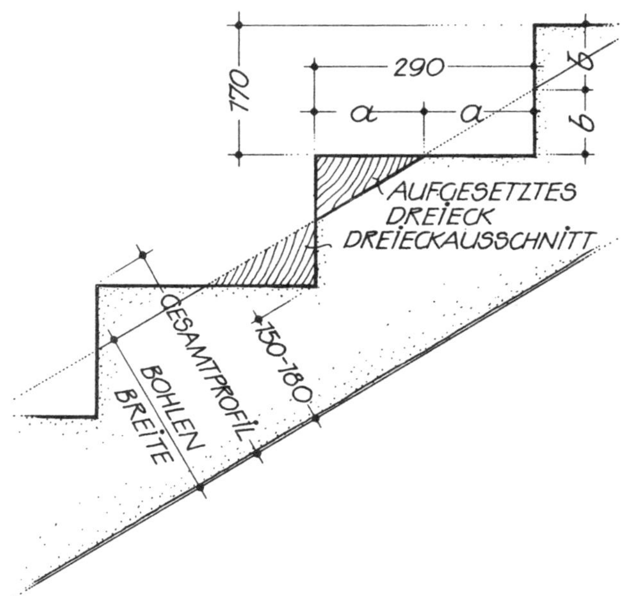

Holzsparende Ausführung der Freiwange
Maßstab 1:10

Die Abbildung zeigt eine holzsparende Ausbildung der Freiwange. Das Wangenholz wird dabei so breit genommen, daß die ausgeschnittenen Dreiecke angeleimt das Gesamtprofil der Freiwange ergeben.

Eine ganz einfache Ausbildung von Kellertreppen nach Art der aufgesattelten Treppe zeigt die folgende Abbildung.

Eine Reihe von Tafeln gibt über die Möglichkeiten der konstruktiven Durchbildung des Laufes aufgesattelter Treppen Aufschluß. Das Beispiel I zeigt die einfachste Durchbildung einer solchen Treppe, wobei die Untersicht verputzt ist. Bei dem Beispiel II dagegen ist die Untersicht sichtbar und einfach gestaltet. Das Profil der Trittstufe wird durch Ansetzen einer Profilleiste bereichert. Während die Beispiele I und II einfache Profilierungen wiedergeben, zeigen die Konstruktionen III und IV reichere Gestaltung durch Anordnung von Zier- und Abdeckleisten. Bei den Beispielen I mit IV sind die Tritt- und Setzstufen in den Wandwangen genau so wie bei ganz gestemmten Treppen eingestemmt. Die Konstruktionen V und VI dagegen bringen das Auf-

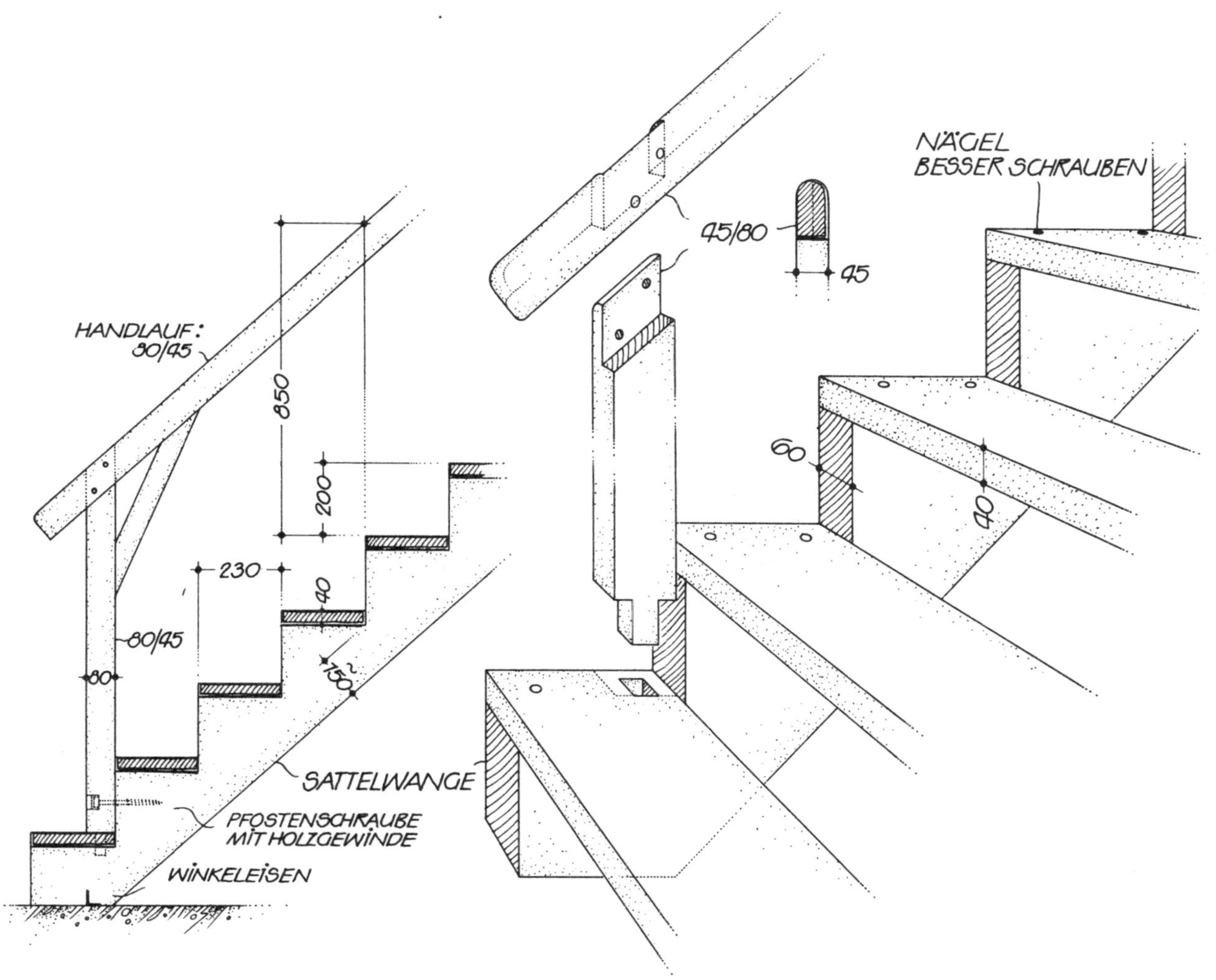

Kellertreppe. Aufgenagelte, aufgesattelte Stufen. Maßstab 1:20. Schaubild Maßstab 1:10

satteln der Tritt- und Setzstufen auch auf der Wandwangenseite. Dabei muß eine Scheuerleiste, stufenförmig abgetreppt (Lösung V) oder wangenartig (Lösung VI) angeordnet werden.
Eine Art aufgesattelter Treppen stellen Massivtreppen mit Trittstufen- bzw. Tritt- und Setzstufenverkleidung in Holz dar. Die Konstruktionen VII und VIII geben über diese Bauarten näheren Aufschluß. Zum Befestigen der Holzteile am Beton bzw. am Mauerwerk sind entsprechende Dübel vorzusehen.
Der Anschluß der Freiwangen am Podest erfolgt:

1. Durch Einzapfen der Wangen in den Podestbalken, wobei gewöhnlich zum Abdecken des Podestbalkens ein Verputzbrett angeordnet wird. Dabei müssen Antritt und Austritt so weit vom Podestbalken vorgeschoben werden, daß die Wangenunterkanten sich in ihrem Schnittpunkt auf Vorderkante Verputzbrett treffen.
2. Durch Einzapfen der Wangen in eine vor dem Podestbalken liegende Podestbohle. Die Höhe der Bohle ist so groß zu wählen, daß die Wangenunterkante noch über einem eventuellen Profil der Podestbohle an dieser anschneidet.
3. Durch Einzapfen der Wangen in kurze Übergangspfosten.

Wie bei Konstruktion I der Podestanschlüsse gezeigt, sind die Wangen mit dem Podestbalken durch Schraubenbolzen fest zu verbinden.
Das praktische Beispiel einer aufgesattelten Treppe zeigt eine geradläufige Dielentreppe mit massivem Antrittspodest. Das Geländer besteht aus gedrechselten Holzbalustern mit schweren Anfangs-, Übergangs- und Endpfosten. An die obere breite Abschlußleiste ist ein Handlauf angearbeitet.
Als zweites Beispiel wurde eine Massivtreppe mit Tritt- und Setzstufenbelag gewählt.

Konstruktive Durchbildung des Laufes mit gestemmter Wandwange. Maßstab 1 : 10
I Einfachste Durchbildung, Untersicht verputzt. II Einfache Durchbildung, Untersicht sichtbar

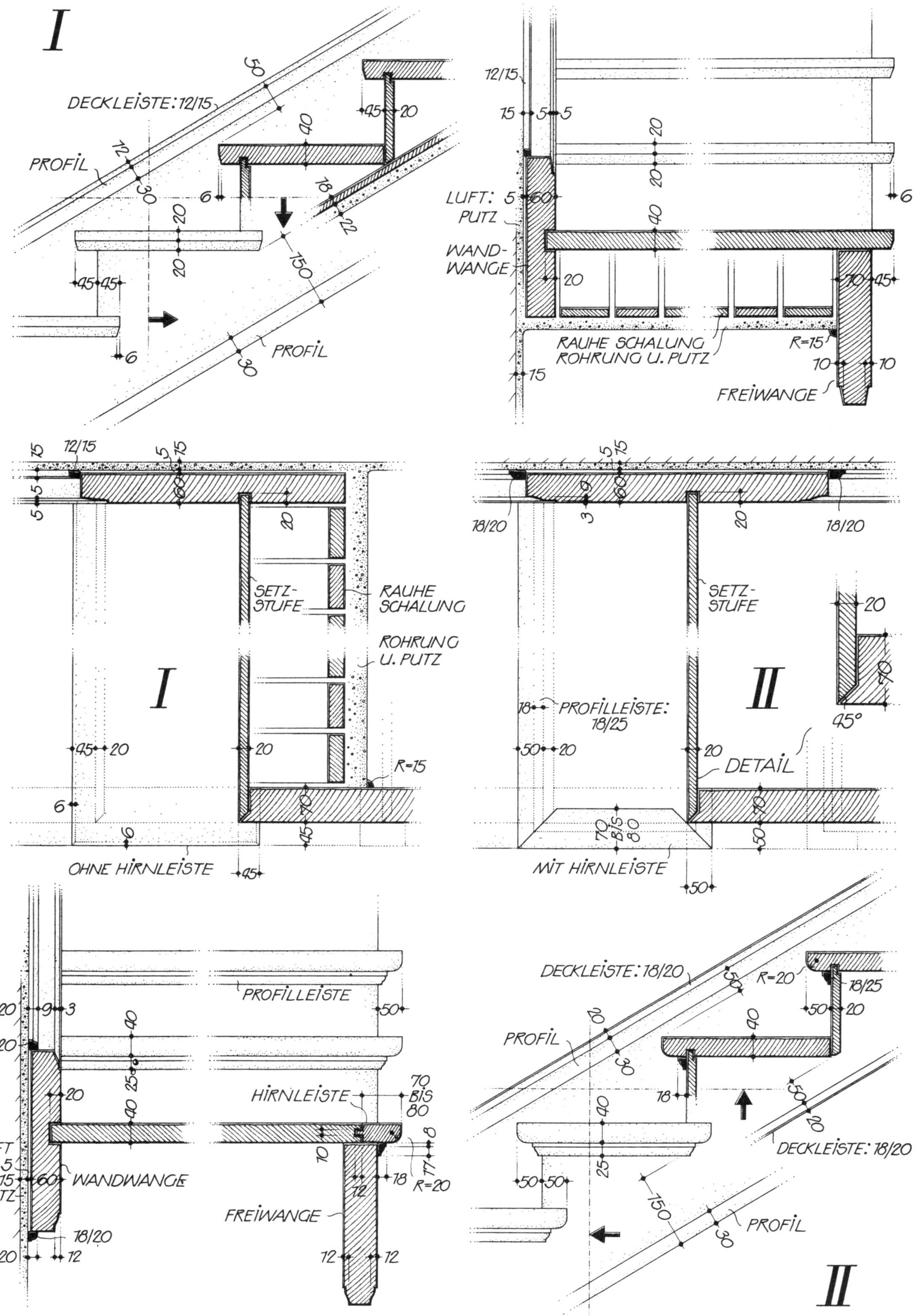

Konstruktive Durchbildung des Laufes mit gestemmter Wandwange. Maßstab 1 : 10
III Reichere Gestaltung, Untersicht sichtbar. IV Reichere Gestaltung mit Zierleisten, Untersicht sichtbar

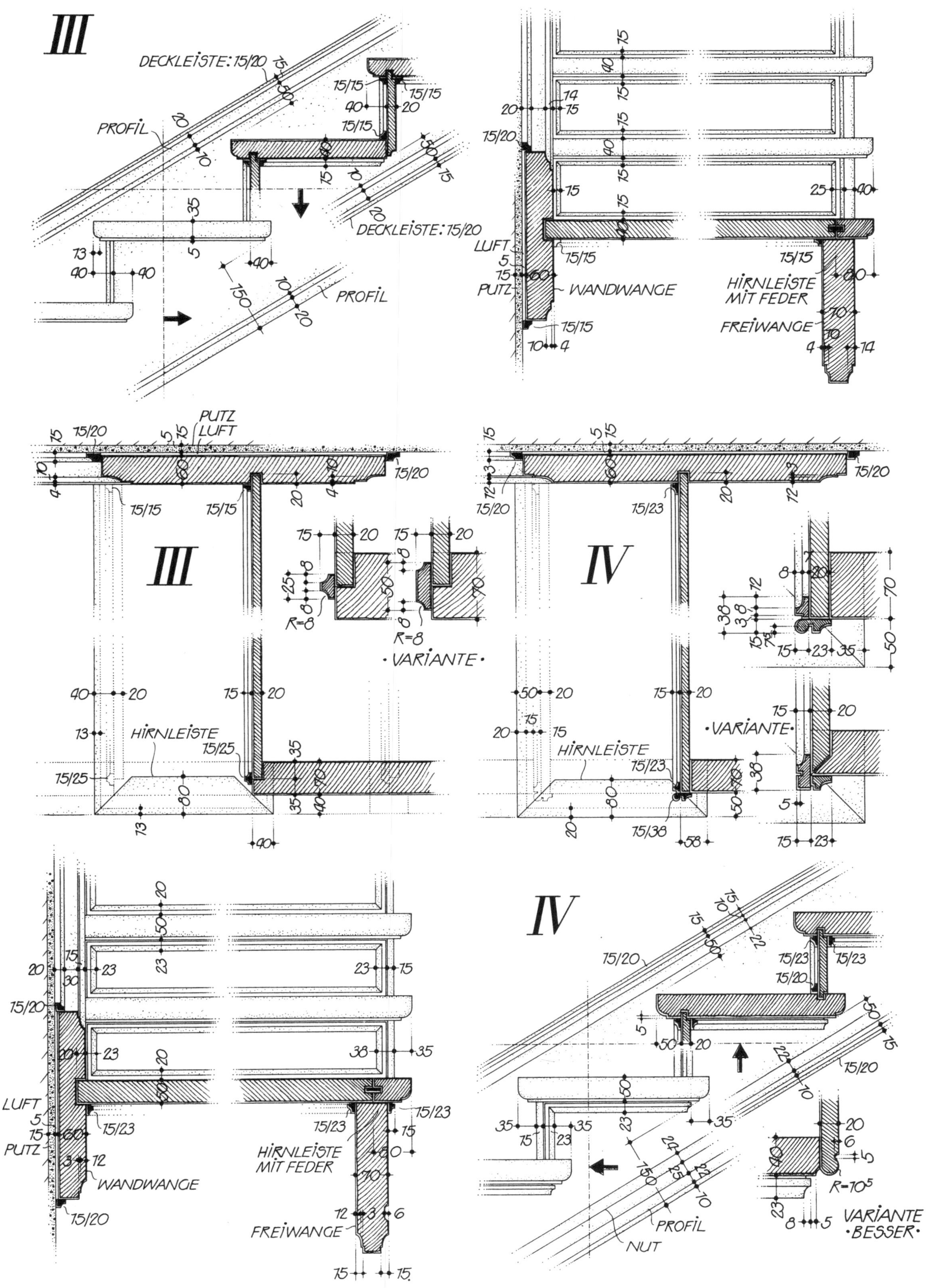

Aufgesattelte Treppe

Konstruktive Durchbildung des Laufes mit aufgesattelter Wandwange. Maßstab 1 : 10
V Abgetreppte Scheuerleiste, Untersicht sichtbar. VI Wangenartige Scheuerleiste, Untersicht verputzt

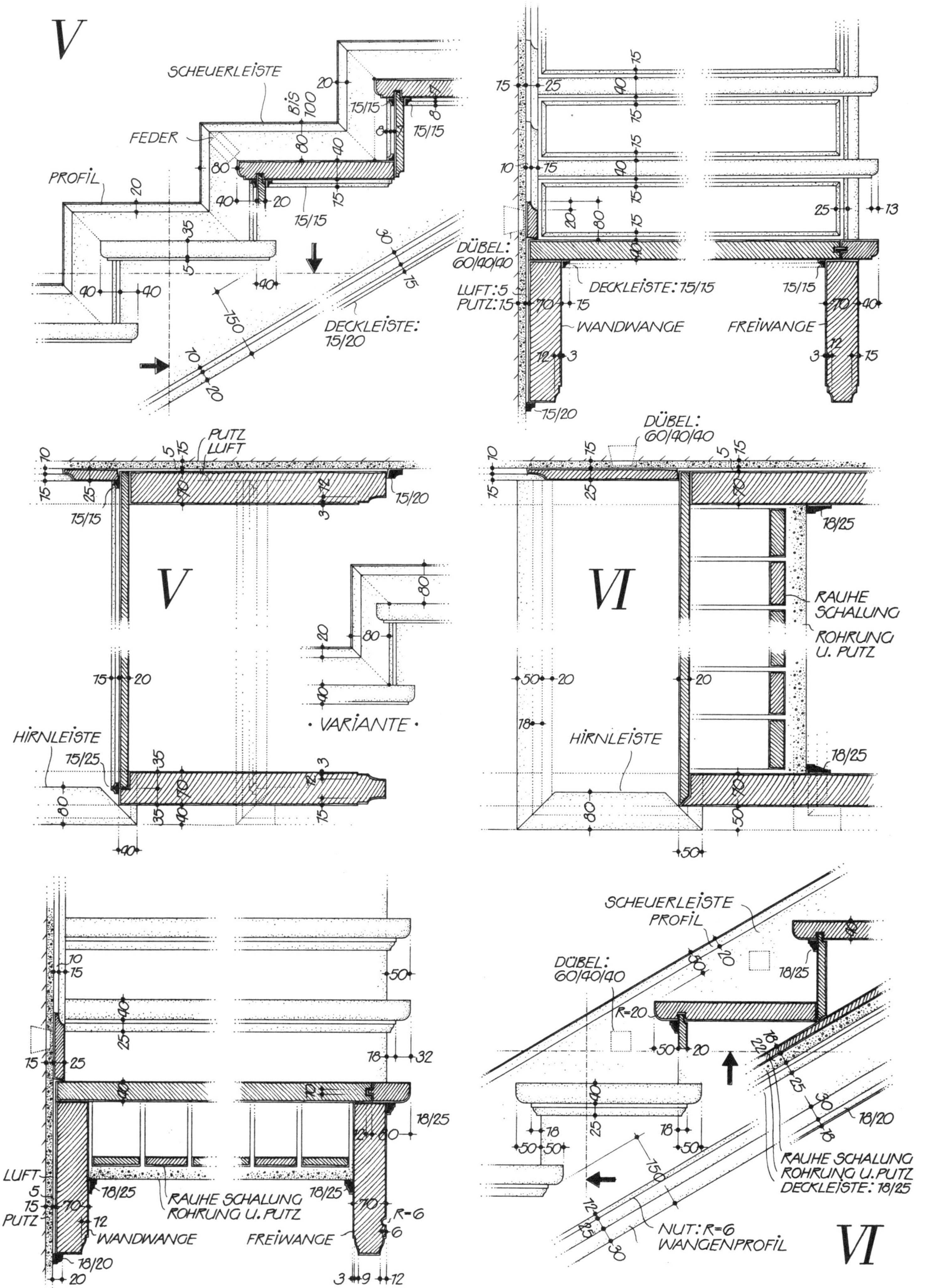

Stahlbetontreppe mit Tritt- bzw. Tritt- u. Setzstufenbelag. Maßstab 1 : 10
VII Mit Trittstufenbelag, VIII Mit Tritt- u. Setzstufenbelag

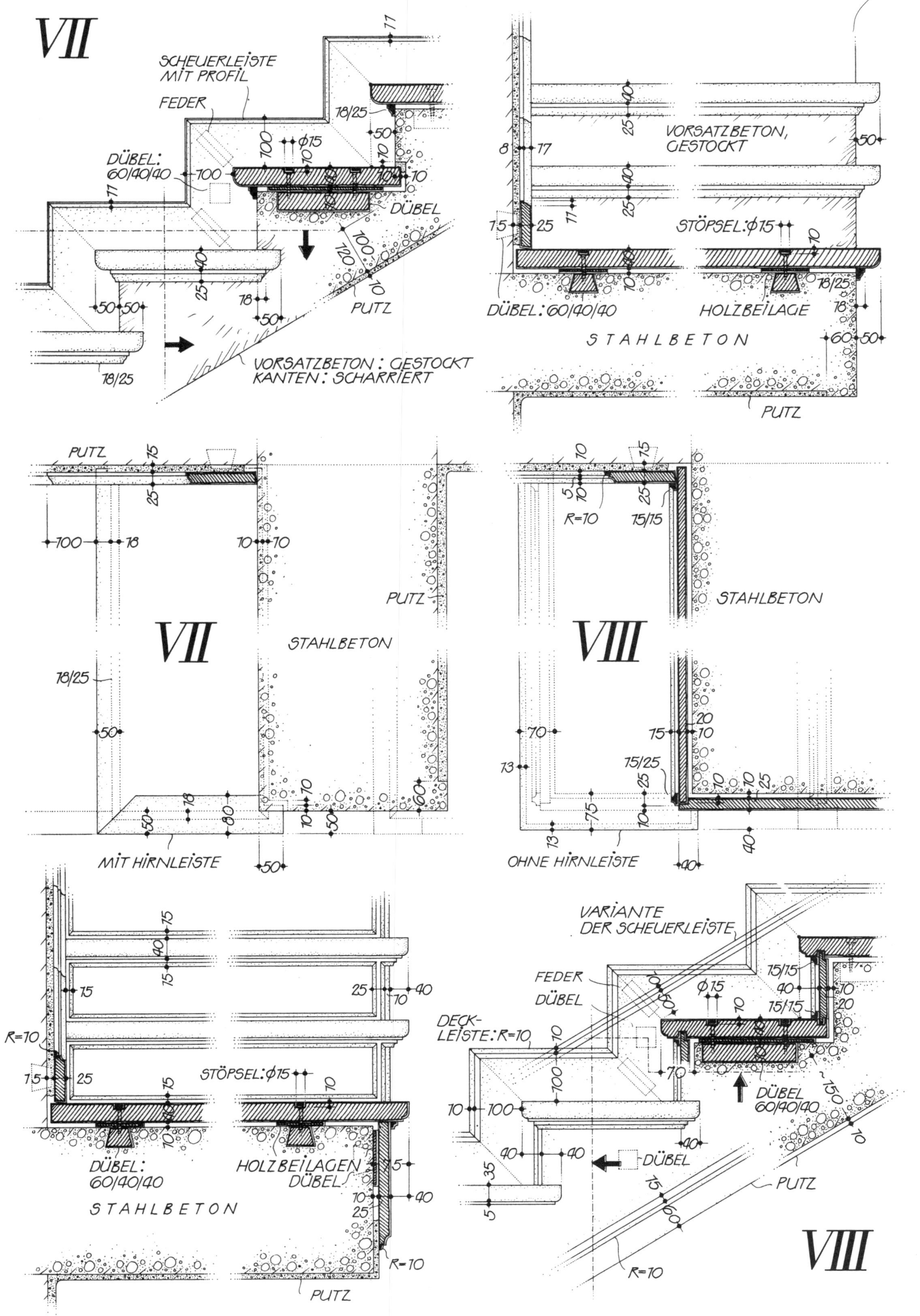

Anschluß der Freiwangen am Podest. Maßstab 1 : 10
I Wangen im Podestbalken eingezapft, mit Verputzbrett. II Wangen in Podestbohle eingezapft.

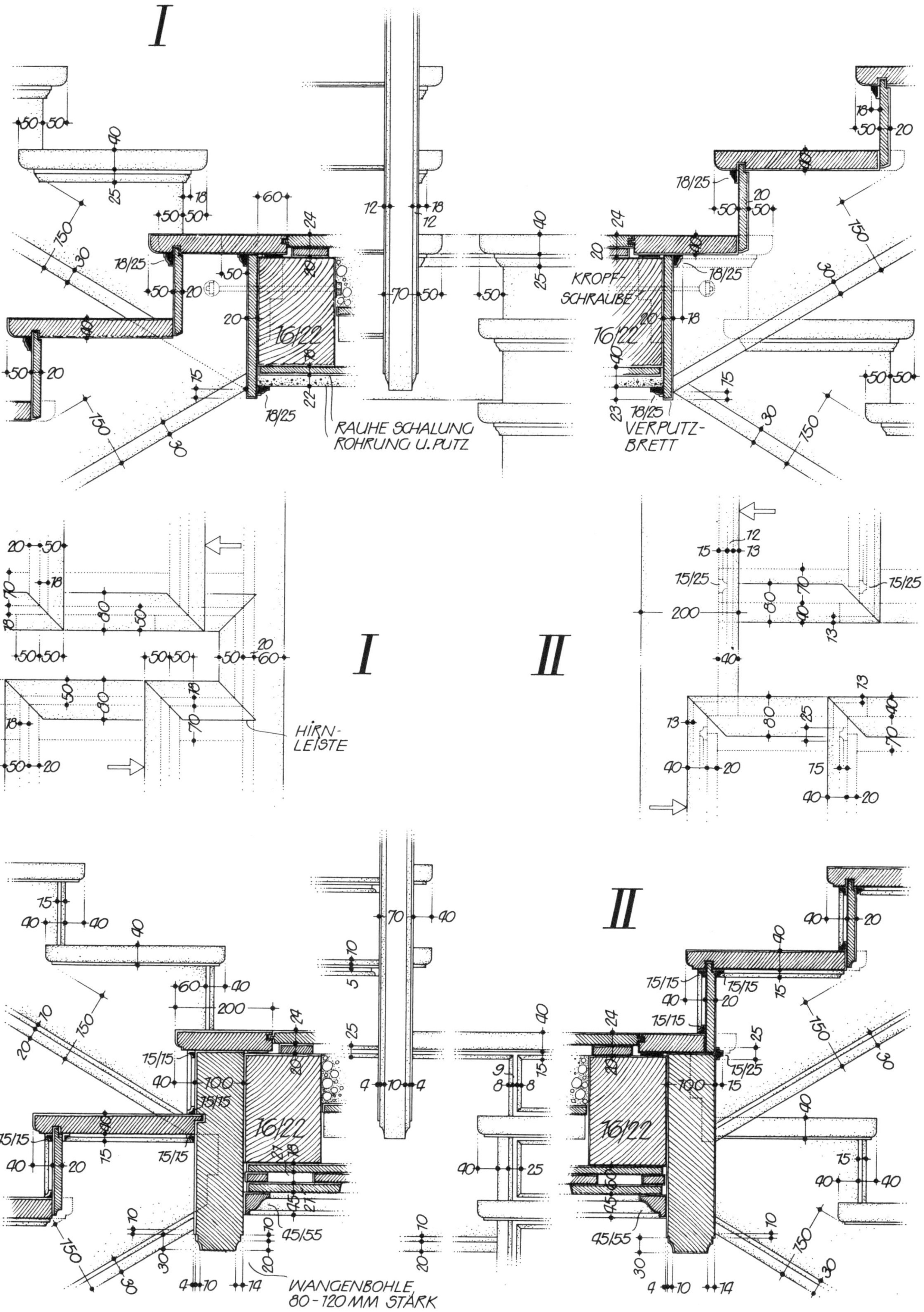

Anschluß der Freiwangen am Podest. Maßstab 1 : 10
III Wangen in kurze Übergangspfosten eingezapft

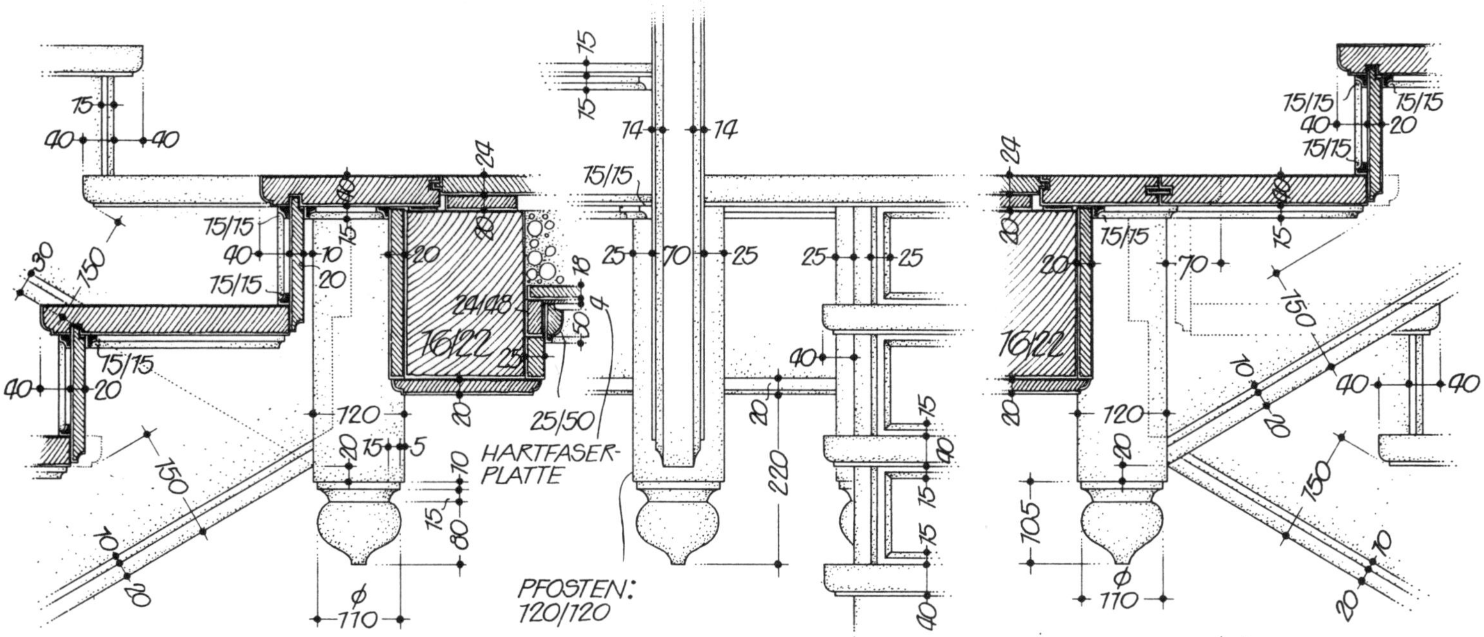

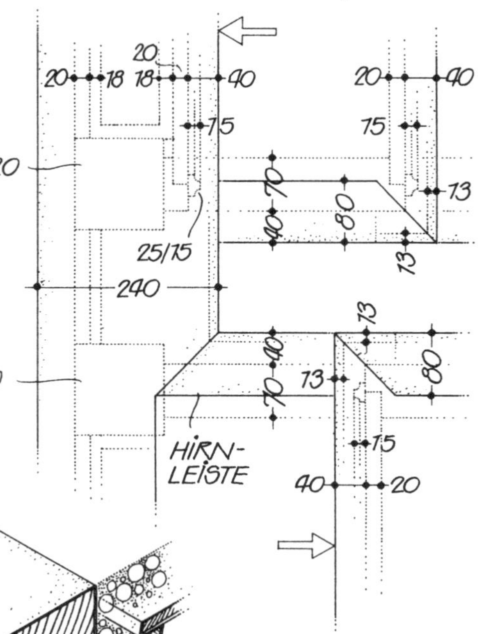

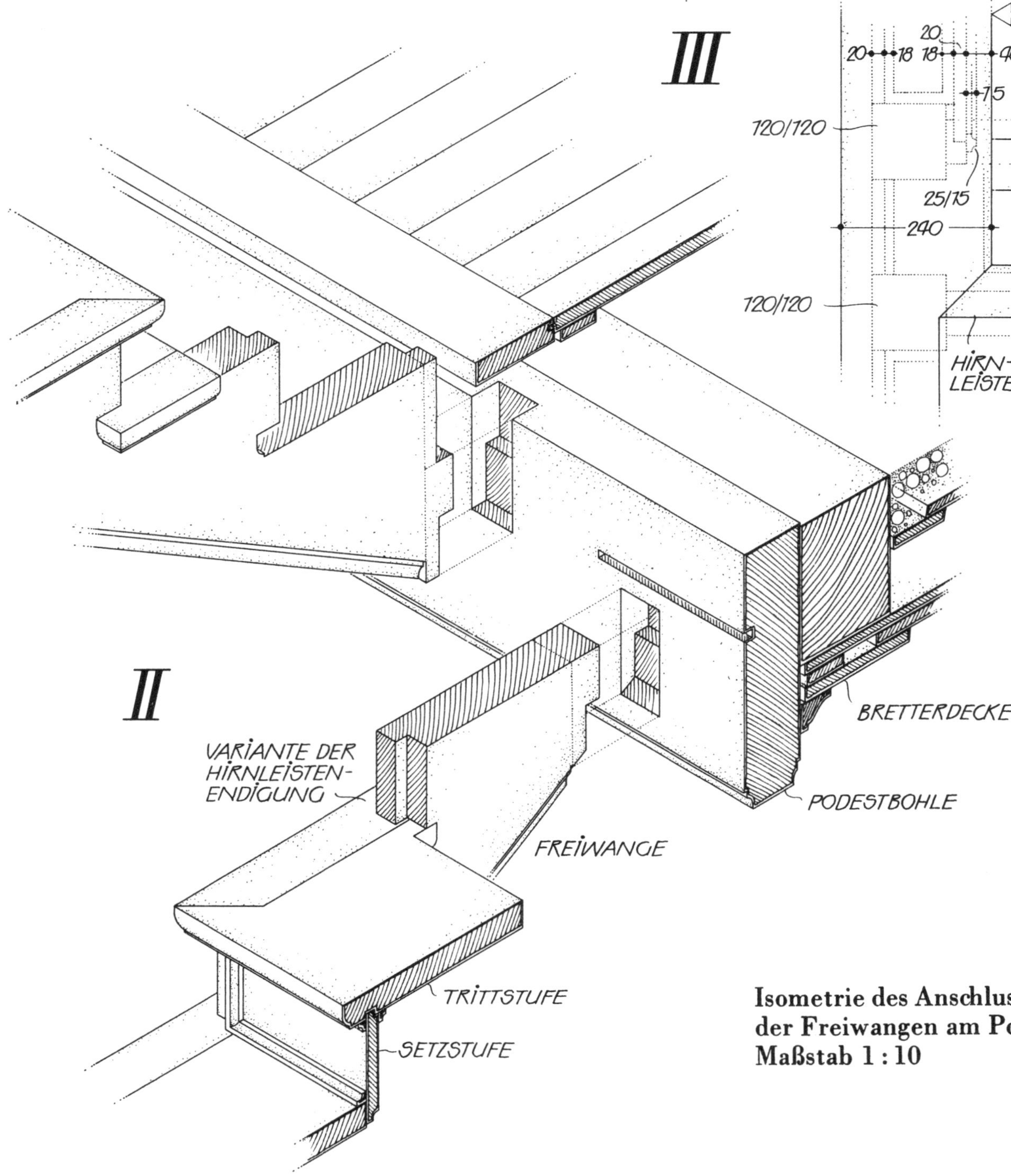

Isometrie des Anschlusses
der Freiwangen am Podest
Maßstab 1 : 10

Aufgesattelte geradläufige Treppe mit Antrittspodest. Geländer: Holzbaluster
Grundriß und Schnitt. Maßstab 1 : 50

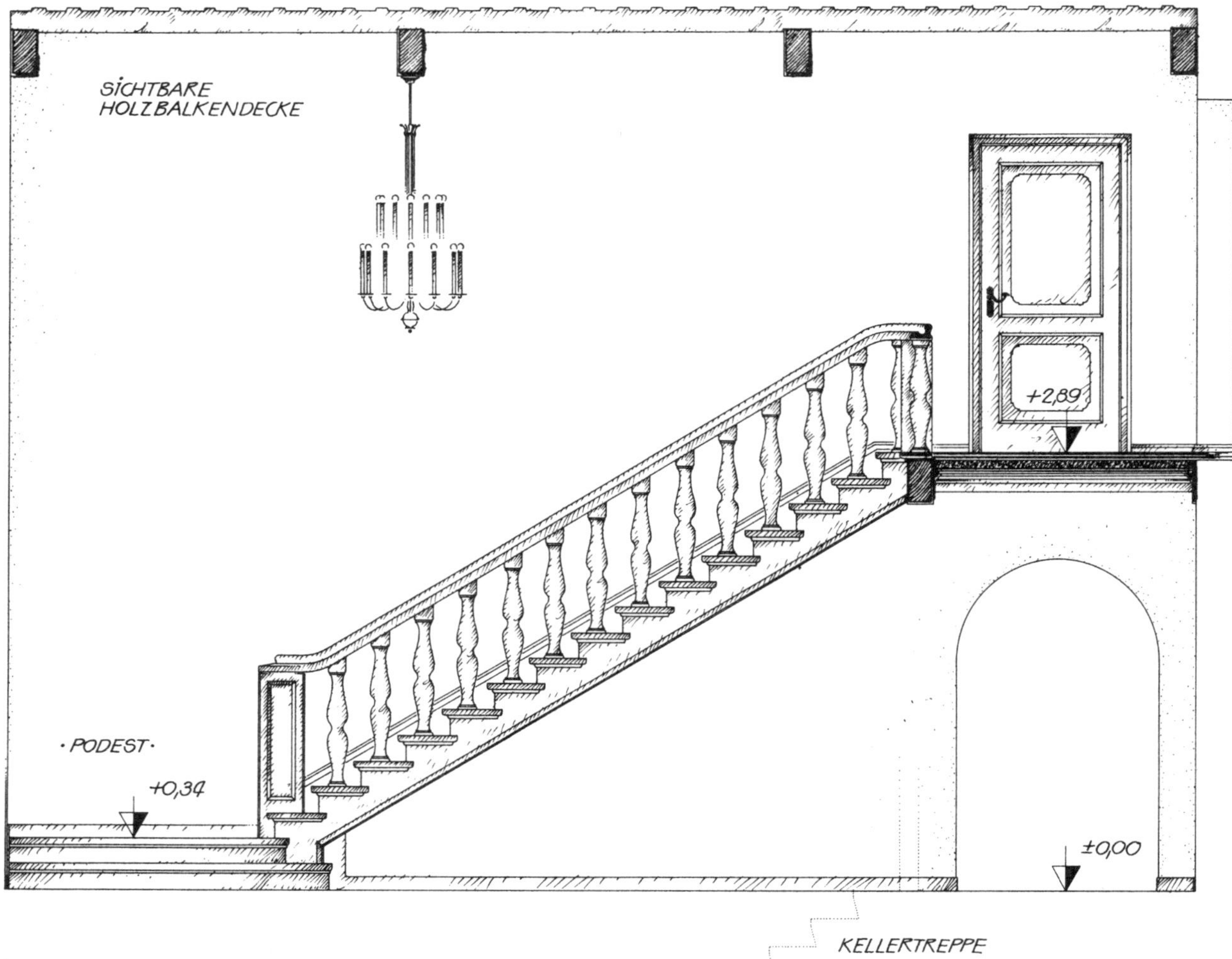

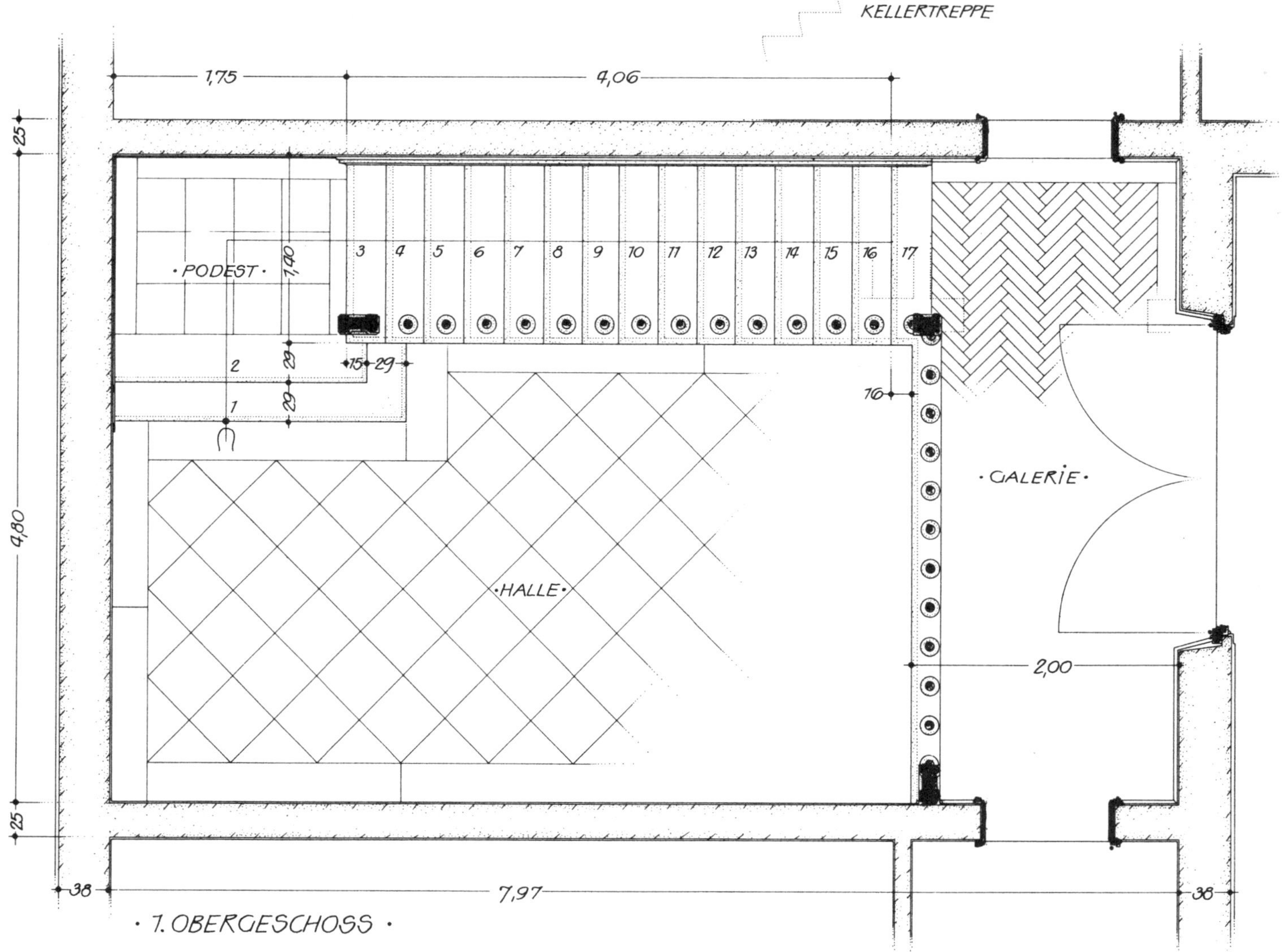

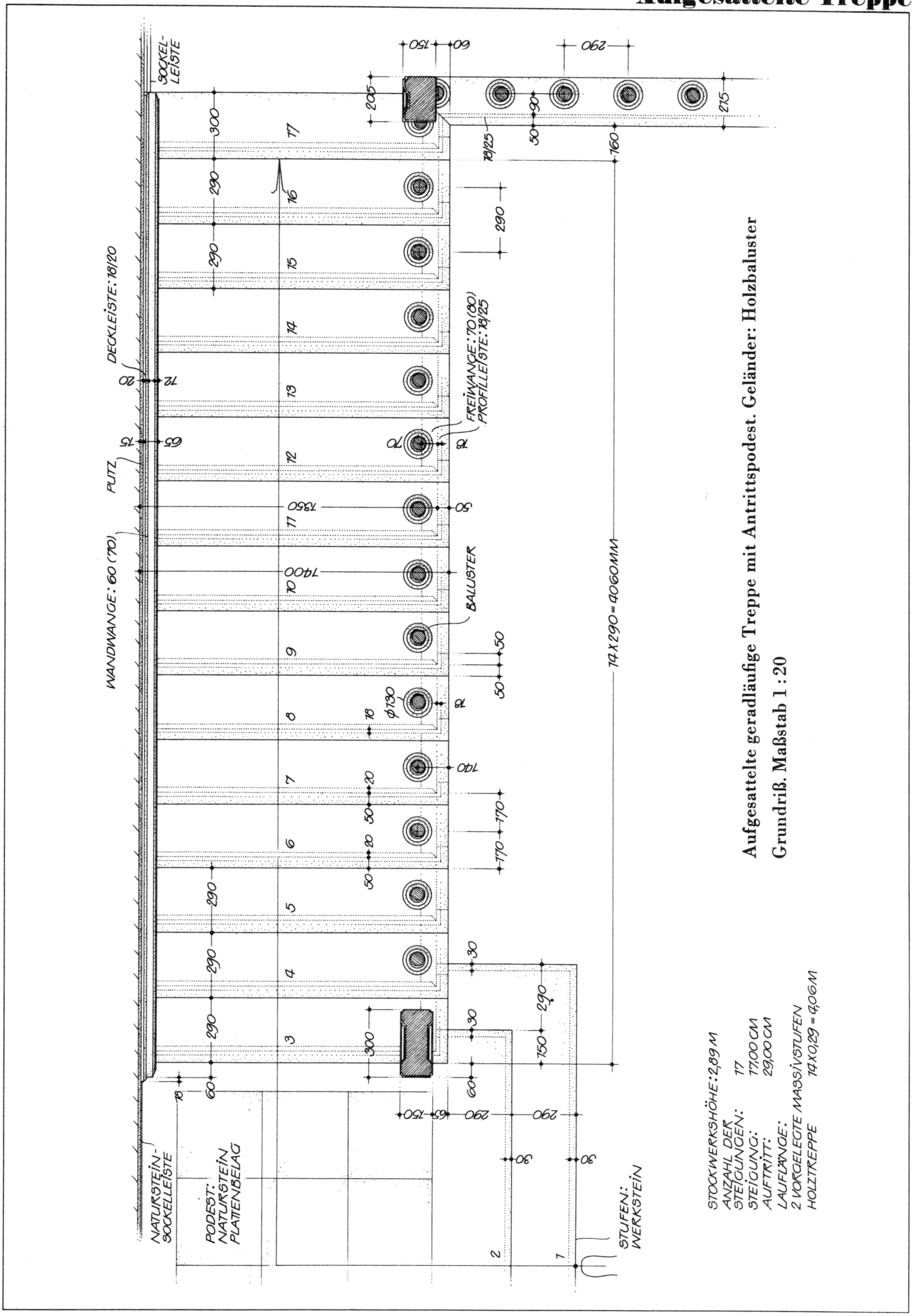

Aufgesattelte geradläufige Treppe mit Antrittspodest. Geländer: Holzbaluster

Grundriß. Maßstab 1 : 20

Aufgesattelte Treppe

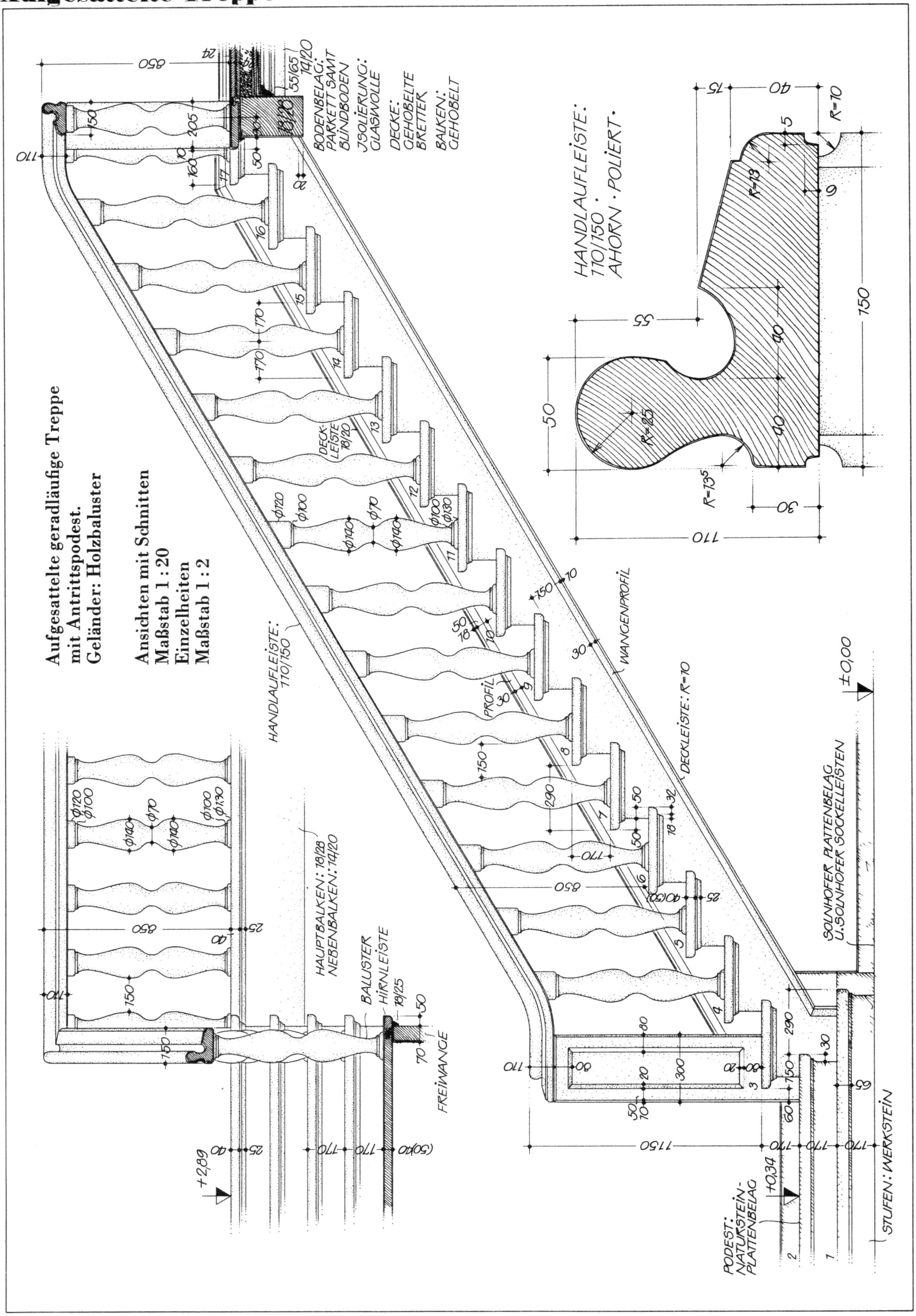

Aufgesattelte geradläufige Treppe mit Antrittspodest. Geländer: Holzbaluster

Ansichten mit Schnitten Maßstab 1 : 20
Einzelheiten Maßstab 1 : 2

Zweiläufige gerade Stahlbetontreppe mit Tritt- und Setzstufenbelag, Holzgeländer
Grundriß und Schnitt. Maßstab 1 : 50

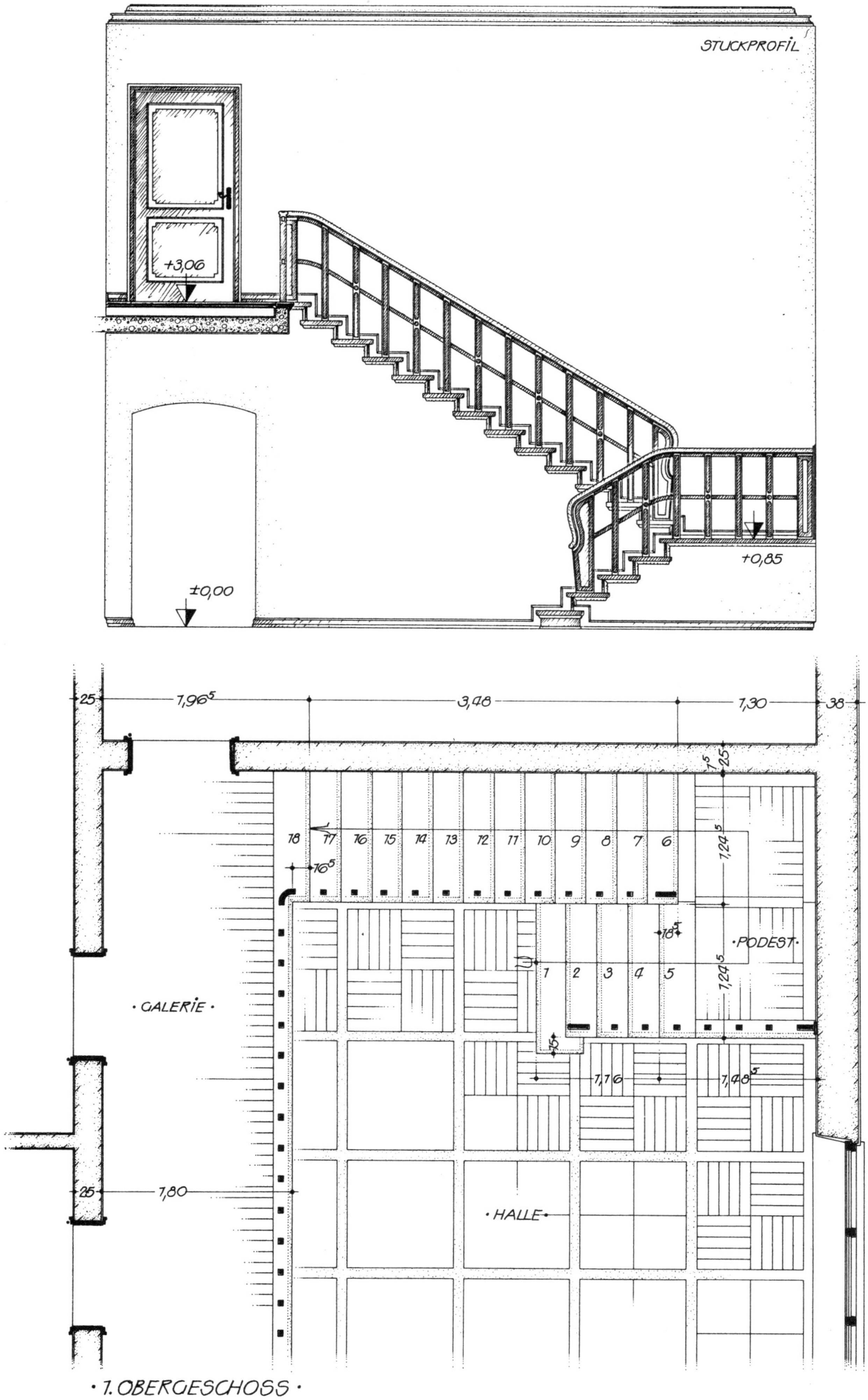

Zweiläufige gerade Stahlbetontreppe mit Tritt- und Setzstufenbelag, Holzgeländer. Grundriß. Maßstab 1 : 20

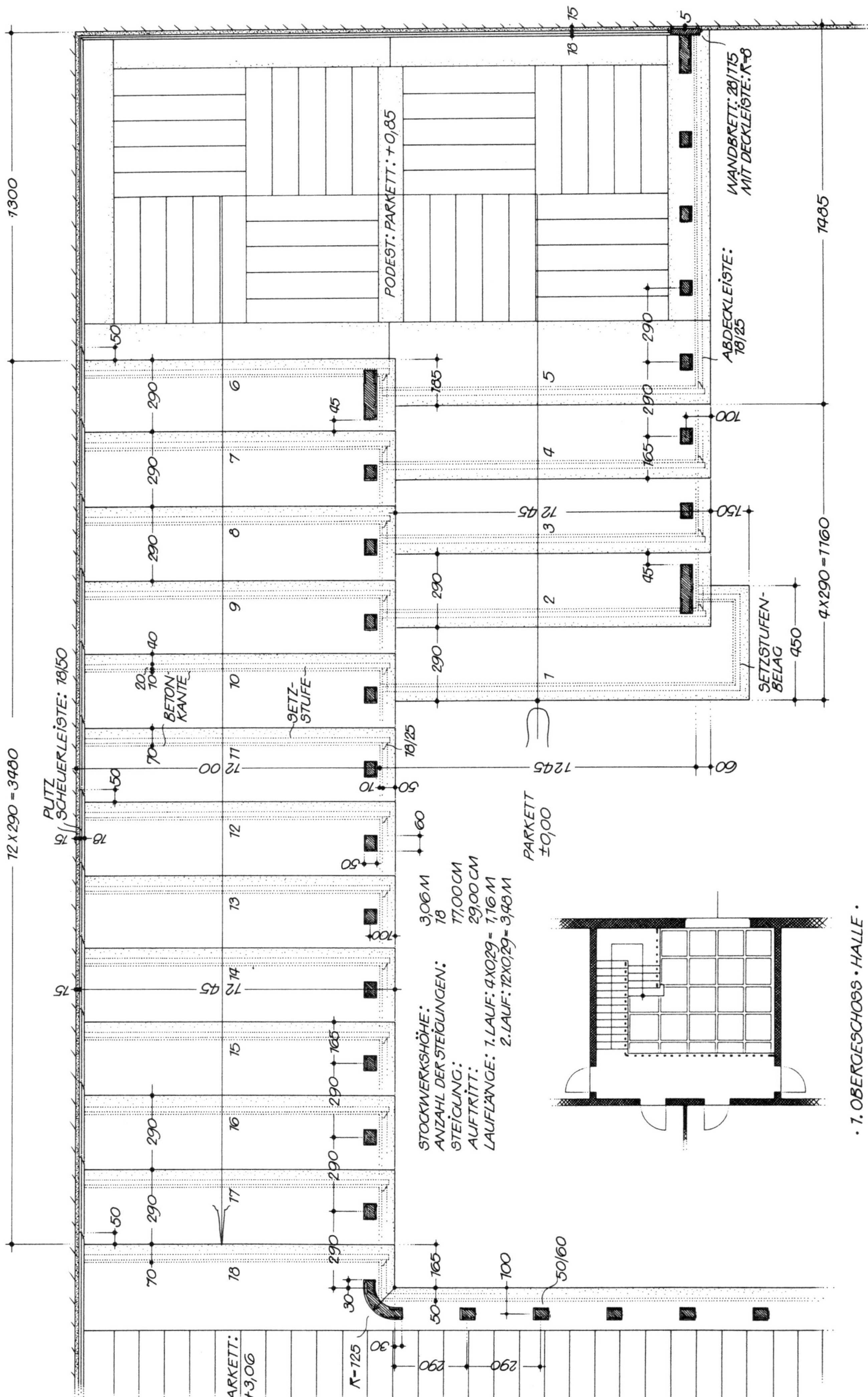

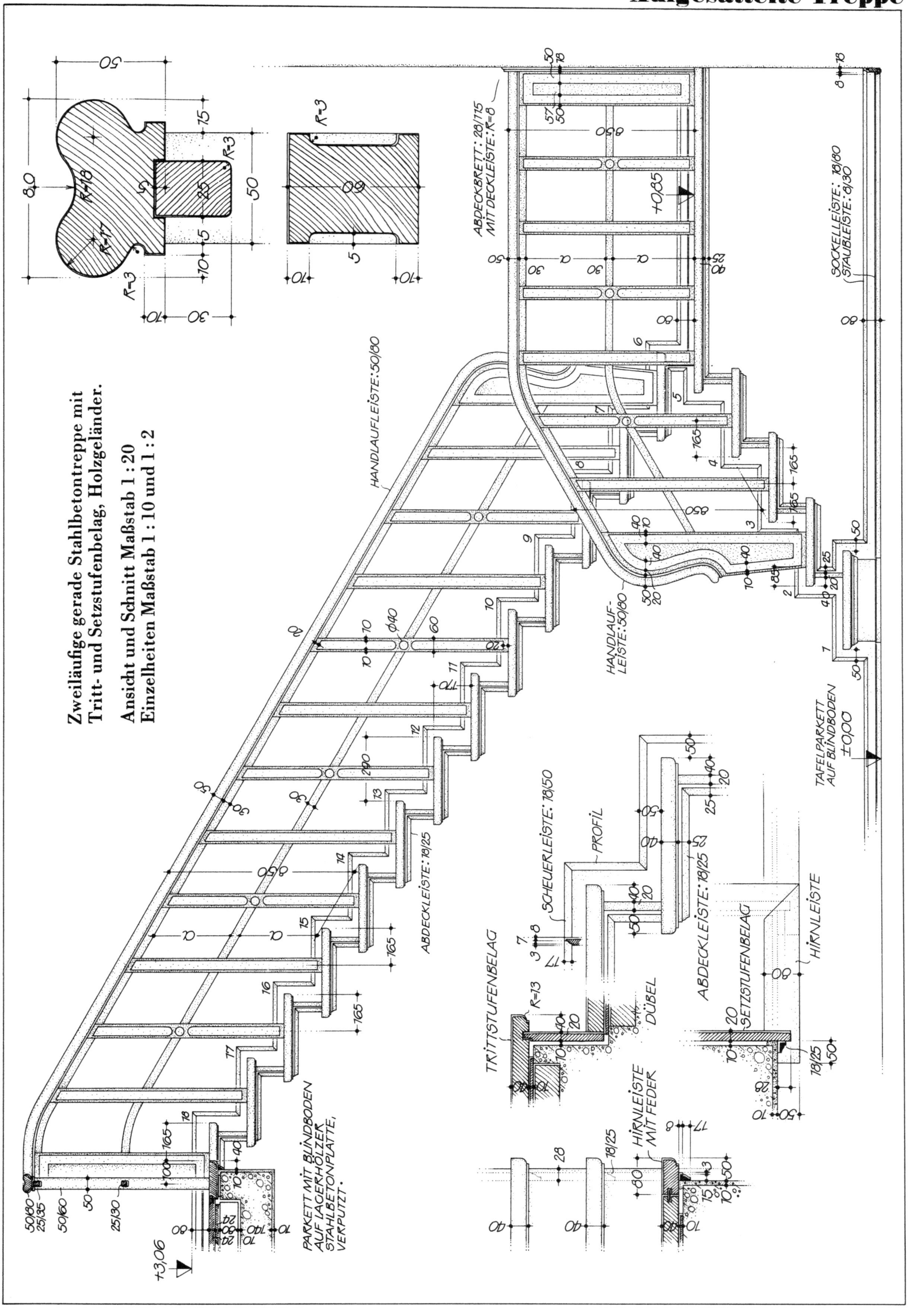

Zweiläufige gerade Stahlbetontreppe mit Tritt- und Setzstufenbelag, Holzgeländer.

Ansicht und Schnitt Maßstab 1 : 20
Einzelheiten Maßstab 1 : 10 und 1 : 2

GEWENDELTE TREPPE

Eine Treppenanlage, für deren Lauf, Zugang und Abgang genügend Raum vorhanden ist, bietet in der Anlage und Konstruktion keine Schwierigkeiten.
Man wird bei günstigen Raumverhältnissen und bei geschickter Grundrißgestaltung vor allem die geradläufige einläufige Treppe oder eventuell sogenannte Podesttreppen mit zwei, drei oder womöglich mehreren Läufen wählen. Bei den bisher gezeigten praktischen Beispielen der „Bauarten der Treppe" wurden gerade und gebrochene Treppen in mannigfacher Anordung gezeigt.
Bedeutend schwieriger ist jedoch die Lösung einer Treppenanlage, wenn

1. das zur Verfügung stehende Treppenhaus die Freizügigkeit der Treppenanlage beschränkt,
2. bequeme Zu- und Abgänge zur Treppe, ein günstiges Steigungsverhältnis und eine geforderte Treppenbreite nur schwer zu erreichen sind und
3. eine Treppe in solch beengten Raumverhältnissen auch noch zusammengebaut werden muß.

Bringt die Anlage von Podesttreppen bei beengten Raumverhältnissen auch durch Abschweifen der Stufen am Podest keine günstige Lösung, so muß versucht werden, die erforderlichen Stufen mit einem möglichst bequemen Steigungsverhältnis in gerade und krumme Läufe mit oder ohne Podeste unterzubringen. Es entstehen damit sogenannte *gewendelte Treppen*, das sind Treppen mit geraden Läufen, bei denen einige Stufen des Antrittes, des Austrittes oder der Laufmitte als Wendelstufen ausgebildet werden.
Den Übergang von geradläufigen Treppen zu den gewendelten Treppen bilden die *Treppen mit Wendelstufen*, mit schräggestellten oder verzogenen Stufen. Im Kapitel „Allgemeine Grundlagen", Verschiedene Treppenarten (Bezeichnungen), Abschnitt VI, 3, wurden gerade Treppen und Podesttreppen mit Wendelstufen gezeigt.
Die Konstruktion von Treppen mit Wendelstufen ist sehr einfach. Wie die auf der ersten Tafel ge-

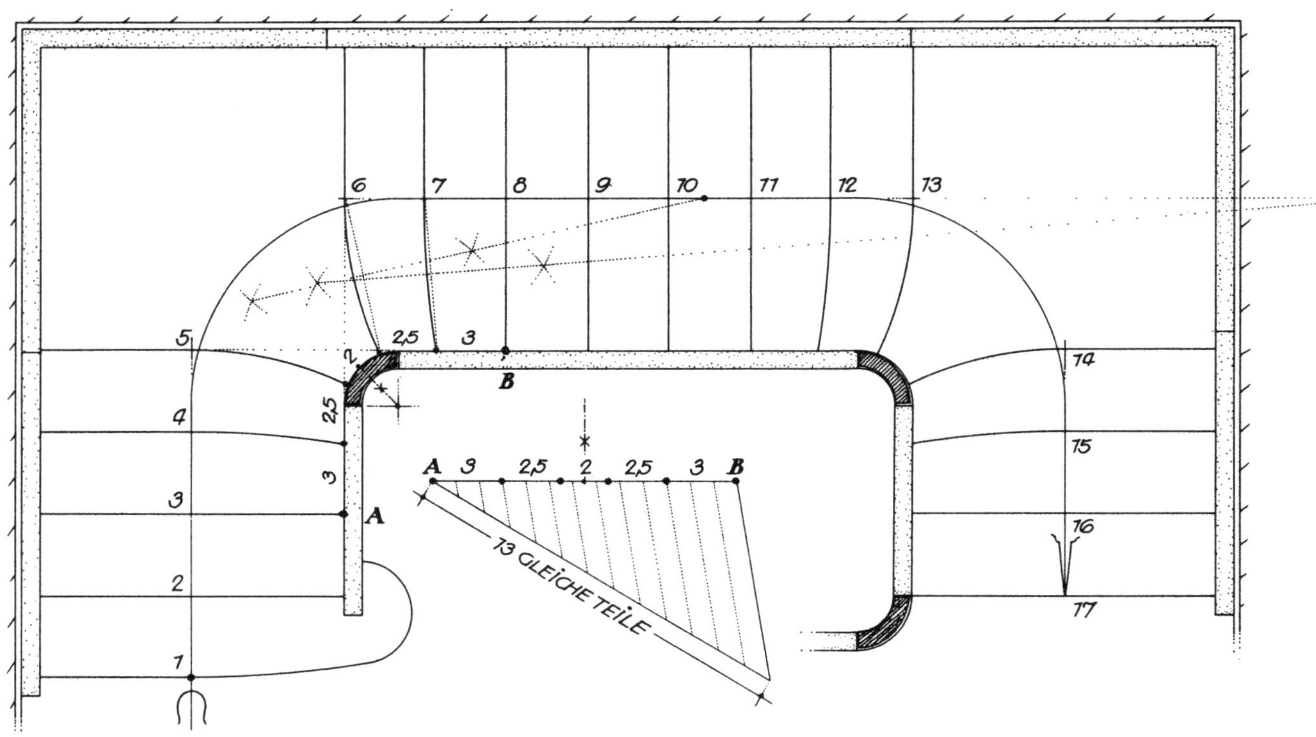

Abschweifen der Stufen am Podest. Dreiläufige Treppe. Maßstab 1:25

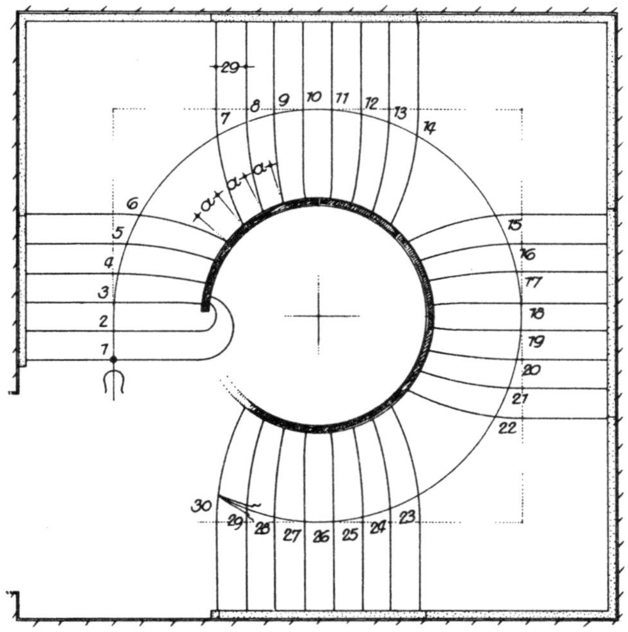

Abschweifen der Stufen am Podest. Vierläufige Treppe. Stockwerkshöhe 5,10 m, Treppenhausgröße 6,00/6,00 m, Steigungsverhältnis 17/29 cm

wählten Beispiele zeigen, treffen sich alle Stufenvorderkanten der verzogenen Stufen eines Laufes in dem Schnittpunkt S, der durch Verlängerung der letzten geraden Stufe und durch die Verlängerung der ersten schräggestellten Stufe, deren Neigung beliebig ist, gefunden wird (Tafel Seite 142).

Während bei den Treppen mit Wendelstufen die Läufe selbst gerade sind, gehen die Läufe gewendelter Treppen von geraden in krumme Läufe — oder umgekehrt — über.

Bei der **Anlage gewendelter Treppen** ist zu beachten:

1. daß alle Stufen, auf der in der Mitte der Laufbreite liegenden Gehlinie aufgetragen, die gleiche Auftrittbreite haben.
2. daß die Stufen allmählich „verzogen" werden. Ein schroffer Wechsel von stark spitzwinkeligen zu rechtwinkeligen Stufen — oder umgekehrt — verursacht beim Begehen der Treppe Unbequemlichkeiten, die durch das allmähliche Verziehen der Stufen gemildert werden können.
   Treppen, bei denen ein gerader Lauf durch einen krummen, oder umgekehrt, ein krummer Lauf durch einen geraden fortgesetzt wird, müssen demgemäß ungleich breite Auftritte außerhalb der Gehlinie erhalten. Damit nun der Benutzer der Treppe das Schrittmaß beim Verlassen der Gehlinie nicht plötzlich verändern muß, soll der Übergang vom geraden zum krummen Lauf nicht plötzlich stattfinden, sondern es sollen sich die einzelnen Stufen an den Enden ganz allmählich verändern.
3. daß die Stufen bzw. Auftrittflächen im krummen Teil des Laufes an ihrem schmalen Ende, am Krümmling, noch genügend breit sind. Das sogenannte Mindest-Auftrittmaß muß an der engsten Stelle mindestens 10 cm betragen.
4. daß die Vorderflächen der Setzstufen mit den Seitenflächen der Wandwangen keinen zu spitzen Winkel bilden, um unschöne Schmutzecken zu vermeiden.
5. daß in die Wandwangenecke möglichst eine Auftrittfläche fällt. Auf keinen Fall darf mit der Wandwangenecke eine Stufenvorderkante bzw. eine Setzstufe zusammenfallen, da sonst die Einstemmung der Stufen in die Wandwangenverbindung einschneiden würde.
   Sollte die Ecklage einer Stufenkante unvermeidbar sein, so müßte entweder die Ecke gebrochen werden oder man müßte den Tritt abbiegen bzw. abschweifen.
6. daß die geraden Stufen in einem angenehmen Verhältnis zu den verzogenen Stufen stehen. Die Festlegung der Anzahl der zu wendelnden Stufen ist reine Gefühlssache. Grundsätzlich sollen möglichst viele Stufen verzogen werden, damit der Übergang geschmeidig wird und damit die Freiwange allmählich in den Krümmling überleitet. Die Kurven der sichtbaren Wangenkanten und die sichtbaren Wangenflächen müssen eine gefällige Form erhalten.

Die Gegenüberstellung einer schematischen, gedankenlosen Austeilung der Stufen und einer richtigen

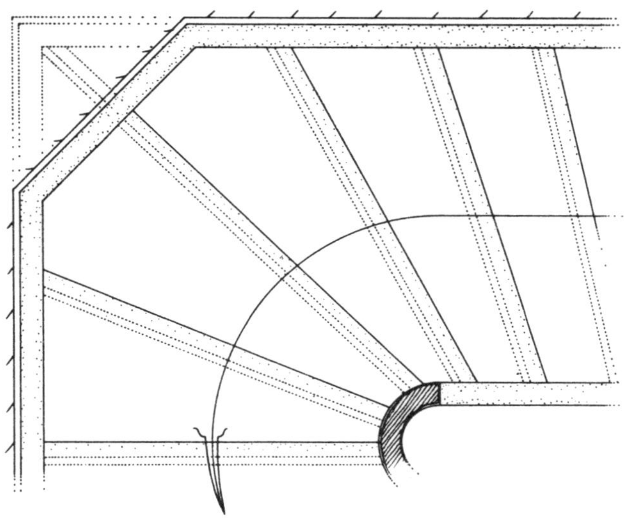

Stufe in der Wandwangenecke 1. Brechen der Ecke

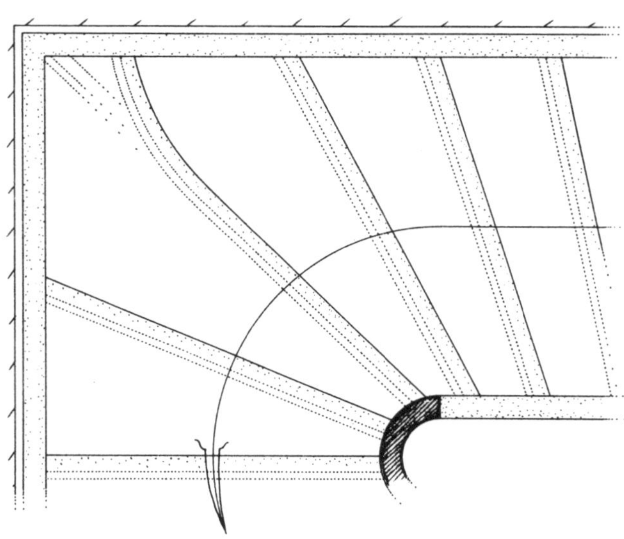

Abschweifen der Stufe Maßstab 1:20

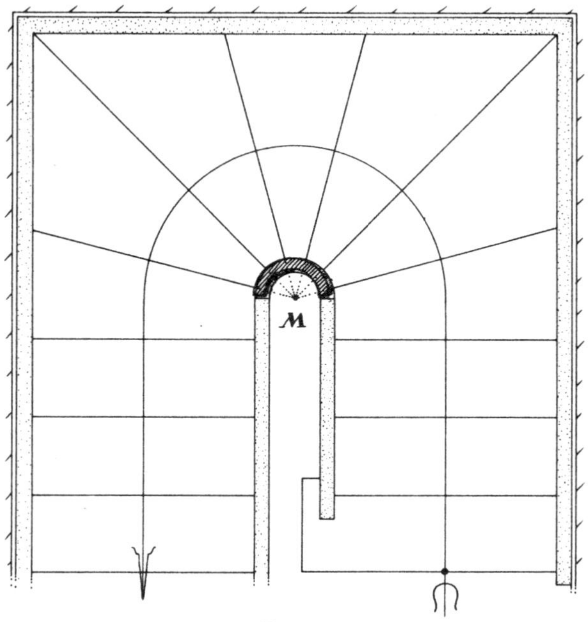

Falsch
Schematische gedankenlose Austeilung der Stufen

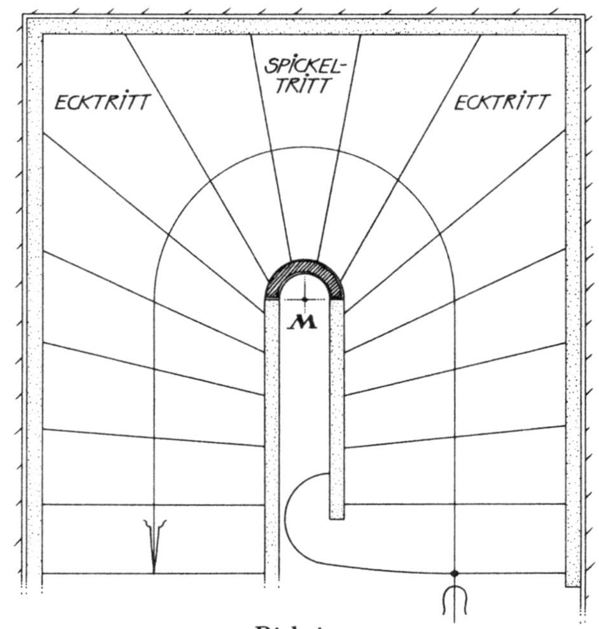

Richtig
Richtiges allmähliches Verziehen der Stufen

Verziehung der Stufen erläutert die Forderungen bei der Anlage gewendelter Treppen.
Das linke Beispiel weist zwar in der Mittellinie — in der Gehlinie — gleiche Auftrittbreiten auf, muß aber als schlecht bezeichnet werden, weil die gewendelten Stufen an den Krümmling viel zu spitz zulaufen, zu wenig Auftrittfläche am Krümmling aufweisen und der Übergang vom geraden zum krummen Lauf zu plötzlich stattfindet. Ein damit verbundener Schrittwechsel beim Begehen gibt zum Stolpern Anlaß. Auch laufen die Stufenkanten der 6. und 9. Stufe in die Wandwangenecke. Bei dem rechten Beispiel wurde mit dem Verziehen der Stufen bereits bei der 3. Steigung begonnen, damit an der Freiwange möglichst viel Auftrittfläche gewonnen wird. Gleichzeitig wird eine angenehm empfundene Stetigkeit der Verziehung, d. h. allmähliches Abnehmen der Auftrittbreite vom geraden Tritt bis zum Scheitel der Freiwange, erreicht und es werden damit unschöne Knicke der Freiwange vermieden. Durch die Anordnung eines Spickeltrittes treffen in die Wandwangenecke sogenannte Ecktritte.
Das Verfahren für das Austeilen der Stufen nennt man das Verziehen der Stufen.
Das Verziehen der Stufen wird folgendermaßen vorgenommen:
Nach der Festlegung der Treppenform und nach der Berechnung der Gehlinienlänge erfolgt zunächst die Austeilung sämtlicher Auftritte auf der Gehlinie. Die Gehlinie wird in der Laufmitte angenommen. Man weiß zwar aus der Praxis, daß die wirkliche Gehlinie etwas näher an der Freiwange als an der Wandwange liegt. Dies hängt mit dem natürlichen Wunsch, den Weg möglichst abzukürzen, zusammen. Auch darf man sich nie dazu verleiten lassen, die geforderten Auftrittbreiten etwa auf einer an der

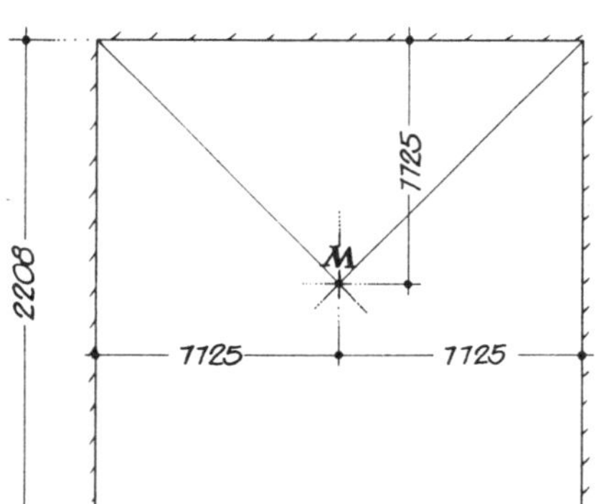

Festlegung
des Mittelpunktes M

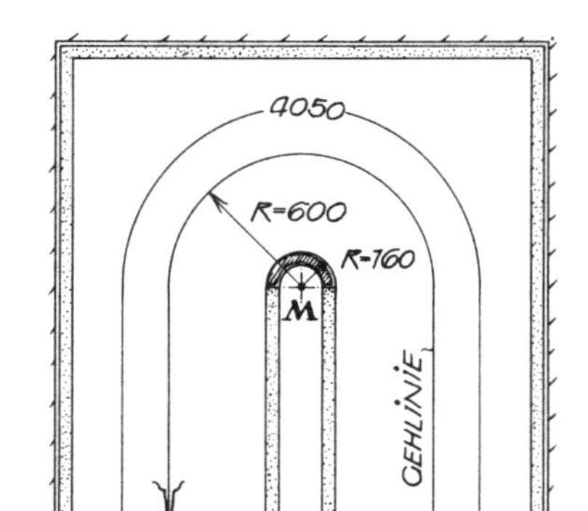

Auftragen der Wangen
und Bestimmung der Gehlinie

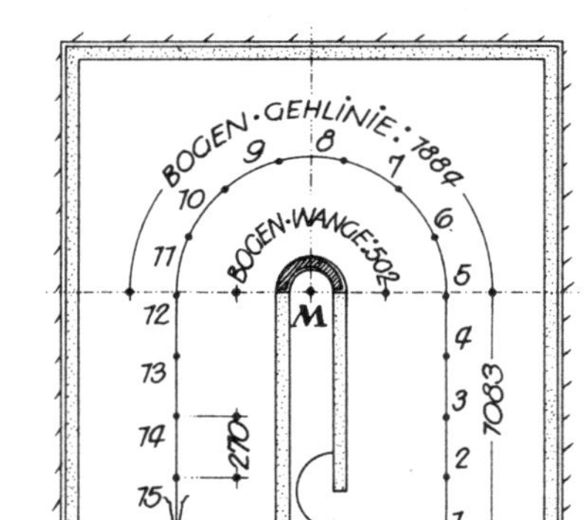

Austeilung der Auftritte
auf der Gehlinie

Festlegung einer halbgewendelten Treppe im Grundriß
Maßstab 1 : 50. Stockwerkshöhe 2,88 m, Treppenhausbreite 2,25 m, Steigungsverhältnis 18/27 cm

Wandwange näher liegenden und damit durch die Krümmung größer werdenden Gehlinie abzutragen, um scheinbar günstigere Verhältnisse zu erhalten.
Nach diesen grundsätzlichen Festlegungen wird die Anzahl der zu verziehenden Stufen bestimmt. Die Richtung der Stufenkanten bzw. die Größe der Auftrittbreiten, an der Innenwange gemessen, wird nach einem der nachfolgend erläuterten Verfahren ermittelt.
Die meisten Methoden sind reine Grundrißmethoden; das sogenannte Abwickelungsverfahren bestimmt die Verziehung der Stufen im Aufriß, worauf die Lage der verzogenen Stufen im Grundriß durch Zurücktragen gefunden wird. Diese Methode ist zwar die umständlichste, aber die genaueste. Bei allen zeichnerischen Verfahren ist genauestes Zeichnen unbedingte Voraussetzung. Sehr beliebt ist auch die rechnerische Ermittlung des Verziehens, zumal dieses Verfahren genaue Ergebnisse bringt.

Erklärung der verschiedenen Verfahren

A Halbe Wendelung

Für alle Verfahren sind zuerst, wie in der vorhergehenden Abbildung gezeigt, sämtliche Stufen auf der Gehlinie auszuteilen und die Anzahl der zu verziehenden Stufen festzulegen.

Verfahren 1 (Seite 143, I und II)

I Auftritt in der Mitte (Spickeltritt)

Nach dem Antragen der Mindestauftrittbreite von 10 cm am Krümmling findet man durch Verlängerung der Stufenkanten 8 und 9 den Schnittpunkt A und durch Verlängerung der Stufenkanten 2 und 15 den Schnittpunkt B auf der Treppenachse. Der um B mit dem Radius A — B geschlagene Viertelkreisbogen wird in so viele gleich große Teile, als Auftritte zwischen den Stufenkanten 2 und 8 bzw. 9 und 15 liegen (6 Teile), geteilt. Durch Herabloten der Teilpunkte 1 mit 5 auf die strichpunktierte Treppenachse erhält man die Punkte 1′ mit 5′. Abschließend verbindet man die Stufe 3 auf der Gehlinie mit Punkt 1′, die Stufe 4 mit Punkt 2′ und schließlich die Stufe 7 mit Punkt 5′ sowie gleichartig die Stufen 10 mit 14 mit den Punkten 5′ mit 1′.

II Stufe in der Mitte

Nach dem Antragen der Mindestauftrittbreite von 10 cm am Krümmling findet man durch Verlängerung der Stufenkanten 8 und 10 den Schnittpunkt A und durch Verlängerung der Stufenkanten 2 und 16 den Schnittpunkt B auf der Treppenachse. Sonst wie unter I beschrieben.

Verfahren 2 (Seite 144, I und II)

I Auftritt in der Mitte (Spickeltritt)

Der Schnittpunkt B der Stufenkanten 2 und 15 mit der Treppenachse ist der Einsatzpunkt eines den Krümmling bei A tangierenden Halbkreises. Durch Herafloten des Punktes O′ der Stufenkanten 8 bzw. 9 wird der Punkt O auf dem Halbkreis gefunden und es wird der restliche Bogen zwischen Punkt O und Punkt 6 in so viele gleich große Teile als Auftritte zwischen den Stufenkanten 2 und 8 bzw. 9 und 15 liegen (6 Teile), geteilt. Durch Herabloten der Teilpunkte 1 mit 5 auf die Freiwangeninnenkante erhält man die Punkte 1′ mit 5′. Abschließend verbindet man die Stufe 3 auf der Gehlinie mit Punkt 5′, die Stufe 4 mit Punkt 4′ und schließlich die Stufe 7 mit Punkt 7′.

II Stufe in der Mitte

Der Schnittpunkt B der Stufenkanten 2 und 16 mit der Treppenachse ist wieder Einsatzpunkt eines den Krümmling bei A tangierenden Halbkreises. Nach Herafloten des Punktes O′ der Stufenkanten 8 bzw. 10 wird der Punkt O auf dem Halbkreis gefunden und anschließend wie unter I beschrieben verfahren.

Verfahren 3 (Seite 145, I)

I Auftritt in der Mitte (Spickeltritt)

Durch Verlängerung der Stufenkanten 8 und 9 findet man den Schnittpunkt A und durch Verlängerung der Stufenkanten 2 und 15 den Schnittpunkt B auf der Treppenachse. Auf einem beliebigen Strahl werden von A aus für die dazwischenliegenden Auftritte (6 Auftritte) beliebig lange Teilstrecken im Verhältnis 1 : 2 : 3 : 4 : 5 : 6 (usw.) abgetragen. Der Endpunkt der Teilstreckenabtragung wird mit Punkt B verbunden und es werden zu dieser Verbindungslinie Parallelen durch die übrigen Teilpunkte gezogen. Die Schnittpunkte der Parallelen mit der Treppenachse ergeben die Verbindungspunkte mit den Stufenkanten auf der Gehlinie.

Verfahren 4 (Seite 145, II)

II Stufe in der Mitte

In einer Hilfsfigur werden 6 Auftritte = 6 × 0,27 = 1,62 m, oder allgemein so viel Auftritte als zu verziehende Stufen vorhanden sind, angetragen. Senkrecht zu dieser Geraden werden am Anfang eine Auftrittbreite: a = 27 cm und am Ende die Mindestauftrittbreite + 1 cm = 10 + 1 = 11 cm angetragen. Durch die Verbindungslinie dieser beiden Endpunkte erhält man die Teilstrecken a_1 mit a_5, deren Länge auch ausgerechnet werden kann. Vom Punkt B aus, im Grundriß, wird die Abwicklung der Freiwangeninnenkante AB mit der errechneten Länge von 1,099 m angetragen und auf einem beliebigen Strahl von B aus werden die mit der Hilfsfigur bestimmten Teile a, a_1, a_2, a_3, a_4 und a_5 nacheinander aufgetragen. Der damit erhaltene Punkt C wird mit A verbunden und Parallelen zu dieser Verbindungslinie ergeben die Stufenanfallspunkte der gewendelten Stufen auf der Freiwangeninnenkante.

Verfahren 5 (Seite 146, I und II)

I Auftritt in der Mitte (Spickeltritt)

Durch Verlängerung der Stufenkanten 8 und 9 wird

auf der Verbindungslinie der letzten nicht mehr zu verziehenden Stufen das Maß a gefunden. Dieses Maß a wird nun so oft nacheinander nach einer Richtung angetragen, als Tritte zu verziehen sind. Man verbindet nun der Reihe nach die Stufen 10, 11, 12 usw. der Gehlinie mit den entsprechend angetragenen Punkten. Die Stufenkanten der Stufen 3 mit 7 findet man dann durch Verbinden mit den Schnittpunkten der Stufenkanten 10 mit 14 auf der Treppenachse.
Diese rein zeichnerische Methode stellt das einfachste Verfahren dar.

II Stufe in der Mitte

Nach Festlegung des Maßes a durch Verlängerung der Stufenkanten 9 und 10 wird wie unter I beschrieben verfahren.

Verfahren 6 (Seite 147)

Auftritt in der Mitte (Spickeltritt)

Nach Errechnung des Ganglinienmaßes der zu verziehenden Stufen ($6 \times 0{,}27 = 1{,}62$ m) und des dazugehörenden Maßes auf der Freiwangeninnenkante (1,014 m) werden diese Maße in einer Hilfsfigur von A aus auf einem Winkel, der kleiner als 45° ist, angetragen. In A fällt man einen rechten Winkel auf AC und erhält mit der Verbindungslinie BC den Schnittpunkt D. Durch Verbinden der Teilpunkte auf dem Strahl AB mit D erhält man auf der Linie AC die Strecken 1 mit 6 bzw. die wirklichen Trittbreiten an der Freiwangeninnenkante. Diese Trittbreiten 1 mit 6 sind nun in den Grundriß zurückzutragen, um die Stufenkanten durch Verbindung mit den Stufen auf der Gehlinie zu finden.

Verfahren 7 (Seite 148 und 149)

Auftritt in der Mitte (Spickeltritt)

Nach der Festlegung der Treppe im Grundriß wird die Abwicklung der Freiwangeninnenkante von A bis D errechnet und in dem Aufriß mit den Treppensteigungen angetragen. Durch Verlängerung der Steigungslinien durch die Stufenkanten 1 und 2 sowie 16 und 15 erhält man die Punkte B und C und durch Verbinden der Punkte B und C im Schnittpunkt der Treppenachse den Punkt M. Durch M wird nun die Steigungslinie der höchstzulässigen Steigung (normale Steigung: 18 cm und Auftritt mit 10 cm) gezogen und es werden damit die Schnittpunkte E und F gefunden. Durch Kreisbogen mit dem Radius E—2 in E bzw. F—15 in F werden die Endpunkte der verbindenden Kreisbogen R gefunden.
Es wäre jedoch falsch, die Punkte B und C statt E und F als Ausgangspunkte der verbindenden Kreisbogen R zu nehmen — wie oft in Lehrbüchern angegeben —, da in diesem Falle die höchstzulässige Steigung überschritten würde.
Die Stufenvorderkanten der verzogenen Stufen liegen auf den Bogenlinien der Kreisbogen R und es werden die damit gefundenen Abstände a, b usw. in den Grundriß zurückgetragen.

Stufe in der Mitte

Die Festlegung der Treppe im Grundriß wie auch die Auftragung des Aufrisses ist wie bei der Anordnung eines Auftrittes in der Mitte (Spickeltritt) vorzunehmen. Da jedoch die Strecke E—2 länger als EM bzw. F—16 länger als FM ist, werden die Endpunkte der verbindenden Kreisbogen mit Hilfe der Kreisbogen EM in E bzw. FM in F gefunden.

B Viertel-Wendelung

Für alle Verfahren sind zuerst, wie bei der halben Wendelung, sämtliche Stufen auf der Gehlinie auszuteilen und es ist die Anzahl der zu verziehenden Stufen festzulegen.

Verfahren 1 (Seite 150, I)

I Auftritt in der Mitte (Ecktritt)

Die Verziehung der Stufen 1—4 und der Stufen 5—9 ist mit Hilfe der den Krümmling bei A bzw. A′ tangierenden Halbkreise zu ermitteln. Die Konstruktion wird, wie bei Verfahren 2 der halben Wendelung beschrieben, durchgeführt.

Verfahren 2 (Seite 150, II)

I Auftritt in der Mitte (Ecktritt)

Für die Verziehung der Stufen 1—4 und der Stufen 5—9 werden gesonderte Hilfsfiguren gezeichnet. Die weitere Konstruktion wird, wie bei Verfahren 4 der halben Wendelung beschrieben, durchgeführt.

Verfahren 3 (Seite 151, I und II)

I Stufe in der Mitte

Nach Festlegung der der Scheidelinie nächstliegenden Stufenkante (Stufe 4) wird die Mindestauftrittbreite von 10 cm am Krümmling angetragen. Durch Verlängerung der Stufenkanten 3 und 4 werden auf den Verlängerungslinien der Stufenkanten 1 und 10, den letzten nicht mehr zu verziehenden Stufen, die Maße a und b gefunden. Diese Maße a und b werden nun so oft nacheinander in einer Richtung angetragen, als Tritte zu verziehen sind.

II Auftritt in der Mitte (Ecktritt)

Nach Festlegung der Stufenkanten 4 und 5 und nach dem Antragen der Mindestauftrittbreite von 10 cm am Krümmling wird, wie unter I beschrieben, verfahren.

Verfahren 4 (Seite 152)

I Auftritt in der Mitte (Ecktritt)

Nach der Festlegung der Treppe im Grundriß wird die Abwicklung der Freiwangeninnenkante von A bis D errechnet und in dem Aufriß mit den Treppensteigungen angetragen. Die weitere Konstruktion wird, wie bei Verfahren 7 der halben Wendelung beschrieben, durchgeführt.

Rechnerische Ermittlung der Verziehung
(Seite 153)

Halbe Wendelung

Man errechnet das Gehlinienmaß der zu verziehenden Stufen 2 mit 8 (= 1890 mm) und das dazugehörige Maß auf der Freiwangeninnenkante (= 1199,2 mm). Das unbekannte Maß der gleichmäßigen Vergrößerung der Mindestauftrittbreite von 100 mm wird als x bezeichnet.

Berechnung

Die 8. Stufe mißt innen	100 mm
die 7. Stufe mißt innen	100 + x mm
die 6. Stufe mißt innen	100 + 2x mm
die 5. Stufe mißt innen	100 + 3x mm
die 4. Stufe mißt innen	100 + 4x mm
die 3. Stufe mißt innen	100 + 5x mm
die 2. Stufe mißt innen	100 + 6x mm
zusammen	700 + 21x mm

Das ist die Länge von 1199,2 mm.

Daher: $700 + 21x = 1199{,}2$

$21x = 1199{,}2 - 700$

$= 499{,}2$

$x = \frac{499{,}2}{21}$

$x = 23{,}77$ mm

Es mißt daher innen:

die 8. Stufe		100 mm	100 mm
die 7. Stufe	100 + 23,77	= 123,77 mm	124 mm
die 6. Stufe	100 + 2 × 23,77	= 147,54 mm	147 mm
die 5. Stufe	100 + 3 × 23,77	= 171,31 mm	171 mm
die 4. Stufe	100 + 4 × 23,77	= 195,08 mm	195 mm
die 3. Stufe	100 + 5 × 23,77	= 218,85 mm	219 mm
die 2. Stufe	100 + 6 × 23,77	= 242,62 mm	243 mm
zusammen		1199,17 mm	1199 mm

Die auf der rechten Seite stehenden Maße sind auf ganze Millimeter abgerundet bzw. aufgerundet.

Viertel-Wendelung

Die Rechnung ergibt als Maß der Freiwangeninnenkante der zu verziehenden Stufen 1 mit 7:
434 + 329,7 + 434 = 1197,7 mm.

Berechnung

Die 1. Stufe mißt innen	100 + 3x mm
die 2. Stufe mißt innen	100 + 2x mm
die 3. Stufe mißt innen	100 + x mm
die 4. Stufe mißt innen	100 mm
die 5. Stufe mißt innen	100 + x mm
die 6. Stufe mißt innen	100 + 2x mm
die 7. Stufe mißt innen	100 + 3x mm
zusammen	700 + 12x mm

Das ist die Länge von 1197,7 mm

Daher: $700 + 12x = 1197{,}7$

$12x = 1197{,}7 - 700$

$= 497{,}7$

$x = \frac{497{,}7}{12}$

$x = 41{,}48$ mm

Es mißt daher innen:

die 1. Stufe	100 + 3 × 41,48	= 224,44 mm	224 mm
die 2. Stufe	100 + 2 × 41,48	= 182,96 mm	183 mm
die 3. Stufe	100 + 41,48	= 141,48 mm	142 mm
die 4. Stufe		100 mm	100 mm
die 5. Stufe	100 + 41,48	= 141,48 mm	142 mm
die 6. Stufe	100 + 2 × 41,48	= 182,96 mm	183 mm
die 7. Stufe	100 + 3 × 41,48	= 224,44 mm	224 mm
zusammen		1197,76 mm	1198 mm

Vergleicht man die Ergebnisse all dieser Verziehungsverfahren miteinander, so muß man feststellen, daß die Lösungen für ein und dieselbe Treppenanlage nicht genau übereinstimmen.
Für das richtige Verziehen der Treppe ist demgemäß nicht die gewählte Methode ausschlaggebend, sondern die Wirkung beim Begehen der Treppe, die immer wieder am besten durch Ausprobieren festgestellt und bestätigt wird.

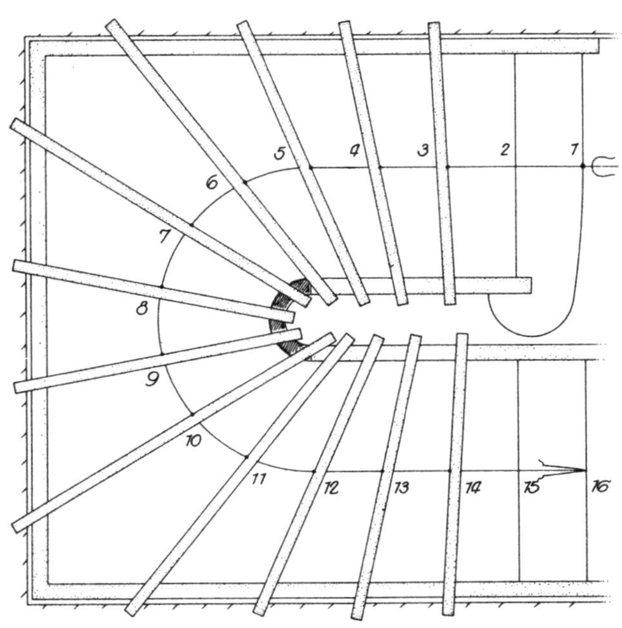

Festlegung der Stufenkanten durch Ausprobieren: Vorlegen mit schwachen Latten.

Der gewissenhafte Treppenbauer legt sich daher die Treppe auf dem Reißboden mittels schwacher Latten vor und sucht sie auf ihre Eignung beim Steigen auszuprobieren.
Allgemein ist zu sagen, daß gewendelte Treppen schlechter als geradläufige zu begehen sind; auch sind die Kosten der Herstellung wesentlich höher. Wegen ihres sparsamen Flächenbedarfes wird jedoch im Einfamilienhaus und insbesondere in Reihenhäusern den gewendelten Treppen der Vorzug gegeben.

Bei der Wendelung der Treppe ergibt sich an der Freiwange im Anschluß an die geraden Wangenstücke ein gewundenes Kropfstück, der Krümmling. Bei Treppen mit Viertel-Wendelung macht der Krümmling eine Schwenkung von 90°, bei solchen mit halber Wendelung eine Schwenkung von 180°. Die verschiedenen Arten der Krümmlinge wurden bereits im Abschnitt „Gestemmte Treppe" besprochen.

Austragung des Krümmlings

1. Der Krümmling mit lotrechter Faserrichtung

Nach dem Auftragen des Krümmlingsgrundrisses mit den Tritt- und Setzstufenkanten, wie diese durch Verziehen festgelegt wurden, wird durch Verstreckung die Abwickelungsschablone der äußeren Krümmlingsfläche mit den Stufenausschnitten gefunden.
Die Länge und Breite des Krümmlingsholzes wird aus dem Grundriß und die Höhe des Krümmlingsholzes aus der Abwicklung gefunden. Die Isometrie zeigt den Arbeitsgang der Bearbeitung des Krümmlingsholzes.

2. Der Krümmling mit Faserrichtung in der Steigungslinie

Nach dem Auftragen des Krümmlingsgrundrisses mit den Tritt- und Setzstufenkanten werden die Ansichten und die Abwicklung des Krümmlings ermittelt.

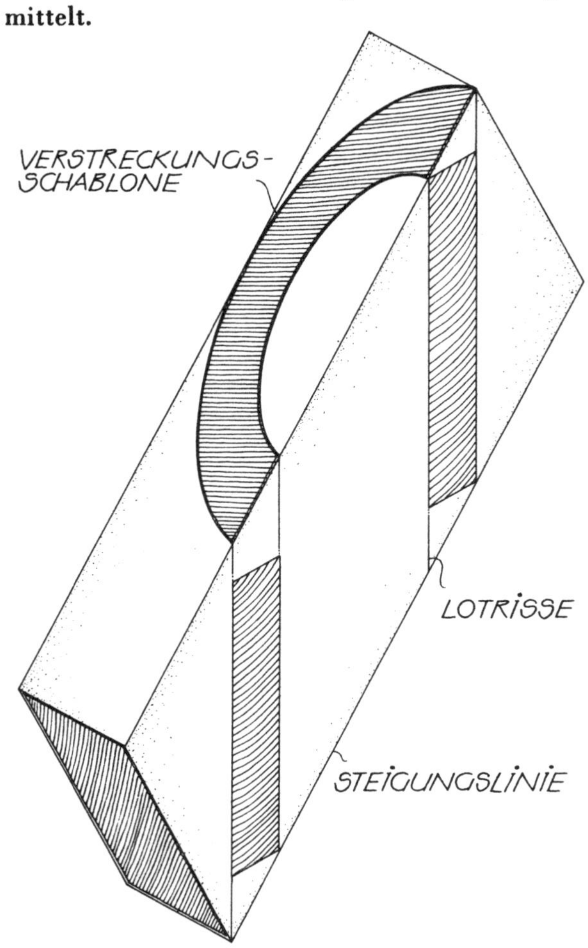

Krümmling mit Faserrichtung in der Steigungslinie
Isometrie. Arbeitsgang der Bearbeitung

Das um die äußersten Punkte der Ansicht gelegte Tangentenrechteck ergibt Länge und Breite des Krümmlingsholzes. Die Stärke des Kropfholzes wird durch den Grundriß bzw. durch die Verstreckungsschablone bestimmt.
Die Verstreckungsschablone, als Schrägschnitt eines Hohlzylinders, ergibt sich durch Radialvergatterung bzw. durch Senkelvergatterung des Grundrisses, durch Hochloten und Umklappen an der Steigungslinie.
Für die Bearbeitung werden die Verstreckungsschablonen auf der oberen und unteren Fläche des Krümmlingsholzes aufgezeichnet und die äußeren Lotrisse gezogen. Sodann wird der Hohlzylinder ausgearbeitet. Nach dem Aufreißen der äußeren und der inneren Schablone auf die Zylinderflächen kann die vollständige Ausarbeitung des Krümmlings erfolgen.
Die Verbindung des Krümmlings mit den Wangen wie auch die Eckverbindung der Wandwangen wurde bereits bei den gestemmten Treppen besprochen.
Die Durchzeichnung gewendelter Treppen in Form von Werkblättern bringt zuerst eine dreiläufige Treppe mit Wendelstufen. Der Antritt ist aus 2 kastenförmigen Stufen, die sich um den Antrittspfosten schwingen, gefertigt. Das Geländer besteht aus profilierten Holzstäben, die zwischen durchgehenden Übergangskrümmlingen und Zwischenpfosten angeordnet sind.
Das zweite Beispiel zeigt eine zweimal viertelgewendelte Schachttreppe für ein Siedlerhaus.
Als Geländer wurde nur ein Handlauf, aus einem Stahlrohr gefertigt, vorgesehen. Die Brüstung ist verputztes Mauerwerk und wird mit Holz abgedeckt.

Berechnung der Siedlerhaustreppe

Lauflänge: 2,76 m

2 Bogen der Gehlinie: $r \cdot \pi = 0{,}535 \times 3{,}14 = 1{,}68$ m

Damit Länge des geraden Stückes der Lauflinie:
$2{,}76 - 1{,}68 = 1{,}08$ m

2 Bogen der Innenwangenkante:
$r \cdot \pi = 0{,}135 \times 3{,}14 = 0{,}42$ m

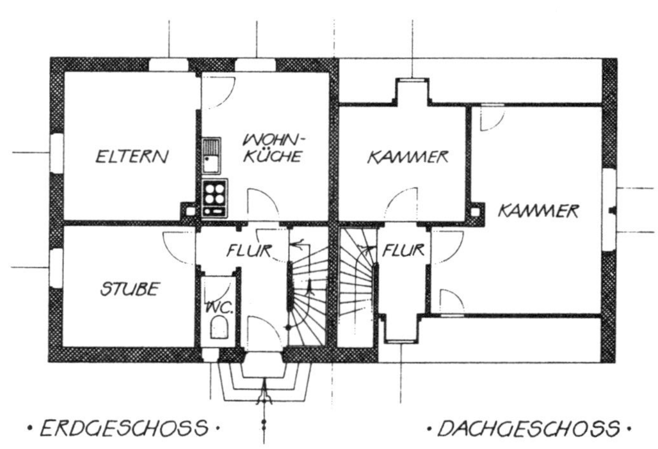

Zweimal viertelgewendelte Treppe für ein Siedlerhaus. Grundrisse Maßstab 1:200

Abwicklung der Innenwangenkante:
$0{,}42 + 1{,}08 = 1{,}50$ m

Durch Berechnung wird das Maß der gleichmäßigen Vergrößerung der Mindestauftrittbreite von 100 mm mit 10 mm gefunden. Es lauten daher die Stufenmaße in mm: 100, 120, 130, 140, 150, 150, 140, 130, 120, 110, 100.
Die Summe der Stufenmaße = Abwickelung der Innenwangenkante = 1,50 m.
Da im Rahmen der Verziehungsmethoden geradläufige Treppen mit Viertelwendelung am Antritt bereits gezeigt wurden, soll das dritte Beispiel eine geradläufige Treppe mit Viertelwendelung am Austritt zur Darstellung bringen. Das Geländer ist aus Stahl gefertigt, wobei runde und quadratische Stäbe abwechselnd angeordnet wurden. Die Anordnung eines Wandhandlaufes ist zu empfehlen, zumal manche örtlichen Baubestimmungen bei gewendelten Treppen die Anbringung eines Wandhandlaufes vorschreiben.

Berechnung der am Austritt viertelgewendelten Treppe

Lauflänge der gewendelten Stufen:
$8 \times 0{,}23 = 1{,}84$ m

Bogen der Gehlinie:
$$\frac{r \cdot \pi}{2} = \frac{0{,}56 \times 3{,}14}{2} = 0{,}879 \text{ m}$$

Damit Länge des geraden Stückes der Lauflinie:
$1{,}84 - 0{,}879 = 0{,}961$ m

Viertelbogen der Innenwangenkante:
$$\frac{r \cdot \pi}{2} = \frac{0{,}135 \times 3{,}14}{2} = 0{,}212 \text{ m}$$

Abwicklung der Innenwangenkante ab 6. Stufe:
$0{,}961 + 0{,}212 = 1{,}173$ m
Durch Berechnung wird das Maß der gleichmäßigen Vergrößerung der Mindestauftrittbreite von 100 mm mit 13,32 mm gefunden. Es lauten daher die Stufenmaße in mm: 100, 113, 127, 140, 153, 167, 180, 193.
Die Summe der Stufenmaße = Abwicklung der Innenwangenkante = 1,173 m.
Für ein Zweifamilienhaus wird anschließend eine halbgewendelte Treppe gezeigt.

Berechnung der halbgewendelten Treppe

Lauflänge: 4,05 m

Bogen der Gehlinie:
$r \cdot \pi = 0{,}592 \times 3{,}14 = 1{,}859$ m

Damit Länge eines geraden Stückes der Lauflinie:
$(4{,}05 - 1{,}859) : 2 = 0{,}826$ m

Halber Bogen der Innenwangenkante:
$$\frac{r \cdot \pi}{2} = \frac{0{,}16 \times 3{,}14}{2} = 0{,}251 \text{ m}$$

Halbe Abwicklung der Innenwangenkante ab 2. Stufe: $0{,}826 + 0{,}251 + 0{,}050 = 1{,}127$ m

Durch Berechnung wird das Maß der gleichmäßigen Vergrößerung der Mindestauftrittbreite von 100 mm mit 17,13 mm gefunden.
Die Anordnung einer halbgewendelten Treppe im Einfamilienhaus ist, wie die Abbildung zeigt, durchaus möglich, wenn man die Einzelheiten einer solchen Treppe ansprechend gestaltet und damit der Treppenform den Charakter der „Miethaustreppe“ nimmt.
Das letzte Beispiel stellt eine 3mal viertelgewendelte Treppe für ein Geschäftshaus mit großer Stockwerkstreppe im Erdgschoß dar. Wie bei den vorhergehenden Beispielen wurde die Verziehung rechnerisch ermittelt.

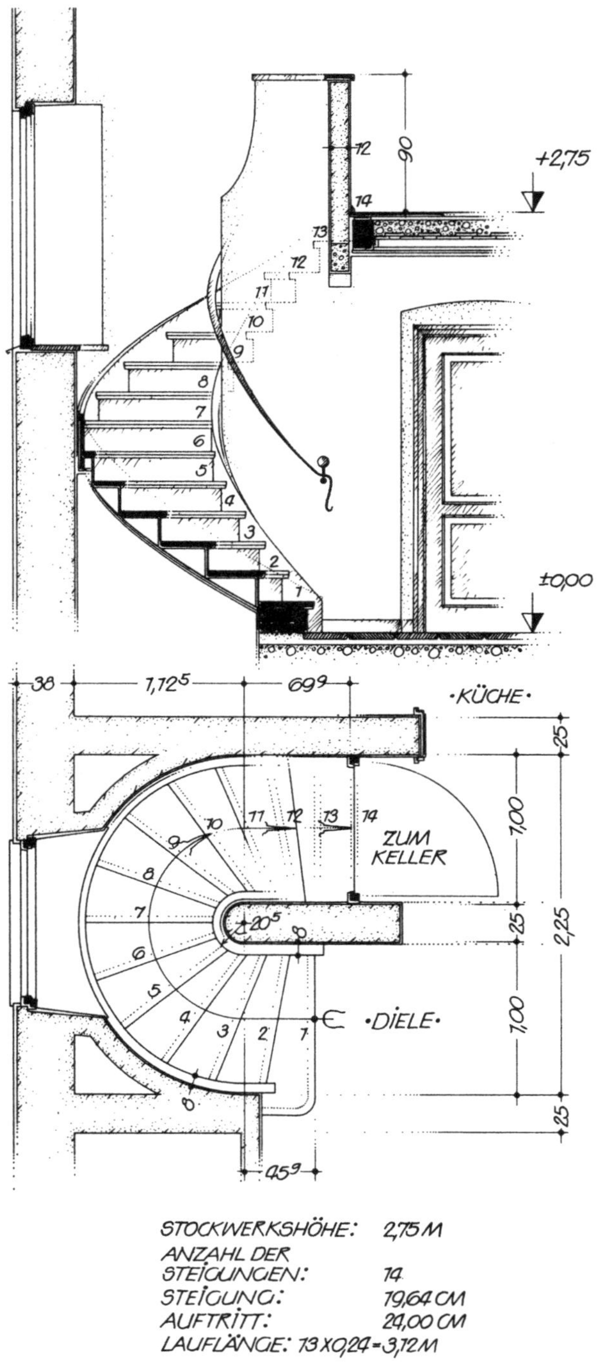

Halbgewendelte Treppe im Einfamilienhaus.
Maßstab 1 : 50

Treppen mit Wendelstufen. Grundrisse Maßstab 1 : 50
Steigungsverhältnis: 17,5/28,0 cm

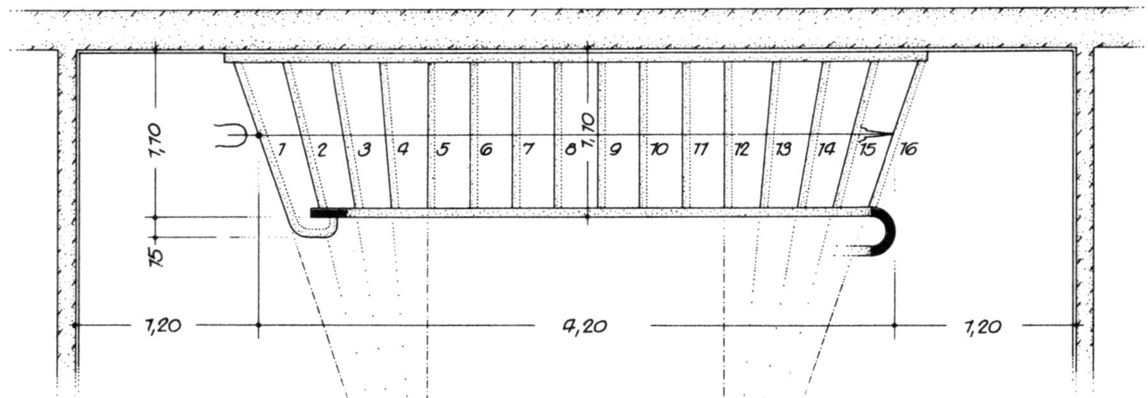

I Gerade Treppe mit Wendelstufen
am An- und Austritt
Stockwerkshöhe: 16 × 0,175 = 2,80 m

II Zweimal einviertel gebrochene
Treppe mit Wendelstufen und
mit An- und Austrittspodest
Stockwerkshöhe: 17 × 0,175 = 2,975 m

III Zweimal einviertel gebrochene
Treppe mit Wendelstufen
Stockwerkshöhe: 21 × 0,175 = 3,675 m

IV Einhalb gebrochene Treppe mit
Wendelstufen
Stockwerkshöhe: 16 × 0,175 = 2,80 m

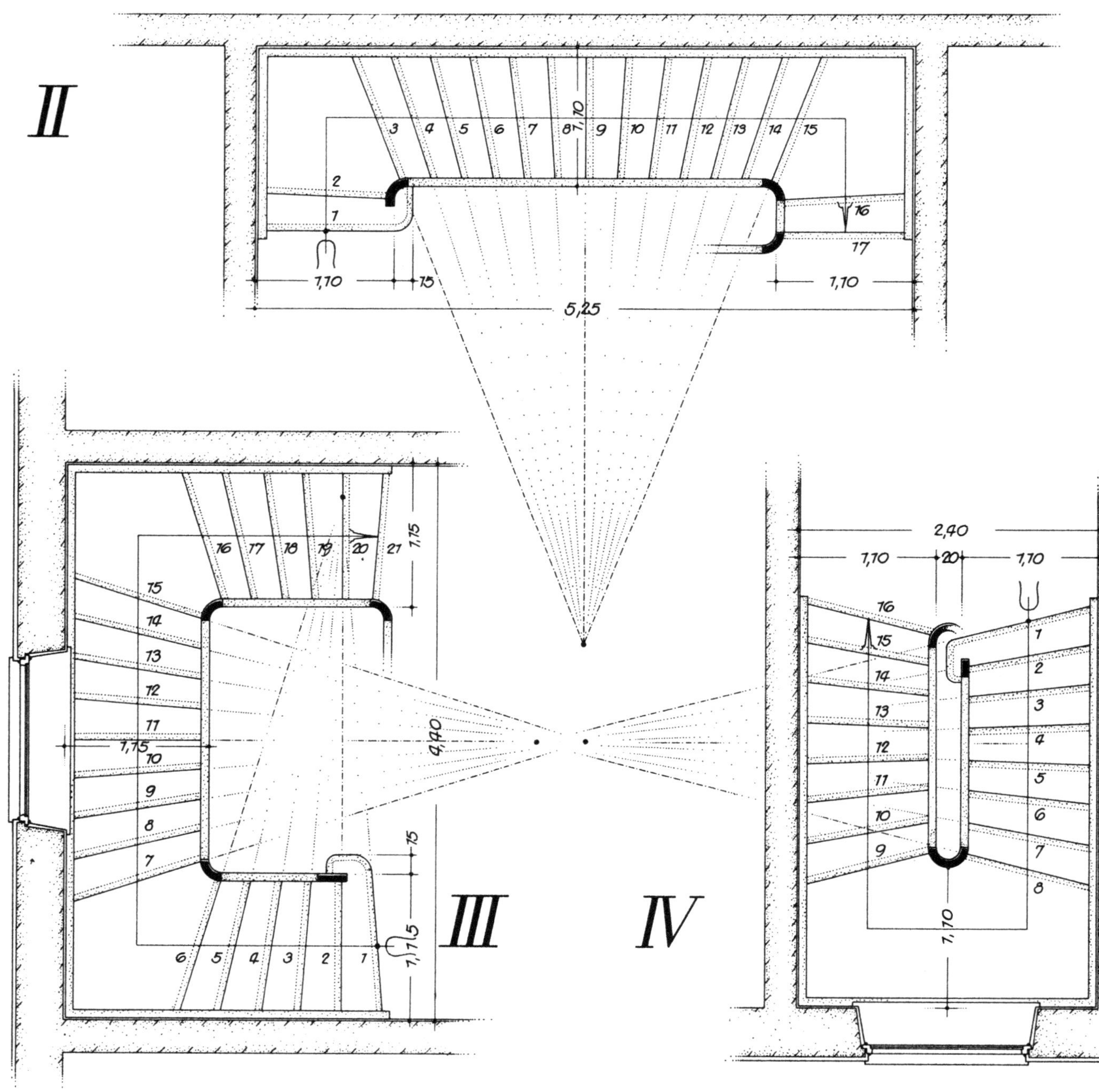

Das Verziehen der Stufen. Halbe Wendelung
Verfahren 1: Verziehen im Grundriß. Maßstab 1 : 20

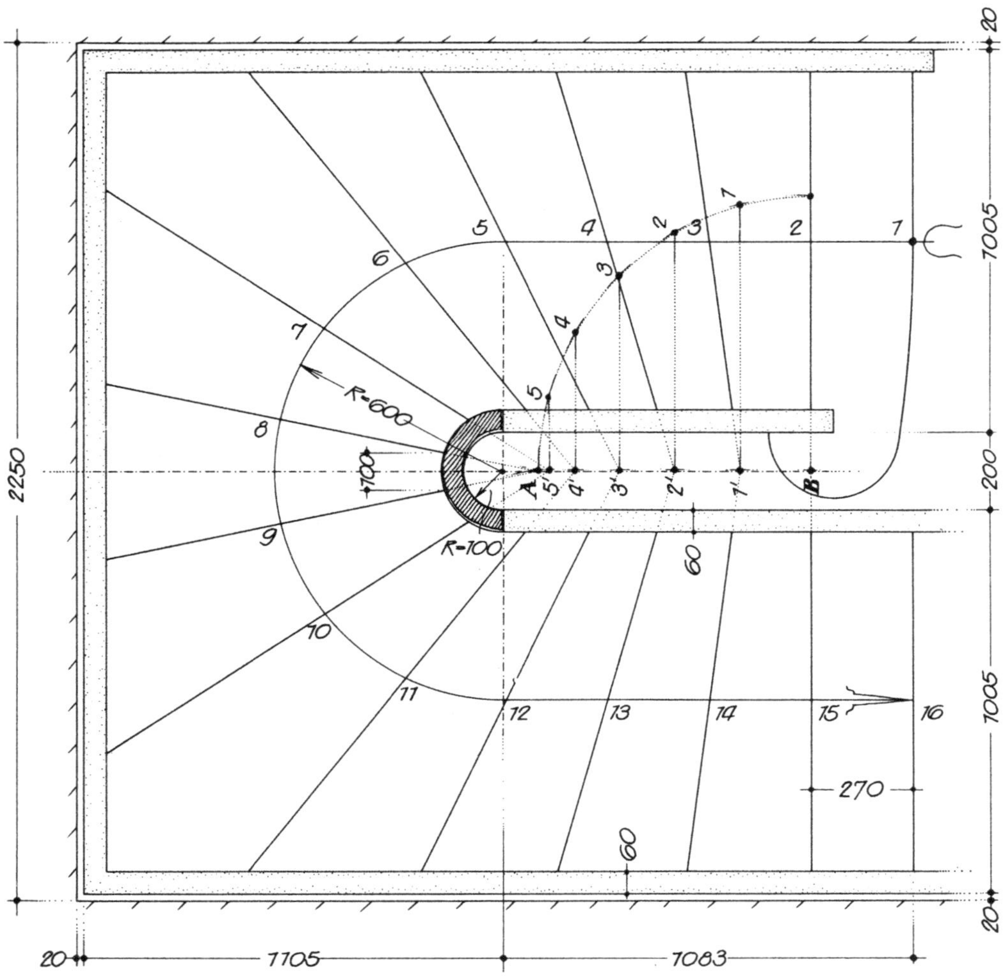

STOCKWERKSHÖHE: 2,88 M
ANZAHL DER STEIGUNGEN: 16
STEIGUNG: 18,00 CM
AUFTRITT: 27,00 CM
LAUFLÄNGE: 15X0,27 = 4,05 M

I. Auftritt in der Mitte (Spickeltritt)

I

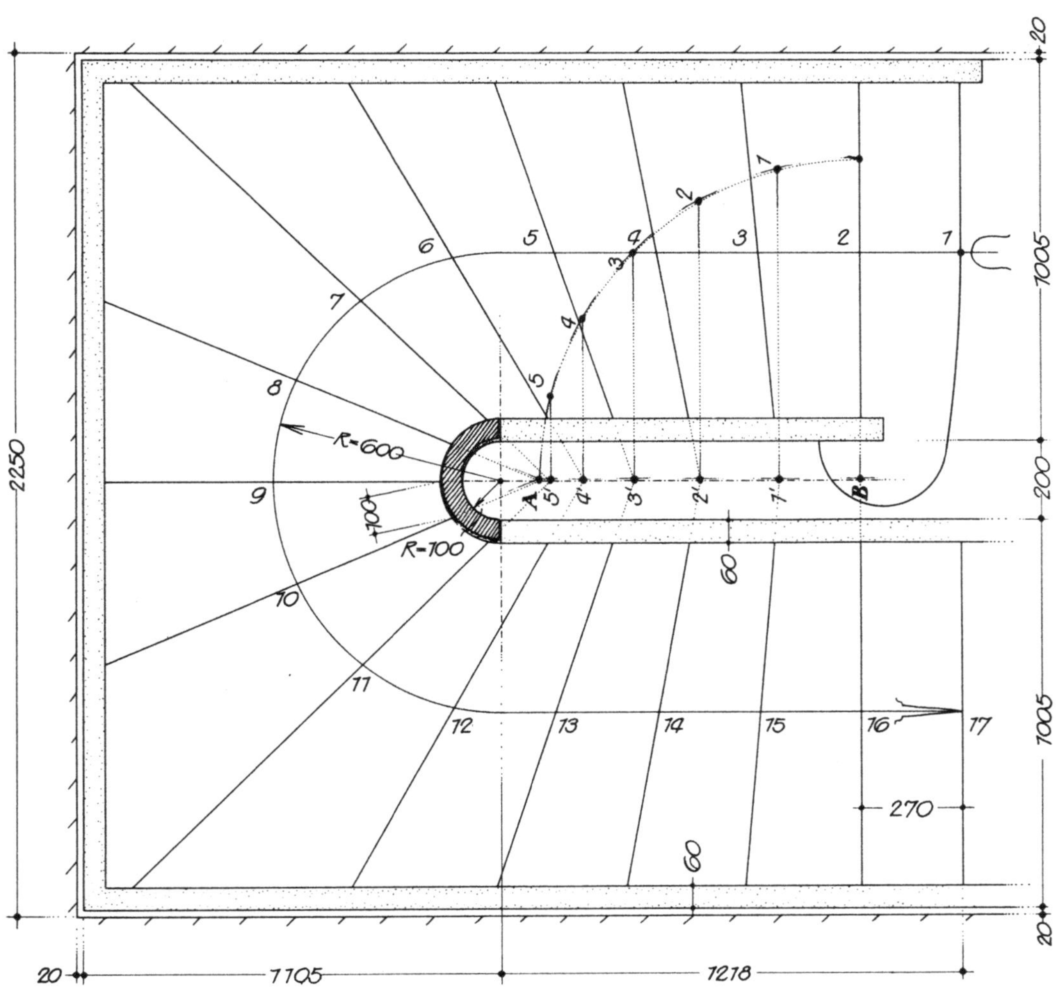

STOCKWERKSHÖHE: 3,06 M
ANZAHL DER STEIGUNGEN: 17
STEIGUNG: 18,00 CM
AUFTRITT: 27,00 CM
LAUFLÄNGE: 16X0,27 = 4,32 M

II. Stufe in der Mitte

II

Das Verziehen der Stufen. Halbe Wendelung
Verfahren 2: Verziehen im Grundriß. Maßstab 1 : 20

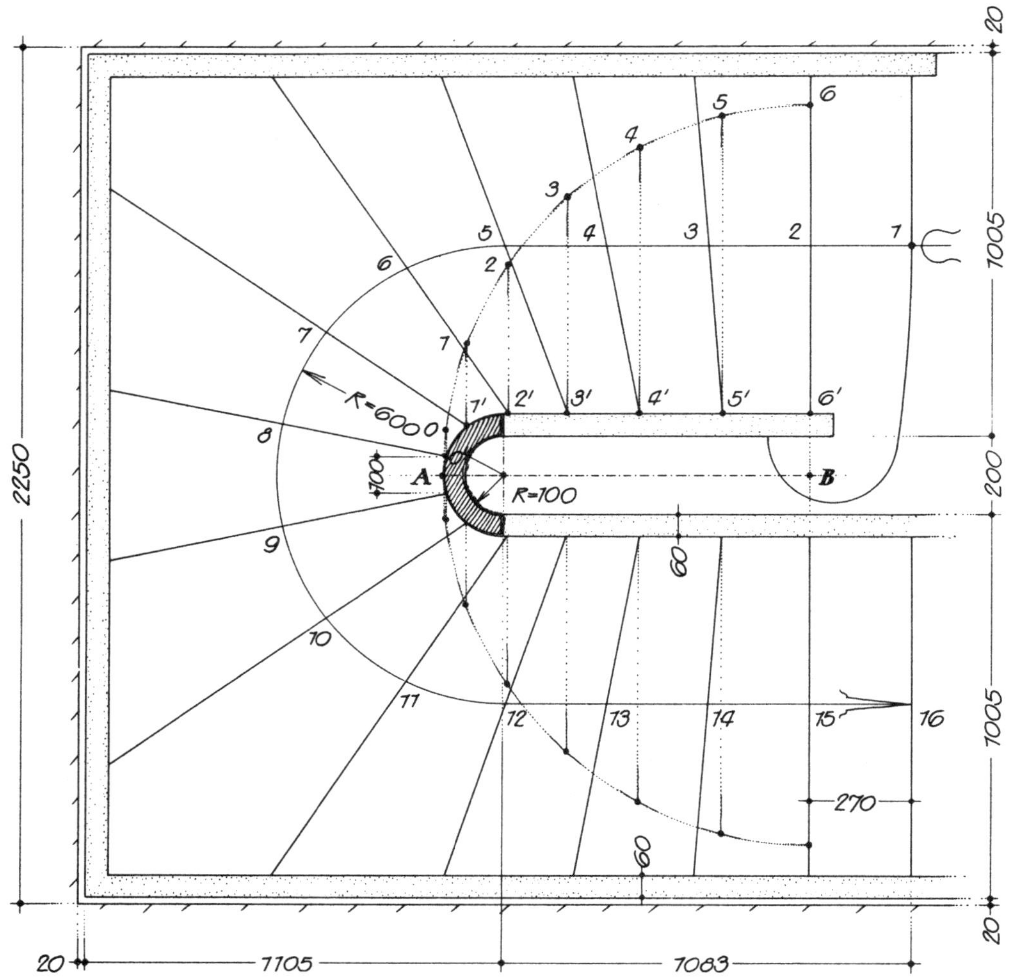

STOCKWERKSHÖHE: 2,88 M
ANZAHL DER STEIGUNGEN: 16
STEIGUNG: 18,00 CM
AUFTRITT: 27,00 CM
LAUFLÄNGE: 15 X 0,27 = 4,05 M

I. Auftritt in der Mitte (Spickeltritt)

I

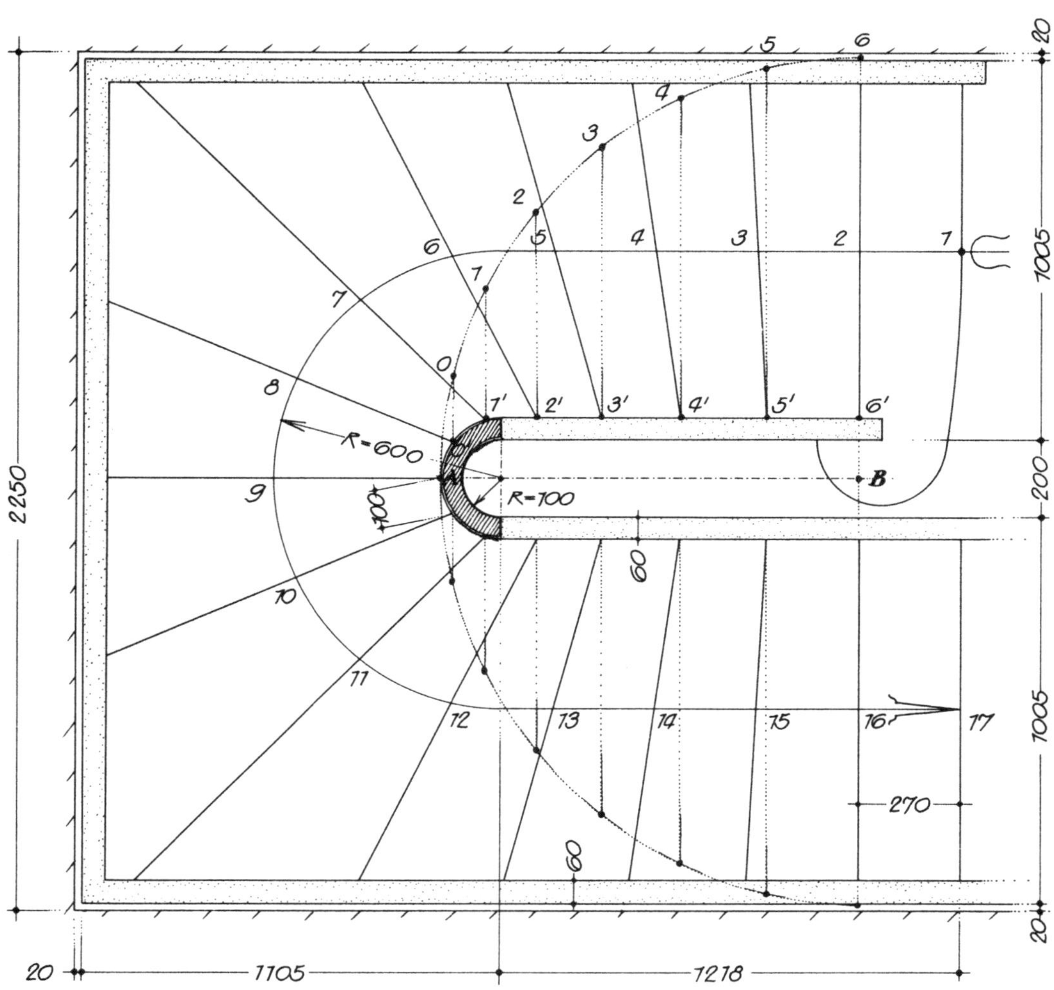

STOCKWERKSHÖHE: 3,06 M
ANZAHL DER STEIGUNGEN: 17
STEIGUNG: 18,00 CM
AUFTRITT: 27,00 CM
LAUFLÄNGE: 16 X 0,27 = 4,32 M

II. Stufe in der Mitte

II

Das Verziehen der Stufen. Halbe Wendelung
Maßstab 1 : 20

I Verfahren 3: Verziehen in Grundriß
II Verfahren 4: Verziehen in Grundriß

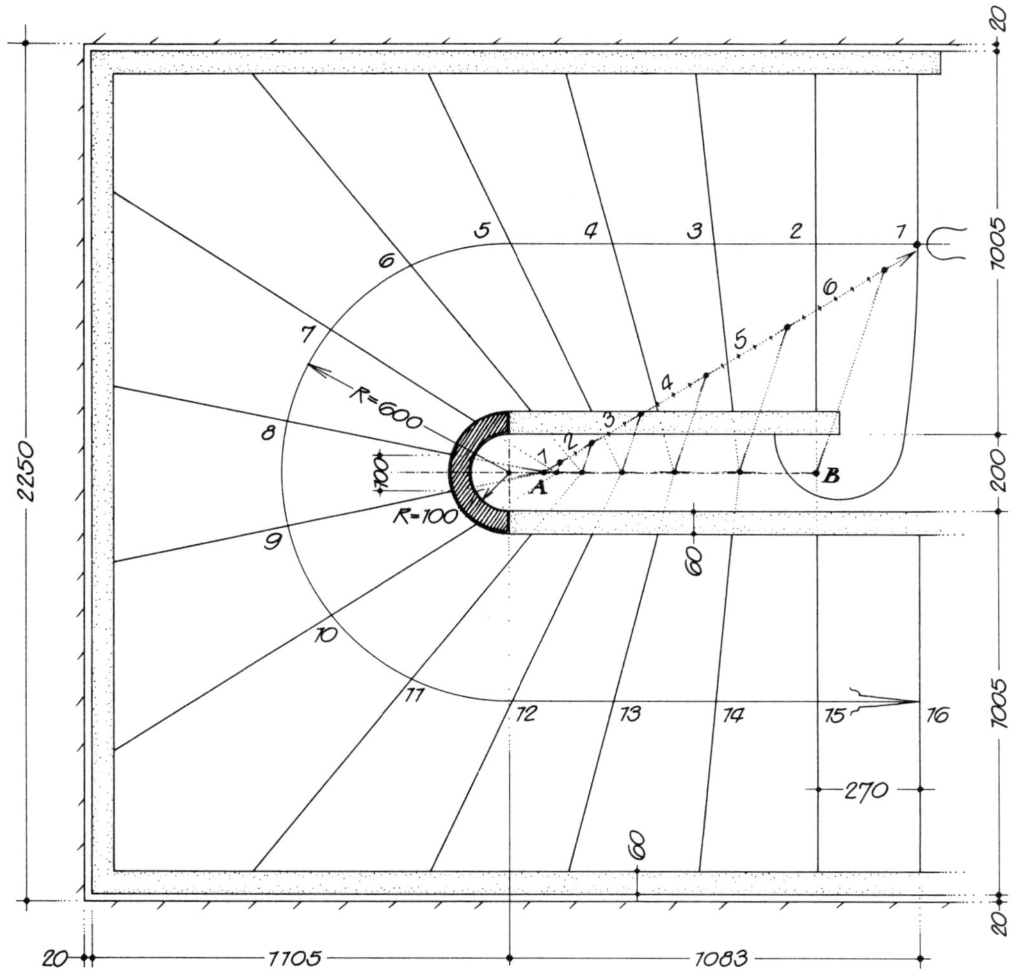

I

STOCKWERKSHÖHE: 2,88 M
ANZAHL DER STEIGUNGEN: 16
STEIGUNG: 18,00 CM
AUFTRITT: 27,00 CM
LAUFLÄNGE: 15 X 0,27 = 4,05 M

I. Auftritt in der Mitte (Spickeltritt)

STOCKWERKSHÖHE: 3,06 M
ANZAHL DER STEIGUNGEN: 17
STEIGUNG: 18,00 CM
AUFTRITT: 27,00 CM
LAUFLÄNGE: 16 X 0,27 = 4,32 M

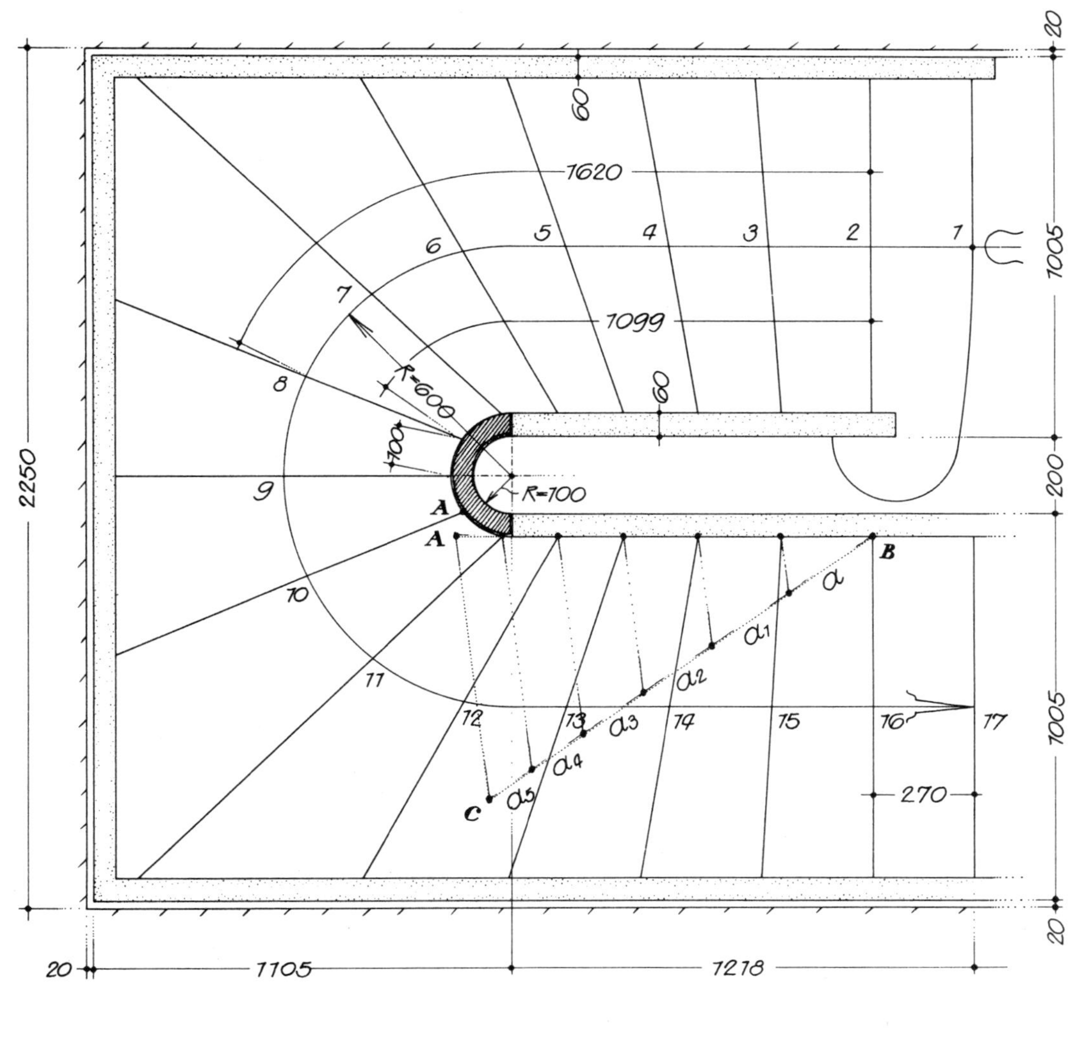

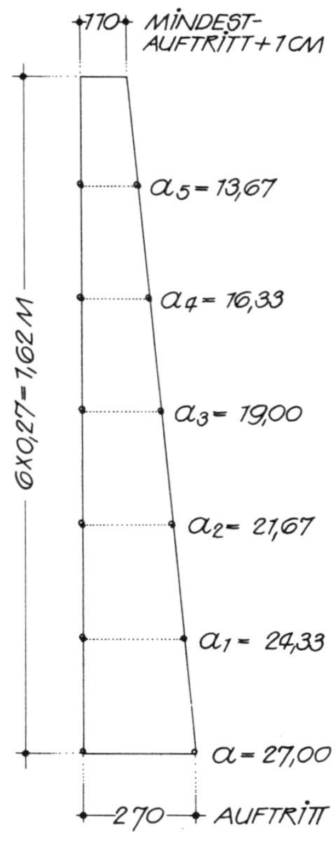

II

II. Stufe in der Mitte

Das Verziehen der Stufen. Halbe Wendelung
Verfahren 5: Verziehen im Grundriß. Maßstab 1 : 20

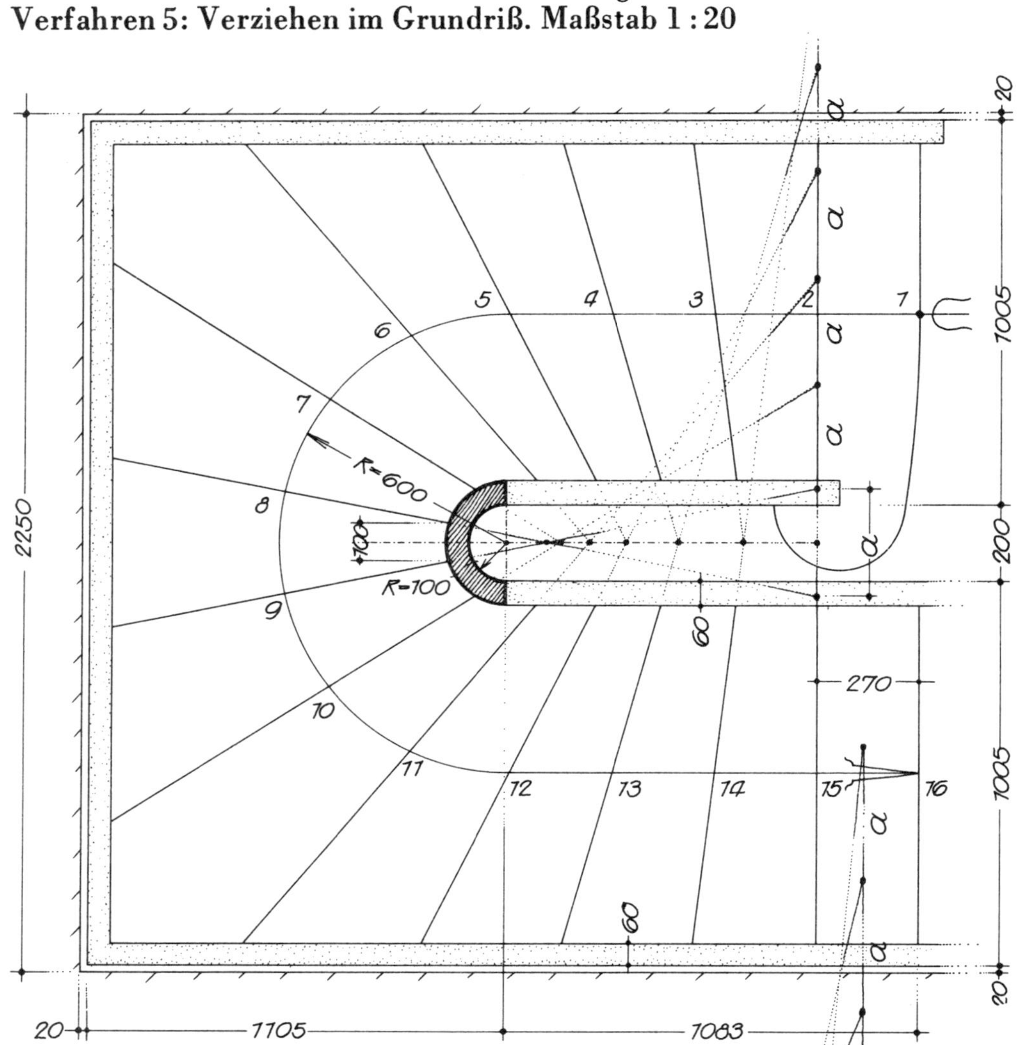

STOCKWERKSHÖHE: 2,88 M
ANZAHL DER STEIGUNGEN: 16
STEIGUNG: 18,00 CM
AUFTRITT: 27,00 CM
LAUFLÄNGE: 15 X 0,27 = 4,05 M

I. Auftritt in der Mitte (Spickeltritt)

I

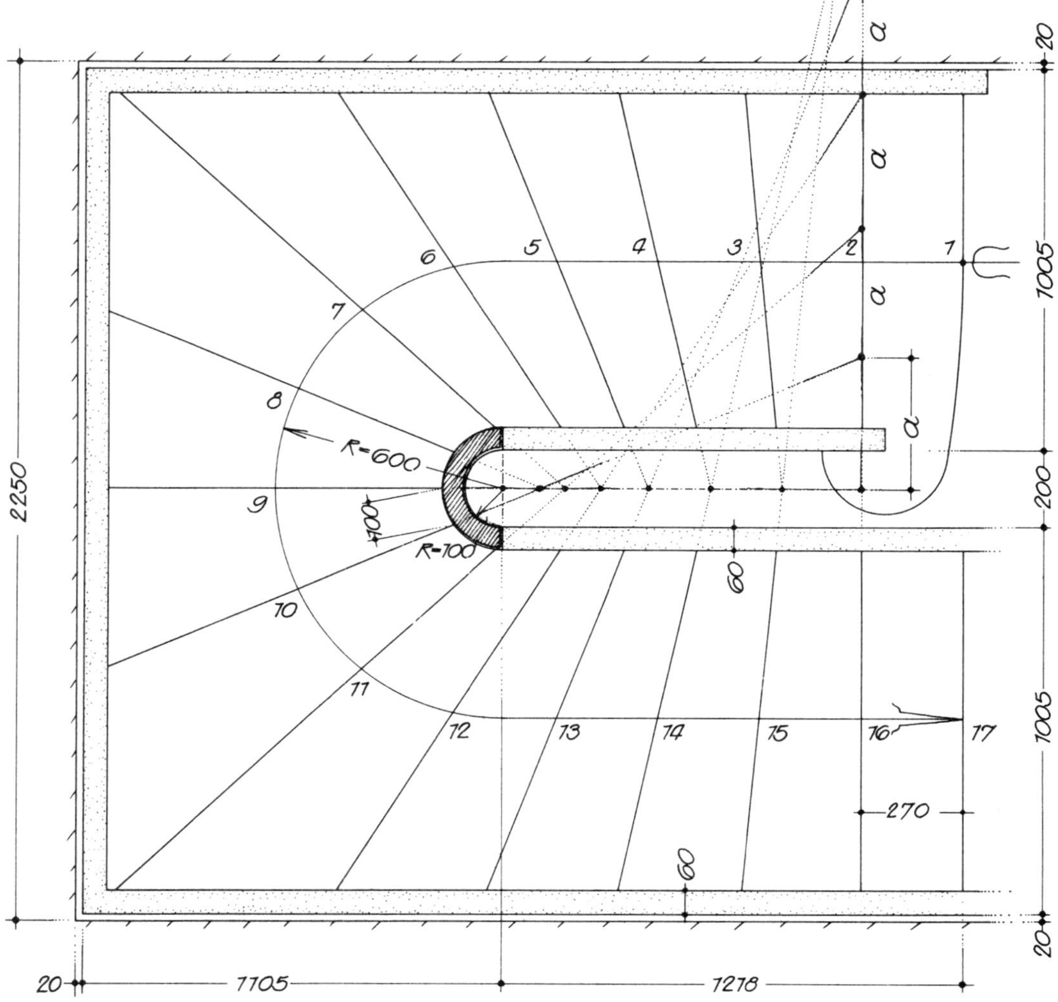

STOCKWERKSHÖHE: 3,06 M
ANZAHL DER STEIGUNGEN: 17
STEIGUNG: 18,00 CM
AUFTRITT: 27,00 CM
LAUFLÄNGE: 16 X 0,27 = 4,32 M

II. Stufe in der Mitte

II

Das Verziehen der Stufen. Halbe Wendelung
Verfahren 6: Verziehen im Grundriß. Maßstab 1 : 20

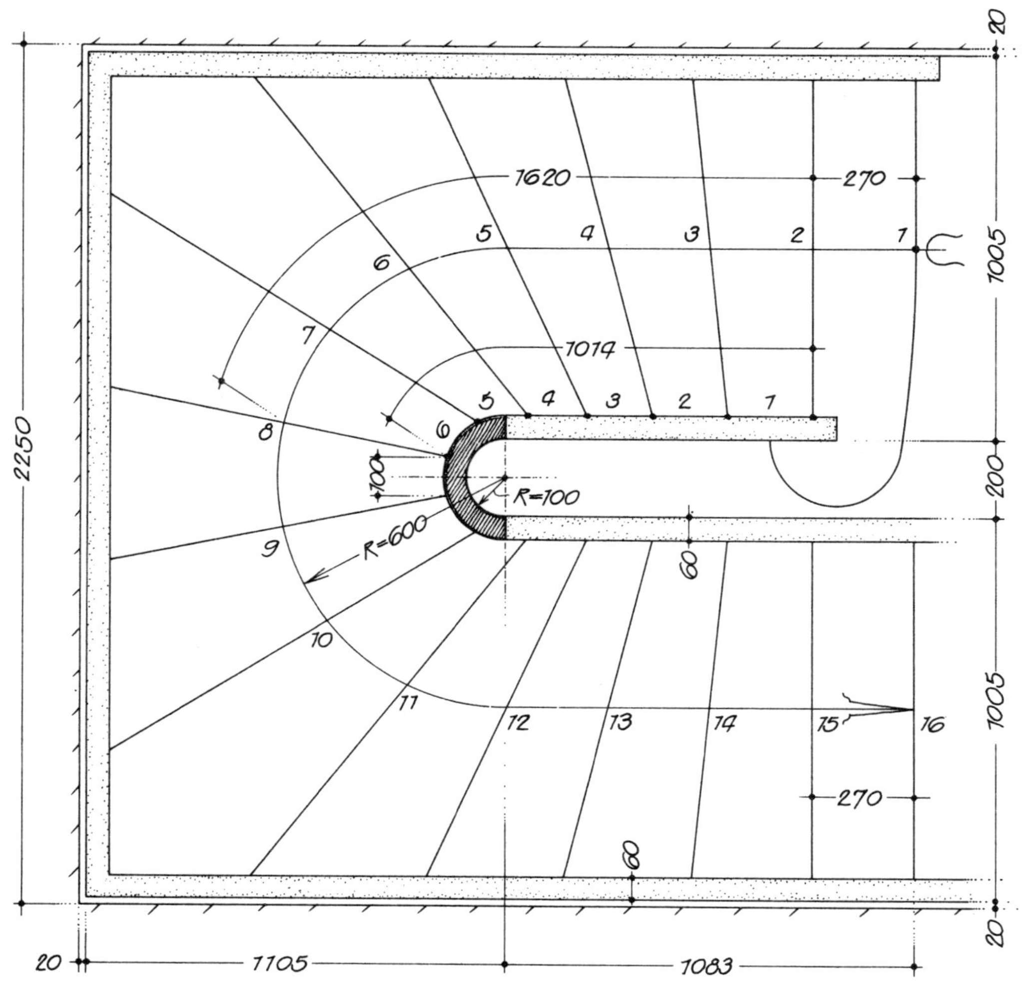

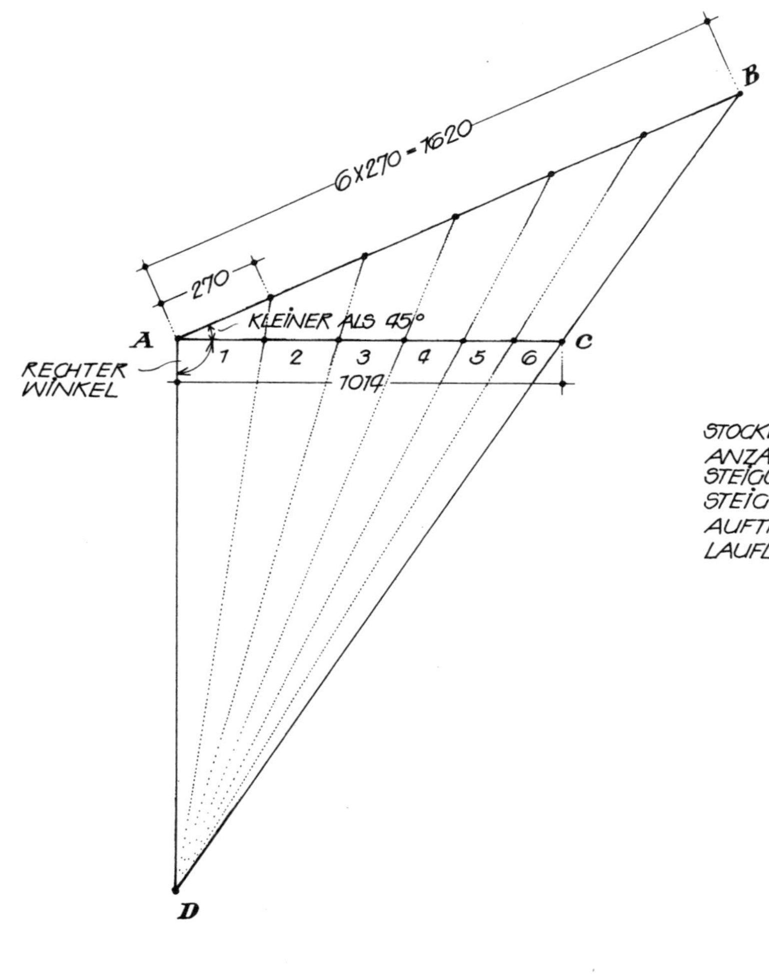

STOCKWERKSHÖHE: 2,88 M
ANZAHL DER STEIGUNGEN: 16
STEIGUNG: 18,00 CM
AUFTRITT: 27,00 CM
LAUFLÄNGE: 15 X 0,27 = 4,05 M

Auftritt in der Mitte
(Spickeltritt)

Das Verziehen
der Stufen
Halbe Wendelung

Verfahren 7:
Verziehen im Aufriß
und Grundriß

Auftritt in der Mitte
(Spickeltritt)

Maßstab 1 : 20

STOCKWERKSHÖHE: 2,88 M
ANZAHL DER STEIGUNGEN: 16
STEIGUNG: 18,00 CM
AUFTRITT: 27,00 CM
LAUFLÄNGE: 15X0,27 = 4,05 M

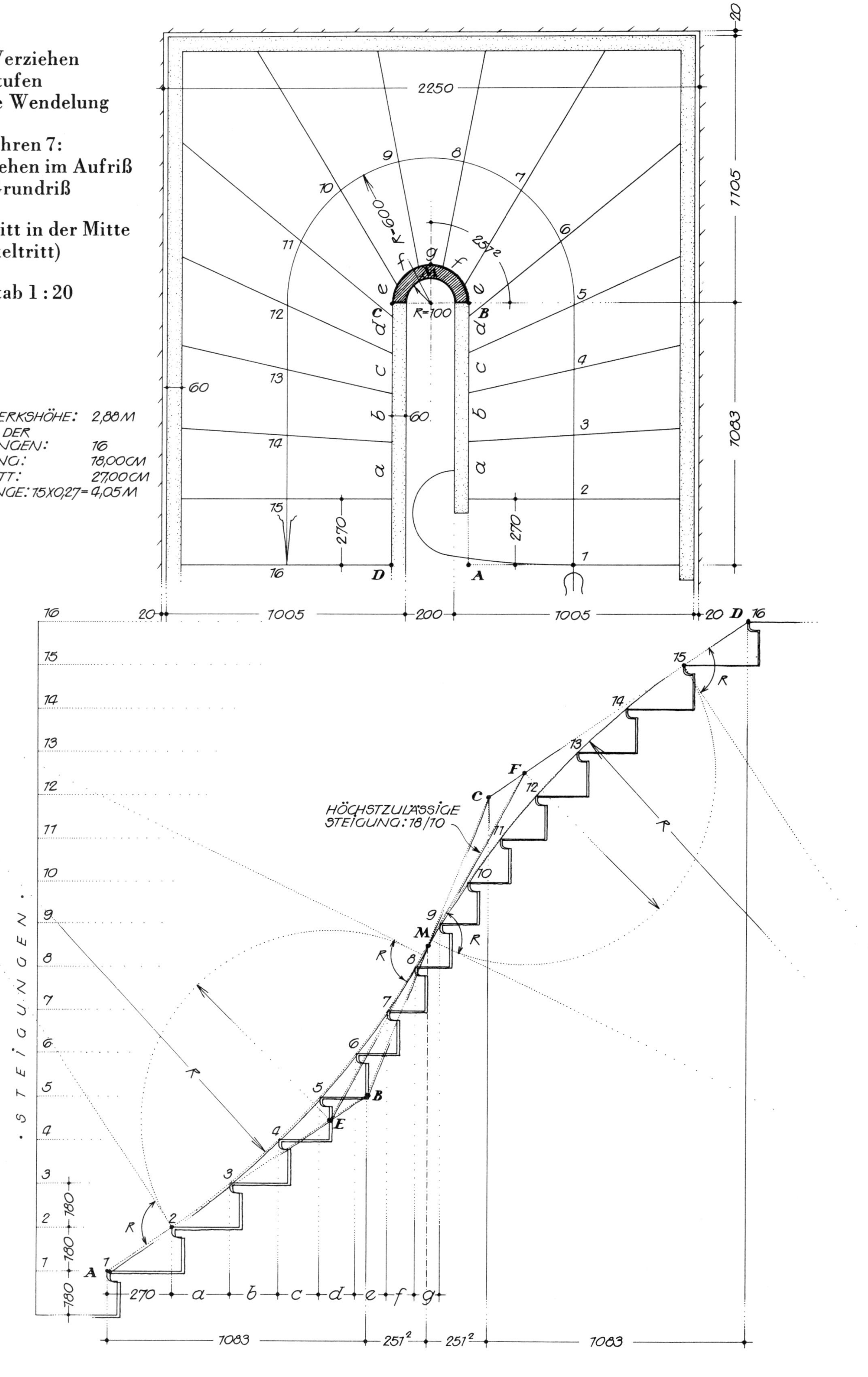

Das Verziehen
der Stufen
Halbe Wendelung

Verfahren 7:
Verziehen im Aufriß
und Grundriß

Stufe in der Mitte

Maßstab 1 : 20

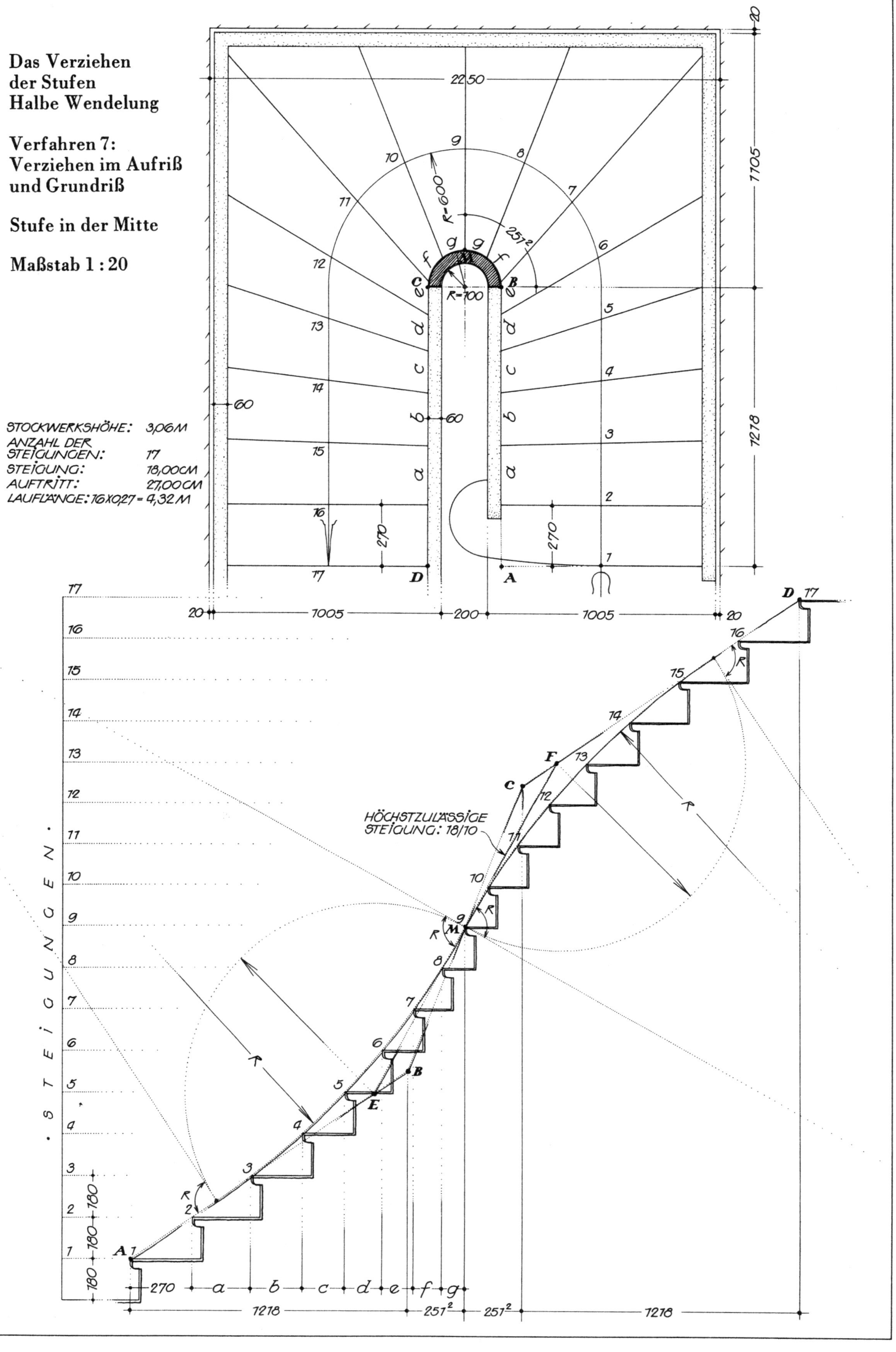

Das Verziehen der Stufen. Viertel-Wendelung.
Maßstab 1 : 20

I Verfahren 1: Verziehen im Grundriß
II Verfahren 2: Verziehen im Grundriß

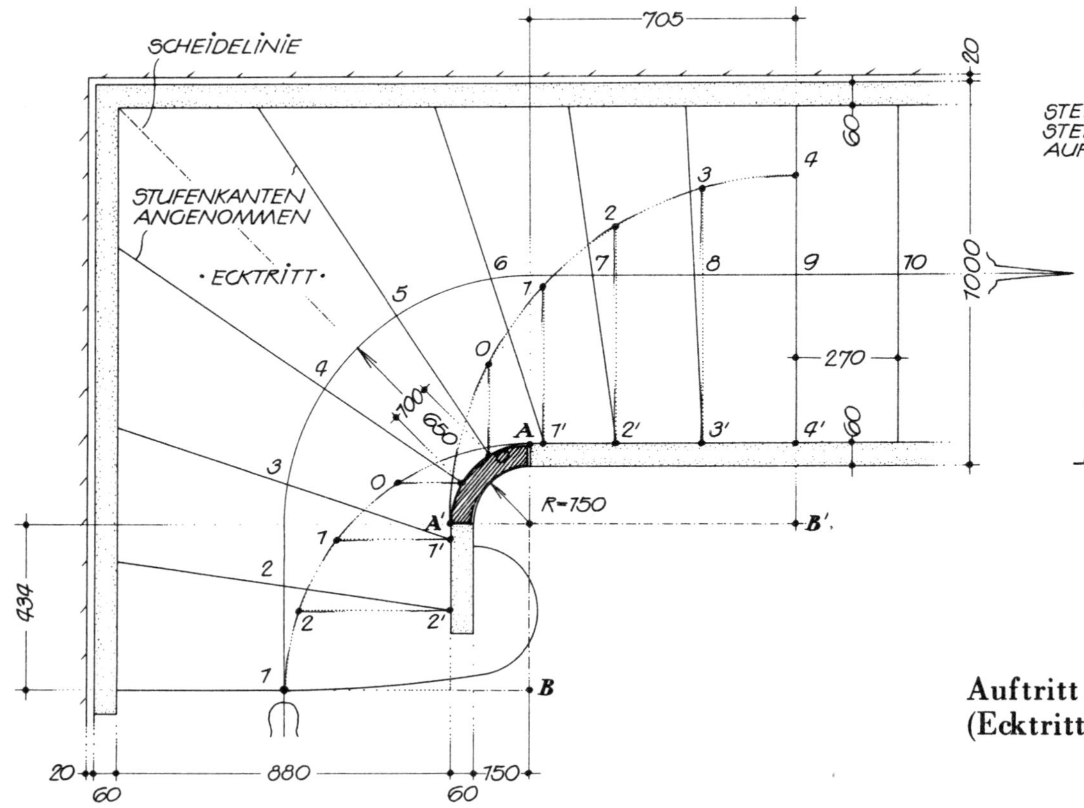

Auftritt in der Mitte (Ecktritt)

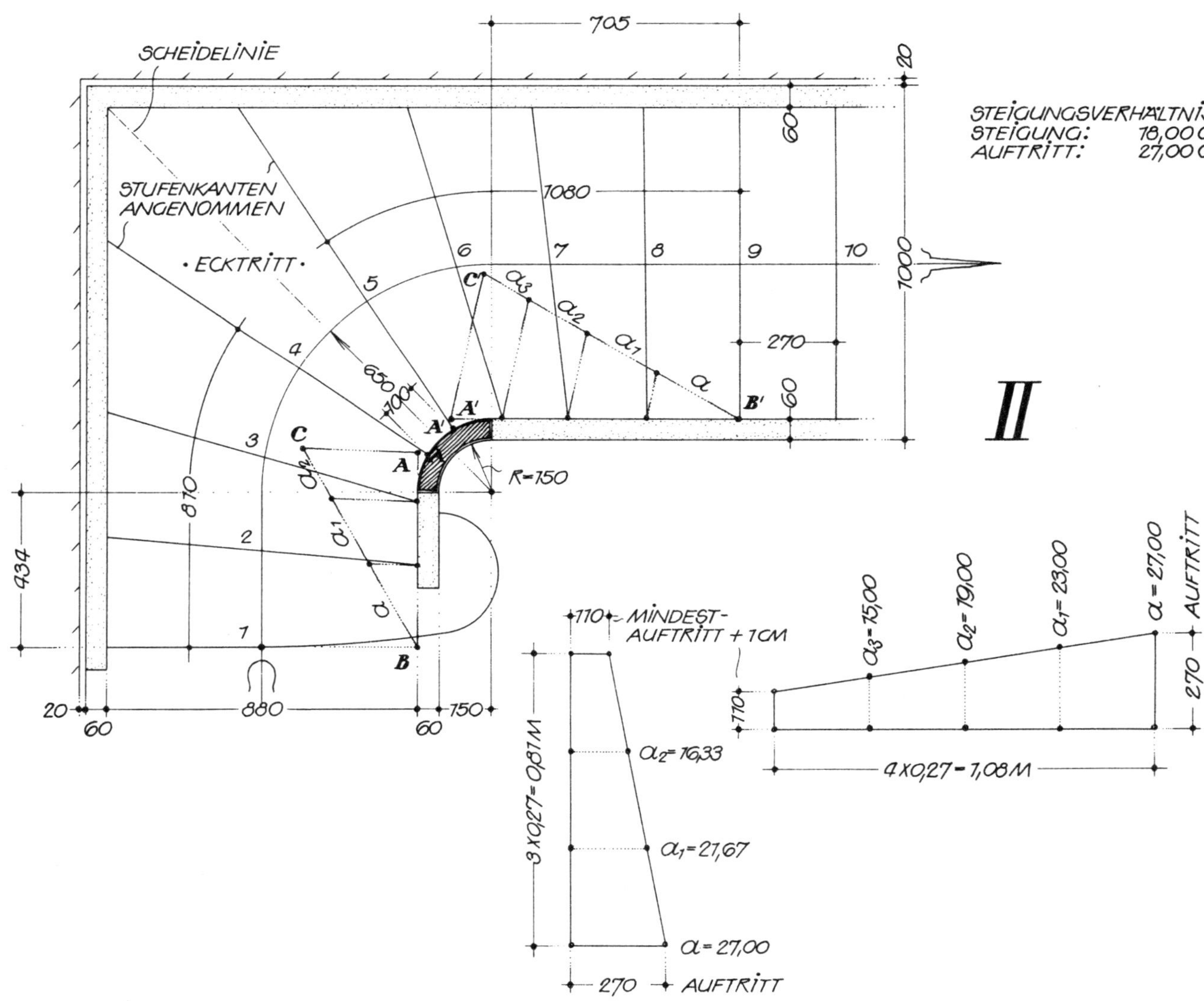

Das Verziehen der Stufen Viertel-Wendelung

Verfahren 3: Verziehen im Grundriß Maßstab 1 : 20

I Stufe in der Mitte
II Auftritt in der Mitte (Ecktritt)

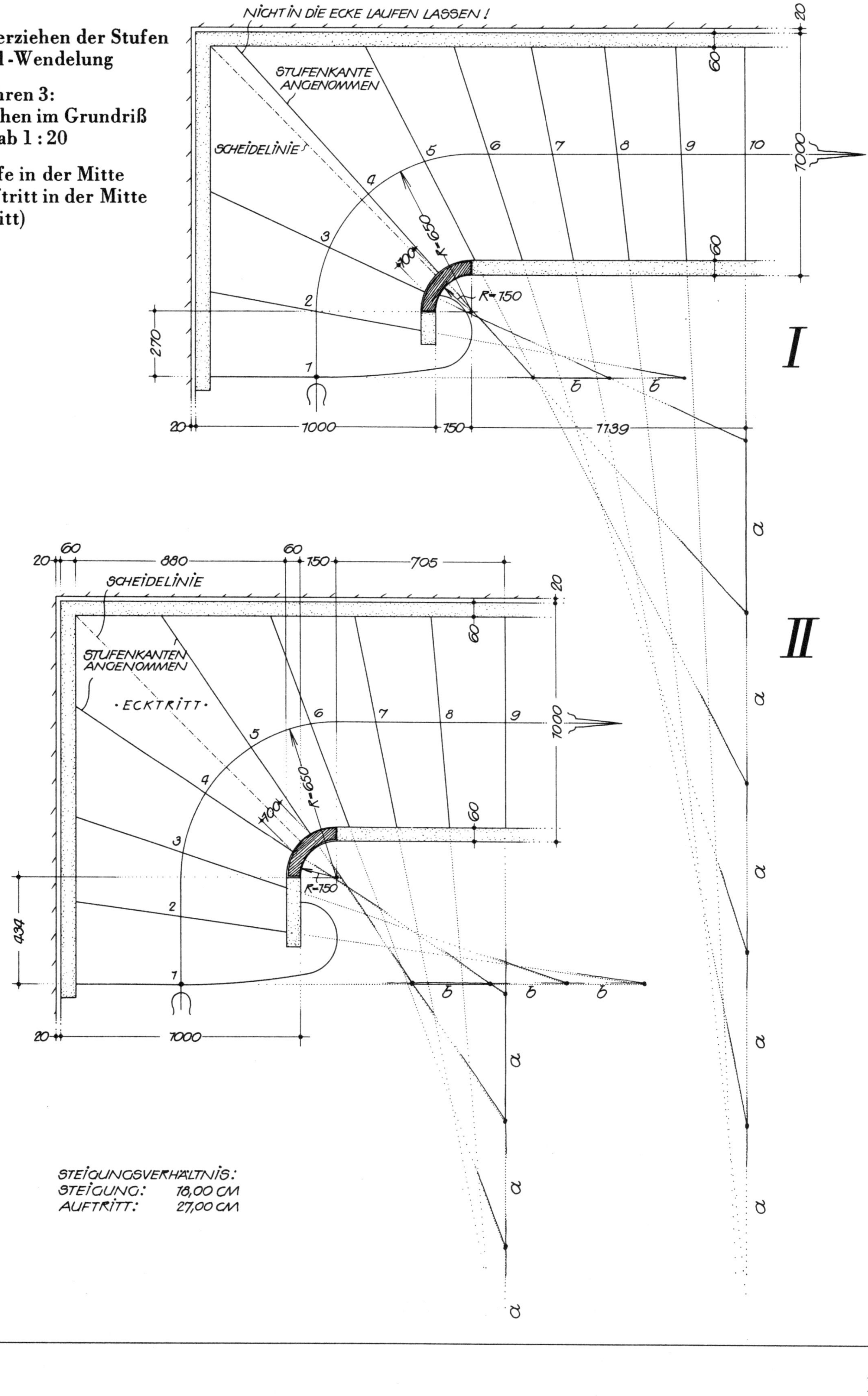

Das Verziehen der Stufen. Viertel-Wendelung
Verfahren 4: Verziehen im Aufriß und Grundriß
Auftritt in der Mitte (Ecktritt). Maßstab 1 : 20

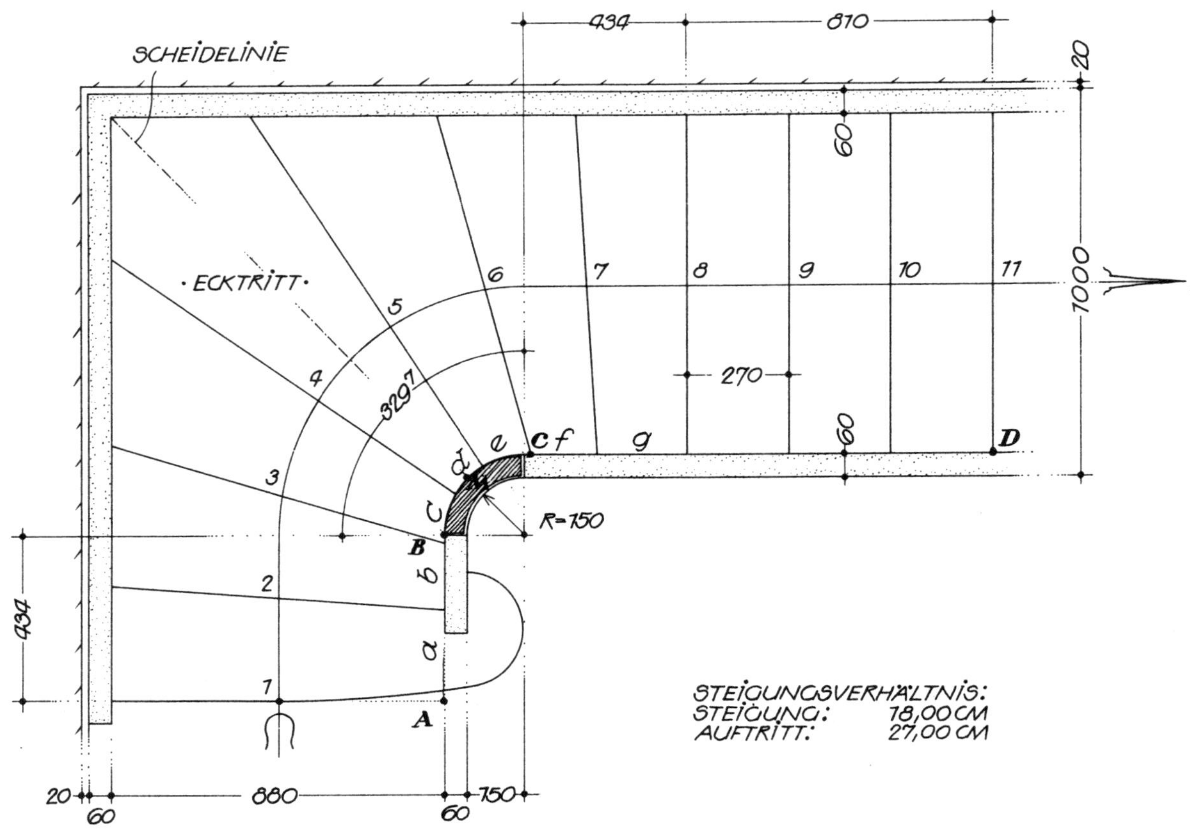

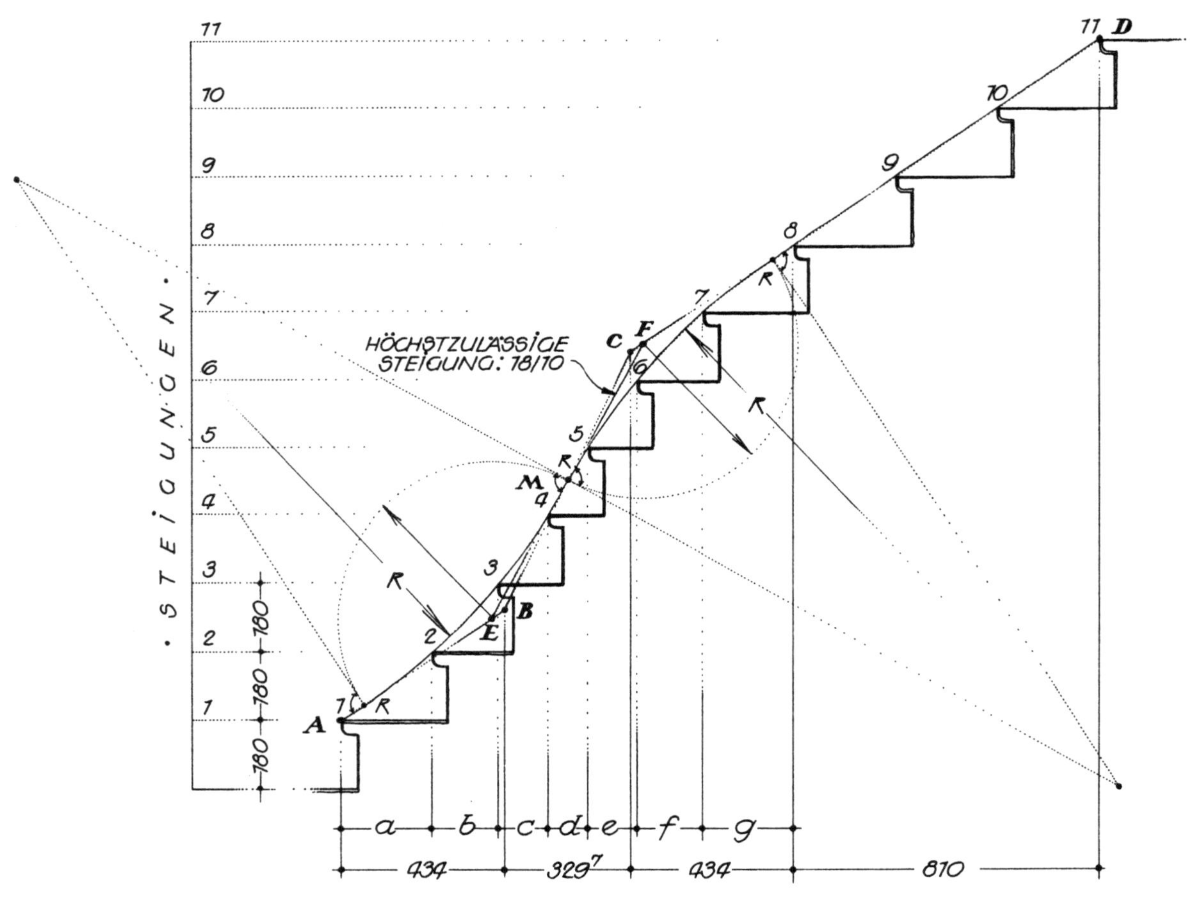

Das Verziehen der Stufen
Rechnerische Ermittlung der Verziehung. Maßstab 1 : 20

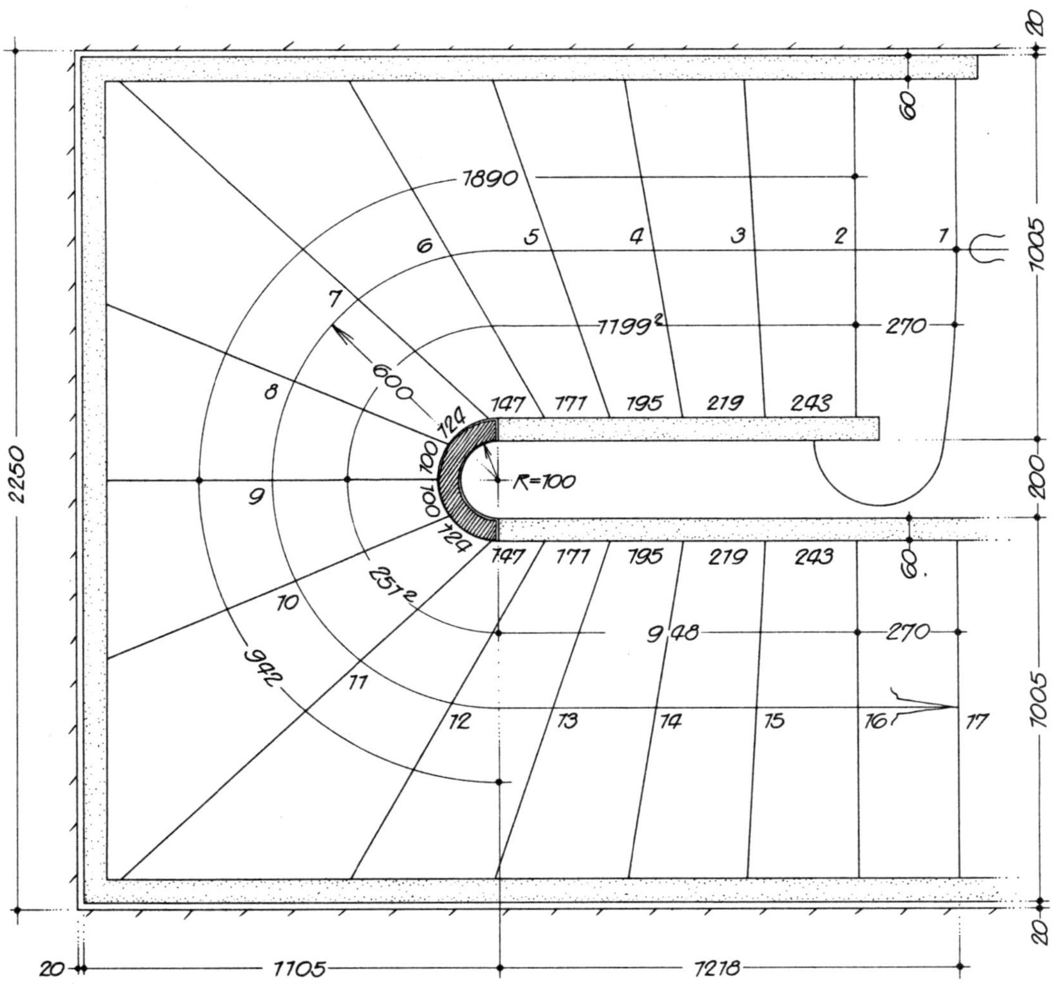

Halbe Wendelung

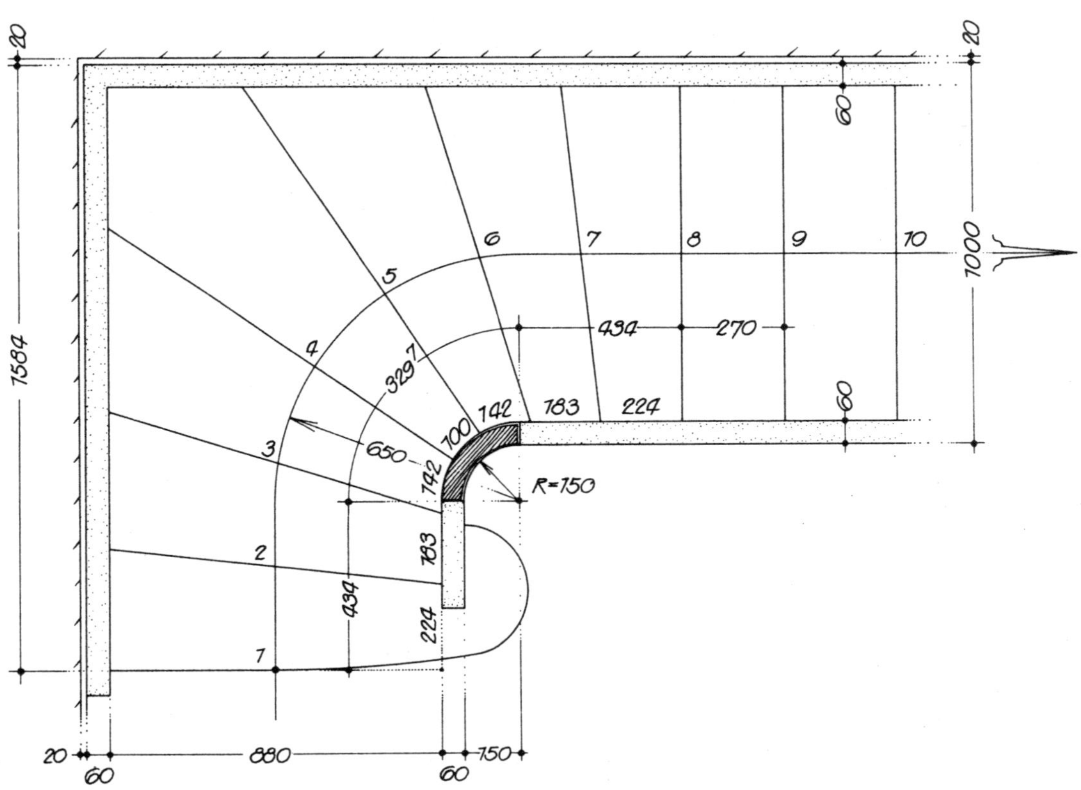

Viertel-Wendelung

Austragung des Krümmlings. Krümmling mit lotrechter Faserrichtung. Maßstab 1 : 10

Abwicklungsschablone

Vorderansicht

Rückansicht

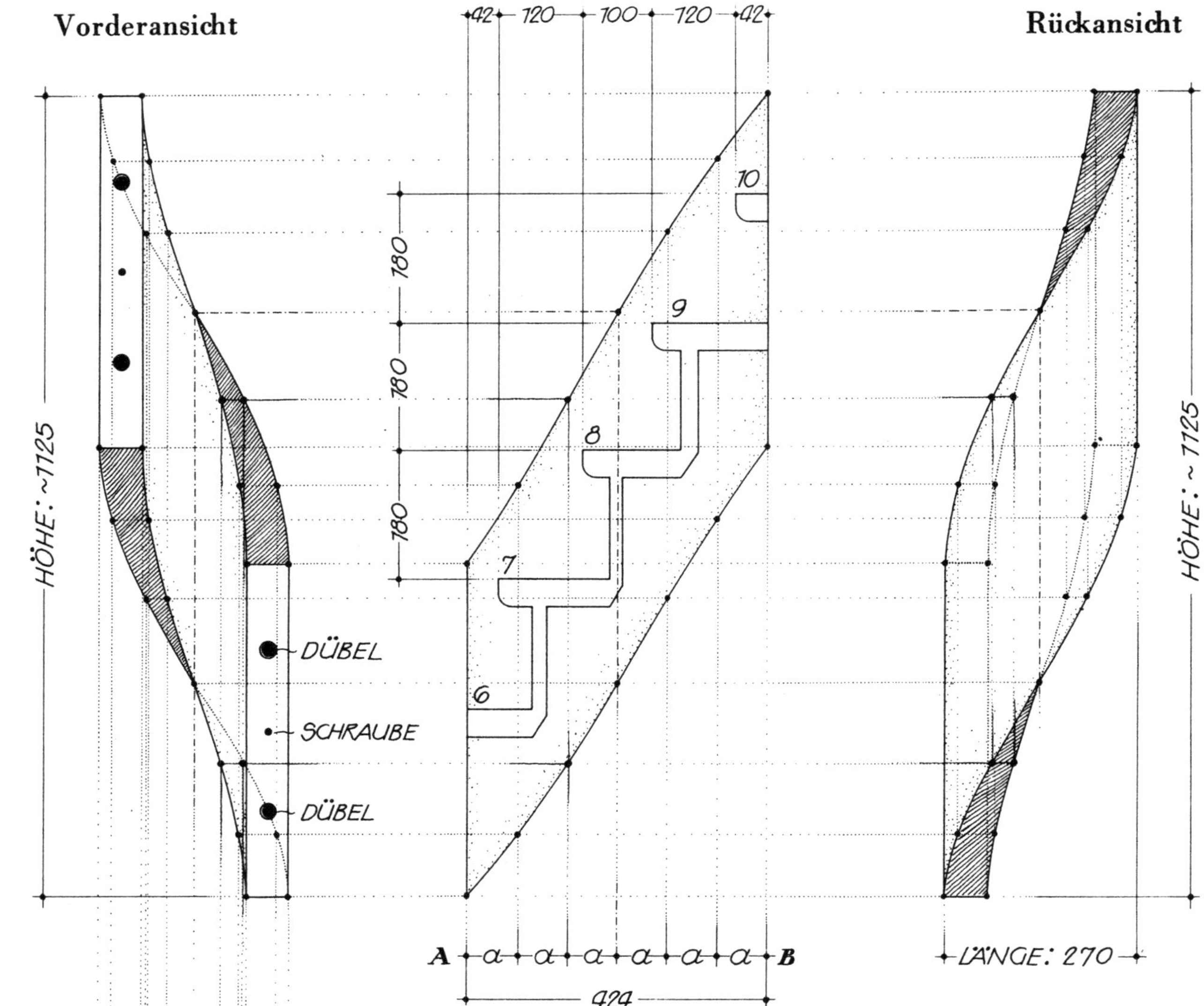

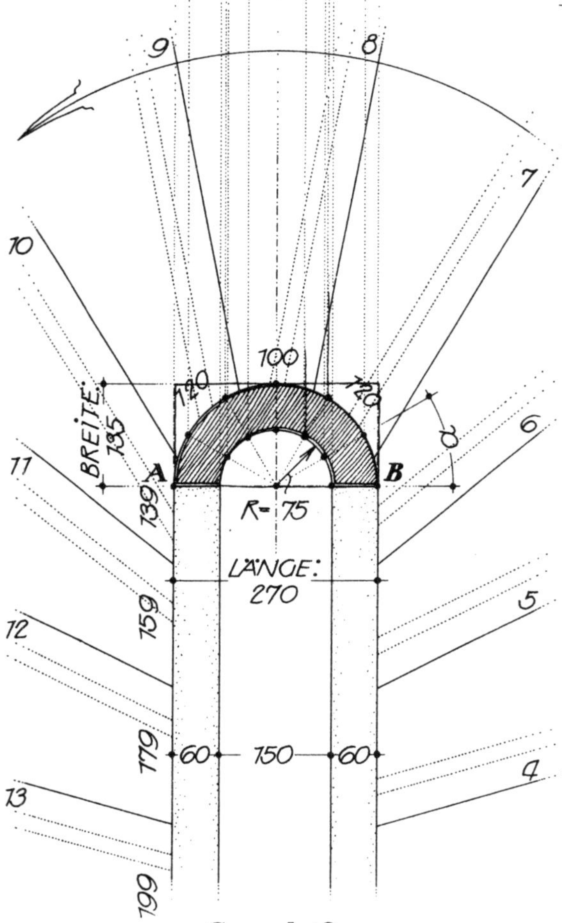

Grundriß

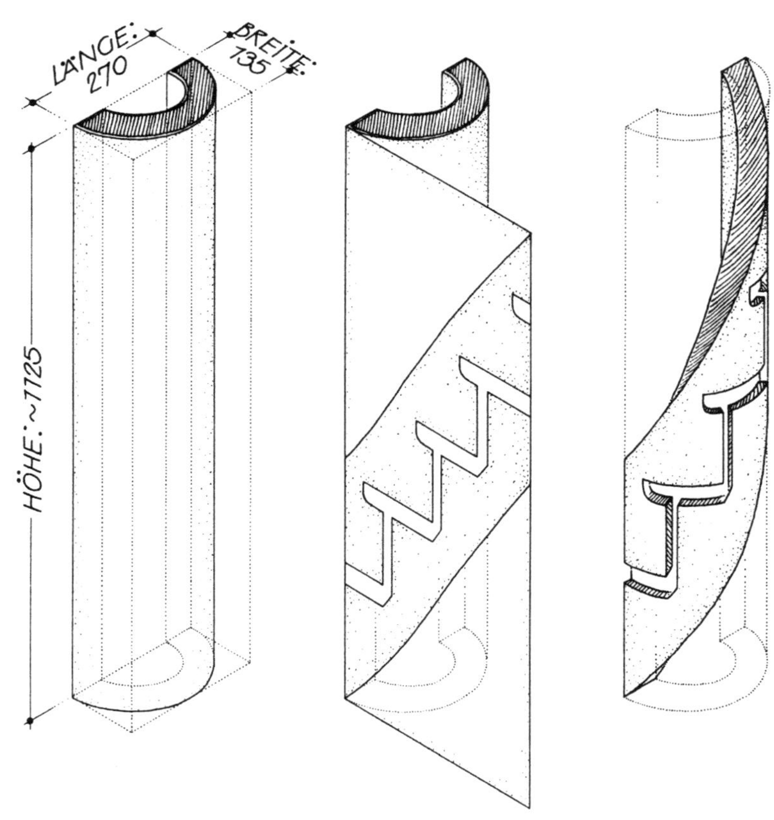

Isometrie. Arbeitsgang der Bearbeitung

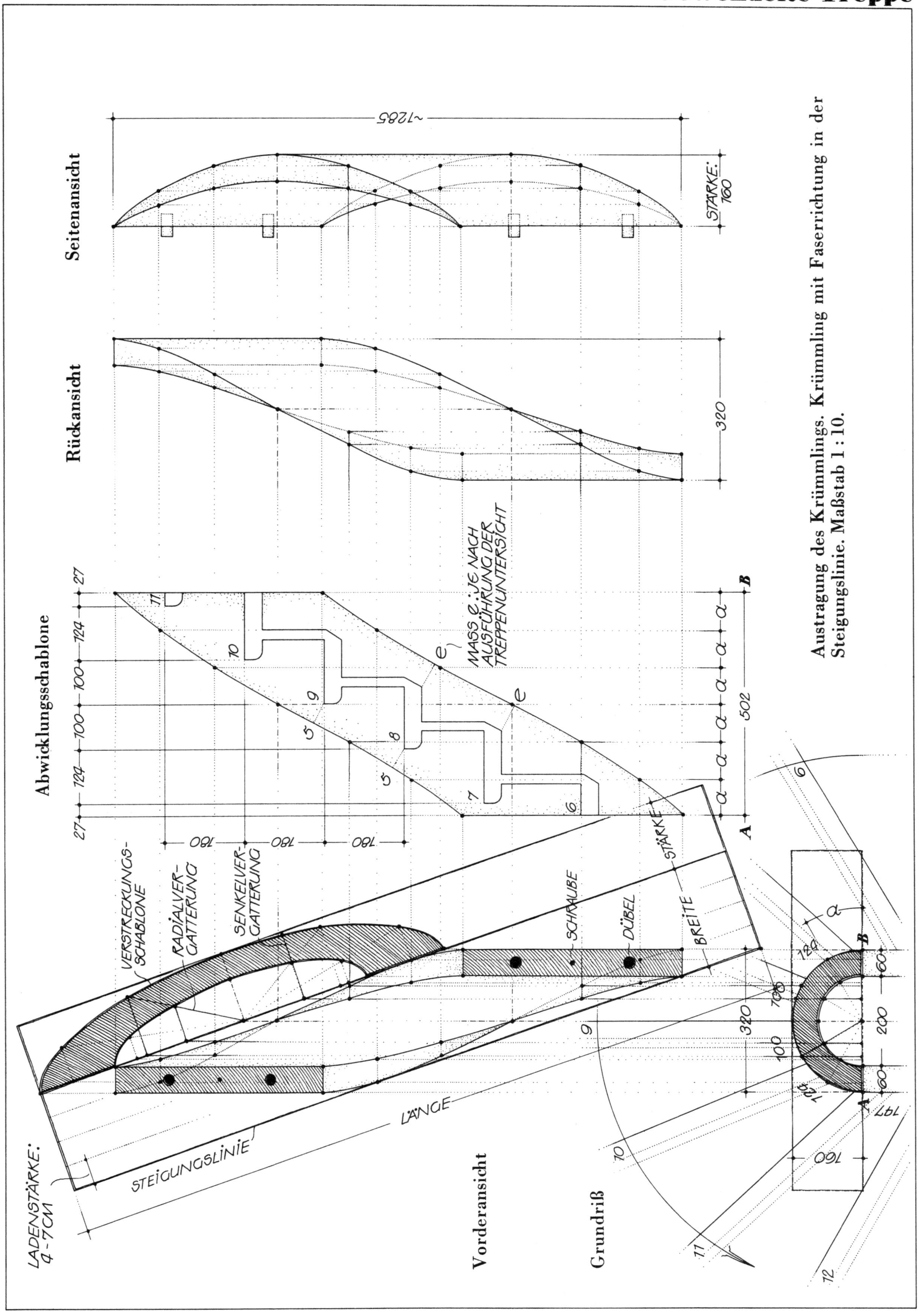

Austragung des Krümmlings. Krümmling mit Faserrichtung in der Steigungslinie. Maßstab 1 : 10.

Treppe mit Wendelstufen

Gestemmte dreiläufige Treppe mit Wendelstufen, zweimal einviertel gebrochen
Holzgeländer mit profilierten Stäben. Grundriß Maßstab 1 : 20

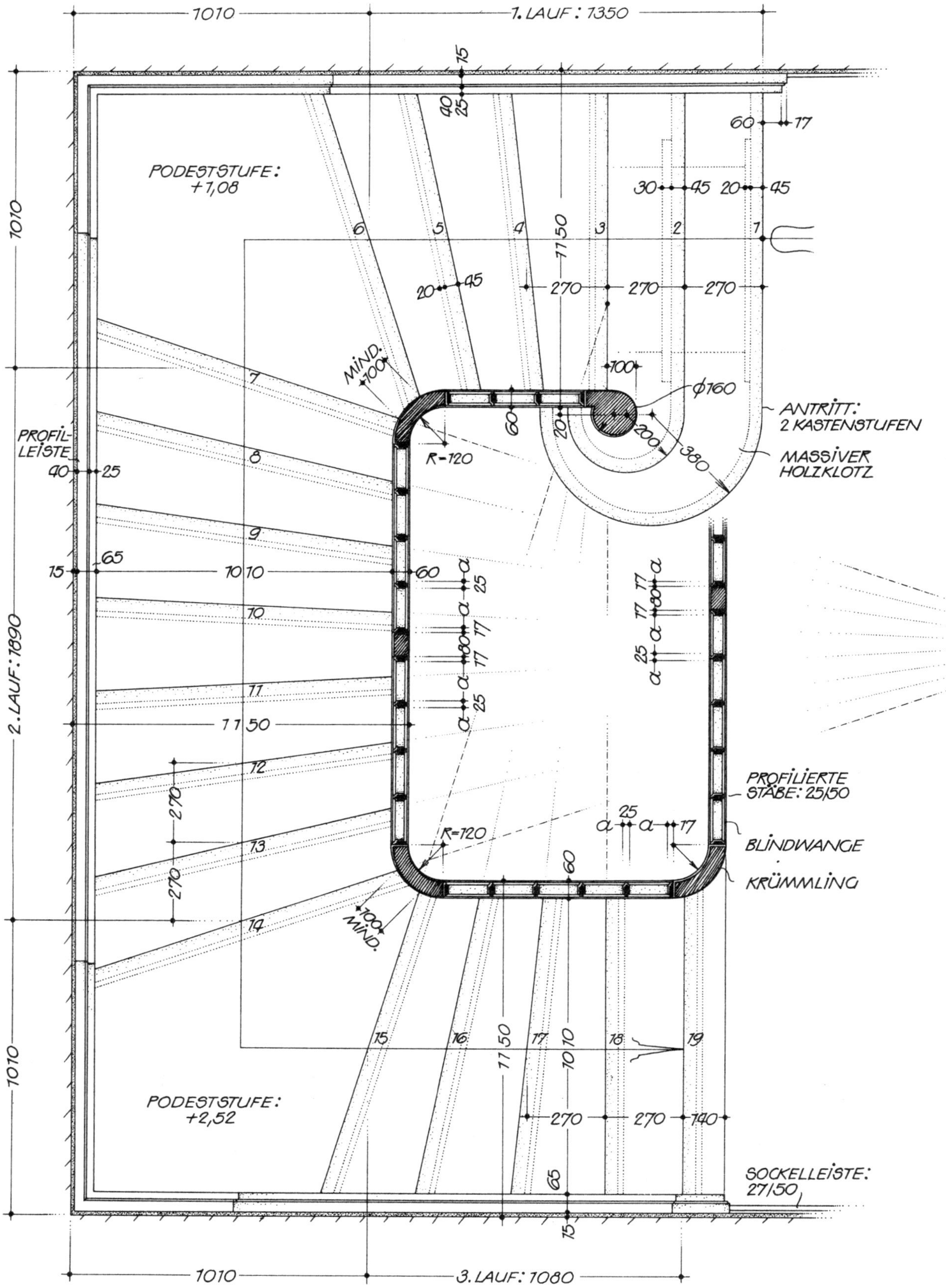

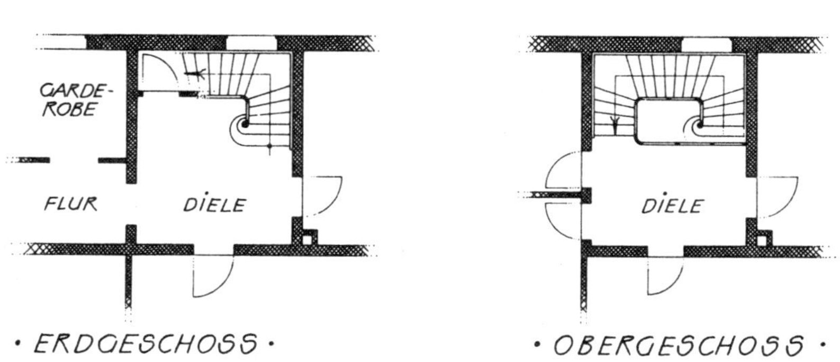

Grundrisse
Maßstab 1 : 200

Gestemmte dreiläufige Treppe mit Wendelstufen, zweimal einviertel gebrochen
Holzgeländer mit profilierten Stäben.
Schnitt und Ansicht zum 2. Lauf. Maßstab 1 : 20

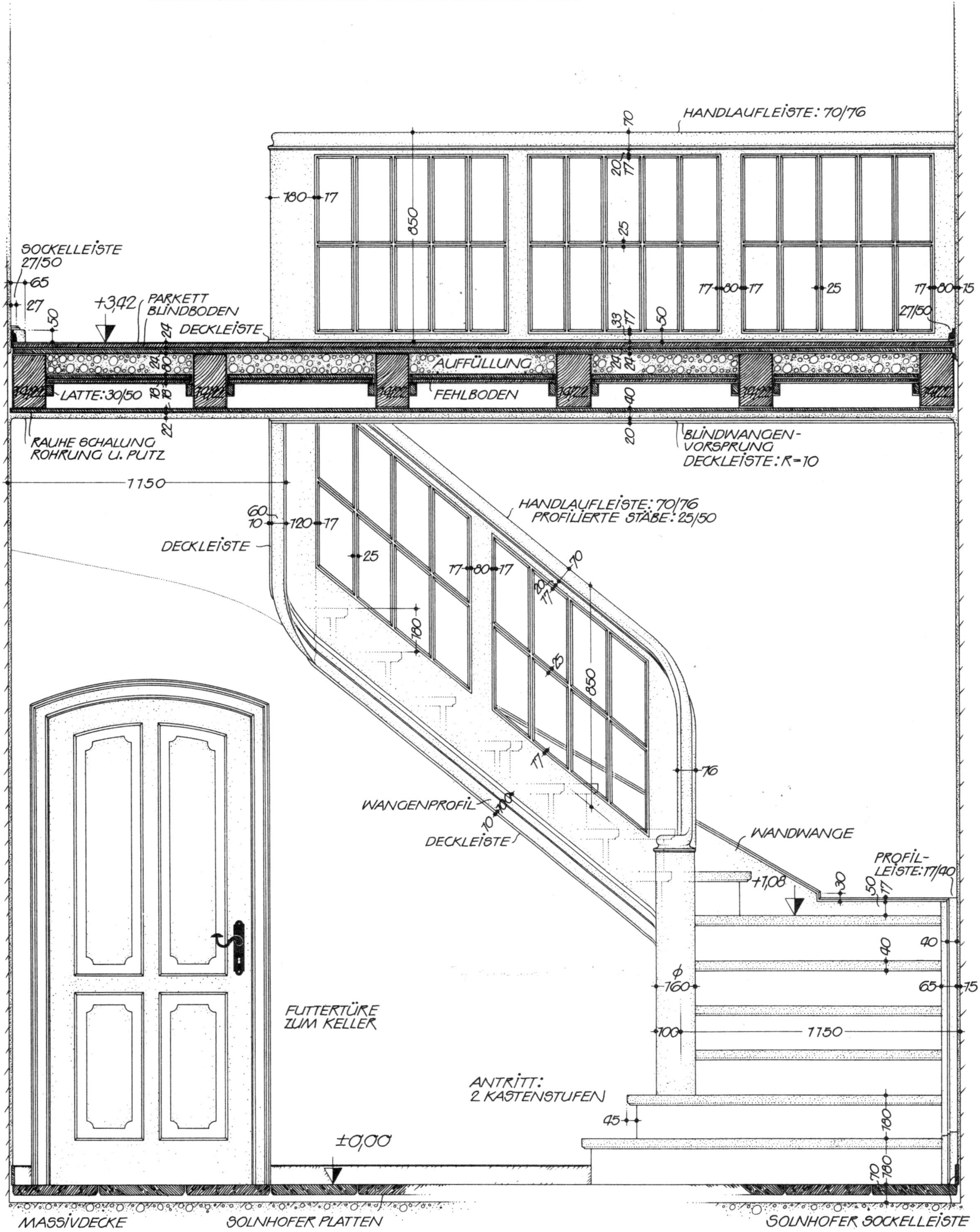

Treppe mit Wendelstufen

Gestemmte dreiläufige Treppe mit Wendelstufen, zweimal einviertel gebrochen. Holzgeländer mit profilierten Stäben. Schnitt durch den 1. Lauf und Ansicht zum 3. Lauf. Maßstab 1 : 20

Einzelheiten. Maßstab 1 : 2

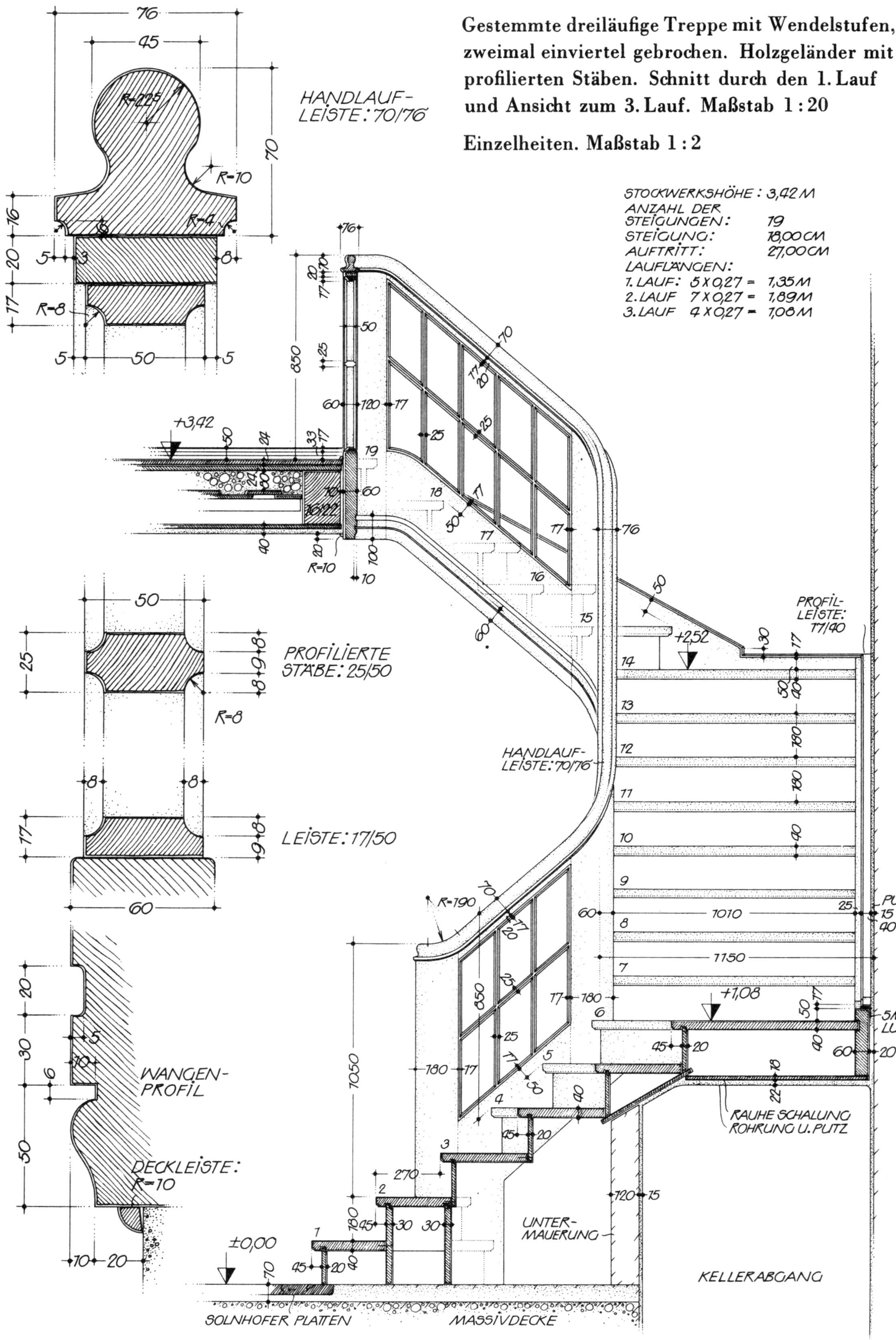

Zweimal viertelgewendelte Treppe für ein Siedlerhaus. Maßstab 1 : 20
Ansicht und Grundriß

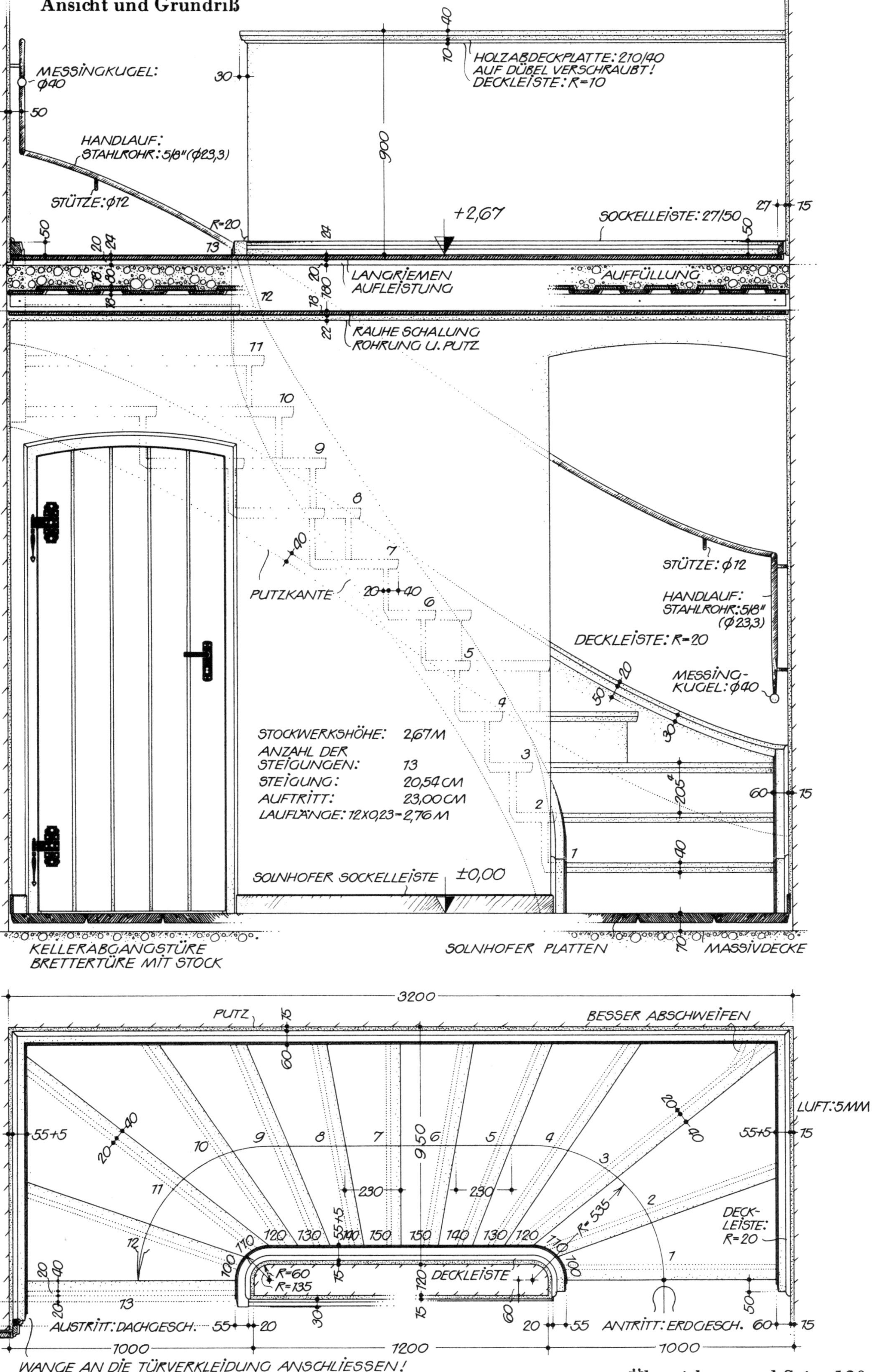

Übersichtsgrund Seite 120

Am Austritt viertelgewendelte Treppe für ein Einfamilienhaus, Geländer aus Stahl.
Grundrisse. Maßstab 1 : 20

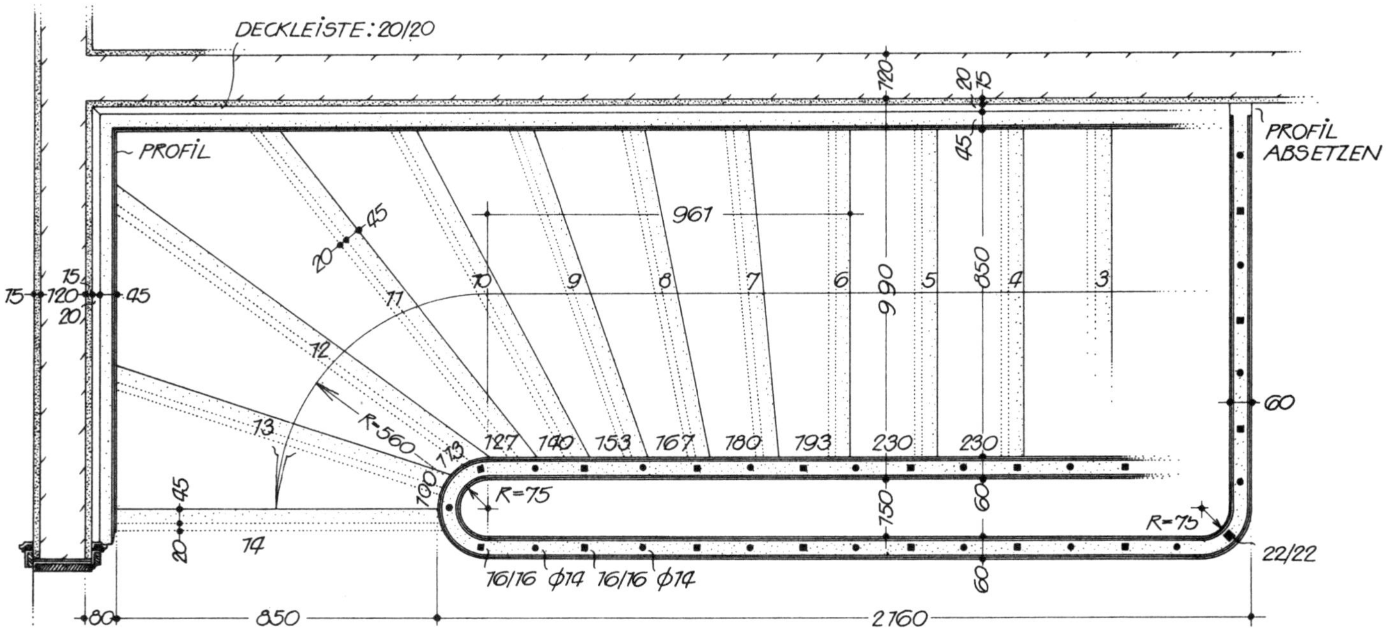

· DACHGESCHOSS ·

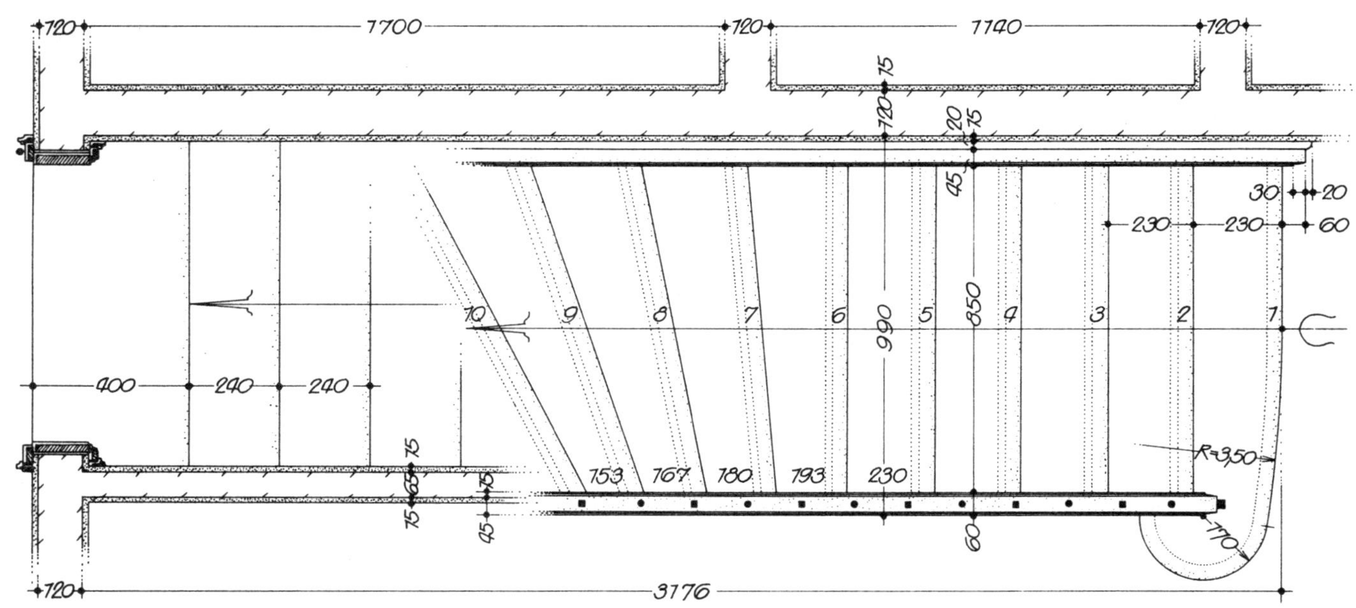

· ERDGESCHOSS ·

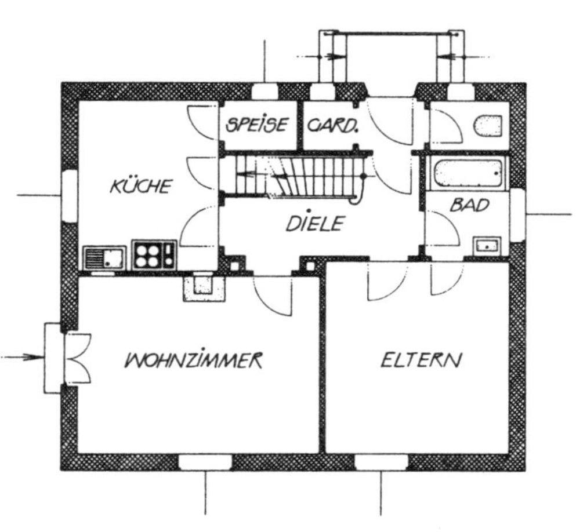

· ERDGESCHOSS ·

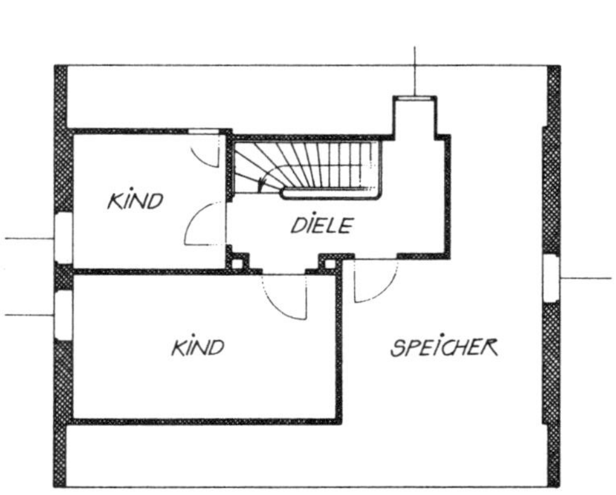

· DACHGESCHOSS ·

Grundrisse Maßstab 1 : 200

Am Austritt viertelgewendelte Treppe für ein Einfamilienhaus, Geländer aus Stahl
Ansicht. Maßstab 1 : 20

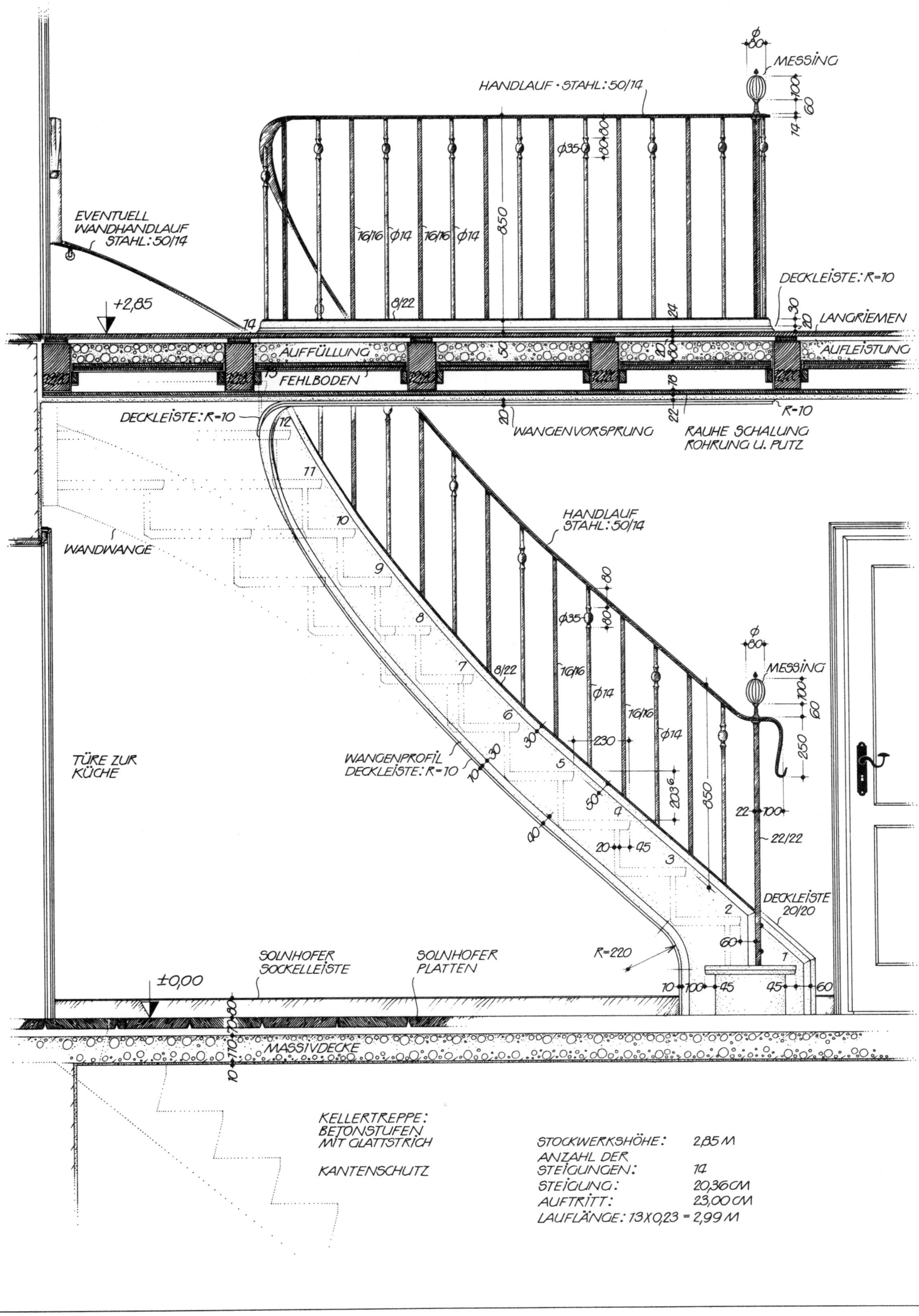

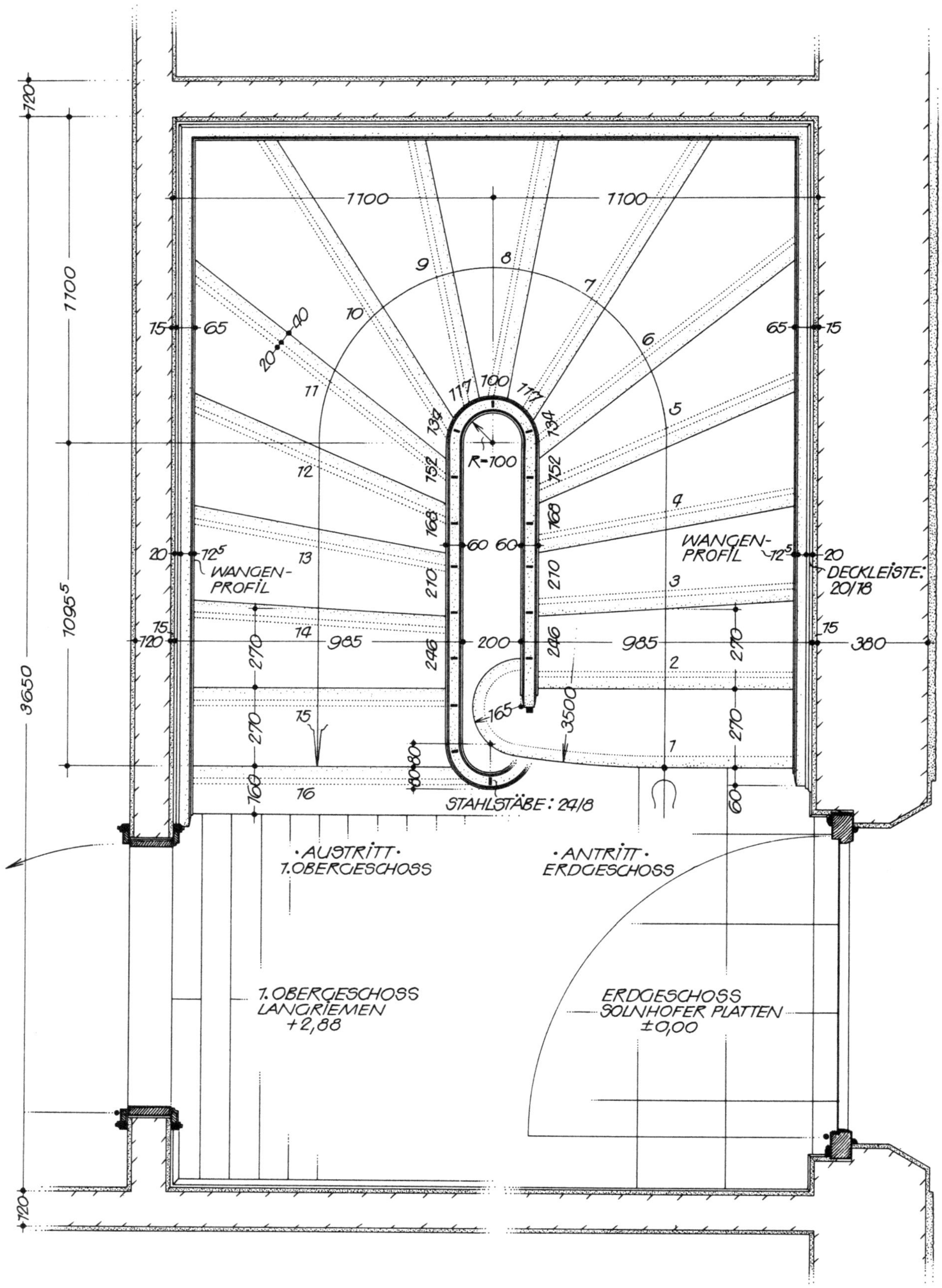

STOCKWERKSHÖHE: 2,88 M
ANZAHL DER STEIGUNGEN: 16
STEIGUNG: 18,00 CM
AUFTRITT: 27,00 CM
LAUFLÄNGE: 15X0,27= 4,05 M

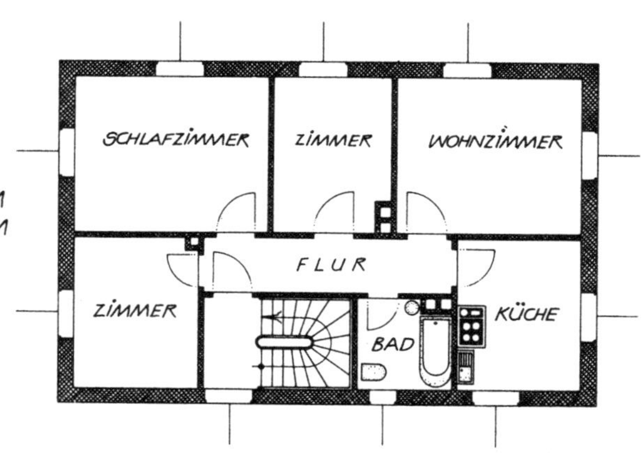

· 1. OBERGESCHOSS ·

Halbgewendelte Treppe für ein Zweifamilienhaus, Geländer aus Stahl

Grundriß Maßstab 1 : 20

Grundriß Maßstab 1 : 200

Halbgewendelte Treppe für ein Zweifamilienhaus, Geländer aus Stahl

Ansicht mit Schnitt an der Wandwange
Maßstab 1 : 20

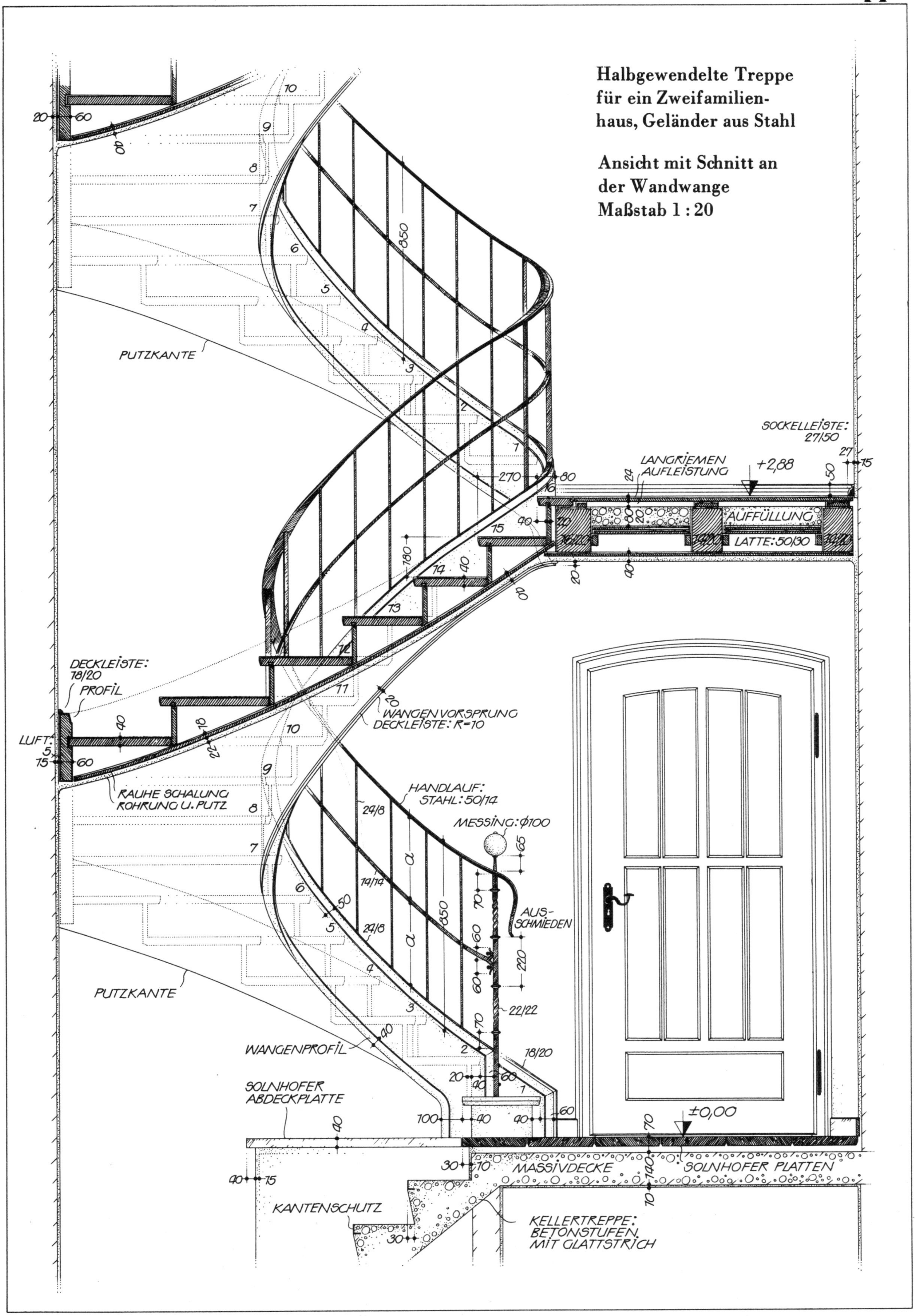

Dreimal viertelgewendelte Treppe für ein Geschäftshaus, Geländer aus Stahl
Grundriß Maßstab 1 : 20

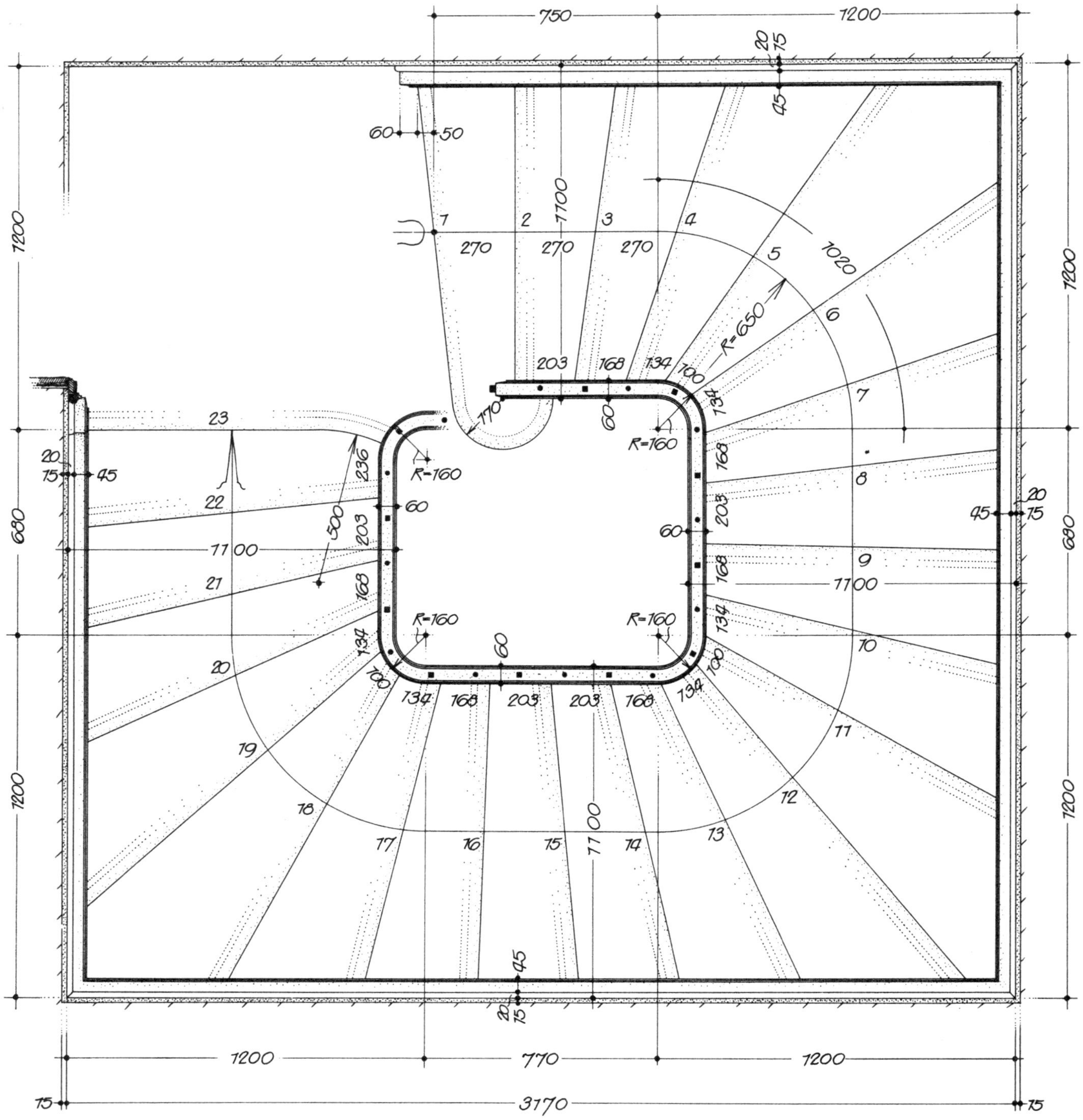

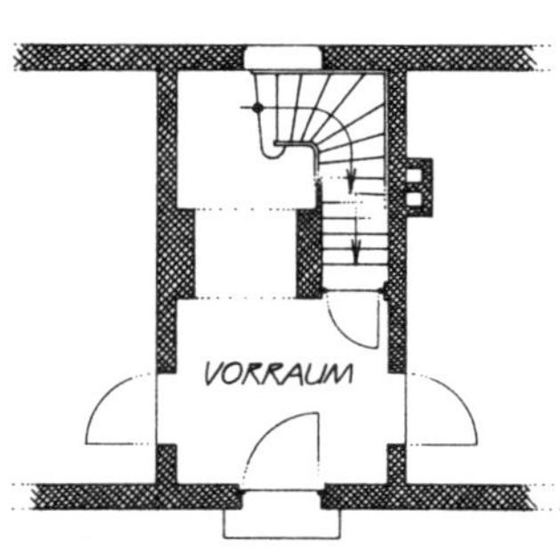

· ERDGESCHOSS ·

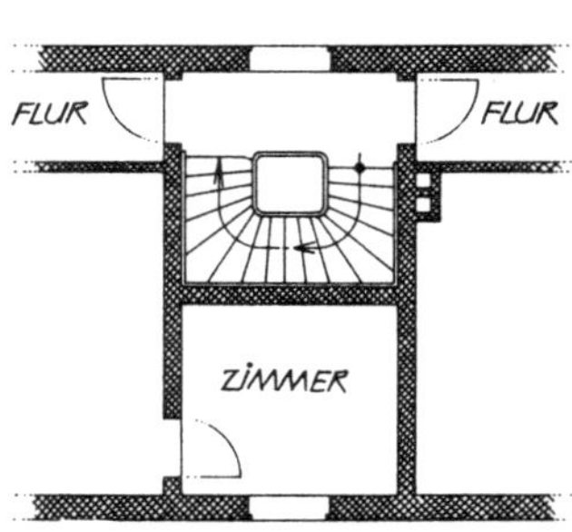

· 1. OBERGESCHOSS ·

Grundrisse. Maßstab 1 : 200

Dreimal viertelgewendelte Treppe für ein Geschäftshaus, Geländer aus Stahl
Ansicht mit Schnitt an der Wandwange des Antrittes. Maßstab 1 : 20

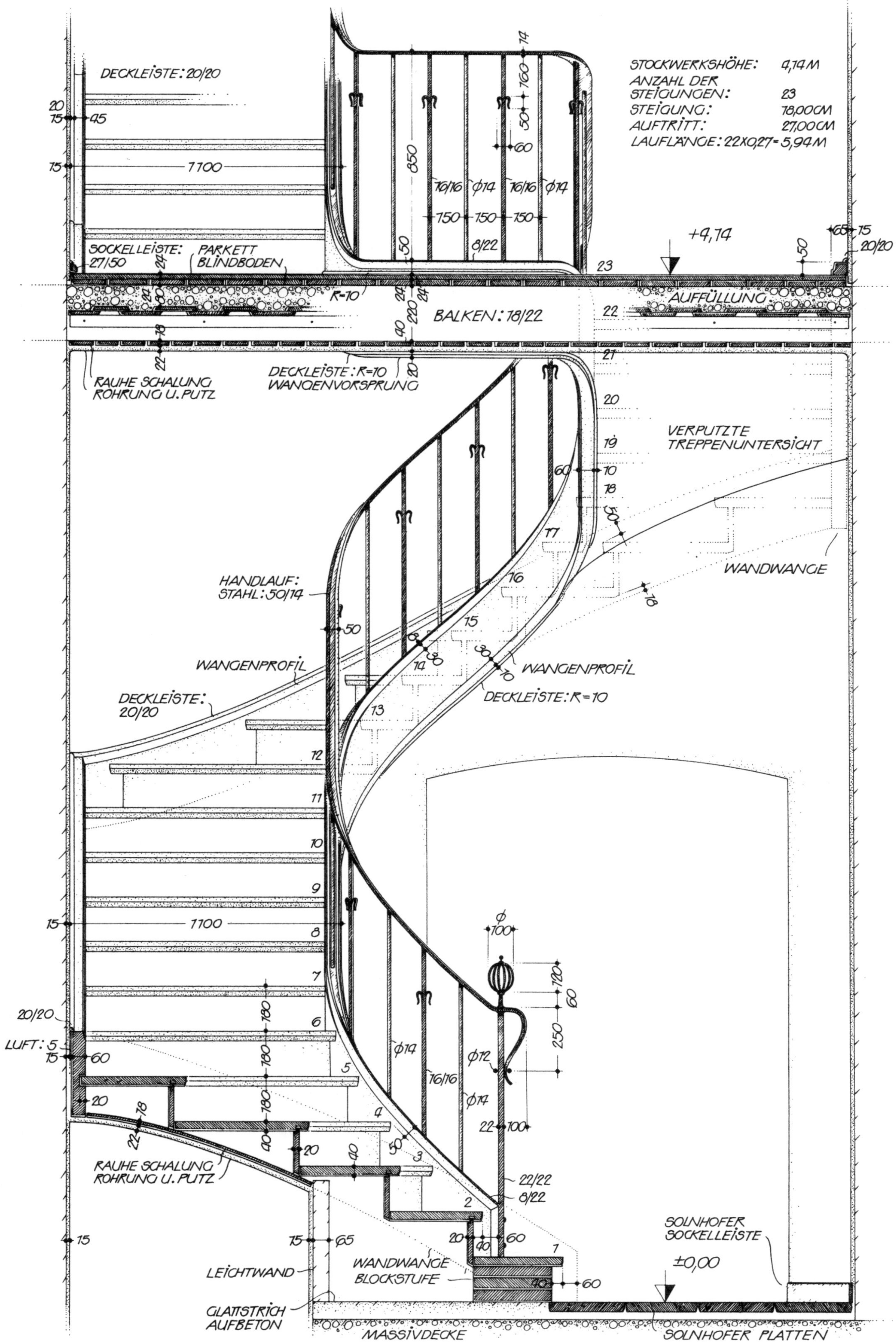

GEWUNDENE TREPPE

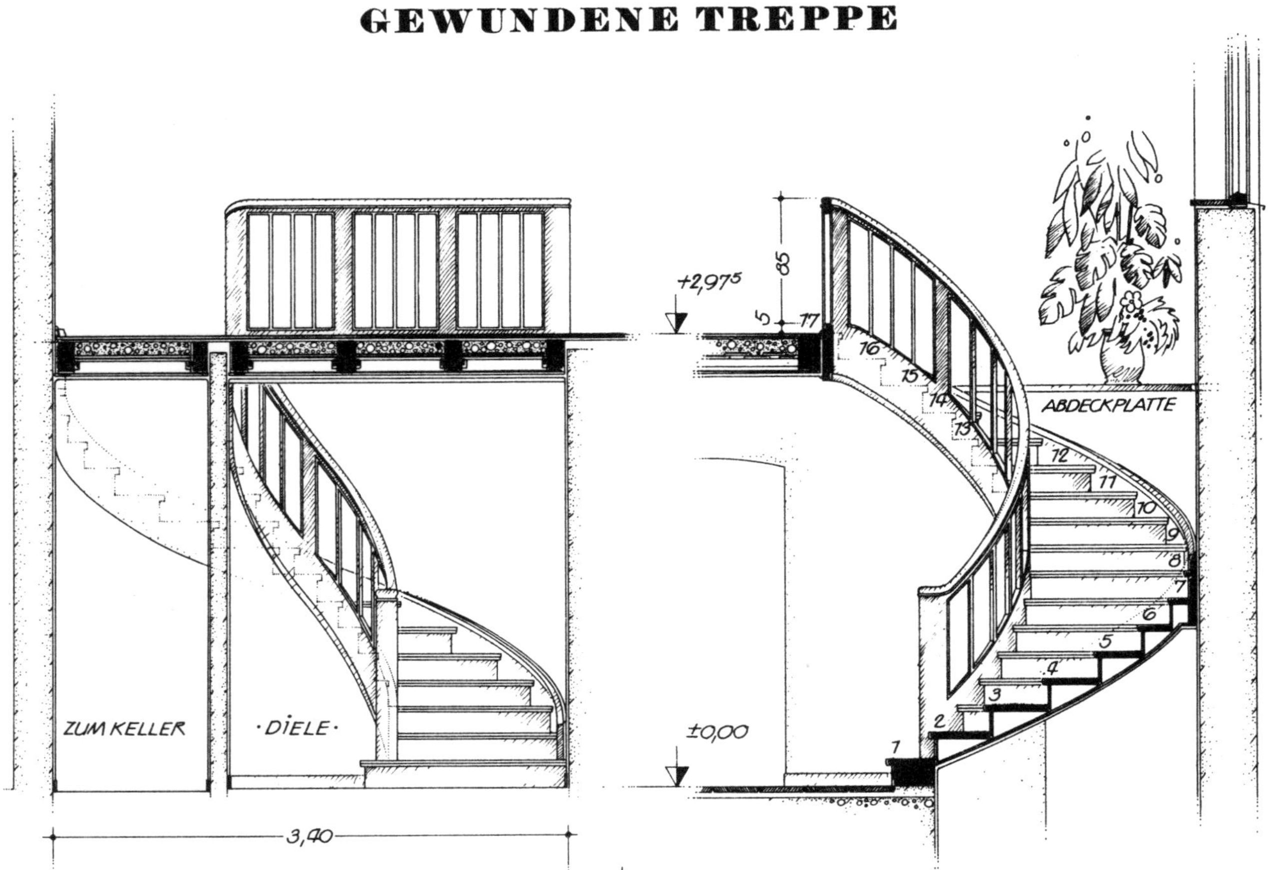

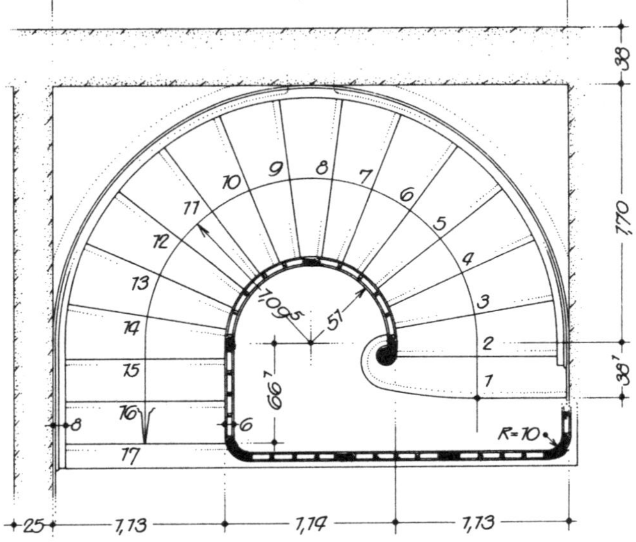

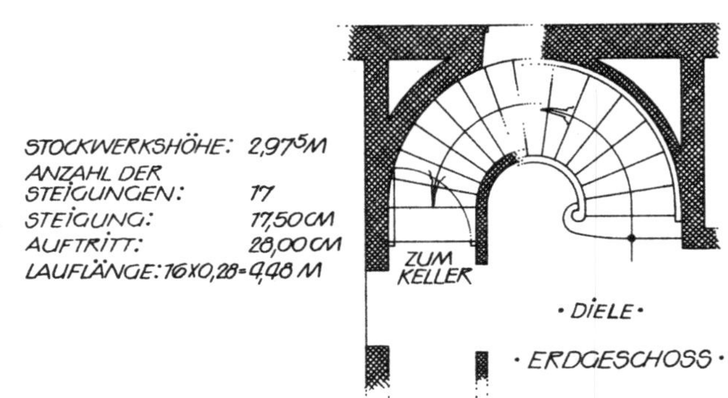

Gewundene Treppe im Einfamilienhaus
Maßstab 1 : 50 und 1 : 100

Gewundene bzw. gerundete Treppen haben in der Richtungsänderung gewendelte Stufen. Die Mittellinie bildet im Gegensatz zu den Wendeltreppen keine geschlossene Kurve. Die gewundenen Treppen sind bequemer als gewendelte Treppen, weil jeder Benutzer, je nach dem gewählten Abstand von der Frei- bzw. Wandwange, das für ihn günstigste Steigungsverhältnis vorfinden kann. Die in der obigen Abbildung gezeigte gewundene Treppe stellt eine Übergangslösung von der halbgewendelten zur gewundenen Treppe dar. Weitere Grundrißformen gewundener Treppen wurden bereits bei den verschiedenen Treppenarten am Anfang des Buches gezeigt. Das nachfolgend gezeigte praktische Beispiel einer gewundenen Turmtreppe wurde als halbgestemmte Treppe gezeichnet.

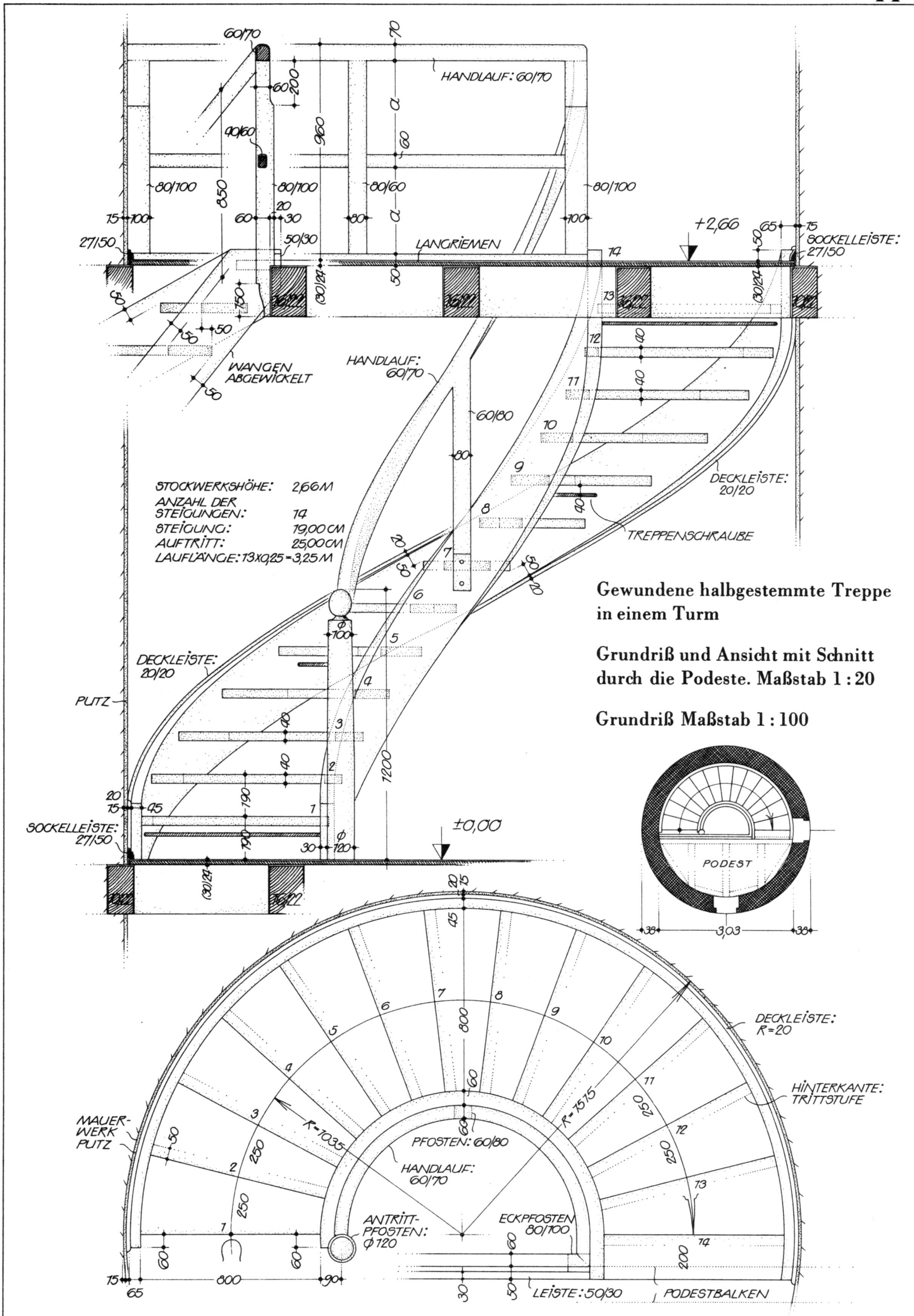

Gewundene halbgestemmte Treppe in einem Turm

Grundriß und Ansicht mit Schnitt durch die Podeste. Maßstab 1 : 20

Grundriß Maßstab 1 : 100

WENDELTREPPE (SPINDELTREPPE)

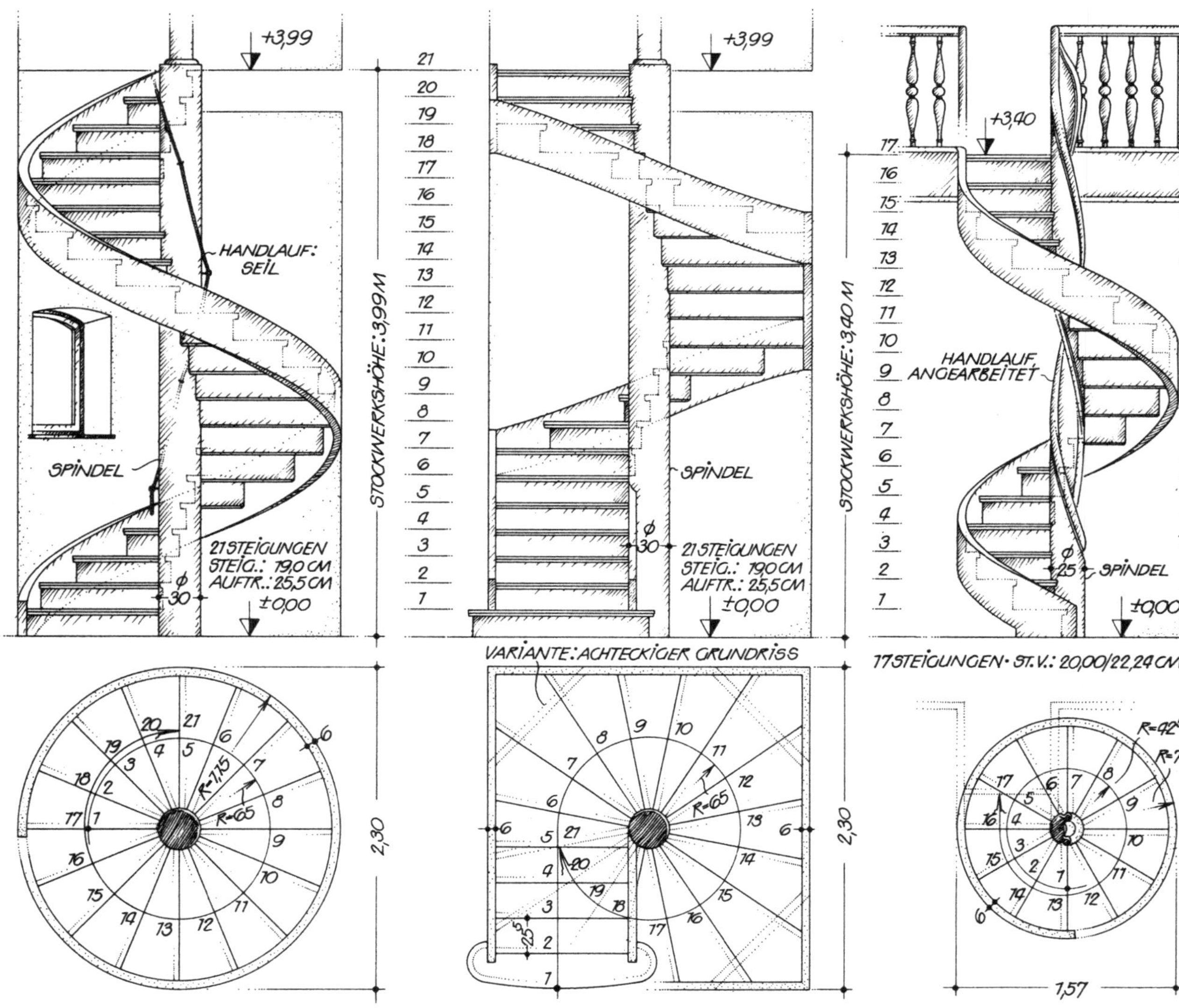

Spindeltreppen. Äußere Grundrißform: kreisförmig, quadratisch (rechteckig). Maßstab 1 : 50

Wendeltreppen sind gewundene Treppen, deren Mittellinie eine geschlossene Kurve bildet. Gewöhnlich werden Wendeltreppen bei sehr beschränkten Raumverhältnissen gewählt und besitzen daher den Charakter von Not- bzw. Nebentreppen. Als Haupttreppen können Wendeltreppen nur dann Verwendung finden, wenn sie eine große Laufbreite und eine Spindel mit größerem Radius erhalten und wenn eine nicht allzu große Stockwerkshöhe überwunden werden muß.

Man unterscheidet Wendeltreppen mit hohler Spindel und Wendeltreppen mit voller Spindel. Während Wendeltreppen mit hohler Spindel außer der üblichen kreisförmigen Grundrißform auch einen eliptischen, ovalen oder korbbogenförmigen Grundriß haben können, sind Wendeltreppen mit voller Spindel, die sogenannten Spindeltreppen, stets kreisförmig. Lediglich die äußere Grundrißform kann, außer der Kreisform, quadratisch oder vieleckig sein.

Bei der Ausführung der Wendeltreppe über einem

quadratischen Grundriß ist die Herstellung der Wandwangen, die lediglich in den Ecken zu verbinden sind, einfacher und billiger als bei der Wendeltreppe mit rundem Grundriß.

Wendeltreppen mit hohler Spindel erhalten eine Freiwange, die sich aus einzelnen Krümmlingen zusammensetzt (Tafel Seite 170).

Spindeltreppen erhalten einen massiven Holzpfosten, der als Spindel, Spille oder Mönch bezeichnet wird. Die Spindel kann rund oder vieleckig sein und ist unten am Fußboden sowie oben mit der Balkenlage fest zu verbinden. Die Setzstufen werden gewöhnlich 3 cm tief, die Trittstufen 5 cm tief in die Spindel eingestemmt.

Die Setzstufenvorderkanten laufen radial zur Spindel. Die um rund 4 cm vorspringenden Stufenvorderkanten schneiden daher etwas schräge an den Spindelumfang an. Es wird auch empfohlen, den Stufenvorsprung an der Spindel zu vergrößern, um dem Fuß beim Aufwärtsgehen einen besseren Eintritt in die Stufe zu gewähren.

Bei tagentialem Anschneiden der Trittstufenvorderkanten am Spindelumfang müssen die Stufenvorderkanten ausgeeckt werden, um einen besseren Anschluß an der Spindel zu erreichen. Da die Auftrittsbreite einer Stufe, an der Spindel gemessen, mindestens 6 cm betragen soll, wird die Stärke der Spindel durch die Anzahl der in einem Umlauf liegenden Stufen bestimmt. In Anbetracht der Kopfhöhe von 2,0 bzw. mindestens 1,8 m werden in einem Umlauf gewöhnlich 12—13 Stufen angeordnet, wobei die Gehlinie normal 35—40 cm von der Innenwange bzw. von der Spindel angelegt wird.

Der Spindeldurchmesser wird wie folgt berechnet:
Mindestauftritt: 6 cm
angenommen: 12 Stufen im Umlauf
daher Umfang der Spindel: $12 \times 6 \times \pi$
daher Durchmesser:

$$d = \frac{12 \times 6}{\pi} = \frac{72}{3{,}14} = 22{,}92 \text{ cm} = \text{rd. } 23 \text{ cm}$$

Gewöhnlich erhält die Spindel einen Durchmesser von 25 cm. Der Eintritt in die Spindeltreppe wie auch der Austritt aus derselben bereitet im Hinblick auf die Kopfhöhe oft große Schwierigkeiten. Es ist daher die Gestaltung einer Wendeltreppe genau zu überlegen und die Anlage rechnerisch sowie zeichnerisch zu ermitteln.

Bei Wendeltreppen wird gewöhnlich das Geländer über der Außenwange angeordnet, wobei ein entsprechender Abstand von der Wand gegeben sein muß. Liegt dagegen die Wandwange dicht am Putz, so ist ein Geländer in Form eines Handlaufes zu wählen. Es ist auch möglich, wie bei Steintreppen bekannt, an der Spindel einen Handlauf anzuarbeiten. Eine primitive Art ist die Anbringung eines Seiles an der Spindel, um dem Benutzer auch auf dieser Laufseite einen Halt zu geben.

Im Hinblick auf die bisher gezeigten Beispiele wird nur eine Spindeltreppe, als Dielentreppe für ein Einfamilienhaus, in Form eines Werkblattes näher dargestellt.

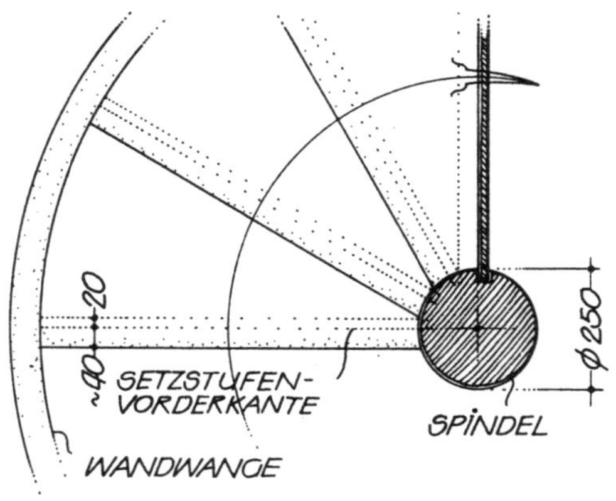

Radialer Anschluß der Stufen an der Spindel

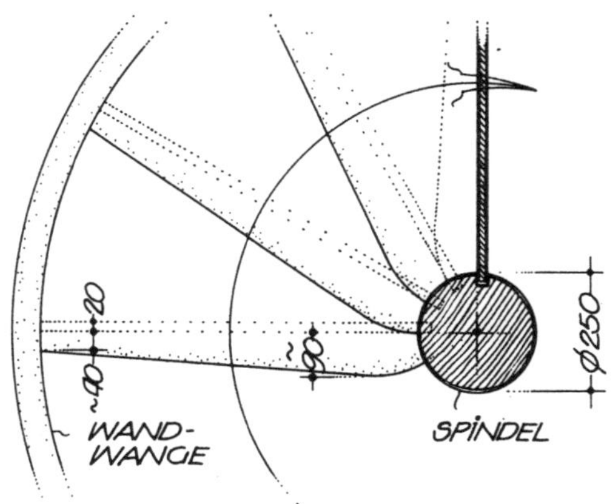

An der Spindel verbreiterter Trittstufenvorsprung

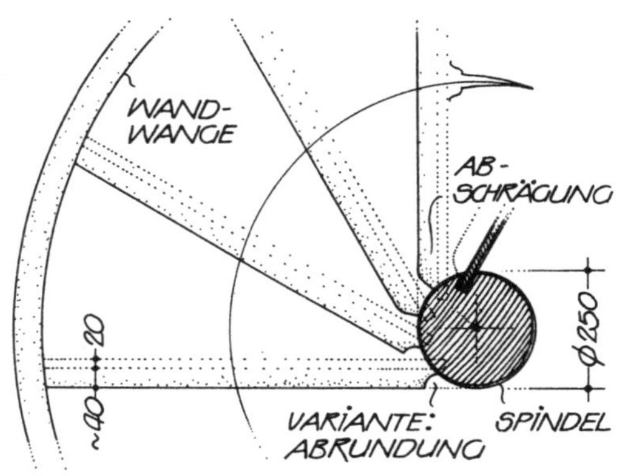

Tangentialer Anschluß der Stufen an der Spindel

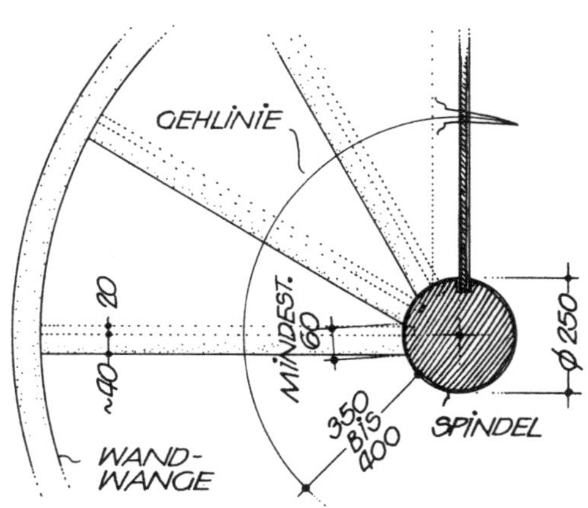

Lage der Gehlinie und Mindestauftritt an der Spindel

Wendeltreppe mit hohler Spindel
Schematische Austragung der Wangenschablonen und Ermittlung der Kopfschablone

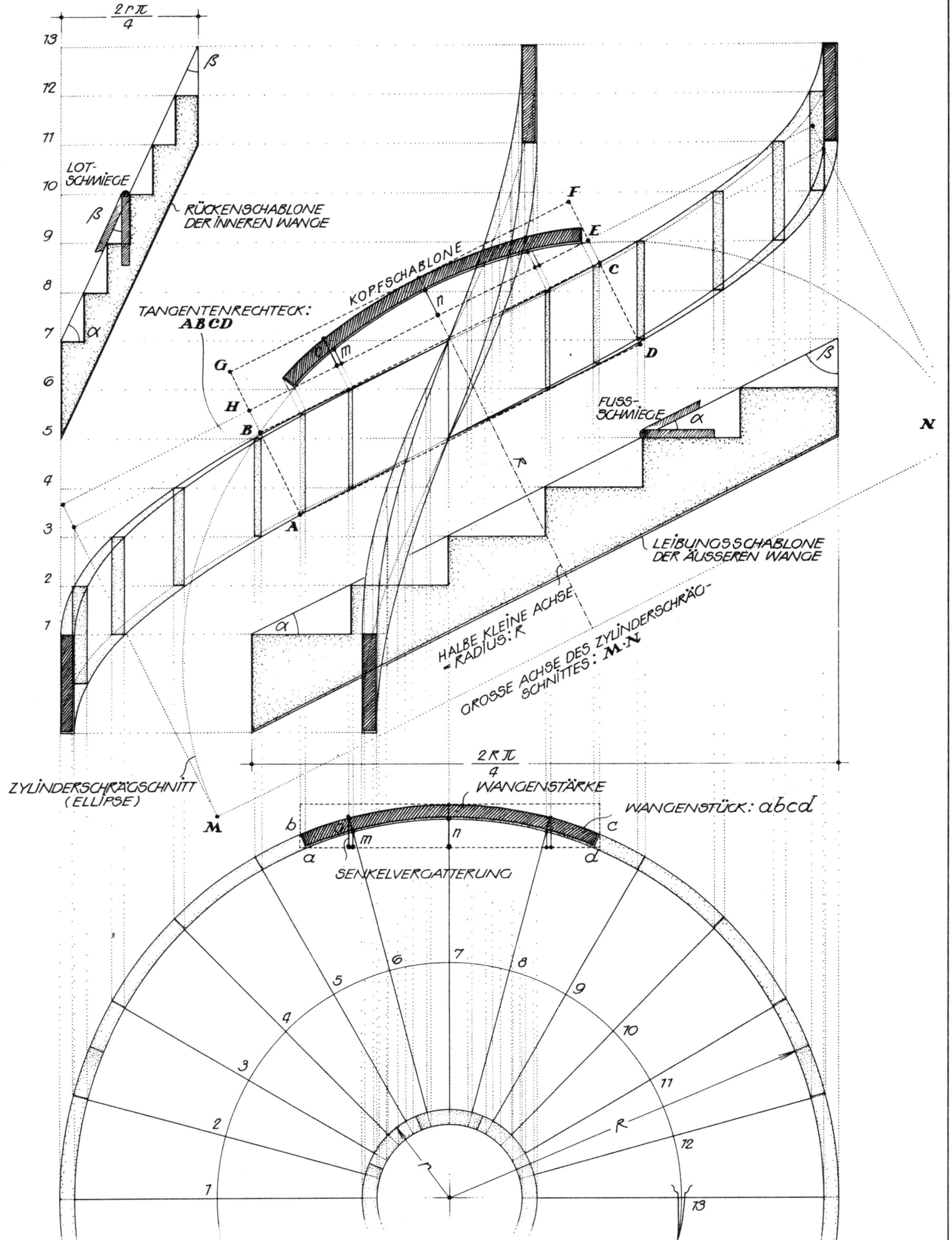

Für das im Grundriß gelb angelegte Wangenstück abcd ist bei geringstem Holzverschnitt ein Holzkörper mit der Länge AD (BC), der Breite AB (CD) und der Stärke EF (GH) erforderlich

Spindeltreppe; Dielentreppe für ein Einfamilienhaus, Holzgeländer mit Balustern und rechteckigen Stäben

Grundriß, Schnitt u. Ansicht Maßstab 1 : 20 Geländer Maßstab 1 : 10

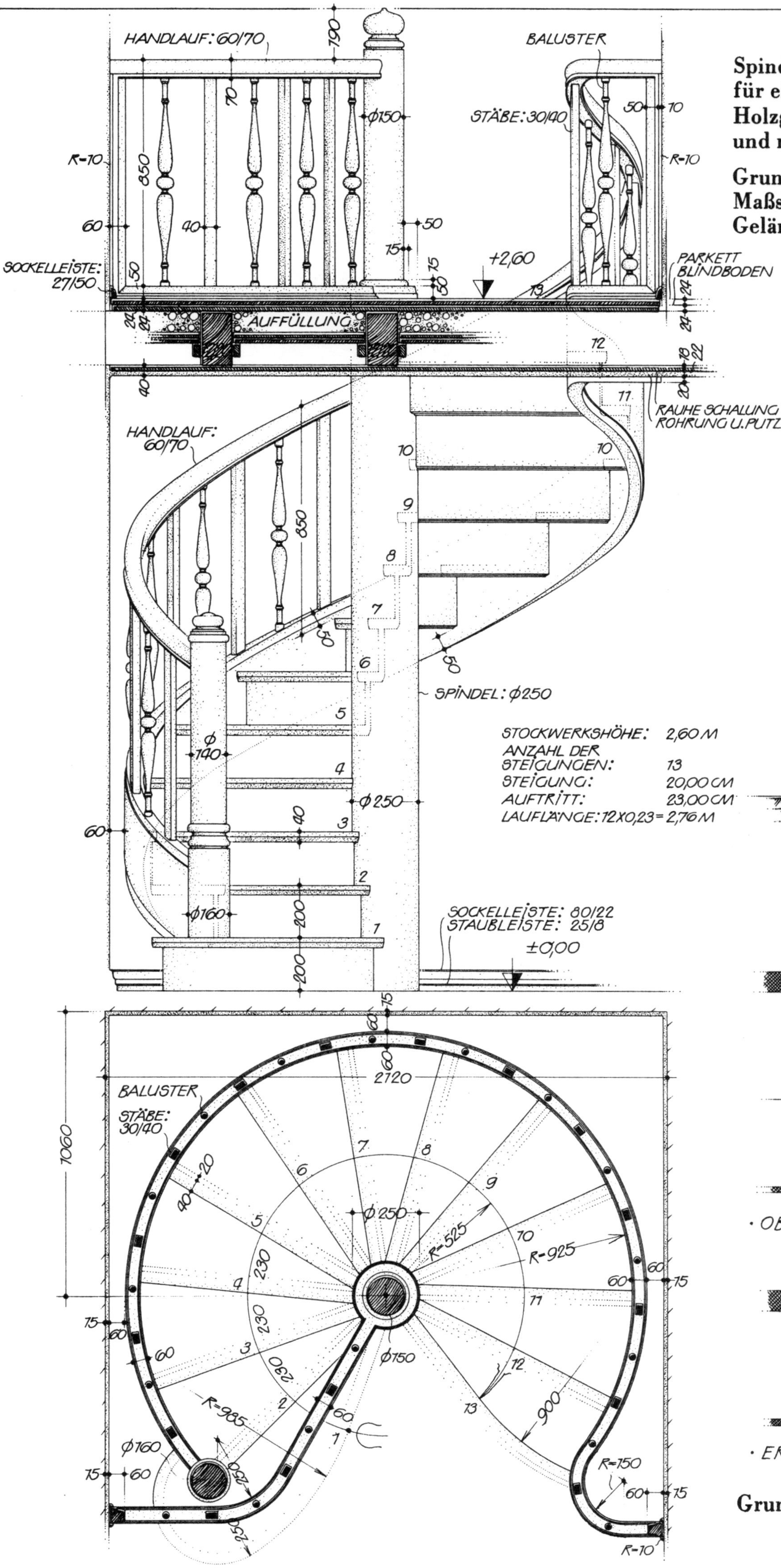

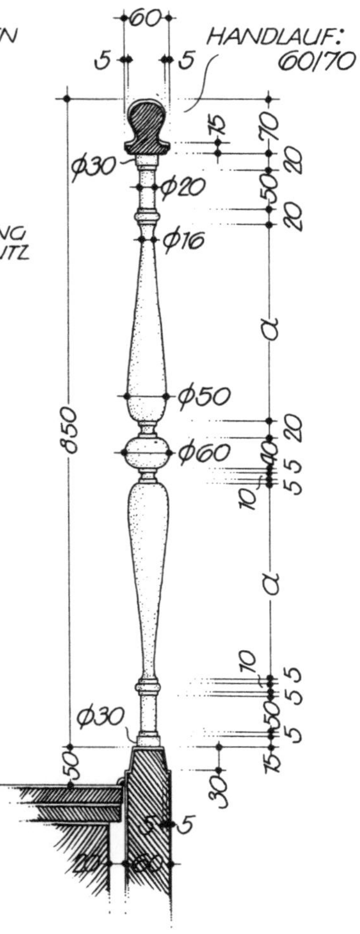

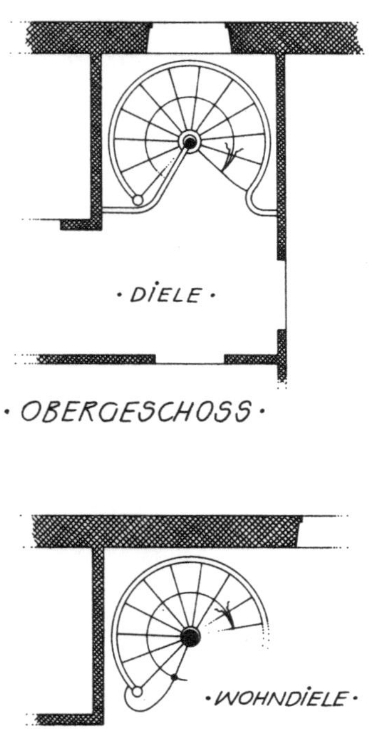

Grundrisse Maßstab 1 : 100

DAS GELÄNDER DER TREPPE

Treppengeländer, Brüstungen und Handläufe dienen der Sicherheit des Verkehrs und der Bequemlichkeit des Benutzers. Da Geländer oft stark beansprucht werden, müssen sie gegen seitliche und in der Längsrichtung wirkende Kräfte widerstandsfähig sein. Man sorge daher für eine gute Standfestigkeit des Geländers und für einen sicheren Halt des Handlaufes.

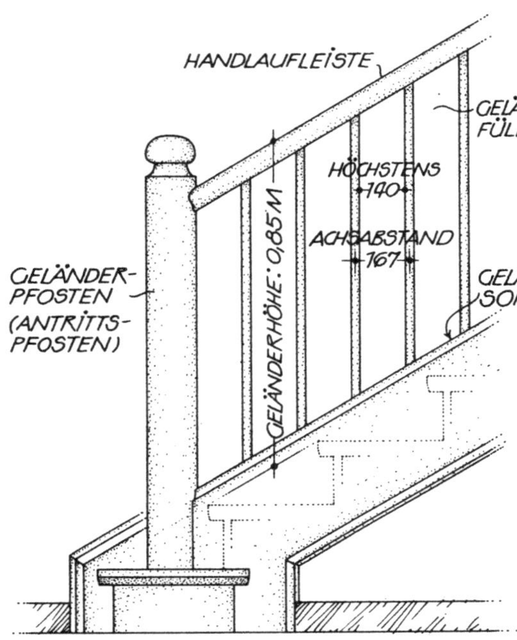

Die Konstruktionselemente des Geländers

Die Konstruktionselemente eines Geländers sind:

1. Der Geländerpfosten
   (Säule, Pfeiler, Halter, Stütze, Mönch usw.)
   Geländerpfosten werden stets am Antritt der Treppe angeordnet; dieser nimmt das Geländer auf und gibt der anschließenden Geländerfüllung nach unten und oben einen einwandfreien Halt. Bei Wendelung von Treppen ist die Anordnung eines Übergangspfostens am Podest zu empfehlen. Fehlen massive Pfosten aus irgendwelchen Gründen, so müssen die Geländer durch Verstemmung und Verkeilung, allenfalls unter Verwendung von Eisenzeug, mit der Wange solid verbunden werden.
2. Die Geländersohle
   (Schwelle, Sohlrahmen, Geländerfuß usw.)
   Gewöhnlich dient die Freiwange bzw. bei Podesten die Blindwange als Geländersohle. Lediglich an Podesten wird bisweilen ein Sohlrahmen auf den Fußboden aufgesetzt, wobei eine solide Befestigung mit dem Fußboden gewährleistet sein muß.
3. Die Handlaufleiste
   (Handlauf, Handgriff, Geländergriff, Brusthalter, Brüstungsriegel usw.)
   Der obere Abschluß des Geländers, der Handlauf, muß griffig und geschmeidig geformt werden, um im Gebrauch bequem zu sein und sich gut der Handfläche anzupassen.
4. Die Geländerfüllung,
   bestehend aus Stäben, Latten, Staketen, Brettern, Bohlen, Balustern und Füllungen.
   Bei Verwendung von Geländerstäben soll der Zwischenraum zwischen den einzelnen Stäben nicht mehr als 14 cm betragen, damit Kinder nicht durchschlüpfen können. Eine altbewährte Regel sagt, daß auf 1 m Geländergrundmaß 6 Stäbe treffen sollen, was einen Stabachsabstand von 16,7 cm ergibt.

Auf die Verbindung der einzelnen Konstruktionselemente des Geländers untereinander sowie mit der Treppe selbst ist im Hinblick auf die Beanspruchung größter Wert zu legen. Grundsätzlich sollen nur bewährte Verbindungskonstruktionen von Pfosten mit der Wange, der Geländersohlen mit Pfosten und Fußboden, des Handlaufes mit dem Pfosten und der Geländerfüllung mit Handlauf und Wange bzw. Geländersohle angewendet werden.
Die Geländerhöhe soll senkrecht von Vorderkante Trittstufe (bzw. von Fußboden-Oberkante bei Podesten) bis Oberkante Handlauf gemessen normal 85, höchstens 90 cm betragen. In Volksschulen wird sogar manchmal eine Geländerhöhe von 65—70 cm gewählt.

Die Ausbildung des Geländers ist für den Gesamteindruck der Treppe von größter Wichtigkeit und stellt ein Hauptgestaltungsmittel der Treppe selbst dar. Man halte sich jedoch bei der Gestaltung eines Geländers von mißverstandener Ornamentik und aufdringlichen gesuchten Effekten fern und suche eine gute Wirkung durch geschickte Aufteilung der Geländerflächen durch die Geländerstäbe sowie durch gute Verhältnisse der einzelnen Stäbe, der Zwischenräume und des Handlaufes zu erreichen.
Selbst alte Beispiele reich gestalteter Treppen früherer Zeiten halten sich meist an wenige sich wiederholende Formen, wobei die Phantasie oft reizvolle Lösungen gefunden hat.
Je klarer und einfacher ein Geländer gestaltet wird, desto ruhiger und ansprechender wird der Gesamteindruck der Treppe sein. Einfache runde oder bescheiden profilierte Stäbe, die vom Drechsler gefertigt wurden, sind immer ansprechend und vermitteln eine ruhige Wirkung. Im allgemeinen sind runde Stäbe den eckigen vorzuziehen, da runde Stäbe bei gleicher Stärke bedeutend schlanker wirken. Gute Wirkungen können auch durch geschickte rhythmische Anordnungen von runden mit rechteckigen, dünnen mit dicken, breiten mit schmalen, flächigen mit profilierten Stäben bzw. Brettern erreicht werden.

Falsch: Geländerstäbe waagrecht angeordnet

Die Handlaufleiste ist griffig und glatt auszubilden. Allzu bewegte Formen und überaus reiche Profilierungen verteuern die Herstellung und bereiten bei der Anfertigung insbesondere bei Krümmungen große Schwierigkeiten.
Bei den verschiedenen bisher gezeigten praktischen Beispielen wurde bereits eine Reihe guter Griffprofile gezeigt.

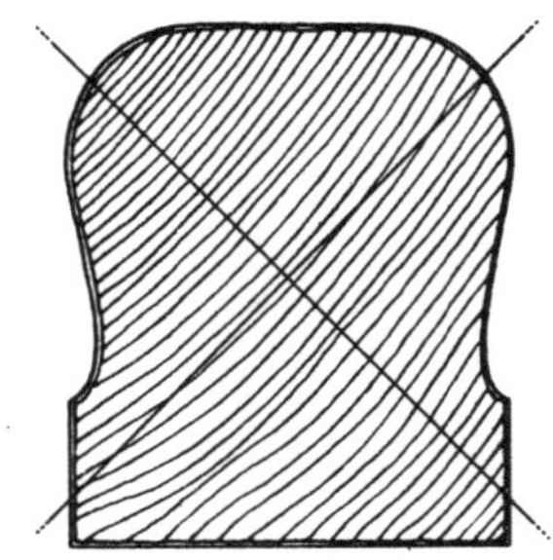

Schlechte Form

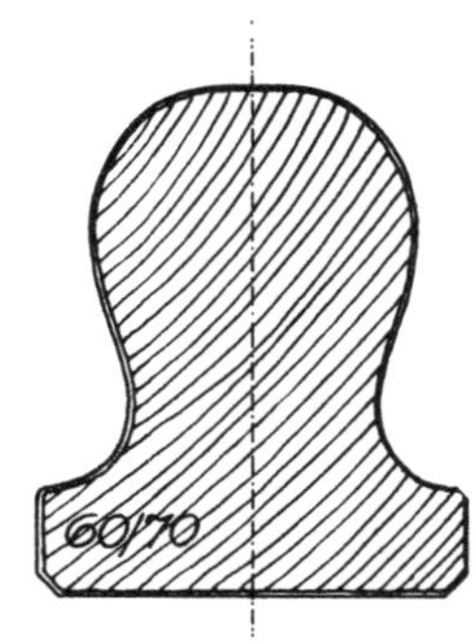

Symmetrische Form

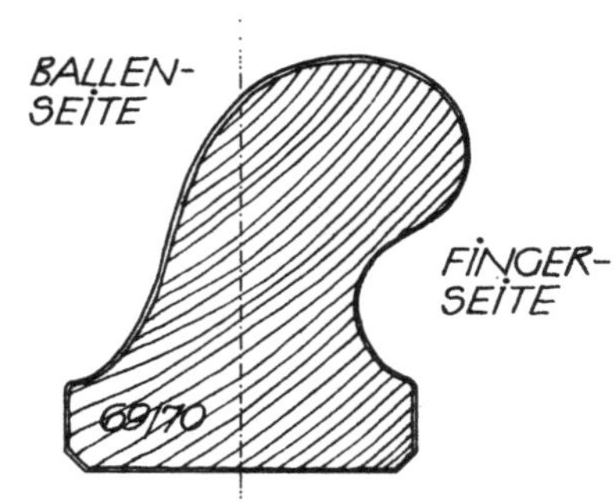

Asymmetrische Form

Handlaufleisten. Maßstab 1 : 2

Waagrechte Stäbe und Geländerteile sind nicht nur aus ästhetischen und konstruktiven Gründen, sondern auch aus Sicherheitsgründen zu verwerfen, da sie Kinder zum Emporklettern verleiten und somit Ursache zu Unfällen werden.
Der Geländeranfänger, der dem Geländer am Antritt den nötigen Halt gibt, ist im Einklang mit der Gesamtdurchbildung der Geländerfüllung zu gestalten.

Liegen die Freiwangen bei Podesttreppen, bei den sogenannten Reitertreppen übereinander, so läuft die über der Wange liegende Handlaufleiste an der Freiwange des darüberliegenden Laufes tot. Es ist daher, wie bereits bei „Gestemmten Treppen" gezeigt, die Anordnung eines eigenen, neben dem Geländer liegenden Handlaufes zu empfehlen.
Bei Treppen von über 1,50 m Breite ist an der Wandseite eine Handlaufleiste in Form einer ge-

kehlten Leiste oder einer Geländerstange anzubringen.
Auch zum Schutze der Wand ist die Anbringung eines Wandhandlaufes ratsam.
Die nachfolgenden Tafeln zeigen eine große Reihe von Geländerausbildungen aus Holz. Diese Beispiele können jedoch nicht wahllos Verwendung finden, sondern sind jeweils dem Charakter der Treppe und der Haltung des Gebäudes anzugleichen.
In diesem Zusammenhange sei auch auf die heute sehr beliebte Verwendung von Metallgeländern hingewiesen. Da bereits bei den verschiedenen Konstruktionsbeispielen eine Reihe von Metallgeländern gezeigt wurde, soll darauf hier nicht mehr näher eingegangen werden.

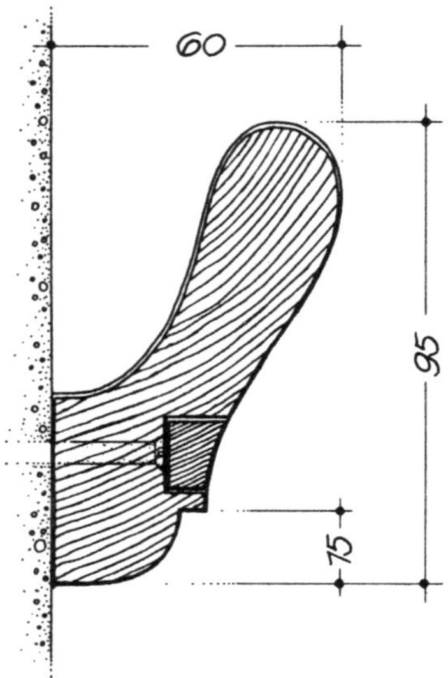

Gekehlte Leiste

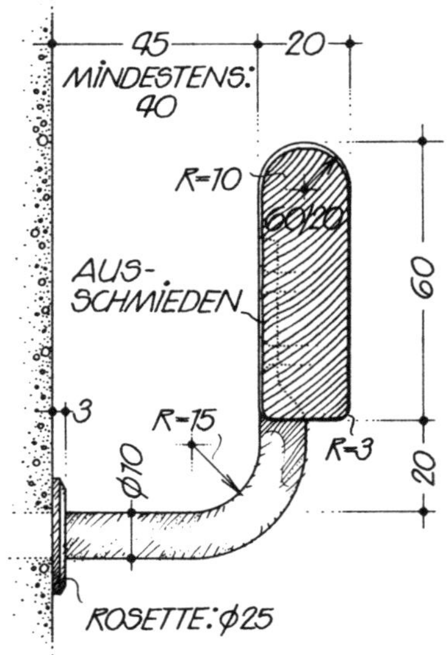

Flacher Wandhandlauf

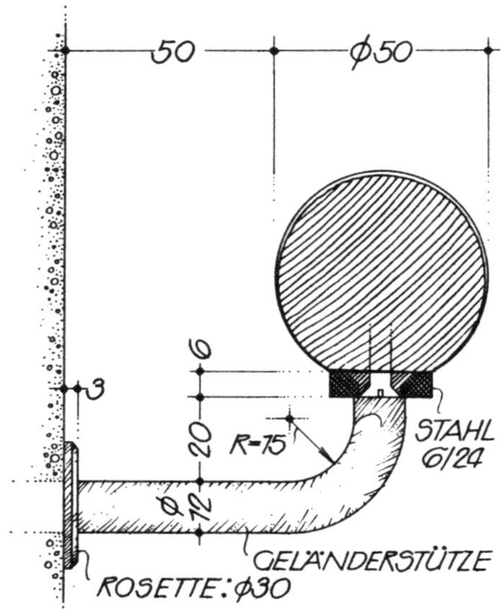

Runder Wandhandlauf

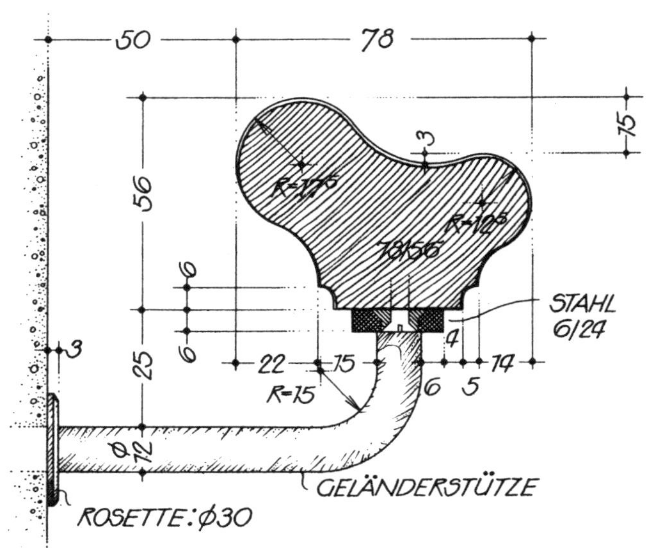

Asymmetrischer Wandhandlauf

Wand-Handlaufleisten. Gekehlte Leiste und Geländerstangen auf Eisenstützen. Maßstab 1 : 2

Geländerausbildungen aus Holz. Maßstab 1 : 20. Einzelheiten Maßstab 1 : 10

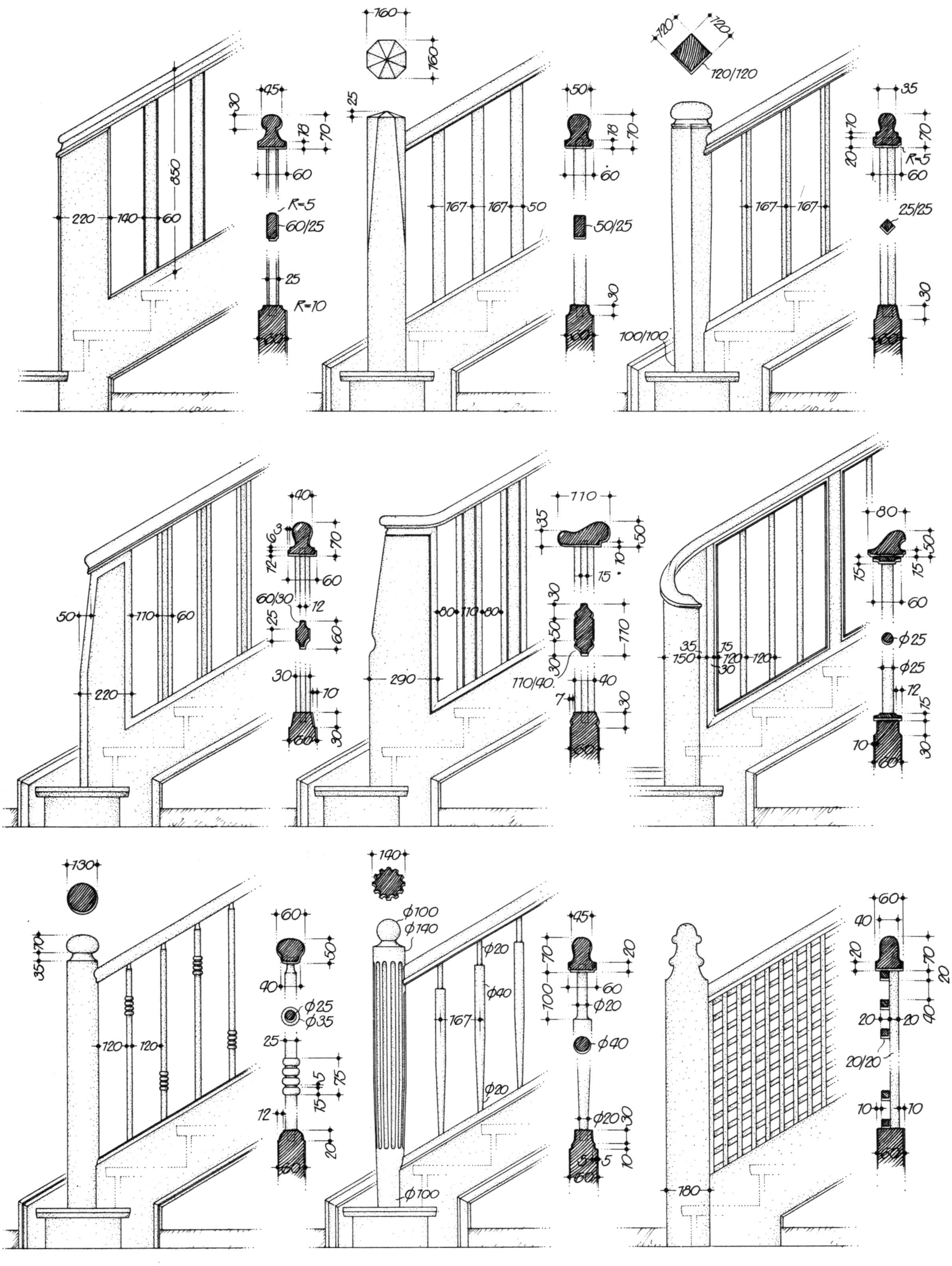

Geländerausbildungen aus Holz. Maßstab 1 : 20. Einzelheiten Maßstab 1 : 10

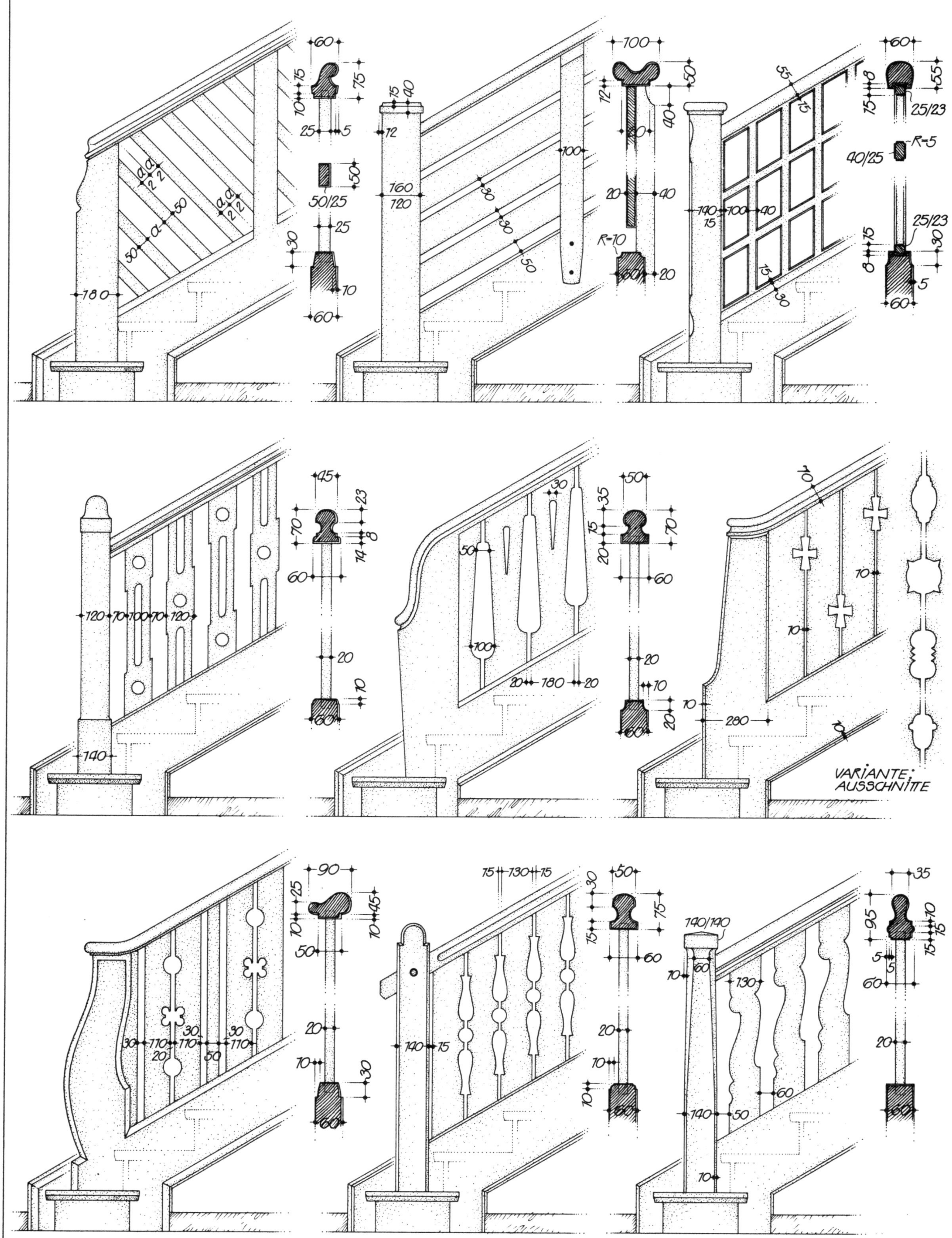

Geländerausbildungen aus Holz. Maßstab 1 : 20. Einzelheiten Maßstab 1 : 10

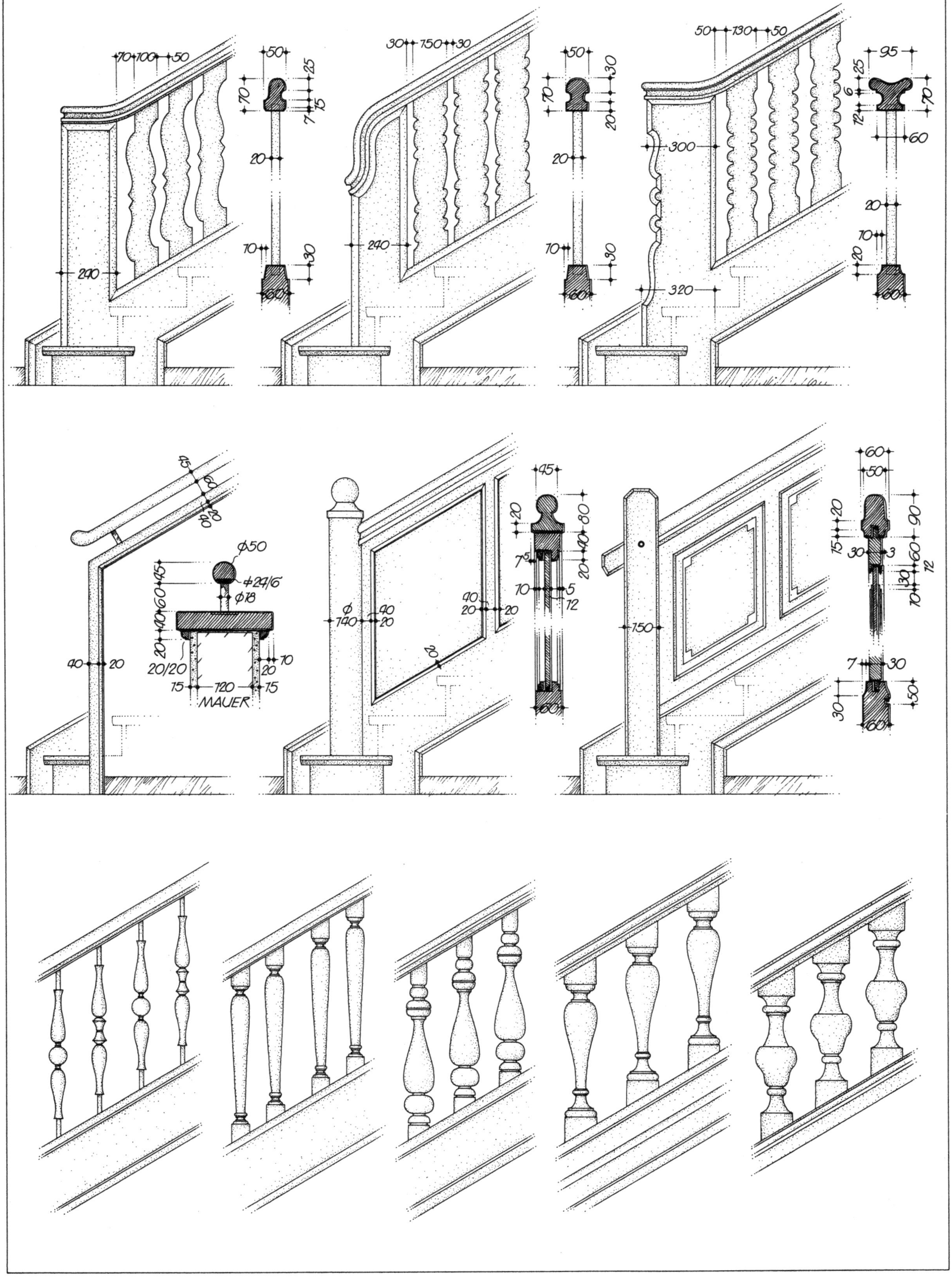

RAUMSPARENDE TREPPEN

Schon zu allen Zeiten wurden die mannigfaltigsten Versuche gemacht, eine gut begehbare Treppe auf kleinstem Raum zu konstruieren.
Die gezeigte steinerne Freitreppe stellt einen solchen Versuch dar. Da eine Treppe von 30 cm Steigung und 30 cm Auftritt — eine reine Winkeltreppe — zum Besteigen sehr beschwerlich ist, kam man auf den Gedanken, aus den 30 cm hohen Tritten ein dreiseitiges Prisma mit der halben Steigungshöhe auszuschneiden, damit man beim Begehen der Treppe das angenehme Maß von 15 cm zur Steigung habe. Da aber die somit entstandenen Tritte nur an den Enden die nötige Auftrittbreite haben, so muß die Treppe beim Auf- und Abwärtsgehen mit dem rechten Fuß angetreten werden.
Die „Wiener Treppe" ist halb so lang wie eine normal gebaute Treppe, wobei sie die üblichen Auftrittsbreiten besitzt. Die Besonderheit liegt aber darin, daß die versetzten Auftritte nur auf die halbe Treppenbreite durchgehen. Zum Begehen wird jedem Fuß sein genauer Platz zugewiesen und man muß daher auf dieser Treppe erst das Gehen lernen. Der Anblick einer solchen Treppe von oben bleibt immer unangenehm und ist für ängstliche Menschen geradezu beklemmend.

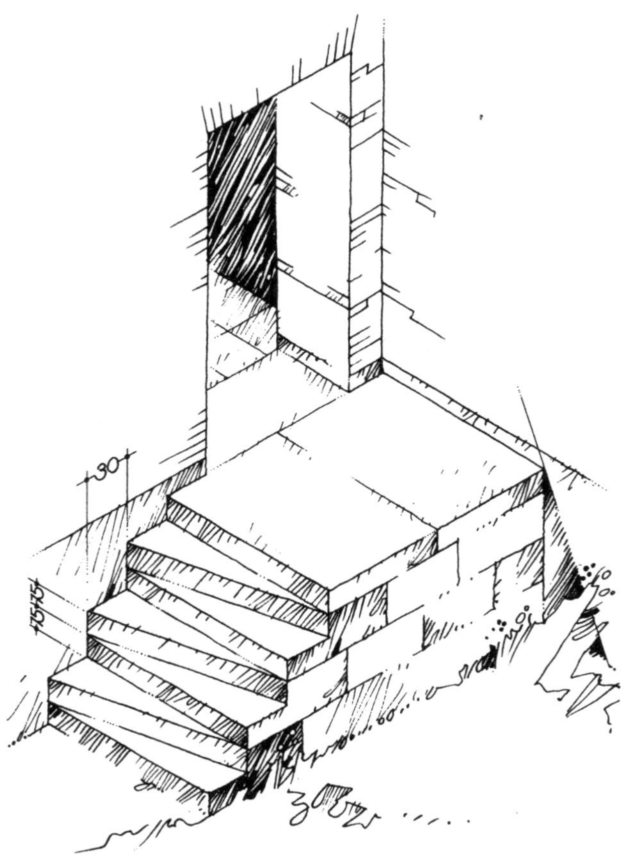

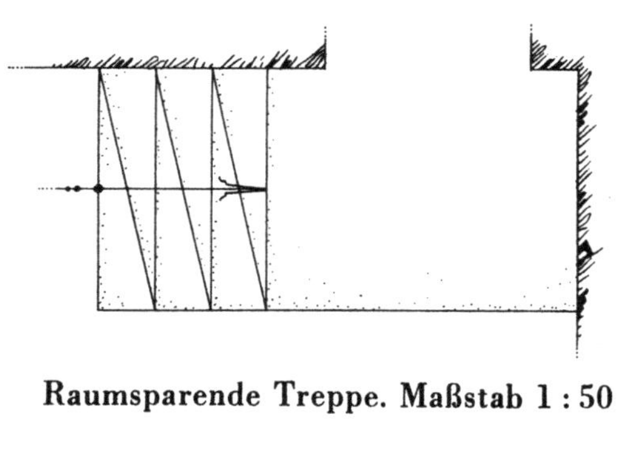

Raumsparende Treppe. Maßstab 1 : 50

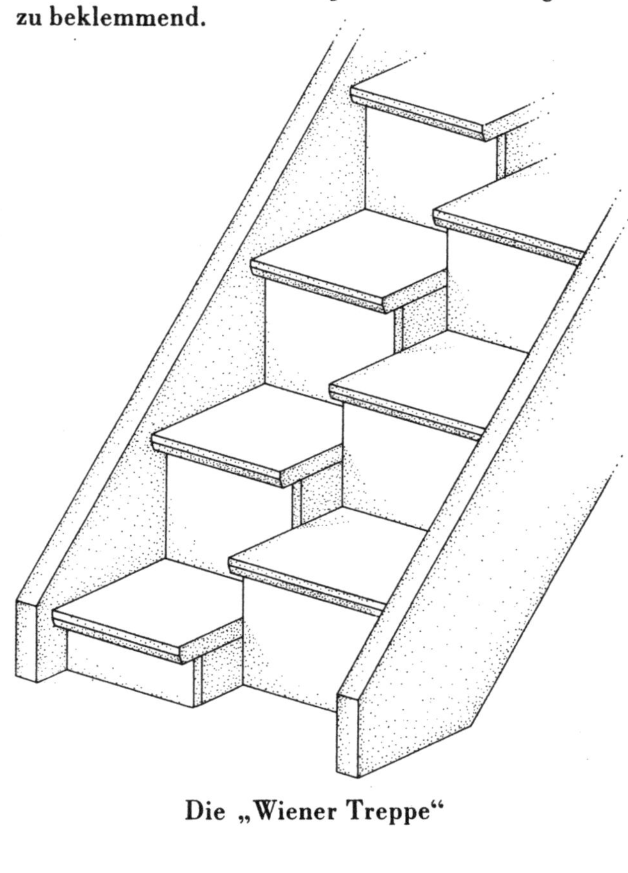

Die „Wiener Treppe"

Die „Leipziger Treppe" ist aus dem gleichen Gedanken heraus entstanden, hat Ähnlichkeit mit der erstgezeigten Freitreppe, stellt aber eine gewisse Vermittlung zur normalen Treppe dar. Zwar gehen hier die Stufen auf die ganze Breite durch, diese haben jedoch nur jeweils auf einer Seite die nötige Auftrittsbreite, während sie auf der anderen Seite spitz zulaufen. Beim Begehen zeigt sich ungefähr dasselbe wie bei der „Wiener Treppe", wenn sie auch für das Auge ruhiger erscheint und damit dem Benutzer ein größeres Gefühl der Sicherheit gibt.
Diese Treppen geben schlechthin den Beweis, daß mit solchen Mitteln kein Raumgewinn erzielt werden kann, ja sie bestätigen im Gegenteil den Grundsatz, daß für gute Treppen an Lauflänge nicht gespart werden kann.

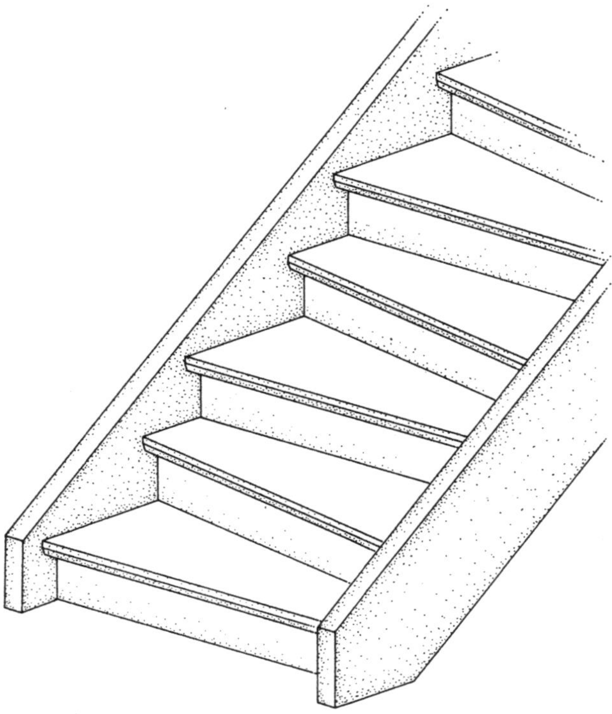

Die „Leipziger Treppe"

Geteilte einklappbare Speichertreppe (Roto-Treppe)

Bewährte raumsparende Treppen sind dagegen die verschiedenen patentierten einschiebbaren Speichertreppen. Die einschiebbare Speichertreppe benötigt keinen zusätzlichen umbauten Raum wie die festen Treppen.
Nach dem Öffnen eines Falldeckels wird aus einer Lukenöffnung in der Decke eine Treppe mit einer Zugstange herabgelassen. Nach dem Gebrauch wird die Treppe wieder eingeschoben und der Falldeckel verschlossen. Der Deckel, an dem die Treppe befestigt ist, ist leicht zu betätigen, da gewichtsausgleichende Beschläge die Bedienung erleichtern.
Einschiebbare Treppen werden als starr einschiebbare oder als zweiteilig einklappbare Treppen ausgeführt. Starre einschiebbare Treppen finden überall dort Verwendung, wo genügend Schwenkraum im Speicher vorhanden ist. Ist dagegen der Schwenkraum durch die Dachschräge — Sparren — oder Kamine begrenzt, so wählt man zweiteilige, sogenannte geteilte einklappbare Treppen.

Für die Ausführung sind folgende Maße anzugeben:
a) Länge und Breite der Lukenöffnung im lichten Rohmaß
b) Deckenstärke einschließlich Putz und Fußboden
c) Stockwerkshöhe von Oberkante Fußboden bis Oberkante Fußboden
d) Maß von Lukenende bis begrenzende Wand oder Pfeiler
e) Schwenkraum zum Einschieben der Treppe im Speicher

Mit Hilfe der nachfolgenden Tabelle können die baulichen Erfordernisse für einschiebbare Speichertreppen festgelegt werden:

Stockwerkshöhe C m	Lukengröße Länge × Breite (licht. Rohbaumaß) m	Schwenkraum im Speicher Starre Treppen · m	Geteilte Treppen · m
bis 2,60	1,30 × 0,70	1,60	0,35
2,61—2,70	1,30 × 0,70	1,70	0,45
2,71—2,80	1,30 × 0,70	1,80	0,55
2,81—2,90	1,40 × 0,70	1,90	0,55
2,91—3,00	1,40 × 0,70	2,00	0,60

Der Einbau einschiebbarer Speichertreppen ist denkbar einfach, zumal diese mit dem Lukenfutter samt Deckel einschließlich Beschlag geliefert werden. Es ist lediglich der gelieferte Kasten in die vorgesehene Balkenaussparung einzuschieben, an den vier Seiten zu befestigen und mit Abdeckleisten an Putz und Fußboden anzuschließen.

Patenttreppen werden u.a. von folgenden Spezialfirmen hergestellt:

1. Theodor Dahlmann GmbH & Co, 5760 Arnsberg 2
   Fabrikat: Tede-Bodentreppe
2. Wilh. Frank GmbH, 7022 Leinfelden-Echterdingen 1 — Fabrikat: Roto-Bodentreppe
3. Wilh. Henke GmbH, 4990 Lübbecke 4
   Fabrikat: Henke-Bodentreppe
4. Hesselkamp & Co, 2000 Hamburg 61
   Fabrikat: Monarch-Einschubtreppe
5. Mühlberger GmbH & Co, 8900 Augsburg
   Fabrikat: Columbus-Bodentreppe
6. Paul Schollmeier, 4000 Düsseldorf
   Fabrikat: Weha-Bodentreppe
7. Wellhöfer & Ohlhaut, 8700 Würzburg-Heidingsfeld — Fabrikat: Wello-Bodentreppe

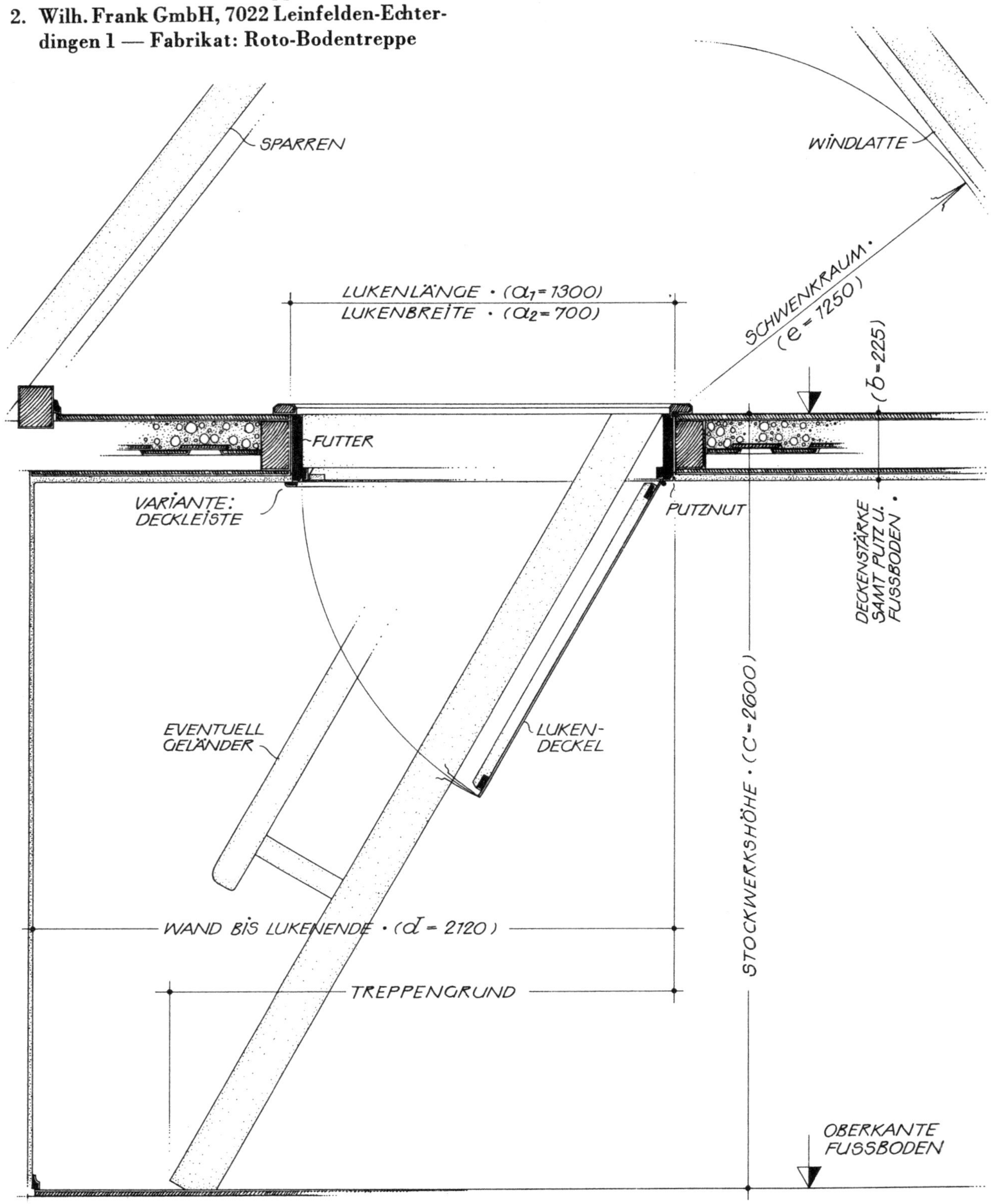

Maßfestlegung einer einschiebbaren Speichertreppe. Maßstab 1 : 20